民事執行及び
民事保全制度
における供託実務

事例に基づく執行供託を中心に

森野 誠・沼真佐人・加藤寛輝 著

日本加除出版株式会社

は し が き

　近年，供託については，バブル経済崩壊後の状況を背景として，金融破綻にかかわる事件，債権譲渡による債権者不確知及び差押命令等に基づく執行供託等が増加し，全般的に事件の種別を問わず権利関係の錯綜した難解な事件など高度な法律的判断を要求されるものが多く，執行供託において，供託官は第三債務者という直接の当事者となることから，民事執行法や民事保全法を理解する必要性を強く感じていました。また，平成15年以降，執行妨害の対処，手続の合理化を行い，民事執行制度を利用しやすくするため，民事執行法は，多くの部分的な改正が継続的になされ，それに伴い供託事務の取扱いも大きく変更されてきています。

　そこで，本書は，民事執行・民事保全・供託の各制度の基本的な内容を理解していただくとともに，供託に関する通達等を踏まえ，民事執行法及び民事保全法において供託がどのようにかかわっているのか，具体的な事例と関連づけながら，裁判上の供託，その中でも一番理解しにくいといわれている執行供託を中心に，できる限りわかりやすく平易な言葉遣いを心掛け，また，基本事例をベースとして，それぞれの編・章（第Ⅳ編「供託成立後の権利変動」を除く。）で基本事例を発展させたパターン事例を通して説明を試みました。

　しかしながら，著者らはまだまだ勉強不足であり民事執行法等を熟知しているとは言い難く，発刊にあたって読者の方々が理解していただくものとなっているのか，不安は募るばかりですが，多くの方々の文献，書籍，法務省及び法務局の諸先輩方が御執筆された図書を参考にさせていただき，私どもの供託経験をフルに活用し整理したものです。

　本書が，供託にかかわる法律の実務家の方々に若干なりともお役に立ち，活用していただければと願っております。また，これから司法書士の資格を目指している方，供託事務を担当している職員の方，特に，初めて供託実務に携わる方の一助となれば幸いです。

　なお，本書中，意見にわたる部分も出てきますが，それらについては，あ

くまでも筆者らの私見であることをあらかじめ申し添えます。

　終わりに，本書の刊行に至るまでの間，種々御指導，御協力をいただきました日本加除出版株式会社の吉岡誠一顧問，並びに編集部の皆様方に対し，厚く感謝の意を表するとともに，その他，多くの方々に御配慮いただいたことに御礼を申し上げる次第であります。

　平成30年10月

執筆者及び協力者の４名を代表して

森　野　　誠

執 筆 者 紹 介

森 野 　 誠 （もりの　まこと）

（執筆担当）

第Ⅰ編の全編

第Ⅱ編：第1章

　　　　第2章；第1／第2／第3／第4の3, 4, 5

　　　　第3章；第1の1, 2／第2

第Ⅲ編：第1章；第1／第2

　　　　第2章；第1

第Ⅳ編：第2章；第2

（略　歴）

平成19年4月　　高知地方法務局供託課長

平成20年4月　　高松法務局民事行政部供託課長

平成21年4月　　さいたま地方法務局登記情報システム管理官

平成24年4月　　新潟地方法務局村上支局長

平成25年4月　　東京法務局民事行政部供託第二課長

平成26年4月　　東京法務局民事行政部供託第一課長

平成27年4月　　さいたま地方法務局熊谷支局長

平成29年4月　　さいたま地方法務局川越支局長

平成30年4月　　さいたま地方法務局人権擁護課

沼 　 　 真佐人 （ぬま　まさと）

（執筆担当）

第Ⅱ編：第2章；第4の1(7)

第Ⅲ編：第1章；第3／第4

　　　　第2章；第2

第Ⅳ編：第1章

　　　　第2章；第1／第3／第4

（略　歴）

平成26年4月　　東京法務局民事行政部供託第一課受入係長

平成27年4月　　東京法務局民事行政部供託第一課法規係長

平成30年4月　　大阪法務局北出張所統括登記官

はしがき

加 藤 寛 輝（かとう　ひろき）

（執筆担当）

第Ⅱ編：第2章；第4（1(7)，3，4，5を除く。）
　　　　第3章；第1の3

（略　歴）

平成26年10月　東京法務局民事行政部供託第一課供託専門職
平成28年4月　東京法務局民事行政部供託第一課供託情報管理係長
平成28年10月　東京法務局訟務部行政訟務部門訟務官

協 力 者 紹 介

藤 井 謙 策（ふじい　けんさく）

平成24年10月　東京法務局民事行政部供託第一課供託専門職
平成26年4月　東京法務局民事行政部供託第二課払渡係長
平成27年4月　東京法務局民事行政部供託第一課払渡係長
平成30年4月　東京法務局訟務部民事訟務部門訟務官

凡　　例

〈法令略記〉

- 供……………… 供託法
- 規則……………… 供託規則
- 準則……………… 供託事務取扱手続準則
- 民……………… 民法
- 民訴……………… 民事訴訟法
- 民執……………… 民事執行法
- 民保……………… 民事保全法
- 訴訟規則………… 民事訴訟規則
- 執行規則………… 民事執行規則
- 保全規則………… 民事保全規則
- 商……………… 商法
- 家事手続………… 家事事件手続法
- 不登法…………… 不動産登記法
- 民調法…………… 民事調停法
- 滞調法…………… 滞納処分と強制執行等との手続の調整に関する法律
- 滞調規則………… 滞納処分と強制執行等との手続の調整に関する規則
- 国徴法…………… 国税徴収法
- 徴収令…………… 国税徴収法施行令
- 宅建法…………… 宅地建物取引業法
- 社振法…………… 社債，株式等の振替に関する法律

【条文の表記例】

　　本文中に根拠となる条文を掲げるときは，（　）を付して次の基準に従い表記しました。

　(1)　ローマ数字のⅠⅡⅢ等は，条文の「項」を表す。

　(2)　①②③等は，条文の「号」を表す。

　　例：「規則26条Ⅲ②」は，供託規則第26条第3項第2号

5

凡　例

〈表記例〉

・昭43．6．14民甲2003号

……昭和43年6月14日付け民事甲第2003号民事局長通達

　・先例集(3)〔44-6〕127頁

……供託関係先例集(3)〔44（目次番号）－6（要旨・決議・通達番号等）〕
127頁

・民執通達

……昭和55年9月6日付け民四第5333号法務省民事局長通達「民事執行
法等の施行に伴う供託事務の取扱いについて」

・民保通達

……平成2年11月13日付け民四第5002号法務省民事局長通達「民事保全
法等の施行に伴う供託事務の取扱いについて」

参考文献一覧

法務省民事局第四課職員編「供託実務相談──執行供託を中心として」(商事法務研究会, 1990)

法務省民事局第四課職員編「新版 供託事務先例解説」(商事法務研究会, 1985)

登記研究編集室編「実務 供託法入門」(テイハン, 2015)

吉戒修一「民事執行法・民事保全法と供託実務」(商事法務研究会, 1992)

吉岡誠一編著「新版 よくわかる供託実務」(日本加除出版, 2011)

東京法務局ブロック管内供託実務研究会編「供託実務事例集」(日本加除出版, 2014)

立花宣男監修・福岡法務局ブロック管内供託実務研究会編「実務解説 供託の知識167問」(日本加除出版, 2006)

磯部慎吾「基礎からわかる供託」(金融財政事情研究会, 2015)

立花宣男編著「全訂 執行供託の理論と実務」(金融財政事情研究会, 2012)

法務総合研究所「研修教材 供託法(第8版)」(法務総合研究所, 2008)

立花宣男「執行供託をめぐる諸問題(法務研究報告書73集1号)」(法務総合研究所, 1985)

遠藤浩・柳田幸三「別冊ジュリスト 供託先例判例百選[第2版]」(有斐閣, 2001)

中野貞一郎・下村正明「民事執行法」(青林書院, 2016)

浦野雄幸「条解 民事執行法」(商事法務研究会, 1985)

浦野雄幸編「基本法コンメンタール 民事執行法[第4版]」(日本評論社, 1999)

浦野雄幸編「基本法コンメンタール 民事執行法[第5版]」(日本評論社, 2005)

山本和彦・小林昭彦・浜秀樹・白石哲編「民事執行法」(日本評論社, 2014)

東京地方裁判所民事執行センター実務研究会編著「民事執行の実務 債権執行編(上)[第2版]」(金融財政事情研究会, 2012)

東京地方裁判所民事執行センター実務研究会編著「民事執行の実務 債権執行編(下)[第2版]」(金融財政事情研究会, 2012)

東京弁護士会法友全期会民事執行研究会編著「Q&Aでわかる民事執行の実務」(日本法令, 2013)

和田吉弘「基礎からわかる民事執行法・民事保全法」(弘文堂, 2010)

裁判所職員総合研修所監修「民事保全実務講義案[改訂版]」(司法協会, 2007)

東京地裁保全研究会編著「民事保全の実務(上)[新版増補]」(金融財政事情研究会, 2005)

東京地裁保全研究会編著「民事保全の実務(下)[新版増補]」(金融財政事情研究会, 2005)

生熊長幸「わかりやすい民事執行法・民事保全法[第2版]」(成文堂, 2012)

川島武宜編「注釈民法(7)物権(2)」(有斐閣, 1970)

林良平編「注釈民法(8)物権(3)」(有斐閣, 1970)

磯村哲編「注釈民法(12)債権(3)」(有斐閣, 1970)

我妻栄・有泉亨・清水誠・田山輝明「我妻・有泉コンメンタール民法:総則・物権・債権[第3版]」(日本評論社, 2008)

遠藤浩編「基本法コンメンタール 債権総論[第4版]」(日本評論社, 1996)

小室直人・賀集唱・松本博之・加藤新太郎編「基本法コンメンタール 新民事訴訟法(1)第1編/総則」(日本評論社, 1997)

総　目　次

第 I 編　各制度の概要

序　章 ——————————————————————————————————————— 3

第1　民事法相互間の基本的な関係と供託 ……………………………… 3

第2　民事訴訟の流れ ……………………………………………………… 6

第3　民事執行法等の変遷 ………………………………………………… 10

第4　民事執行法，民事保全法の施行に伴う供託事務の取扱い ……… 11

　1　昭和55年9月6日付け民四第5333号法務省民事局長通達「民事執行法等の施行に伴う供託事務の取扱いについて」の概要 ……………… 11

　2　平成2年11月13日付け民四第5002号法務省民事局長通達「民事保全法等の施行に伴う供託事務の取扱いについて」の概要 ……………… 12

第5　近年に行われた民事執行法等に関する法律改正と供託事務の取扱い ……………………………………………………………………… 13

　1　平成15年法律第134号の主な改正部分 ………………………………… 15

　　【平成15年法律第134号における主な供託事務の取扱い】 ………… 17

　2　平成16年法律第152号の主な改正部分 ………………………………… 19

　　【平成16年法律第152号における主な供託事務の取扱い】 ………… 20

第6　新たな供託制度及びその他関連する法律の改正等に伴う供託事務の取扱い ……………………………………………………………… 20

　1　新たな供託制度の事務の取扱いに関する通達 ……………………… 20

　　(1)　特定住宅瑕疵担保責任の履行の確保等に関する法律等の施行に伴う供託事務取扱いについて ……………………………………… 20

　　(2)　著作権法第67条第1項（同法第103条において準用する場合を含む。）の規定による著作権者不明等の場合における著作物の利用に係る補償金及び同法第67条の2第1項（同法第103条において準用する場合を含む。）の規定による裁定申請中の著作物の利用に係る担保金の供託に関する手続について …………………… 21

　　(3)　農地法第43条第1項の規定による遊休農地を利用する権利の設定に関する裁定に係る補償金の供託に関する手続について ………… 21

　　(4)　資金決済に関する法律等の施行に伴う供託事務の取扱いについて ………………………………………………………………… 21

　　(5)　保険法の施行に伴う供託事務の取扱いについて ……………… 22

　　(6)　家畜伝染病予防法の一部を改正する法律等の施行に伴う供託事

9

総目次

　　　　務の取扱いについて ……………………………………………… 22
　　(7)　森林法第10条の11の6第1項の規定による要間伐森林について
　　　　の特定所有権及び特定使用権の取得に関する裁定に関る補償金の
　　　　供託に関する手続について …………………………………………… 22
　　(8)　マンションの建替えの円滑化等に関する法律の一部を改正する
　　　　法律の施行に伴う供託事務の取扱いについて ………………………… 23
　2　その他関連する法律の改正等に伴う供託事務の取扱い ……………… 23
　　(1)　出入国管理及び難民認定法及び日本国との平和条約に基づき日
　　　　本の国籍を離脱した者等の出入国管理に関する特例法の一部を改
　　　　正する等の法律等の施行に伴う供託事務の取扱いについて ………… 23
　　(2)　DV被害者から供託物払渡請求書の住所等の秘匿に係る申出が
　　　　あった場合における措置について ……………………………………… 24
　　(3)　民法の一部を改正する法律の施行に伴う供託事務の取扱いにつ
　　　　いて …………………………………………………………………… 24
　　(4)　行政手続における特定の個人を識別するための番号の利用等に
　　　　関する法律等の施行に伴う供託事務の取扱いについて ……………… 25
　　(5)　不正競争防止法の一部を改正する法律等の施行に伴う供託事務
　　　　の取扱いについて ……………………………………………………… 25
　　(6)　行政不服審査法等の施行に伴う供託事務の取扱いについて ……… 26
第7　最高裁判所の判決により変更された供託事務の取扱い ……………… 26
第8　近年に行われた主な供託規則の一部改正 …………………………… 27

第1章　民事執行制度の概要 ——————————————— 29
第1節　民事執行法（総論）———————————————— 31
第1　民事執行とは …………………………………………………………… 31
第2　民事執行法が規定する民事執行の4つの形態 ……………………… 32
　1　強制執行 ……………………………………………………………… 32
　　【基本事例Ⅰ】 ………………………………………………………… 32
　　《パターン事例Ⅰ−1》 ……………………………………………… 33
　　Q1 ……………………………………………………………………… 34
　2　担保権の実行 ………………………………………………………… 35
　　《パターン事例Ⅰ−2》 ……………………………………………… 35
　3　形式的競売 …………………………………………………………… 36
　　(1)　留置権による競売 ……………………………………………… 36
　　(2)　民法，商法その他の法律による換価のための競売 …………… 37
　　Q2 ……………………………………………………………………… 37
　4　財産の開示 …………………………………………………………… 38
　　(1)　管　轄 …………………………………………………………… 39

10

(2)　申立てができる債権者 ······················ 39
　　　　Q3 ································· 40
　　(3)　開示義務者 ···························· 40
　　(4)　債務者の財産調査にかかる供託に関する書類の閲覧 ··· 40
　　　　ア　閲覧が認容された先例 ·················· 41
　　　　イ　閲覧が認められなかった先例 ·············· 41
第3　執行機関 ··································· 42
　1　執行裁判所 ································· 42
　2　執行官 ··································· 43
　3　裁判所書記官 ······························· 43
　　　Q4 ···································· 44
第4　強制執行の種類 ······························· 44
　1　請求権の内容から見た分類 ······················ 44
　　(1)　金銭執行とは ·························· 45
　　　　ア　金銭執行の基本構造 ··················· 45
　　　　　㋐　差押え　*45*
　　　　　㋑　換　価　*45*
　　　　　㋒　満　足（配当等）　*45*
　　　　イ　対象となる目的財産の執行手続の種類 ········· 46
　　　　ウ　責任財産 ······················· 46
　　　　Q5 ······························· 47
　　　　エ　差押禁止財産 ····················· 47
　　(2)　非金銭執行とは ························ 48
　　　　ア　物の引渡請求権の執行 ················· 48
　　　　　㋐　不動産の場合　*48*
　　　【基本事例Ⅱ】 ························· 48
　　　《パターン事例Ⅱ－1》 ···················· 49
　　　《パターン事例Ⅱ－2》 ···················· 49
　　　　　㋑　動産の場合　*50*
　　　【基本事例Ⅲ】 ························· 51
　　　《パターン事例Ⅲ－1》 ···················· 51
　　　　イ　作為・不作為義務の執行 ··············· 52
　　　　ウ　意思表示義務の執行 ················· 52
　2　強制執行の性質から見た分類 ···················· 53
　　(1)　直接強制 ························· 53
　　(2)　代替執行 ························· 53
　　(3)　間接強制 ························· 53
第5　強制執行の基本的な流れ ······················· 54
　1　債務名義 ································· 54
　　(1)　確定判決 ························· 54

11

総目次

	Q6	55
(2)	仮執行の宣言を付した判決	56
(3)	抗告によらなければ不服申立てができない裁判	56
(4)	仮執行の宣言を付した損害賠償命令	57
(5)	仮執行の宣言を付した支払督促	57

【基本事例Ⅳ】 58
《パターン事例Ⅳ-1》 59
(6) 訴訟費用額，執行費用額を定める裁判所書記官の処分 59
(7) 執行証書（民執22⑤） 59
　　Q7 60
(8) 確定した執行判決のある外国裁判所の判決 61
(9) 確定した執行決定のある仲裁判断 61
(10) 確定判決と同一の効力を有するもの 62

【基本事例Ⅴ】 62
《パターン事例Ⅴ-1》 62
　　Q8 64
　　Q9 64

2 執行文 65
(1) 執行文の付与機関 65
(2) 執行文の類型 65
　ア 単純執行文 65
　イ 条件成就執行文 65
　ウ 承継執行文 66
　エ 債務者を特定しない承継執行文 66
　　Q10 67
(3) 執行文についての不服申立て 67
　ア 執行文付与等に関する異議の申立て 67
　イ 執行文付与の訴えと執行文付与に対する異議の訴え 68
　　(ア) 管轄裁判所 68
　　(イ) 執行文付与の訴え 68
　　(ウ) 執行文付与に対する異議の訴え 69
　　(エ) 執行文付与等に関する異議の申立てとの関係 69

3 強制執行の開始 70
(1) 一般的要件 70
(2) 債務名義の事案による要件 70
　　Q11 71

4 強制執行停止の決定（裁判） 72
(1) 停止決定の要件 72
(2) 発令裁判所 73
　　Q12 73

12

第6 強制執行の不服申立て ……………………………………… 75
　1 不当執行 …………………………………………………… 76
　　(1) 請求異議の訴え ……………………………………… 76
　　　《パターン事例Ⅰ-3》 …………………………………… 77
　　　ア 請求異議事由 …………………………………………… 78
　　　イ 請求異議の訴えと執行停止の仮の処分 ……………… 79
　　　《パターン事例Ⅰ-3.①》 ……………………………… 79
　　　ウ 執行文についての不服申立てと請求異議の訴えとの関係 ……… 80
　　　　(ｱ) 執行文付与等に関する異議の申立てとの関係　80
　　　　(ｲ) 執行文付与の訴えとの関係　80
　　　　(ｳ) 執行文付与に対する異議の訴えとの関係　80
　　(2) 第三者異議の訴え …………………………………… 81
　　　《パターン事例Ⅰ-4》 …………………………………… 81
　　　《パターン事例Ⅰ-4.①》 ……………………………… 82
　　　Q13 ………………………………………………………… 84
　2 違法執行 …………………………………………………… 85
　　(1) 執行抗告 ……………………………………………… 85
　　　Q14 ………………………………………………………… 86
　　　ア 提起期間と管轄裁判所 ………………………………… 86
　　　イ 執行抗告の手続 ………………………………………… 87
　　　Q15 ………………………………………………………… 87
　　　Q16 ………………………………………………………… 88
　　(2) 執行異議 ……………………………………………… 88
　　　ア 申立てとその時期 ……………………………………… 89
　　　イ 管轄裁判所 ……………………………………………… 89
　　　Q17 ………………………………………………………… 90

第2節 民事執行（各論）————————————————— 93
　第1 不動産執行 ……………………………………………… 93
　1 不動産執行とは …………………………………………… 93
　　Q18 ………………………………………………………… 93
　2 強制競売手続の概要 ……………………………………… 94
　　(1) 申立て及び差押え …………………………………… 94
　　　ア 管轄裁判所 ……………………………………………… 94
　　　イ 競売の申立てと執行開始の要件 ……………………… 94
　　　　(ｱ) 債務名義等の送達　94
　　　　(ｲ) 期限の到来又は担保の提供　95
　　　　(ｳ) 反対給付又は他の給付の不履行に係る場合の強制執行　95
　　　ウ 競売開始決定 …………………………………………… 95
　　　Q19 ………………………………………………………… 95
　　　エ 配当要求 ………………………………………………… 96

13

（ア） 配当要求とは　*96*

（イ） 配当要求をすることができる債権者　*96*

　　オ　開始決定に対する不服申立て ………………………………97

　　カ　差押えの登記嘱託 ……………………………………………97

　Q20 ……………………………………………………………………98

　　キ　差押えの効力 …………………………………………………98

（ア） 差押えの効力の発生時期　*98*

（イ） 債務者の処分制限効　*98*

　Q21 ……………………………………………………………………99

　　ク　滞納処分との競合 ……………………………………………99

（ア） 滞納処分手続先行の場合の調製　*99*

（イ） 民事執行手続先行の場合の調製　*100*

（2）換　価 ………………………………………………………………101

　　ア　換価手続前 ……………………………………………………101

（ア） 不動産の滅失等による手続の取消し　*101*

（イ） 売却のための保全処分　*101*

　Q22 …………………………………………………………………101

　　イ　換価の手続 ……………………………………………………102

（ア） 売却の準備（現況調査，評価，配当要求の終期の決定等）
　　と売却許可条件の確定（物件明細書の完成）　*102*

（イ） 売却の実施と売却許可決定　*102*

（ウ） 買受けの申出をした差押債権者のための保全処分　*102*

（エ） 買受人等のための保全処分　*103*

（オ） 売却後の手続（代金納付と所有権の取得，引渡し）　*103*

（3）満足（配当等）……………………………………………………104

　　ア　配当期日 ………………………………………………………104

　　イ　弁済金交付日 …………………………………………………105

　Q23 …………………………………………………………………105

　　ウ　配当手続の流れ ………………………………………………107

　　エ　配当異議 ………………………………………………………108

　　オ　配当等の順位 …………………………………………………109

3　強制管理手続の概要 …………………………………………………110

（1）強制管理開始決定と差押え ………………………………………111

（2）換　価 ………………………………………………………………111

（3）配当等 ………………………………………………………………112

第2　準不動産執行 ………………………………………………………113

1　準不動産とは …………………………………………………………113

2　船舶執行 ………………………………………………………………113

3　その他の準不動産執行 ………………………………………………113

第3　動産執行 ……………………………………………………………114

```
1  動産執行とは ……………………………………………………… 114
2  動産執行手続の概要（「動産執行手続フロー」巻末資料2参照）…… 114
  (1)  申立て及び差押え ……………………………………………… 115
    ア  申立て ……………………………………………………… 115
    イ  差押えの方法 ……………………………………………… 115
    ウ  二重差押えの禁止 ………………………………………… 115
    エ  差押禁止動産 ……………………………………………… 116
      (ア)  生存の保障  116
      (イ)  個人的生業の維持  116
      (ウ)  その他  116
    オ  超過差押えの禁止と無剰余差押えの禁止 ……………… 117
  (2)  換  価 ………………………………………………………… 117
    ア  売却の方法 ………………………………………………… 117
    イ  有価証券についての特則 ………………………………… 117
    ウ  売却価額に関する特則 …………………………………… 117
    エ  売却の見込みのない場合の特則 ………………………… 117
  (3)  配当等の手続 …………………………………………………… 117
    ア  弁済金の交付 ……………………………………………… 118
    イ  配当の実施 ………………………………………………… 118
    Q24 …………………………………………………………… 118
  (4)  執行官の供託 …………………………………………………… 119
第4  債権執行 ………………………………………………………… 119
1  債権執行とは …………………………………………………… 119
2  債権執行手続 …………………………………………………… 120
  (1)  申立て ………………………………………………………… 120
    ア  管  轄 ……………………………………………………… 120
    イ  申立書の記載事項 ………………………………………… 120
    ウ  配当要求 …………………………………………………… 121
  (2)  差押え ………………………………………………………… 121
    Q25 …………………………………………………………… 122
    ア  差押命令の送達 …………………………………………… 124
    イ  第三債務者に対する陳述催告 …………………………… 124
      (ア)  制度の趣旨・目的  124
      (イ)  陳述すべき内容  124
    ウ  不服申立て ………………………………………………… 127
    エ  差押禁止債権 ……………………………………………… 127
    オ  扶養義務等に係る金銭債権を請求する場合における特例 …… 128
  (3)  換  価 ………………………………………………………… 129
    ア  取立て ……………………………………………………… 129
    Q26 …………………………………………………………… 130
```

15

イ　第三債務者の供託の概要 ……………………………… 130
　(ア)　権利供託　*131*
Q27 …………………………………………………………… 132
　(イ)　義務供託　*133*
Q28 …………………………………………………………… 134
Q29 …………………………………………………………… 136
　(ウ)　事情届　*138*
Q30 …………………………………………………………… 139
ウ　転付命令 ………………………………………………… 141
　(ア)　目　的　*141*
　(イ)　要　件　*141*
　(ウ)　効　力　*142*
《パターン事例Ⅳ－2》 …………………………………… 143
エ　特別換価 ………………………………………………… 145
　(ア)　譲渡命令　*145*
　(イ)　売却命令　*146*
　(ウ)　管理命令　*146*
(4)　配当等の手続 …………………………………………… 147
　ア　配当期日 ……………………………………………… 147
　イ　配当金及び弁済金の交付 …………………………… 147
　Q31 ………………………………………………………… 148
　Q32 ………………………………………………………… 149
(5)　動産引渡請求権の差押え ……………………………… 149
　ア　目的となる動産引渡請求権 ………………………… 150
　イ　申立て及び差押え …………………………………… 150
　ウ　差押えの効力 ………………………………………… 151
　Q33 ………………………………………………………… 151
　エ　換価方法 ……………………………………………… 152
　オ　執行裁判所による売得金の配当等 ………………… 153
3　少額訴訟債権執行 ………………………………………… 153
(1)　意義・趣旨 ……………………………………………… 153
(2)　手　続 …………………………………………………… 154
4　その他の財産権に対する強制執行 ……………………… 155
第5　担保権の実行としての競売等 …………………………… 155
1　不動産担保権の実行 ……………………………………… 155
(1)　担保不動産競売の概要 ………………………………… 155
　ア　要　件 ………………………………………………… 155
　イ　担保権の承継 ………………………………………… 155
　ウ　二重開始決定 ………………………………………… 156
(2)　担保不動産競売の手続 ………………………………… 156

ア　代金納付による不動産取得 ······················ 156
　　　イ　担保不動産競売の開始決定前の保全処分 ············ 156
　　⑶　不服申立て等 ···································· 157
　　　ア　開始決定に対する執行異議 ······················ 157
　　　イ　担保権の実行の第三者異議の訴え ·················· 157
　　　ウ　強制執行停止文書 ······························ 157
　　⑷　担保不動産収益執行 ······························ 158
　2　準不動産競売 ·································· 158
　3　動産競売 ······································ 159
　　⑴　動産競売の概要 ································ 159
　　⑵　申立権者 ······································ 159
　　⑶　要　件 ·· 159
　　⑷　不服申立方法 ·································· 159
　4　債権及びその他の財産権についての担保権の実行 ·············· 160

第2章　民事保全制度の概要 ———————————— 161

第1　民事保全とは ···································· 161
第2　民事保全手続の特色 ································ 161
　1　迅速性 ·· 161
　2　密行性 ·· 162
　3　暫定性 ·· 162
　4　付随性 ·· 162
第3　民事保全の種類 ···································· 162
　1　仮差押え ······································ 163
　　《パターン事例Ⅰ−1．①》 ························ 164
　　Q34 ·· 166
　2　仮処分 ·· 166
　　⑴　係争物に関する仮処分 ·························· 166
　　　ア　処分禁止の仮処分 ···························· 167
　　　《パターン事例Ⅰ−4．②》 ···················· 168
　　　イ　占有移転禁止の仮処分 ························ 169
　　　《パターン事例Ⅱ−2．①》 ···················· 170
　　　Q35 ·· 171
　　⑵　仮の地位を定める仮処分 ························ 171
第4　民事保全の手続 ···································· 173
　1　手続の概要 ···································· 173
　2　保全命令手続 ·································· 173
　　⑴　裁判所管轄 ·································· 174
　　　ア　仮差押え ·································· 174
　　　《パターン事例Ⅲ−2》 ························ 174

17

イ　仮処分 ……………………………………………………… 175
　⑵　申立て ………………………………………………………… 175
　　Q 36 …………………………………………………………… 175
　⑶　審　理 ………………………………………………………… 176
　　ア　疎　明 ……………………………………………………… 176
　　Q 37 …………………………………………………………… 176
　　イ　口頭弁論等 ………………………………………………… 176
　⑷　裁　判（決定）……………………………………………… 176
　　ア　保全命令の申立てに対する決定 ………………………… 177
　　イ　保全命令の申立てを却下する決定 ……………………… 177
　⑸　担　保 ………………………………………………………… 177
　⑹　担保取消し …………………………………………………… 177
　　ア　担保事由の消滅 …………………………………………… 178
　　イ　担保権利者の同意 ………………………………………… 178
　　ウ　権利行使催告に伴う同意擬制 …………………………… 178
　⑺　担保取戻し …………………………………………………… 179
　⑻　解放金 ………………………………………………………… 179
　　ア　仮差押解放金 ……………………………………………… 179
　　イ　仮処分解放金 ……………………………………………… 180
　⑼　不服申立て …………………………………………………… 180
　　ア　保全異議 …………………………………………………… 180
　　イ　保全取消し ………………………………………………… 181
　　　㋐　本案不提起等による保全取消し　*181*
　　　㋑　事情変更による保全取消し　*181*
　　　㋒　特別事情による保全取消し　*182*
　　ウ　保全抗告 …………………………………………………… 182
　　エ　即時抗告 …………………………………………………… 182
　⑽　取下げ ………………………………………………………… 183
　　Q 38 …………………………………………………………… 184
　3　保全執行手続 …………………………………………………… 184
　⑴　申立てと要件 ………………………………………………… 184
　⑵　仮差押えの執行とその効力 ………………………………… 185
　　ア　不動産に対する仮差押えの執行 ………………………… 185
　　　㋐　仮差押えの登記による方法　*185*
　　　㋑　強制管理による方法　*186*
　　イ　動産に対する仮差押えの執行 …………………………… 187
　　Q 39 …………………………………………………………… 187
　　ウ　債権に対する仮差押えの執行 …………………………… 188
　　Q 40 …………………………………………………………… 188
　⑶　仮差押えから本執行への移行 ……………………………… 189

(4) 仮処分の執行 ……………………………………………………… 190
　ア　係争物に関する仮処分 ……………………………………… 190
　　(ア)　処分禁止の仮処分　*190*
　　(イ)　占有移転禁止の仮処分　*192*
　　Q41 ……………………………………………………………… 193
　　Q42 ……………………………………………………………… 193
(5) 仮差押えと仮処分の競合 ……………………………………… 194
　Q43 ………………………………………………………………… 195

第3章　供託制度の概要 ———————————————— 197

第1　総　説 ………………………………………………………… 198
1　供託とは ……………………………………………………… 198
2　供託が有効に行われるための3つの要件 ………………… 198
3　供託の仕組み ………………………………………………… 198
(1) 供託所 ……………………………………………………… 199
(2) 供託官 ……………………………………………………… 199
　Q44 ………………………………………………………………… 200
　Q45 ………………………………………………………………… 200
(3) 供託物 ……………………………………………………… 201
　ア　金　銭 ………………………………………………………… 201
　イ　有価証券 ……………………………………………………… 201
　ウ　振替国債等 …………………………………………………… 202
　エ　金銭・有価証券及び振替国債以外の物品 ………………… 202
(4) 供託の当事者 ……………………………………………… 202
　ア　供託の当事者能力 …………………………………………… 202
　イ　供託の行為能力 ……………………………………………… 203
　ウ　供託の当事者適格 …………………………………………… 203
　エ　第三者による供託 …………………………………………… 204
(5) 供託の管轄 ………………………………………………… 204
　Q46 ………………………………………………………………… 205
第2　供託手続 ……………………………………………………… 206
1　供託物の受入申請手続 ……………………………………… 206
(1) 供託が受理できる要件 …………………………………… 206
　ア　形式的要件 …………………………………………………… 206
　　(ア)　供託の申請が供託規則所定の様式に従って作成されている
　　　こと　*206*
　　(イ)　供託者が実在し，当事者能力を有すること　*207*
　　(ウ)　供託を義務付け又は許容する根拠法令が存在すること　*207*
　　(エ)　供託所が当該供託につき管轄権を有していること　*207*
　　(オ)　供託の目的物が適格を有すること　*207*

19

イ　実質的要件 ………………………………………………………… 207
　㋐　当事者が当事者適格を有すること　*207*
　㋑　供託の原因が存在すること　*207*
(2)　供託書の様式 …………………………………………………………… 207
　Q47 …………………………………………………………………………… 208
(3)　供託書正本 ……………………………………………………………… 211
　Q48 …………………………………………………………………………… 212
(4)　供託通知書 ……………………………………………………………… 213
(5)　供託カード ……………………………………………………………… 214
(6)　供託申請の添付又は提示書類 ……………………………………… 215
　ア　資格証明書 ………………………………………………………… 215
　Q49 ………………………………………………………………………… 216
　イ　代理権限証書 ……………………………………………………… 217
　Q50 ………………………………………………………………………… 217
　Q51 ………………………………………………………………………… 218
　ウ　供託振替国債に関する資料の提供 ……………………………… 218
(7)　供託物の受入れ ………………………………………………………… 219
(8)　オンライン申請 ………………………………………………………… 219
2　供託物の払渡請求手続 …………………………………………………… 220
(1)　還　付 …………………………………………………………………… 221
(2)　取戻し …………………………………………………………………… 221
　Q52 …………………………………………………………………………… 221
(3)　還付請求及び取戻請求が認められる要件 ………………………… 222
　ア　還付請求の要件 …………………………………………………… 222
　　㋐　被供託者が確定していること　*222*
　　㋑　被供託者の供託物に対する実体上の請求権が確定している
　　　こと　*222*
　　㋒　被供託者の権利が条件付の権利であるときは，その条件が
　　　成就していること　*222*
　イ　取戻請求の要件 …………………………………………………… 222
　　㋐　供託が錯誤の供託であって，無効であるとき　*222*
　　㋑　供託後に供託原因が消滅したとき　*222*
　　㋒　弁済供託において，被供託者が供託を受諾せず，又は供託
　　　を有効と宣告した判決が確定していないとき　*222*
(4)　供託物払渡請求書の書式等 ………………………………………… 222
　ア　供託物が金銭の場合は供託金払渡請求書 ……………………… 222
　イ　有価証券の場合には供託有価証券払渡請求書 ……………… 222
　ウ　供託物が振替国債の場合には供託振替国債払渡請求書 ……… 222
　Q53 ………………………………………………………………………… 223
(5)　供託物払渡請求の添付又は提示書類 ……………………………… 225

ア　還付・取戻請求に共通に添付・提示すべき書類 ……………… 225
　　　㋐　印鑑証明書 *225*
　　Q54 ……………………………………………………………… 225
　　　㋑　資格証明書 *228*
　　　㋒　代理権限証書 *228*
　　　㋓　還付又は取戻しを受ける権利を有することを証する書面の
　　　　一部 *229*
　　イ　還付を受ける権利を有することを証する書面 ………………… 229
　　ウ　取戻しを受ける権利を有することを証する書面 ……………… 229
　　　㋐　錯誤であることを証する書面 *230*
　　　㋑　供託後原因が消滅したことを証する書面 *231*
3　供託物の交付方法 ………………………………………………………… 231
　⑴　供託物が金銭の場合の交付方法 ……………………………………… 231
　　ア　小切手の振出しの方法 ………………………………………… 231
　　Q55 ……………………………………………………………… 232
　　イ　隔地払の方法 …………………………………………………… 232
　　ウ　預貯金振込みの方法 …………………………………………… 233
　　Q56 ……………………………………………………………… 234
　　エ　国庫金振替の方法 ……………………………………………… 234
　⑵　供託物が有価証券の場合の交付手続 ……………………………… 234
　⑶　供託物が振替国債の場合の交付手続 ……………………………… 235
　⑷　供託物の内渡し ……………………………………………………… 235
　⑸　供託物の分割払渡し ………………………………………………… 236
4　オンラインによる払渡請求手続 ………………………………………… 236
5　供託金利息の払渡し ……………………………………………………… 237
　⑴　供託金の利息 ………………………………………………………… 237
　⑵　払渡請求権者 ………………………………………………………… 237
　⑶　払渡時期 ……………………………………………………………… 237
　　ア　担保供託以外の供託の場合 …………………………………… 237
　　Q57 ……………………………………………………………… 238
　　イ　担保供託の場合 ………………………………………………… 238
　⑷　払渡手続 ……………………………………………………………… 238
　　ア　元金と同時に払渡しを受ける場合 …………………………… 238
　　イ　元金とは別に供託金利息のみの払渡しを受ける場合 ……… 238
6　有価証券利札の払渡し …………………………………………………… 238
7　供託金払渡請求権の消滅時効の期間とその起算点 ………………… 239
　　Q58 ……………………………………………………………… 240
8　時効の中断事由 …………………………………………………………… 241
9　供託金利息請求権の時効消滅 …………………………………………… 241
10　供託に関する書類の閲覧と事項証明書の請求 ……………………… 242

21

総目次

Q59	243

第Ⅱ編　民事執行法，民事保全法における裁判上の供託

第1章　裁判上の担保供託 ── 249

第1　総　説 249
1　法の規定に基づく裁判上の担保のための供託の種類と供託法令条項 249
(1)　民事訴訟法の場合 249
(2)　民事執行法の場合 250
(3)　民事保全法の場合 250
　ア　保全命令に関する担保 250
　イ　保全執行に関する担保 251
(4)　その他 251
Q60 251

第2　担保供託の申請 253
1　担保供託の管轄供託所 253
(1)　民事訴訟法の場合 253
(2)　民事執行法の場合 253
(3)　民事保全法の場合 254
Q61 254
2　担保の提供期間と提供方法 255
(1)　担保の提供期間とその延長 255
(2)　担保の提供方法とその額 255
Q62 256
3　第三者による供託 259
4　供託書正本の訂正と不受理証明書 260
Q63 261
5　裁判上の担保供託における主な供託申請書の記載上の注意事項とその記載例 261
(1)　供託書作成の注意事項 262
(2)　記載例 264
　ア　被告又は債務者に生じるおそれのある損害を担保するための供託 264
　イ　原告又は債権者に生じるおそれのある損害を担保するための供託 264

第3　担保供託の払渡請求 264
1　取戻し・還付請求に共通の書面 264
2　担保供託の取戻し 265
(1)　供託原因の消滅を証する書面 265

22

ア　担保取消決定正本及び確定証明書 ································· 265
　　　Q64 ·· 266
　　　イ　供託原因消滅証明書 ··· 266
　　　ウ　担保取戻しの許可書 ··· 267
　　　　(ア)　債権者からの取戻し　*267*
　　　　(イ)　債務者からの取戻し　*269*
　　　エ　担保変換決定正本 ··· 269
　　(2)　錯誤を証する書面 ··· 270
　3　担保供託の還付 ··· 270
　　(1)　裁判上の担保供託の被担保債権 ····································· 270
　　　ア　強制執行の停止又は取消しの担保の場合 ··························· 270
　　　イ　保全命令の担保の場合 ··· 270
　　(2)　担保権利者の権利の実行 ··· 271
　　(3)　還付請求 ··· 272
　　　ア　供託者の同意がある場合 ··· 272
　　　イ　供託者の同意がない場合 ··· 272
　　　ウ　公正証書の場合 ··· 273
　4　執行停止中の船舶に対する強制競売手続の取消しの保証供託 ············· 273
　　　ア　供　託 ··· 273
　　　イ　払渡請求 ··· 274
　5　供託金還付請求払渡請求書の記載例 ····································· 274
　　(1)　還　付 ··· 274
　　　ア　本人申請 ··· 274
　　　イ　法人の場合 ··· 275
　　　ウ　代理人の場合 ··· 275
　　(2)　取　戻 ··· 276
　6　裁判上の保証供託の消滅時効 ··· 277
　　(1)　取戻請求権の消滅時効の完成時 ····································· 277
　　　ア　民事訴訟法79条1項に基づく担保取消決定が確定した場合 ······· 277
　　　イ　民事訴訟法79条2項又は3項に基づく担保取消決定が確定し
　　　　た場合 ··· 277
　　　ウ　民事保全規則17条1項又は4項に基づく担保取戻許可がされ
　　　　た場合 ··· 278
　　(2)　還付請求権の消滅時効の完成時 ····································· 278
　　　Q65 ·· 279

第2章　民事執行法上の供託（担保供託以外） —————— 281
　第1　不動産執行等の供託 ··· 281
　1　強制競売における供託 ··· 281
　　(1)　配当留保供託 ··· 281

23

ア　供託申請 ……………………………………………………… 281
　　　イ　供託事由 ……………………………………………………… 281
　　　ウ　払渡手続 ……………………………………………………… 283
　　　Q66 …………………………………………………………………… 284
　　(2)　不出頭供託 …………………………………………………………… 286
　　　ア　供託手続 ……………………………………………………… 287
　　　イ　払渡手続 ……………………………………………………… 287
　　　Q67 …………………………………………………………………… 287
　　(3)　不動産担保権実行としての競売における供託 ………………… 289
　2　強制管理における供託 ………………………………………………… 289
　　(1)　強制管理における執行裁判所による配当等 …………………… 289
　　(2)　執行停止中における配当等に充てるべき金銭の供託 ………… 289
　　(3)　配当留保供託 ………………………………………………………… 290
　　(4)　不出頭供託 …………………………………………………………… 291
　　(5)　不動産担保権実行としての担保不動産収益執行における供託 …… 291
第2　準不動産執行等の供託 ………………………………………………… 291
　1　船舶の強制競売における供託 ………………………………………… 291
　2　船舶に対する担保権実行における供託 ……………………………… 291
　3　航空機，自動車，建設機械又は小型船舶に対する強制執行等（担
　　保権実行を含む）における供託 ……………………………………… 292
第3　動産執行の供託 ………………………………………………………… 292
　1　動産に対する強制執行等における供託 ……………………………… 292
　　(1)　動産の強制執行における売得金の供託 ………………………… 292
　　　ア　配当留保供託 ……………………………………………… 292
　　　　(ア)　供託手続　*292*
　　　　(イ)　払渡手続　*293*
　　　イ　取立訴訟の判決に基づく供託 ………………………………… 293
　　　ウ　債権者等の不出頭供託 ………………………………………… 293
　　(2)　差押えが取り消された動産の売得金の供託 …………………… 293
　　(3)　執行停止中の動産の売却による売得金の供託 ………………… 294
　　　ア　供託手続 ……………………………………………………… 294
　　　イ　払渡請求 ……………………………………………………… 294
　　(4)　金銭の支払を目的としない請求権に対する強制執行における供
　　　託 ………………………………………………………………………… 294
第4　債権執行の供託 ………………………………………………………… 295
　1　第三債務者の供託 ……………………………………………………… 295
　　(1)　供託申請 ……………………………………………………………… 295
　　　ア　供託すべき供託所 …………………………………………… 295
　　　イ　供託書を記載する上での注意点 …………………………… 295
　　　Q68 …………………………………………………………………… 296

24

ウ　供託の効果 ……………………………………………………… 297
　　エ　差押債権に係る利息及び遅延損害金 ………………………… 297
　　Q69 ……………………………………………………………… 298
　(2)　執行停止文書の提出と第三債務者の供託 ……………………… 299
　　ア　供託前の提出 …………………………………………………… 299
　　　(ア)　民事執行法39条1項7号（民執183Ⅰ⑥・⑦）の書面の場
　　　　合　*299*
　　　(イ)　民事執行法39条1項8号の書面の場合　*300*
　　イ　供託後の提出 …………………………………………………… 300
　　　(ア)　民事執行法39条1項7号（民執183Ⅰ⑥・⑦）の書面の場
　　　　合　*300*
　　　(イ)　民事執行法39条1項8号の書面の場合　*301*
　(3)　民事執行法156条1項の供託（権利供託）事例 ……………… 301
　　ア　差押えが単発の場合 …………………………………………… 301
　　《パターン事例Ⅰ－5》 ………………………………………… 301
　　《パターン事例Ⅰ－5.①》 …………………………………… 302
　　Q70 ……………………………………………………………… 308
　　Q71 ……………………………………………………………… 308
　　イ　差押え（差押えと仮差押えの場合も含む。）が2個以上であ
　　　るが差押額の合計が債権額以下の場合 ………………………… 312
　　《パターン事例Ⅰ－6》 ………………………………………… 312
　(4)　民事執行法156条2項の供託（義務供託）事例 ……………… 314
　　ア　義務供託の根拠 ………………………………………………… 315
　　イ　目的，性質及び効果 …………………………………………… 316
　　　(ア)　差押えと差押えとが競合する（差押えと仮差押えの執行と
　　　　の競合も含む。）場合　*316*
　　《パターン事例Ⅰ－6.①》 …………………………………… 317
　　ウ　差押命令の目的たる債権に対して質権が設定されている場合
　　　の第三債務者の供託事例 ………………………………………… 321
　　エ　差押えの取下げと拡張効 ……………………………………… 322
　　　(ア)　差押えの拡張効の意義　*322*
　　　(イ)　重複差押え等の解消と差押えの拡張効　*323*
　　《パターン事例Ⅰ－6.②》 …………………………………… 324
　(5)　給与債権に対する供託 …………………………………………… 328
　　ア　給与債権における差押禁止債権と供託 ……………………… 328
　　《パターン事例Ⅳ－3》 ………………………………………… 328
　　《パターン事例Ⅳ－3.①》 …………………………………… 332
　　イ　給与債権の第三債務者による権利供託の後，裁判所に事情届
　　　を提出する前に当該差押命令の申立てが取り下げられた場合に
　　　おける，債務者に対する払渡手続について …………………… 334
　　《パターン事例Ⅳ－4》 ………………………………………… 334

25

総目次

 (6) 取立訴訟における供託 ………………………………………… 337
   Q72 ……………………………………………………………… 338
 (7) 扶養義務等に係る金銭債権を請求する場合における特例の供託 … 339
   《パターン事例Ⅴ－2》 …………………………………………… 339
   《パターン事例Ⅴ－2.①》 ……………………………………… 344
 (8) 預金債権の供託 ……………………………………………… 346
  ア 差押えの効力が及ぶ預金元金の範囲 ……………………… 348
  イ 差押えの効力が及ぶ預金利息の範囲 ……………………… 348
 (9) 配当要求と供託 ……………………………………………… 350
   《パターン事例Ⅰ－6.③》 ……………………………………… 351
 (10) 転付命令と執行供託 ………………………………………… 353
   《パターン事例Ⅰ－6.④》 ……………………………………… 354
 3 売却命令が発せられた場合の供託 ……………………………… 357
 4 管理命令が発せられた場合の供託 ……………………………… 358
 5 動産の引渡請求権に対する強制執行における供託 ………………… 358

第3章 民事保全法上の供託（担保供託以外） ——————— 359

第1 仮差押えの執行を原因とする供託 ……………………………… 359
 1 不動産に対する仮差押えの執行に基づく供託 …………………… 359
 (1) 不動産に対する仮差押えの執行における仮差押解放金 ………… 359
  ア 供託申請 ……………………………………………………… 359
  イ 払渡し ………………………………………………………… 360
   (ア) 解放金に対する仮差押債権者の権利とその行使 *360*
   (イ) 債務者が解放金を取り戻す手続 *361*
   《パターン事例Ⅰ－1.②》 ……………………………………… 361
   Q73 ……………………………………………………………… 363
 (2) 不動産に対する強制管理の方法による仮差押えの執行の配当等
  に充てるべき金銭の供託 ……………………………………… 363
 (3) 強制管理の方法による仮差押えの執行停止中における供託 ……… 364
 (4) 供託金の払渡し ……………………………………………… 364
 2 動産に対する仮差押えの執行に基づく供託 …………………… 365
 (1) 仮差押金銭等の供託 ………………………………………… 365
 (2) 仮差押動産の売得金の供託 ………………………………… 365
 (3) 仮差押えの執行が取り消された動産の売得金の供託 …………… 366
 3 債権に対する仮差押えの執行に基づく供託 …………………… 367
 (1) みなし解放金の供託 ………………………………………… 367
  ア 供託申請 ……………………………………………………… 367
  イ 供託金払渡請求 ……………………………………………… 368
   (ア) 取戻請求 *368*
   (イ) 還付請求 *368*

26

ウ　債権の一部について仮差押えの執行がされた場合又は仮差押
　　　えの執行が競合する場合 ……………………………………………… 369
　　　　㈠　金銭債権の一部に仮差押えの執行がされた場合の効力と全
　　　　　額の供託　*369*
　　　　㈡　金銭債権の一部について仮差押えの執行がされた場合の仮
　　　　　差押相当額の供託　*370*
　　　《パターン事例Ⅰ－7》………………………………………………… 371
　　　Q74 ……………………………………………………………………… 375
第2　仮処分の執行を原因とする供託 …………………………………… 376
　1　仮処分解放金の供託 …………………………………………………… 376
　⑴　一般型仮処分解放金 ………………………………………………… 377
　⑵　特殊型仮処分解放金 ………………………………………………… 378
　　《パターン事例Ⅰ－1．③》 ………………………………………… 378
　2　仮処分解放金の払渡請求 ……………………………………………… 379
　⑴　仮処分解放金の取戻し ……………………………………………… 379
　　ア　一般型仮処分解放金の場合 …………………………………… 380
　　イ　特殊型仮処分解放金の場合 …………………………………… 380
　⑵　仮処分解放金の還付 ………………………………………………… 380
　　ア　仮処分解放金に対する債権者の権利行使の方法 ………… 380
　　　　㈠　一般型仮処分解放金の場合　*380*
　　　　㈡　特殊型仮処分解放金の場合　*381*
　　イ　仮処分解放金の還付請求権者の記載 ………………………… 382

第Ⅲ編　強制執行とその他の法律の供託関係

第1章　強制執行と滞納処分の供託 ———————————————— 385
第1　滞納処分の換価代金等の供託 ……………………………………… 385
　1　滞納処分とは …………………………………………………………… 385
　2　滞納処分による差押え ………………………………………………… 385
　3　交付要求と参加差押え ………………………………………………… 386
　⑴　交付要求 ……………………………………………………………… 387
　　ア　交付要求の要件と手続 ………………………………………… 387
　　イ　交付要求の終期 ………………………………………………… 387
　⑵　参加差押え …………………………………………………………… 388
　4　換価手続 ………………………………………………………………… 389
　5　配　当 …………………………………………………………………… 389
第2　換価代金等の供託 …………………………………………………… 390
　1　配当計算書に関する異議に係る換価代金等の供託 ……………… 390
　⑴　供　託 ………………………………………………………………… 390
　　ア　供託事由 ………………………………………………………… 390

27

イ　供託申請 ……………………………………………………… 391
　　⑵　払渡（還付）……………………………………………………… 391
　　　ア　配当事由 ……………………………………………………… 391
　　　イ　還　付 ………………………………………………………… 391
　　　Q75 ……………………………………………………………… 392
　　⑵　弁済期未到来の債権者に交付すべき金銭の供託 ……………… 393
　　　ア　供　託 ………………………………………………………… 393
　　　イ　払渡（還付）………………………………………………… 394
　　⑶　債権者又は滞納者に交付すべき金銭の供託 …………………… 394
　　　ア　供　託 ………………………………………………………… 394
　　　イ　払渡（還付）………………………………………………… 394
第3　強制執行等と滞納処分との調整 ……………………………………… 394
　1　総　説 ……………………………………………………………… 394
　2　給与債権以外の金銭債権に対する滞納処分と強制執行による供託 … 395
　　⑴　滞納処分による差押えと強制執行による差押えが競合しない場
　　　合 ……………………………………………………………………… 395
　　　《パターン事例Ⅳ-5》…………………………………………… 395
　　⑵　強制執行による差押えと滞納処分による差押えが競合し，滞納
　　　処分による差押えが先行する場合 ……………………………… 398
　　　《パターン事例Ⅳ-5.①》……………………………………… 399
　　　Q76 ……………………………………………………………… 400
　　⑷　強制執行による差押えと滞納処分による差押えが競合し，強制
　　　執行による差押えが先行する場合 ……………………………… 401
　　　《パターン事例Ⅳ-5.②》……………………………………… 401
　　　Q77 ……………………………………………………………… 403
　3　給与債権に対する滞納処分と強制執行による供託 ……………… 403
　　⑴　給与債権に強制執行による差押えと滞納処分による差押えが競
　　　合し，滞納処分による差押えが先行する場合の供託 ………… 403
　　　ア　滞納処分による差押えの金額が大きい場合 ……………… 403
　　　　㋐　国税徴収法による差押え　*404*
　　　　㋑　民事執行法による差押え　*404*
　　　　㋒　本事例の場合　*404*
　　　イ　滞納処分による差押えの金額が少ない場合 ……………… 406
　　⑵　給与債権に強制執行による差押えと滞納処分による差押えが競
　　　合し，強制執行による差押えが先行する場合 ………………… 407
　　　ア　滞納処分による差押えの金額が大きい場合 ……………… 407
　　　イ　滞納処分による差押えの金額が少ない場合 ……………… 408
　　　ウ　先行する強制執行による差押えが取り下げられた場合 ………… 409
第4　金銭債権に対して滞納処分と仮差押の執行が競合した場合 ………… 410
　　　《パターン事例Ⅳ-5.③》……………………………………… 410

総目次

第2章　債権譲渡と強制執行等の供託（混合供託）―――― 413

第1　債権譲渡 ·· 413
　1　債権譲渡とは ·· 413
　　　Q78 ·· 413
　2　譲渡通知 ··· 414
　3　債権者不確知供託 ··· 415
　　　Q79 ·· 416
　（1）債権譲渡通知の先後が明らかな場合 ······················· 418
　（2）債権譲渡通知送達の先後が不明である場合 ················· 418
　（3）債権譲渡通知の送達が同時である場合 ····················· 418
　　　Q80 ·· 420
　4　債権譲渡登記 ·· 420
　（1）債務者以外の第三者に対する対抗要件 ····················· 421
　（2）債務者に対する対抗要件 ································· 421
　　ア　民法467条同士の優劣 ································· 422
　　イ　特例法同士の優劣 ····································· 422
　　ウ　民法467条と特例法の優劣 ···························· 422
第2　混合供託 ·· 423
　1　混合供託とは ·· 423
　2　混合供託の可否が問題となる事例 ································· 424
　（1）差押命令の送達後に債権譲渡通知があった場合 ············· 424
　（2）債権の一部に対する差押命令の送達後にその債権の全額譲渡の
　　　通知があった場合 ·· 424
　（3）債権譲渡通知と差押命令の送達が同時に送達された場合 ····· 425
　（4）債権譲渡通知と差押命令の送達の先後関係が不明の場合 ····· 425
　3　混合供託の形態 ·· 425
　（1）仮差押後に債権譲渡通知が送達された場合 ················· 425
　　　《パターン事例Ⅰ－8》 ······································ 425
　（2）債権譲渡後に仮差押えがされた場合 ······················· 427
　　　《パターン事例Ⅰ－8.①》 ·································· 427
　　　Q81 ·· 428
　（3）譲渡禁止特約付債権の債権譲渡後に強制執行による差押命令及
　　　び滞納処分による差押通知がされた場合 ····················· 429
　　　《パターン事例Ⅰ－8.②》 ·································· 429
　（4）譲渡禁止特約付債権の債権譲渡後に仮差押命令及び滞納処分に
　　　よる差押通知がされた場合 ···································· 431
　　　《パターン事例Ⅰ－8.③》 ·································· 431
　（5）譲渡禁止の特約のある債権につき差押・転付命令が発せられた
　　　場合 ··· 432
　（6）同一の債権について，滞納処分による債権差押通知と債権譲渡

29

通知の到達の先後関係が不明として債権者不確知による供託がされた場合 ……………………………………………………………… 433

(7) 債権譲渡と強制執行との競合以外の混合供託 …………………… 434

ア　処分禁止の仮処分命令と強制執行による差押命令がされた場合 ……………………………………………………………… 434

イ　質権が設定されている金銭債権に対して強制執行による差押えがなされた場合 ……………………………………………… 435

4　混合供託の払渡 ……………………………………………………… 438

(1) 民法494条及び民事執行法156条を根拠法令として供託し，債権者不確知が解消した結果供託金全額に差押えの効力が及ぶ場合 …… 438

(2) 民法494条及び民事執行法156条1項を根拠条文として供託し，第三債務者が差押債権額を超えて債権全額を供託した場合 ………… 438

第Ⅳ編　供託成立後の権利変動

第1章　供託物払渡請求権の処分による権利変動 —————— 441

第1　はじめに ………………………………………………………… 441

1　供託成立後の権利変動とは ……………………………………… 441

2　供託の受諾 ………………………………………………………… 443

(1) 供託の受諾とその効果 ………………………………………… 443

(2) 供託の受諾をなし得る者 ……………………………………… 443

(3) 手　続 …………………………………………………………… 443

第2　供託物払渡請求権の処分 ……………………………………… 445

1　供託物払渡請求権の譲渡 ………………………………………… 445

(1) 譲渡の方法 ……………………………………………………… 446

(2) 譲渡通知の真正担保 …………………………………………… 448

(3) 供託金利息の帰属問題 ………………………………………… 449

2　供託物払渡請求権の質入れ ……………………………………… 449

(1) 質権とは ………………………………………………………… 449

(2) 対抗要件 ………………………………………………………… 450

(3) 供託金還付請求権者の払渡請求の方法 ……………………… 450

ア　質権者からの直接取立てによる払渡し ………………… 450

イ　供託金利息 ………………………………………………… 451

第2章　供託物払渡請求権の処分の制限による権利変動 ——— 453

第1　供託金払渡請求権に対する強制執行 ………………………… 453

1　総　説 ……………………………………………………………… 453

(1) はじめに ………………………………………………………… 453

Q82 …………………………………………………………………… 453

(2) 第三債務者に対する陳述の催告 ……………………………… 455

⑶　事情の届出 ……………………………………………………… 455
　　ア　供託官の事情届とその時期 ………………………………… 455
　　　㋐　仮差押解放金の場合　*457*
　　　㋑　みなし解放金の場合　*458*
　　Q83 ………………………………………………………………… 458
　2　供託物払渡請求権に対する強制執行 ……………………………… 459
　⑴　供託物払渡請求権に対して差押えが送達された場合，又は複数
　　の差押えが送達されたが差押えが競合していない場合 ………… 459
　⑵　供託物払渡請求権に差押えが競合した場合 …………………… 464
　⑶　供託金払渡請求権に対する仮差押え …………………………… 464
第2　供託物払渡請求権に対する強制執行と滞納処分 ………………… 465
　1　供託物払渡請求権について強制執行による差押えと滞納処分によ
　　る差押えがされた場合 ……………………………………………… 465
　⑴　滞納処分が先行する場合 ……………………………………… 465
　　【事例1】…………………………………………………………… 467
　　【事例2】…………………………………………………………… 467
　　【事例3】…………………………………………………………… 468
　　【事例4】…………………………………………………………… 468
　⑵　強制執行が先行する場合 ……………………………………… 469
　　【事例5】…………………………………………………………… 469
　2　供託金払渡請求権について仮差押えの執行と滞納処分による差押
　　えがされた場合 ……………………………………………………… 470
　⑴　滞納処分による差押えが先行する場合 ……………………… 470
　　【事例6】…………………………………………………………… 470
　⑵　仮差押えが先行する場合 ……………………………………… 470
　　【事例7】…………………………………………………………… 470
　3　供託金払渡請求権について強制執行による差押えと仮差押えの執
　　行と滞納処分による差押えがされた場合 ………………………… 471
　　【事例8】…………………………………………………………… 471
第3　供託物払渡請求権の時効消滅 …………………………………… 471
第4　供託振替国債に関する強制執行 ………………………………… 472
　1　供託振替国債払渡請求権の差押え ……………………………… 472
　2　供託振替国債の換価手続 ………………………………………… 472
　3　供託振替国債払渡上の注意 ……………………………………… 473

巻末資料編

各種手続フロー及び一覧表等 ──────────────── 477
OCR用供託書記載例 ────────────────────── 500

　申請書記載例　500／払渡請求書記載例　554

Q&A目次

Q 1　裁判が確定するまでの期間計算の起算点はいつからか？ ……………………34

Q 2　弁済供託のための競売とはどういうものか？ ………………………………37

Q 3　一般の先取特権とは何をいうのか？ …………………………………………40

Q 4　悪質な執行妨害に対する執行機関の保護の規定にはどのようなものがあるのか？ …………………………………………………………………………………44

Q 5　執行機関による責任財産の帰属はどのように判断するのか？ ………………47

Q 6　確定判決であれば必ず債務名義となるか？ …………………………………55

Q 7　3つの要件を備えている公正証書は全て執行証書となるのか？ ……………60

Q 8　認諾調書とはどういうものか？ ………………………………………………64

Q 9　民事調停とはどういうものか？ ………………………………………………64

Q10　債務名義に執行文の付与を要しないのはどのような場合か？ ………………67

Q11　強制執行の費用はどうなるのか？ ……………………………………………71

Q12　民事執行法36条の仮の処分とはどういうものか？ …………………………73

Q13　第三者異議事由となる場合とならない場合には主にどのようなものがあるか？ …………………………………………………………………………………84

Q14　執行抗告をすることができると定められているものには，どのようなものがあるか？ ………………………………………………………………………………86

Q15　執行抗告の裁判の間に執行手続を停止させるためにはどうすればよいか？ ……87

Q16　即時抗告とは何か？ ……………………………………………………………88

Q17　不服申立てだけでは，強制執行は停止しないが，どのようなときに執行機関は強制執行を停止，また，取消しをするのか？ …………………………………90

Q18　土地・建物以外に執行の対象となる不動産はどのようなものか？ …………93

Q19　既に他の債権者によって強制競売の申立てがなされ開始決定がされている場合，更に競売を申し立てることができるのか？ …………………………………95

Q20　未登記の不動産については，どのようにして差押えの登記をするのか？ ………98

Q21　賃借権の譲渡についての承諾は差押えによって禁止される処分に当たるか？ …………………………………………………………………………………99

Q22　相手方を特定しないでする保全処分はできるのか？ ………………………101

Q23　不動産強制競売における配当等を受けるべき債権者とは誰か？ ……………105

Q24　動産執行における配当等を受けるべき債権者とは誰か？ ……………………118

Q&A目次

Q25 債務者に対する債権差押えの処分禁止の効力はどの範囲まで及ぶのか？ ………122

Q26 取立訴訟とは？ …………………………………………………………………130

Q27 民事執行法施行前の旧民事訴訟法における権利供託は，どのように取り扱われていたのか？ …………………………………………………………………132

Q28 差押え等の競合とは？ …………………………………………………………134

Q29 なぜ，民事執行法156条2項において，供託義務の規定が設けられたのか？ ……136

Q30 給与債権に対して執行裁判所から差押命令が送達されたとき，どうしたらよいか？ ……………………………………………………………………………139

Q31 債権執行における配当等を受けるべき債権者とは誰か？ ……………………148

Q32 みなし交付要求とは？ …………………………………………………………149

Q33 金銭債権執行としての動産引渡請求権の差押債権者が競合した場合はどうなるのか？ …………………………………………………………………………151

Q34 特殊保全とはどういうものか？ ………………………………………………166

Q35 相手方を特定しないで仮処分はできるのか？ ………………………………171

Q36 保全命令の申立てが却下された後，同一の被保全権利について再度申立てをすることができるか？ ……………………………………………………………175

Q37 民事訴訟でいう「証明」と民事保全の「疎明」とどこが違うのか？ …………176

Q38 仮差押えを申し立てた目的不動産の価額が請求債権額を大きく上回る場合，仮差押えは禁止されるか？ ……………………………………………………184

Q39 動産の仮差押命令は目的物を特定しないで発することができるとあるが，この場合，仮差押えの執行をすべき目的物をどのように特定するのか？ …………187

Q40 裁判所から仮差押命令が送達されたとき，どうしたらよいか。また，複数の仮差押命令が送達されてきたときはどうか？ …………………………………188

Q41 占有移転禁止の仮処分の効力の及ぶ者の範囲は？ …………………………193

Q42 仮処分の執行後に占有を取得した者はどのように排除できるのか？ …………193

Q43 仮差押えが以下のような他の執行手続と競合した場合は，どうしたらよいか。
　① 仮差押命令の送達があった後に，更に差押命令が送達されたとき
　② 差押命令の送達があった後に，更に仮差押命令が送達されたとき
　③ 仮差押命令と滞納処分による差押通知が送達されたとき …………………195

Q44 供託官の審査権限はどこまであるのか？ ……………………………………200

Q45 供託官の処分に不服がある場合はどうすればよいのか？ ……………………200

Q46 弁済供託において以下の場合の供託所はどこになるのか？
　① 債務履行地に供託所がないとき
　② 持参債務で債権者の住所が不明である場合

33

Q&A目次

　　③　地代，家賃の債権者が数名おり支払場所が債権者の住所と定められている場合

　　④　債権者不確知の弁済供託をするとき……………………………………………… 205

Q47　供託書を記載する上で注意をする事項等は？…………………………………… 208

Q48　供託書の訂正はできるのか？……………………………………………………… 212

Q49　添付又は提示書類省略の簡易確認手続とは？…………………………………… 216

Q50　公正証書遺言により遺言執行者に指定された者が，その職務に基づき供託をするときは，代理人の権限を証する書面として，公正証書遺言の正本でよいのか。この場合の公正証書遺言の正本は作成後３か月以内のものでなければならないか？……………………………………………………………………………… 217

Q51　供託時確認請求手続とは？………………………………………………………… 218

Q52　供託受諾による取戻請求権の消滅とは？………………………………………… 221

Q53　払渡請求書を記載する上で注意する事項等は？………………………………… 223

Q54　印鑑証明書の添付の有無についてはどうなっているのか？…………………… 225

Q55　小切手振出し後１年を経過した場合はどうするのか？………………………… 232

Q56　預貯金振込みの代理人の範囲は？………………………………………………… 234

Q57　元金の受取人と利息の受取人とが異なるときとはどのような場合か？……… 238

Q58　営業保証供託の取戻請求権の消滅時効の起算点は？…………………………… 240

Q59　供託に関する書類等の閲覧の申請はどのようにするのか。また，閲覧の際に複写機や写真撮影はできるのか？…………………………………………………… 243

Q60　違法・不当な保全命令又は保全執行による裁判上の担保の場合，債務者が被るであろう損害とはどういうものをいうのか？………………………………………… 251

Q61　担保を立てるべきことを命じた裁判所が高等裁判所であるときは，どこの供託所に供託できるのか？……………………………………………………………… 254

Q62　担保変換とはどのようなものか？………………………………………………… 256

Q63　裁判上の担保供託において，供託書の訂正申請が認められる場合は具体的にどんな場合か？…………………………………………………………………………… 261

Q64　裁判上の担保供託において，供託者が死亡し，訴訟承継人（相続人）である旨の記載のある担保取消決定正本を添付して取戻請求をすることができるか？……………………………………………………………………………………… 266

Q65　裁判上の担保供託において，供託日から14年目に供託原因消滅証明書により払渡請求があった場合，供託原因消滅証明書の証明日が直近の日付であれば，払渡請求に応じてよいか？…………………………………………………………… 279

Q66　支払委託の手続とはどういうものか？…………………………………………… 284

Q&A目次

Q67 債務者が不出頭の場合に，民事執行法91条2項の供託申請は受理できるか？ ……………………………………………………………………287

Q68 供託書の被供託者欄の記載を要する場合とは？ ………………296

Q69 配当加入遮断効の発生時期は？ ……………………………298

Q70 払渡請求において，弁済供託部分と執行供託部分とは同時に請求できるか？ …………………………………………………………………308

Q71 執行供託における供託金の取戻請求はどのような場合に認められるのか？ ……308

Q72 差押債権者が取立訴訟の判決に基づいて第三債務者の有する金銭債権を差し押さえた場合，差押債権者は取立権を行使することはできるのか？…………338

Q73 仮差押解放金につき，仮差押債権者が和解調書に基づき直接，和解調書・供託原因消滅証明書を添付して払渡請求できるか。………………………363

Q74 執行供託と同時に弁済供託の性質を有するとはどういうことか？………375

Q75 滞納税の徴収のため，滞納者の不動産を公売にかけ換価した際，当該不動産に係る根抵当権設定仮登記権者に対する配当金については供託を要する旨定められている。その手続はどのようになるか？…………………………392

Q76 強制執行による差押えと滞納処分による差押えが競合し，滞納処分による差押えが先行する場合に，滞納処分による差押えの手続がいっこうに進行しない場合，強制執行による債権者はどうすればよいか？……………………400

Q77 強制執行による差押えと滞納処分による差押えが競合し，強制執行による差押えが先行する場合に，強制執行の手続がいっこうに進行しない場合に，徴収職員等はどのようなことができるか？……………………………403

Q78 ①債権の性質が譲渡を許さないもの，また，②法律上，譲渡を禁止されているものとはどのようなものか？…………………………………413

Q79 平成28年12月19日，最高裁判所大法廷において，共同相続された普通預金債権，通常貯金債権及び定期貯金債権は，いずれも相続開始と同時に当然に相続分に応じて分割されることはなく，遺産分割の対象となるものと解するのが相当であるとの決定（以下「最高裁決定」という。）がされた。最高裁決定を受けて，預貯金債権に係る債権者不確知供託の受理及び払渡しに関する供託事務の取扱いはどうなるのか？…………………………416

Q80 ①指名債権（民467）が二重に譲渡された場合，また，②債権の譲受人と同一債権に対して債権差押命令及び転付命令を得た者との優劣はどのようになるのか？………………………………………………………420

Q81 混合供託の管轄供託所について，被供託者住所地を支払場所とする債務について債権者不確知供託をする場合，供託申請は各被供託者住所地を管轄するいずれの供託所でもよい（昭38.6.22民事甲1794号認可・先例集(3)［94］304頁）。それでは，混合供託のケースも同様の扱いができるか。……428

Q82 供託所に送達される債権差押命令書はどのような形式となっているか？………453

Q83 仮差押えの執行を原因とする民事保全法50条5項，民事執行法156条1項による供託後，仮差押債権者がその本執行として供託金還付請求権を差し押さえた場合，供託官は事情届をするのか？……………………………458

35

事例目次

事 例 目 次

1 基本事例に基づくパターン事例

【基本事例Ⅰ】 ··32
　　さいたま市中央区在住の青空広大さんは建設業を営んでいますが，経済不況の影響で，建材の仕入れ価格が値上がりし，資金繰りに窮していたため，海山銀行株式会社（所在地　東京都港区）からやむを得ず，金3000万円を借り入れました（金銭消費貸借契約　民587）。海山銀行が債権者，青空さんが債務者となります。
　　なお，青空さんは，海山銀行からの借入金を活用し，森林緑子さん（東京都台東区在住）の所有の土地に建物を建築し，森林さんに対してその工事請負代金請求権（金3000万円）を有しています。

《パターン事例Ⅰ－1》
　　青空さんは，海山銀行から金3000万円を借り入れましたが，青空さんは，弁済期を過ぎても借金を返済しません。海山銀行は，金3000万円を返済させるにはどうしたらよいでしょうか？ ······················33

　　《パターン事例Ⅰ－1．①》
　　　　金3000万円の借金を返済しない青空さんには，所有する土地（以下「甲土地」という。）のみで他に財産がない場合，海山銀行は当然に金3000万円を回収するために，貸金返還請求を提起し確定判決を経て，この甲土地に対して強制執行の手続で差押え，強制競売により金3000万円の配当を受けようと考えました。しかし，確定判決前に，青空さんがこの甲土地を第三者（山川さん）へ譲渡する可能性があります。
　　　　海山銀行は，これを防ぐにはどうすればよいでしょうか。··············· 164

　　《パターン事例Ⅰ－1．②》
　　　　青空さん所有の東京都台東区の土地を5000万円で第三者に売買しようと考えていました。しかし，海山銀行は，青空さん所有の土地に，青空さんに対する訴訟を提起する前に，仮差押えを行いました。青空さんに裁判所から仮差押命令が通知され，土地には仮差押えの登記がされています。
　　　　青空さんが，この仮差押登記を抹消するためには，どうすればよいでしょうか。······· 361

　　《パターン事例Ⅰ－1．③》
　　　　債権者である海山銀行は，3000万円の借金を返済しない青空さん（債務者）に対し貸金返還請求を提起し確定判決を経て，青空さんの所有する甲土地を差し押さえ，強制競売により3000万円を回収しようとしたところ，確定判決前（口頭弁論終結時前）に，青空さんは自己所有の甲土地を海山銀行からの強制執行を免れるため，山川さん（第三者）へ譲渡し，移転登記も済ませてしまっていました。そこで，海山銀行は，青空さんと山川さんの間の譲渡が海山銀行を害するものとして，山川さんに対して詐害行為取消しの訴え（民424）を提起し，勝訴判決を得て，山川さん名義の甲土地の登記を青空さん名義に戻した上で，青空さんに対する確定判決をもって，その甲土地を差し押さえて，強制執行をしようと考えましたが，山川さんが第三者へ更に譲渡や売買をすることも考えられます。そこで，当該訴訟の判決が確定するまでに不動産が更に他の第三者に処分されないように，海山銀行は返還請求権を保全するため，処分禁止の仮処分を申し立てました。山川さんはどうすればこの仮処分の執行を取り消すことができますか。····················· 378

《パターン事例Ⅰ－2》
　　海山銀行は金3000万円の金銭消費貸借契約時に，青空さん所有の不動産に抵当権（民

36

事例目次

369以下）を設定する契約も締結し，その土地に抵当権設定登記をしていた場合は，どうでしょうか？ …………………………………………………………………………………35

《パターン事例Ⅰ-3》
　海山銀行は，確定判決に基づき，青空さんの財産から3000万円を回収するため，執行機関に対し強制執行を申し立てました。しかし，確定判決後，青空さんは3000万円を既に返金していましたが，それでも，海山銀行が返済の事実はない旨，主張して強制執行の申立てを取り下げない場合，青空さんはどうしたらよいでしょうか。…………………………77

　　《パターン事例Ⅰ-3．①》
　　　青空さんは3000万円を既に返金していたため，請求異議の訴えを提起しましたが，当然には執行手続は停止しないといわれました。放っておくと，請求異議の判決までに執行手続が最後まで進んでしまい，請求異議の訴えを提起した意味がなくなるおそれがあります。どうすれば，執行手続を停止し，請求異議の訴えの判決までもっていくことができるのでしょうか。…………………………………………………………79

《パターン事例Ⅰ-4》
　海山銀行が，青空さん名義の甲土地に対して，確定判決に基づき強制執行を申し立て差し押さえました。しかし，実際には，その土地は山川豊治という人の所有でした。山川さんは所有の土地を担保に，銀行からの融資を受けるため，登記事項証明書を確認して，はじめて，知らない間に名義を青空さん名義とされ，しかも差押えがされていることを知りました。山川さんは，どうすればよいでしょうか。…………………………………………81

　　《パターン事例Ⅰ-4．①》
　　《パターン事例Ⅰ-4》の場合において
　　(1)　もともとは山川さんの所有の土地ではなく，海山銀行の差押えより前に，山川さんが青空さんからその土地の譲渡を受けて，所有権移転登記をしていなかった場合はどうでしょうか。
　　(2)　青空さんから土地の引渡しを受けるまでの担保として，山川さんが抵当権設定登記を備えていた場合はどうでしょうか。………………………………………82

　　《パターン事例Ⅰ-4．②》
　　　青空さんの所有している土地（以下「甲土地」という。）と思っていたものは，実は山川さん所有の土地で，土地を管理している不動産会社が委任状等を偽造し，山川さんに無断で青空さんに売却し，青空さん名義に所有権移転登記がされたものでした。そこで，山川さんが，青空さんに対して所有権抹消登記の請求の訴えを起こそうと考えていました。しかし，青空さんが，その土地を確定判決前に，第三者に譲渡して所有権移転登記をするのを防ぐには，どうすればよいでしょうか？……………………………168

《パターン事例Ⅰ-5》
　判決の確定後も，青空さんから返済する様子がまったく見受けられないので，海山銀行は，青空さんが森林緑子さんに対して有している，工事請負代金請求権（3000万円）を差し押さえる旨を東京地方裁判所に申し立て，同申立てに係る債権差押命令書が森林さんに送達されました。
　その後，森林さんは，青空さんから工事請負代金債務の全額（3000万円）についての支払を求められました。この場合，森林さんは青空さんの申出に応じて支払うべきなのでしょうか。………………………………………………………………………301

　　《パターン事例Ⅰ-5．①》
　　(1)　《パターン事例Ⅰ-5》において，森林さんは，民事執行法156条1項に基づき，差押債権額の全額に当たる3000万円を供託することにした場合，供託の手続はどのようになるでしょうか。
　　(2)　海山銀行が青空さんに対して有する貸金債権を2500万円とした場合に，海山銀行が，青空さんの工事請負代金債権3000万円のうち2500万円を差し押さえたとして，以下の場合，供託の手続はどのようになるでしょうか。
　　　①　森林さんが金2500万円を供託した場合

37

事例目次

② 森林さんが金3000万円を供託した場合
(3) 上記(1)の供託手続が終了した後，東京地方裁判所において配当等の手続が実施され，海山銀行が3000万円の配当を受けることになりました。この場合において，海山銀行が供託金の払渡しを受けるにはどうすればよいでしょうか。
(4) 上記(2)②の供託手続が終了した後，青空さんは海山銀行に2500万円を弁済したことから，海山銀行は，東京地方裁判所が配当等の手続を実施する前に差押命令を取り下げました。この場合，青空さんが供託金全額の払渡しを受けるにはどうすればよいでしょうか。 302

《パターン事例 I −6》
青空さんは，海山銀行の他に，大地信用金庫からも金銭の貸付けを受けていることがわかりました。その後，海山銀行及び大地信用金庫から，青空さんが森林さんに対して有している工事請負代金債権（3000万円）に対して，下記の内容の（仮）差押命令が森林さんに送達された場合，森林さんの供託手続はどうなるのでしょうか（なお，①・②の数字は送達された順番で，執行裁判所については，①は東京地方裁判所，②は横浜地方裁判所である。）。
(1) ①海山銀行　　差押金額：1500万円
　　②大地信用金庫　差押金額：1200万円
(2) ①海山銀行　　仮差押金額：1500万円
　　②大地信用金庫　差押金額：1200万円
(3) ①海山銀行　　差押金額：1500万円
　　②大地信用金庫　仮差押金額：1200万円 312

《パターン事例 I −6．①》
青空さんが森林さんに有している工事請負代金債権（金3000万円）に対して，下記の内容の（仮）差押命令が森林さんに送達された場合，森林さんの供託手続はどうなるのでしょうか（なお，○の数字は送達された順番で，執行裁判所については，①は東京地方裁判所，②は横浜地方裁判所である。）。また，供託手続が終了した後，東京地方裁判所において配当等の手続が実施され，海山銀行が3000万円の配当を受けることになりました。この場合において，海山銀行が供託金の払渡しを受けるにはどうすればよいでしょうか。
(1) ①海山銀行　　差押金額：1700万円
　　②大地信用金庫　差押金額：1500万円
(2) ①海山銀行　　差押金額：1700万円
　　②大地信用金庫　仮差押金額：1500万円
(3) ①海山銀行　　仮差押金額：1700万円
　　②大地信用金庫　差押金額：1500万円 317

《パターン事例 I −6．②》
青空さんが森林さんに有している工事請負代金債権（金3000万円）に対して，差押命令等が送達されました。次の事例(1)，(2)について検討します。
【事例】
(1) 下記の内容の差押命令等が森林さんに送達されましたが，後日，②については取り下げられました。この場合，森林さんの供託手続はどうなるのでしょうか。
　　①海山銀行　　仮差押命令（差押金額：1700万円）
　　②大地信用金庫　差押命令（差押金額：3000万円）
　　③太陽銀行　　差押命令（差押金額：1000万円）
(2) 下記の内容の差押命令等が森林さんに送達され，森林さんは民事執行法156条2項を根拠法令として，金3000万円を供託しましたが，後日，②については取り下げられました。この場合において，青空さんは工事請負代金債権の債権者として供託金の還付請求をすることは可能でしょうか。可能な場合，どのような払渡手続となるのでしょうか。
　　①海山銀行　　仮差押命令（差押金額：1700万円）
　　②大地信用金庫　差押命令（差押金額：1500万円） 324

38

事例目次

《パターン事例Ⅰ-6．③》
(1) 海山銀行及び大地信用金庫から，青空さんが森林さんに対して有している工事請負代金債権（金3000万円）に対して，下記の内容の差押命令等が森林さんに送達された場合，森林さんの供託手続はどうなるのでしょうか（なお，○の数字は送達された順番である。）。
　①海山銀行　　　差押命令（差押金額：1700万円）
　②大地信用金庫　配当要求（差押金額：1500万円）
(2) 青空さんは，海山銀行及び大地信用金庫のほかに，太陽銀行からも金銭の貸付けを受けていることがわかり，青空さんが森林さんに対して有している工事請負代金債権（3000万円）に対して，下記の内容の差押命令等が森林さんに送達されましたが，③については後日取下げられました。この場合，森林さんの供託手続はどうなるのでしょうか。
　①海山銀行　　　差押命令（差押金額：1700万円）
　②大地信用金庫　配当要求（差押金額：1500万円）
　③太陽銀行　　　仮差押命令（差押金額：2000万円）……………………………… 351

《パターン事例Ⅰ-6．④》
(1) 海山銀行及び大地信用金庫から，青空さんが森林さんに対して有している工事請負代金債権（3000万円）に対して，下記の内容の差押命令等が森林さんに送達された場合，森林さんの供託手続はどうなるのでしょうか（なお，○の数字は送達された順番である。）。
　①海山銀行　　　差押命令（差押金額：1700万円）
　②大地信用金庫　差押・転付命令（差押金額：1500万円）
(2) 上記(1)の供託手続が終了した後，東京地方裁判所において配当等の手続が実施され，大地信用金庫が3000万円の配当を受けることになりました。この場合において，大地信用金庫が供託金の払渡しを受けるにはどうすればよいでしょうか。…… 354

《パターン事例Ⅰ-7》
　青空さんが森林さんに対して有している工事請負代金請求権に対して，下記の内容の仮差押命令が森林さんに送達された場合，森林さんの供託手続はどうなるのでしょうか（なお，○の数字は送達された順番である。）。また，供託金の払渡しはどうなるのでしょうか。
　〔仮差押債権者〕〔仮差押債権額〕
(1) ①海山銀行　　　　1700万円
　　②大地信用金庫　　1500万円
(2) 大地信用金庫　　　1300万円
(3) ①海山銀行　　　　1500万円
　　②大地信用金庫　　1400万円 …………………………………………………………… 371

《パターン事例Ⅰ-8》
　森林さんは青空さんに対して工事請負代金金3000万円の債務を負っていますが，その請負代金について，
　① 「債権者（海山銀行），債務者（青空広大），第三債務者（森林緑子），仮差押債権額金3000万円」とする仮差押命令
　② 「譲受人（山川清），譲渡人（青空広大），譲渡金額3000万円」とする確定日付のある債権譲渡通知書が相次いで送達されました。
　森林さん（第三債務者）が免責されるにはどのような供託をしたらよいですか。なお，債権譲渡の有効性についての疑義はありません。
　この場合，譲受人の山川さんによる払渡手続はどのようになりますか。………………… 425

《パターン事例Ⅰ-8．①》
　青空さん・山川さんの間で工事請負代金債権の債権譲渡がなされましたが，その効力に争いがあり，森林さんとしては，いずれが真実の債権者であるか確知できない場合において，その請負代金につき，海山銀行から青空さんを執行債務者とする債権差押えがなされたとき（競合したときも同様）に，森林さんが完全に債務を免れるには

39

事例目次

どのようにしたらよいですか。
　この場合，山川さんが供託金の払渡しを受けるにはどうしたらよいですか。
　また，差押債権者海山銀行が払渡しを受けるにはどうしたらよいですか。……………… 427

《パターン事例Ⅰ-8．②》
　青空さん・山川さんの間で工事請負代金債権について，譲渡禁止特約付の債権譲渡
がなされ，その請負代金につき，海山銀行から青空さんを執行債務者とする債権差押
えがなされ，さらに，税務署から滞納処分による差押通知が森林さんに届きました。
　森林さんはどのようにしたらよいのでしょうか。…………………………………… 429

《パターン事例Ⅰ-8．③》
　青空さん・山川さんの間で工事請負代金債権について，譲渡禁止特約付の債権譲渡
がなされ，その請負代金につき，海山銀行から青空さんを仮執行債務者とする仮差押
えがなされ，さらに，税務署から滞納処分による差押通知が森林さんに届きました。
　森林さんはどのようにしたらよいのでしょうか。…………………………………… 431

【基本事例Ⅱ】 ………………………………………………………………………………………48
　金田耕助さんは，新潟県村上市へ2年間の転勤を命じられ，家族とともに東京を離れること
となり，急遽，東京都台東区東浅草の自宅を友人の等々力順也さんに2年の約束で貸すことにしま
した。金田さん（貸主）と等々力さん（借主）は公正証書の書面により，家賃は毎月末日までに
金8万円を金田さんの指定した銀行に振り込むこと，2年間の契約で明け渡すことを内容とした
定期建物賃貸借契約（借地借家法38）を交わしています。
　2年が過ぎ金田さんは自宅に戻ることとなりましたが，等々力さんがその建物に住み続けてい
ていっこうに出て行ってはもらえません。
　金田さん（原告）は，友人ではありましたが，しかたなく，等々力さん（被告）に対して建物
明渡請求の訴えを東京地方裁判所に提起しました。そして，裁判所が「被告は，原告に対し，別
紙物件目録記載の建物を明け渡せ。」という判決を言い渡し，この判決が確定しました。

《パターン事例Ⅱ-1》
　判決が出ても等々力さんが明け渡さない場合には，金田さんは，どうしたらよいでしょ
うか？ ………………………………………………………………………………………………49

《パターン事例Ⅱ-2》
　金田さんが確定判決に基づき，等々力さんに対して，建物の明渡しの強制執行をしよう
としたところ，第三者である多治見春太さんに占有が移っていた場合は，どうなるので
しょうか？ ………………………………………………………………………………………49

《パターン事例Ⅱ-2．①》
　《パターン事例Ⅱ-2》のように，民事訴訟の基準時前に，等々力さんが，その建
物の使用を第三者の多治見さんに勝手に譲ってしまう場合が考えられますが，多治見
さんへの建物の占有を防ぐには，金田さんはどうすればよいのでしょうか。…………… 170

【基本事例Ⅲ】 ………………………………………………………………………………………51
　東京都墨田区在住の堀北夢二さんは，生まれたばかりの長男の成長を残すために，大地信販会
社から貸付を受け50万円もする高価なビデオカメラを購入し，日夜撮影に励んでいました。ある
日，会社の後輩であり同じ町内会に住んでいる竹下大悟さんが，結婚するので新婚旅行にビデオ
カメラを貸してほしいといってきました。
　堀北さんは貸すのに躊躇しましたが，後輩の頼みとあってはしかたないと貸したところ，竹下
さんは新婚旅行から戻ってきても，いっこうに返しに来ません。痺れを切らした堀北さんは，竹
下さんに「ビデオカメラを返せ。」と電話で伝えましたが，それでも，いろいろと理由を付けて
返そうとしません。次に内容証明郵便を送付して返還を求めましたが，何の音沙汰もありません
でした。堀北さんは竹下さんに対し，「ビデオカメラを引き渡せ。」という判決を求めて，東京地

40

方裁判所に訴えを提起し，堀北さんの訴えどおりの判決が確定しました。

《パターン事例Ⅲ－1》
　判決が出ても竹下さんは，返そうとはしません。堀北さんはどうしたらよいでしょうか？ ……………………………………………………………………………… 51

《パターン事例Ⅲ－2》
　大地信販会社は，堀北さんにビデオカメラの購入資金として，金50万円を貸付し，金20万円が期限が来ても返済されていませんでした。大地信販会社は堀北さんに対して貸金返還請求を提起しようと考えていましたが，堀北さんにはビデオカメラ以外に預金や不動産などの財産がありません。このビデオカメラも第三者である竹下さんが占有していて，返してもらえないので，竹下さんが買い取ることとなっていました。大地信販会社が訴訟を提起する前にこのビデオカメラが，他の第三者へ所有権が移転しないように，仮差押えをしようと考えましたが，どこの裁判所に申立てをすることができるのでしょうか？ ………… 174

【基本事例Ⅳ】 ………………………………………………………………………58
　千葉県船橋市在住の蛭名凡太さんは，鈴成不動産株式会社（所在地　東京都八王子市）に勤務していました。
　蛭名さんの趣味は競馬と鉄道模型の収集でした。週末は必ず船橋競馬場に通っていましたが，ほとんど勝ったことはなく，たまに儲かっても帰りに飲食で使ってしまうため，生活費にも困り，大地信販会社（所在地　東京都豊島区）から金100万円の借金をしていたため，ますます，生活に困り，毎月末日までに金10万円の返済を続けていたため，ますます，生活に困り，趣味で集めた鉄道模型を親友の佐久間模作さんに，金100万円で売り払ったのですが，売買代金の受け取りが1か月先であったため，大地信販会社への返済が滞ってしまいました。そのため，大地信販会社の社員が，蛭名さん宅に取立てに来ましたが，蛭名さんは居留守を使い顔を出さないでいました。
　そんなある日，市川簡易裁判所から仮執行宣言付の支払督促が届きました。

《パターン事例Ⅳ－1》
　簡易裁判所から仮執行宣言付の支払督促に対して，蛭名さんが異議申立てをしないでいるとどうなるのでしょうか。………………………………………………………59

《パターン事例Ⅳ－2》
　蛭名さん（債務者）が，佐久間さん（第三債務者）に対して100万円の売買代金債権を有しており，大地信販会社が蛭名さんに対して300万円の貸金債権を有しています。この場合，差押債権者である大地信販会社が，蛭名さんが佐久間さんに有している売買代金債権に，差押・転付命令を申し立てた場合どのようになるのでしょうか。……………… 143

《パターン事例Ⅳ－3》
　蛭名さんは，競馬だけでは飽き足らず，競馬の合間にパチンコにも通っていて，大地信販会社からだけでなく，株式会社海空ファイナンスからも多額の借金をしていました。
　鈴成不動産株式会社（本店　東京都千代田区，支店　東京都八王子市）の社員である蛭名さん（八王子支店勤務，八王子市在住）の給与債権に対して，差押命令書が相次いで送達されました。蛭名さんの給与は，毎月，その支給日である25日に鈴成不動産株式会社本店のある千代田区の銀行から八王子市所在の青空銀行八王子支店の蛭名さん名義の口座に振り込まれることになっていますが，蛭名さんの平成28年8月分の給与支給総額は24万円（通勤手当を除く。），法定控除額は4万円でした。
　鈴成不動産株式会社は，蛭名さんの給与のうち，差押えのあった金額を供託したいと考えています。鈴成不動産株式会社は，どのような供託手続を取ればよいのでしょうか。……… 328

《パターン事例Ⅳ－3．①》
　《パターン事例Ⅳ－3》において，鈴成不動産株式会社が供託の準備を進めていたところ，蛭名さんの給与支給日を過ぎてから，大地信販会社及び株式会社海空ファイナンスの差押命令に引き続いて，差押命令書が送達されました。鈴成不動産株式会社

41

事例目次

は，平成28年8月29日に供託を予定していますが，この場合において，後から送付された差押命令についても供託書に記載すべきでしょうか。 ………………………… 332

《パターン事例Ⅳ－4》
　鈴成不動産株式会社の社員である蛭名さんの給与債権に対して，大地信販会社から，差押命令書が送達されました。平成28年8月27日，鈴成不動産株式会社は，蛭名さんの給与支給総額24万円（支給日：平成28年8月25日，法定控除額：4万円）から差押禁止部分を除いた額に当たる5万円につき，民事執行法156条1項に基づいて供託をしましたが，後日，蛭名さんに対して，下記差押命令の全部を取り下げる旨の通知をしました。
　下記の場合において，蛭名さんはどのような払渡手続を取ればよいのでしょうか。
　⑴　差押命令の取下げ前に事情届が裁判所に提出された場合
　⑵　差押命令の取下げ前後に事情届が裁判所に提出されなかった場合
　⑶　差押命令の取下げ後に事情届が裁判所に提出された場合 ………………… 334

《パターン事例Ⅳ－5》
　蛭名さんが，佐久間模作さんに金100万円で売った鉄道模型の売買代金債権に対して，その一部である金30万円の滞納処分による差押えと金40万円を差押債権とする強制執行による差押えが佐久間さん（第三債務者）のところに届きました。佐久間さんは供託することができるでしょうか。
　また，供託できる場合，供託金額はいくらになるでしょうか。 ………………… 395

《パターン事例Ⅳ－5．①》
　蛭名さんが，佐久間さんに金100万円で売った鉄道模型の売買代金債権に対して，債権の全額に滞納処分による差押えがされ，次いで，金40万円を差押債権とする強制執行による差押えが佐久間さん（第三債務者）のところに届きました。佐久間さんは供託することができるでしょうか。
　また，供託できる場合，供託金額はいくらになるでしょうか。 ………………… 399

《パターン事例Ⅳ－5．②》
　蛭名さんが，佐久間模作さんに金100万円で売った鉄道模型の売買代金債権に対して，債権の金30万円に強制執行による差押えがされ，その後，金80万円について滞納処分による差押えがされた場合，佐久間さんは供託することができるでしょうか。
　また，供託ができる場合，供託金額はいくらになるでしょうか。 ………………… 401

《パターン事例Ⅳ－5．③》
　蛭名さんが，佐久間模作さんに100万円で売った鉄道模型の売買代金債権に対して，その債権の50万円に仮差押命令が送達され，その後，債権の全額である100万円について滞納処分による差押えがされた場合，佐久間さんは供託することができるでしょうか。
　また，供託ができる場合，供託金額はいくらになるでしょうか。 ………………… 410

【基本事例Ⅴ】 ……………………………………………………………………………… 62
　横浜市緑区に在住の上田静子さんは夫の拓海さんと18年間，結婚生活を続けてきました。夫は乙商事株式会社に勤め，静子さんも甲スーパーでパートとして働いていました。夫婦には，中学2年生になる拓磨という男の子がいます。夫は，拓磨が中学に入学してからは，毎日のように自宅にも帰らず生活費もろくに入れませんでした。
　静子さんは甲スーパーの正社員になったのを機に，離婚を決意し，協議離婚を進めていましたが，夫は離婚には応じるというものの，子どもをどちらが引き取るかで揉めたため，夫は離婚に同意しません。

《パターン事例Ⅴ－1》
　話合いによって離婚をし，後日にトラブルとならないようにするには，どうしたらよいでしょうか。 …………………………………………………………………………… 62

42

事例目次

《パターン事例Ⅴ-2》
　雇用主である乙商事株式会社を第三債務者，債務者を乙商事株式会社の従業員である上田拓海とする次の差押命令が平成28年6月29日に送達されました。乙商事株式会社が供託をする場合，供託金額はいくらになりますか。
　なお，債務者である上田さんの給与総額は40万円，所得税，住民税，健康保険等の控除が8万円で，給与の支給日は毎月25日となっています。
　また，債権者は，上田さんの離婚した元配偶者です。…………………………………… 339

《パターン事例Ⅴ-2．①》
　《パターン事例Ⅴ-2》において，その後，平成28年7月10日，債務者の一般債権者から強制執行による差押えがされた場合，どのような供託をする必要がありますか。
……………………………………………………………………………………………………… 344

2　その他の事例

第Ⅱ編・第2章・第4・1(4)ウ
(差押命令の目的たる債権に対して質権が設定されている場合の第三債務者の供託事例)
　A社は，B社に対して，商品代金債権（以下「A債権」という。弁済期：平成27年8月1日）を有しており，そのA債権の担保として，B社のC社に対して有する請負代金債権（以下「B債権」という。弁済期：平成27年7月10日）に質権を設定し，B社からC社に内容証明郵便にて質権設定の通知をしました。平成27年7月10日，B債権の弁済期が到来しましたが，A債権の弁済期が未到来のため，A社はB債権を取り立てることができません。この場合において，A社及びC社はどう対応すべきでしょうか。……………………………… 321

第Ⅱ編・第2章・第4・1(8)
(預金債権の供託)
【事例紹介1】
　大山剛山さんは，森林銀行株式会社に平成29年9月1日付け定期預金契約に基づく金100万円の預金債権を有しています。この大山剛山さんに対する預金債権に対して差押命令が送達されました。第三債務者である森林銀行株式会社の供託手続きはどのようになるでしょうか。……………………………………………………………………………………… 346
【事例紹介2】
① 　森林銀行株式会社の預金者の1人である大山剛山さんに対する複数の債権者から，森林銀行株式会社を第三債務者として，差押命令が相次いで送達されました。森林銀行株式会社は，供託手続を行いたいと考えていますが，その際の供託すべき金額と利息の範囲はどうなるでしょうか。なお，最初の差押命令が送達された時点において，大山さんの普通預金の預金額は，1000万円でした。
② 　差押命令1が森林銀行株式会社に送達された後，平成28年11月1日に大山さんの口座に300万円の入金があり，その後，差押命令2が送達された場合，供託すべき金額と利息の範囲はどうなるでしょうか。………………………………………………………………… 347

第Ⅲ編・第1章・第3・3(1)
(給与債権に強制執行による差押えと滞納処分による差押えが競合し，滞納処分による差押えが先行する場合の供託)
　ア　滞納処分による差押えの金額が大きい場合
　　　当社の従業員であるAの給与債権に，滞納処分による差押えと，強制執行による差押えが相次いで送達された場合，どのような供託をすればよいですか。また，供託金額はいくらになりますか。なお，Aの給与の総支給額は50万円（通勤手当除く），法定控除額は10万円です。また，Aには扶養家族が1名います。………………………………………… 403
　イ　滞納処分による差押えの金額が少ない場合
　　　当社の従業員であるAの給与債権に，滞納処分による差押えと，強制執行による差押えが相次いで送達された場合，どのような供託をすればよいですか。また，供託金額はいくらですか。なお，Aの給与の総支給額は50万円（通勤手当除く），法定控除額は10万円です。また，Aには扶養家族が4名います。………………………………………… 406

43

事例目次

第Ⅲ編・第1章・第3・3⑵
(給与債権に強制執行による差押えと滞納処分による差押えが競合し，強制執行による差
押えが先行する場合)
　ア　滞納処分による差押えの金額が大きい場合
　　　当社の従業員であるAの給与債権に，強制執行による差押えに次いで，滞納処分によ
　　る差押えが相次いで送達された場合，どのような供託をすればよいですか。また，供託
　　金額はいくらですか。なお，Aの給与の総支給額は50万円（通勤手当除く），法定控除
　　額は10万円です。また，Aには扶養家族が1名います。‥‥‥‥‥‥‥‥‥‥‥‥‥‥‥ 407
　イ　滞納処分による差押えの金額が少ない場合
　　　当社の従業員であるAの給与債権に，強制執行による差押えに次いで，滞納処分によ
　　る差押えが相次いで送達された場合，どのような供託をすればよいですか。また，供託
　　金額はいくらになりますか。なお，Aの給与の総支給額は50万円（通勤手当除く），法
　　定控除額は10万円です。また，Aには扶養家族が4名います。‥‥‥‥‥‥‥‥‥‥‥‥ 408

第Ⅲ編・第2章・第2・3⑺イ
(質権が設定されている金銭債権に対して強制執行による差押えがなされた場合)
　　入居者Aに対する敷金返還債務700万円（弁済期：平成27年7月5日）に関して，債権
　仮差押命令，確定日付のある質権設定通知書，債権差押命令等が相次いで送達されました。
　この場合において供託は可能でしょうか。可能とした場合，根拠法令，被供託者の表記は
　どのようになりますか。なお，供託を検討している現時点（平成28年4月1日）において，
　質権者からの供託請求はなされていません。‥‥‥‥‥‥‥‥‥‥‥‥‥‥‥‥‥‥‥‥‥ 436

第Ⅳ編・第1章・第1・1
(供託成立後の権利変動)
　例1）借地人のAは，地主Bの地代の受領拒否を原因として供託したとします。供託後，
　　　Aの債権者である甲が，Aの取戻請求権を差し押えました。地主Bは供託金の還付を受け
　　　ることができるでしょうか。‥‥‥‥‥‥‥‥‥‥‥‥‥‥‥‥‥‥‥‥‥‥‥‥‥‥ 442

第Ⅳ編・第1章・第1・2
(供託の受諾)
　例2）借地人のAは，地主Bの地代の受領拒否を原因として供託しましたが，供託後，地
　　　主Bは賃料債権を乙に譲渡しました。借地人Aは，不受諾を原因として，供託金の取戻
　　　しを受けることができるでしょうか。‥‥‥‥‥‥‥‥‥‥‥‥‥‥‥‥‥‥‥‥‥‥ 444

第Ⅳ編・第1章・第2・1
(供託物払渡請求権の譲渡)
　例3）債務者AがBに対して100万円の金銭債務を負い，Aが100万円を金銭供託しました。
　　　そこで，Aは供託金の取戻請求権のうち50万円をCに譲渡した後に，Bから100万円の
　　　還付請求がされた場合，これに応じることができるでしょうか。‥‥‥‥‥‥‥‥‥‥ 445
　例4）Aが供託金還付請求権をB及びCに対して二重譲渡し，Aから供託所に対して，譲
　　　渡通知が送達された。供託所は，いずれの払渡請求に応ずるべきでしょうか（確定日
　　　付・到達日付は下記のとおりです。）。‥‥‥‥‥‥‥‥‥‥‥‥‥‥‥‥‥‥‥‥‥‥ 447

第Ⅳ編・第2章・第1・2
(供託物払渡請求権に対する強制執行)
　例1）Aは，Bから10万円を借りていましたが，Bが返済金の受領を拒否していることか
　　　ら，Bの受領拒否を原因として10万円を供託しました。ところが，その後，Bに8万円
　　　を貸していた乙が，Bの還付請求権のうち8万円を差し押えました。供託所は乙から
　　　の取立てに応じることができますか。‥‥‥‥‥‥‥‥‥‥‥‥‥‥‥‥‥‥‥‥‥‥ 460
　例2）Aは，Bから10万円を借りていましたが，Bが返済金の受領を拒否していることから，
　　　Bの受領拒否を原因として10万円を供託しました。ところが，その後，Bに3万円を貸
　　　していた乙が，Bの還付請求権の内3万円を差し押さえ，また，Cに4万円を貸してい
　　　た丙が，同請求権の内4万円を差し押さえました。供託所は乙及び丙からの取立てに応
　　　じることができますか。‥‥‥‥‥‥‥‥‥‥‥‥‥‥‥‥‥‥‥‥‥‥‥‥‥‥‥‥ 460
　例3）差押債権者が供託所に民事執行法155条1項に基づき直接取立てに来ましたが，請

44

求債権目録と差押債権目録に記載されている金額が異なっていました。供託官はどこま
での供託金額及び供託金利息を払い渡すことができるでしょうか？……………………… 461

第Ⅳ編・第2章・第2・1
（供託金払渡請求権について強制執行による差押えと滞納処分による差押えがされた場合）
(1) 滞納処分が先行する場合
【事例1】，【事例2】，【事例3】，【事例4】
(2) 強制執行が先行する場合【事例5】……………………………………………………… 467

第Ⅳ編・第2章・第2・2
（供託金払渡請求権について仮差押えの執行と滞納処分による差押えがされた場合）
(1) 滞納処分による差押えが先行する場合【事例6】
(2) 仮差押えが先行する場合【事例7】……………………………………………………… 470

第Ⅳ編・第2章・第2・3
（供託金払渡請求権について強制執行による差押えと仮差押えの執行と滞納処分による差
押えがされた場合）
【事例8】……………………………………………………………………………………… 471

45

第 **I** 編

各制度の概要

序　章	3
第1章　民事執行制度の概要	29
第2章　民事保全制度の概要	161
第3章　供託制度の概要	197

序　章

第1　民事法相互間の基本的な関係と供託

　憲法を法の頂点として体系的に分けると，その下に，民事法と刑事法があります。

　民事法を，権利義務の法律関係の内容で分類すると，民法と商法の実体法，それを実現する手続を定める民事訴訟法（刑事法では刑法が実体法，刑事訴訟法が手続法）に分けることができます。

　民事訴訟法（広義）には，さらに，権利義務を判断する狭義の民事訴訟法（判決手続），権利義務を実際に実現する民事執行法（執行手続），民事保全法（保全手続）や民事再生法などの倒産法等（包括執行手続）の分野があります。

【法体系図】

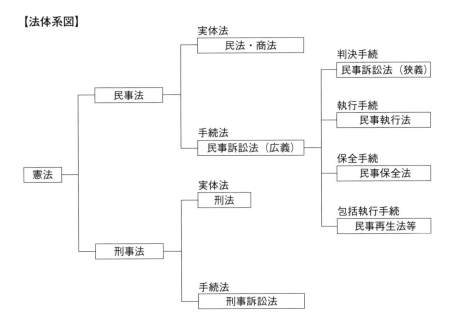

民法，民事訴訟法，民事執行法，民事保全法と供託の基本的な関係を具体的な事例で整理してみますと，以下のとおりとなります。

> **具体的事例**
> 　AがBに対し，金100万円を貸したとします。民法にいう金銭消費貸借契約が成立します。
> 　AはBに対し，金100万円の貸金債権（民587）を有することとなり，Aが債権者，Bが債務者となります。
> 　Bが支払期限が到来しても貸金を返済しない場合，当然，AはBに対し，「貸金を返せ」ということになります。それでも，Bが返さない場合には，A（原告）はBを被告として貸金返還請求の訴え（以下「本案訴訟」という。）を起こすことができます（民訴133Ⅰ）。

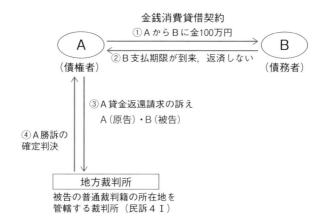

　この場合，Aが日本国内に住所等を有しないとき，Bの申立てにより，訴訟費用の担保を立てることを裁判所はAに命じ供託することがあります（民訴75Ⅰ）。
　また，本案訴訟の確定判決（債務名義）を取得するまでに時間がかかり，相手方が財産を処分したり，隠匿してしまうことが考えられます。この場合は，Aは裁判で勝訴してもBから金100万円を回収することもできなくなります。そこで，仮差押えや仮処分といった民事保全につい

序　章

ての措置を講じることとなります。この場合も供託手続（民保14Ⅰ，22，25等）が必要となります。

　そして，訴訟手続に入り，裁判所が，民事訴訟法に基づく手続により審理した上，AのBに対する債権が認められると裁判所が判断すれば，「被告は，原告に対し，金100万円を支払え。」という判決を言い渡すことになります。

　この本案訴訟の提訴時に合わせて，原告が仮執行ができる宣言（民訴259Ⅰ）を申し立てていたとき，又は被告が仮執行を免れることができる宣言を申し立てたとき（民訴259Ⅲ），裁判所により担保を立てることが命じられた場合にも，供託を行います。

　本案訴訟が，前述のとおりの判決が確定すれば，BはAに対し，金100万円を支払うべき義務を負うことになりますから，金100万円を返済しなければなりません。

　しかし，判決が確定してもBが任意に返済しない場合，Aは上記確定判決に基づき，執行裁判所に対し強制執行を申し立て，その貸金債権を強制的に実現することができます。この強制執行に対して債務者（又は債権者）から不服の申立てがあり，強制執行停止・取消し（又は強制執行の継続）を行うために裁判所が担保を命じて供託（民訴403Ⅰ，民執36Ⅰ等）を行うこともあります。

　また，強制執行による差押え（仮差押え）等が第三債務者になされた場合，第三債務者は供託を選択するか，又は供託をしなければならない（民執156Ⅰ・Ⅱ等）ことが生じます。

　強制執行が実行され競売等により売却代金に換価され，その売却代金から債権者等に対しての配当の額が決まり，配当等（配当・弁済金交付）が実施されますが，この配当等に異議の申し出があると裁判所書記官（又は執行官）は，配当留保供託（同91Ⅰ）や債権者（又は債務者）が配当期日において配当の受領のために執行裁判所に出頭しない場合，不出頭供託（同91Ⅱ）を行うこととなります。

　上記以外に，民事執行法及び民事保全法とその他の法律との関係で生

5

じる供託，供託成立後に発生した差押え等との権利関係など，訴訟，執行，保全手続の過程において，供託をすることが必要となる場面が，多々生じてきます。

第2 民事訴訟の流れ

以上，民事法と供託の基本的な関係について触れましたが，本編においては，裁判上の供託，特に，執行供託を中心に民事執行法と民事保全法にかかる供託事務について記述していくこととしますが，ここで判決手続の訴訟の流れについて，少し触れておくこととします。文頭（ ）内の①から⑨の数字は，図の①から⑨に対応するものです。

（①「裁判管轄地の決定」）

民事訴訟法では，原告は，原則として，被告の普通裁判籍の所在地を管轄する裁判所が管轄となります（民訴4Ⅰ）。例外として，例えば，財産上の訴えについては，義務履行地を管轄する裁判所にも提起することができます（民訴5①）。不法行為に関する訴えは，不法行為が行われた地（民訴5⑨）とし，不動産に関する訴えは，不動産の所在地（民訴5⑫），登記又は登録に関する訴えについては，登記又は登録をすべき地（民訴5⑬）となっています。

裁判管轄地は，法律の規定に

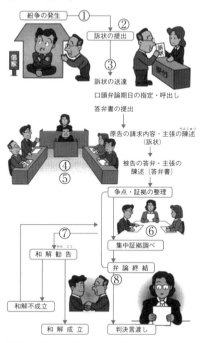

【訴訟の流れ】

【裁判所ウェブサイトより】

より定められた「法定管轄」と当事者の意思や直近の上級裁判所の決定により定める「指定管轄」（民訴10）があります。

（②「訴状の提出」）

訴えの提起をするには，原告又は訴訟代理人（弁護士等）が裁判所に「訴状」という書面を提出しなければなりません（民訴133Ⅰ，訴訟規則1）。簡易裁判所においては，口頭で提起することができます（民訴271）。

訴状には，次に掲げる事項を記載しなければなりません。

（必要記載事項　同133Ⅱ）

　　一　当事者及び法定代理人

　　二　請求の趣旨及び原因

原告は，訴状に，どんな判決を求めるのか（請求の趣旨）ということと，それを裏付ける事実（請求の原因）を記載します（訴状に記載しておくべき事項「請求を理由づける事実」「当該事実に関連する事実で重要なもの及び証拠」（訴訟規則53Ⅰ））。

裁判の申立ての手数料として，法律で定められた金額の収入印紙を貼付することなどが必要となります（民事訴訟費用等に関する法律3，8）。訴えの提起により，時効中断の効果があります。

（③「訴状及び期日の呼出状の送達」「準備書面の提出」）

原告が提出した訴状が被告に送達されてはじめて，訴訟が始まったということができ，審理される状態となり，これを「訴訟係属」といいます。

訴状（副本）を被告に届けることを「送達」といい，併せて期日の呼出状を原告に送達します。送達は通常，郵便で行います（民訴99，100）。

被告である相手方を知ることができない場合や，相手方の住所・居所がわからない場合，相手方が海外に住んでいてその文書の交付の証明が取れないときは，法的に送達したものとする公示送達という手続を行います（民訴110）。第1回口頭弁論期日（以下「第1回期日」という。）は原告の都合のみで，被告の都合を聞かずに決められます。

訴訟を起こされた被告は，第1回期日より前に答弁書（準備書面）を提出しなければなりません（民訴161，162）。この答弁書は原告に送達されま

第Ⅰ編　各制度の概要

す。答弁書を出さず，第1回期日に欠席した場合には，すぐに敗訴するおそれがあります。

　「訴訟係属」の効果としては，裁判所に訴訟係属が生じている場合には，当事者は同一の事件について重ねて裁判所に審判を求めることができないとする二重訴訟の禁止の効力が生じます（民訴142）。

(④「第1回口頭弁論期日」「訴訟の審理」)

　民事訴訟の口頭弁論とは，原告と被告が裁判官の前でお互いの主張を述べることですが，実際にはお互いの代理人である弁護士が出廷して裁判が行われます。

　書記官が事件番号と当事者の名前を読み上げるいわゆる「呼上げ」（訴訟規則62）がされ，口頭弁論が開始されます。

　裁判官が「準備書面」の主張についての質問をしたり，原告・被告ともに自分の主張をより強固にするための「証拠品」を裁判所に提出（民訴180）したり，また，証人に証言（民訴190）をしてもらったりすることができます。

　その後，各当事者に，次回までに相手方が出した書面に対する反論及び証拠の提出などを求め，出席した当事者の意見を聞き次回期日を決めます。

　次回期日までの間隔は，約1か月程度であることが多いようです。

(⑤「弁論期日・弁論準備期日」)

　以下，期日では，自分の主張をするときには，あらかじめ準備書面を提出することになります。

　原告が準備書面を提出し，被告がそれに対する反論の準備書面を提出するという形で何回かの期日を開きます。口頭弁論は1回で終わる場合もあれば，複雑な訴えで何度も開かれる場合もあります。

(⑥「証拠調べ期日（証人尋問・当事者本人尋問)」)

　争点が絞られ，書証もあらかた提出されると，証人尋問と本人尋問が行われます。

　証人尋問とは，原告・被告以外の第三者の尋問です。

　本人尋問とは，原告と被告が自ら尋問を受けることです。

8

序　章

　通常，証人尋問や当事者本人尋問（民訴182）は，訴訟の最終盤で行われます。

（⑦「和解勧告」）

　当事者にその意思があれば，和解はいつでもすることができますが，証拠調べの前後に和解の話をすることが多いようです。判決が出た後に和解することも可能です。

（⑧「口頭弁論終結」）

　証人尋問・当事者本人尋問が終了すれば，裁判所は「口頭弁論終結」（審理を終了すること）して，判決の言渡し期日を決めます。判決言渡し期日は，原則として口頭弁論終結の日から2か月以内に指定されることになっています。また，口頭弁論終結の前後に，裁判所から原告・被告に対して，改めて話合いによる解決（和解）を勧めて，話合いによる解決が試みられることもあります。

（⑨「判決言渡し」）

　指定された判決言渡し期日に，裁判官から判決の言渡しがあります。

　裁判官は「主文。原告の請求を棄却する。訴訟費用は原告の負担とする。以上。」というように「主文」だけ読み上げ，その「理由」については説明はしません。

　判決の理由については，後ほど判決正本が送達されますので，判決書を受け取って確認することになります（民事研修668号66頁・674号73頁（2012，2013）「話せばわかる！　研修講座　民事訴訟法編」，登記情報617号80頁「すぐに使える債権回収業務基礎講座」（2013））。

　以上が，訴訟の流れの概要です。

　この後，判決に納得がいかない原告又は被告が上訴するか，しない場合は判決が確定することとなります。

第3 民事執行法等の変遷

　現行の民事執行法になるまで数回の改正を経て、昭和54年、旧民事訴訟法の強制執行の手続部分と旧競売法とを統合した民事執行法が公布され、翌55年10月1日に施行されました。

　また、民事執行規則、民事執行法の施行に伴う関係法律、滞納処分と強制執行等との手続の調整に関する法律の一部を改正する法律等も併せて施行されています。

　しかし、保全執行手続については民事執行法に移行して規定され、保全命令手続については旧民事訴訟法に置かれたままとなっていました。その後、民事保全法が平成3年1月1日から施行されて、保全命令手続や保全執行手続は、全て民事保全法に移行しています。同時に民事保全規則も施行されています。

　変遷関係を図に表すと次のとおりです。

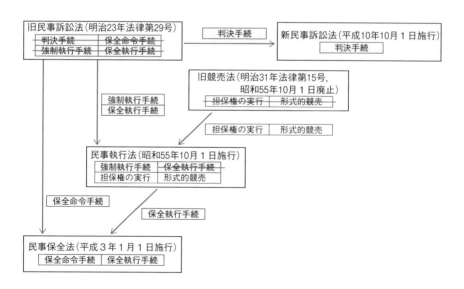

序　章

第 4　民事執行法，民事保全法の施行に伴う
　　　供託事務の取扱い

1　昭和55年9月6日付け民四第5333号法務省民事局長通達「民事執行法等の施行に伴う供託事務の取扱いについて」の概要

　昭和55年の民事執行法の施行及び旧民事訴訟法等の改正に伴い，強制執行等の分野では，その手続において供託が従来にも増して重要な役割を担うことになり，裁判上の担保供託及び執行供託について，大幅な変更が加えられました。

　主な変更点は，担保の提供の方法を定め，供託すべき供託所を定めた点です。旧民事訴訟法において裁判上の担保供託は，強制執行を申し立てるべき裁判所やその担保の提供方法等については明らかではありませんでした。実務的には，供託は，全国のどこの地においてもできるとされていました。そこで，担保を立てるには，金銭又は担保を供すべきことを命じた裁判所（以下「発令裁判所」という。）が相当と認める有価証券を供託する方法その他最高裁判所規則で定める方法によらなければならないこととされました（民執15Ⅰ）。また，民事執行法第15条1項の最高裁判所規則で定める方法により担保を立てるには，銀行又は保険会社との間において支払委託契約を締結する方法によることができるものとし，その支払保証委託契約の内容，要件を定めています（執行規則10）。民事訴訟法の規定及び民事執行法又は民事執行規則の規定に基づく担保供託の管轄については，前者を発令裁判所の所在地を管轄する地方裁判所の管轄区域内とし，後者を発令裁判所又は執行裁判所の所在地を管轄する地裁の管轄区域内の供託所にしなければならないこととしました。このように，担保の提供の方法を定め，供託すべき供託所を定めることとして，手続の合理化を図っています。

　また，民事執行手続における担保供託以外の供託としては，強制競売等（強制管理における供託は除く。）における配当留保供託（民執91Ⅰ）及び不出頭供託（同91Ⅱ）について，裁判所書記官が供託することとされ，裁判所書

11

第Ⅰ編　各制度の概要

記官の権限拡大が図られています。その他，強制執行，仮差押えの執行又は担保権の実行若しくは行使と滞納処分とが競合した場合の供託，供託物払渡請求権に対して，強制執行，仮差押えの執行若しくは担保権の実行等又はこれらと競合する滞納処分がされた場合の取扱い等，これらの供託事務の取扱いについて，本通達によって詳細な指針が示されています（民事月報35巻11号78頁（1980），浦野雄幸『条解　民事執行法』32頁（商事法務研究会，1985））。

2　平成２年11月13日付け民四第5002号法務省民事局長通達「民事保全法等の施行に伴う供託事務の取扱いについて」の概要

　民事保全法が平成３年１月１日から施行されて，民事執行法に規定されていた仮差押え・仮処分の執行手続が民事保全法に取り込まれ，民事執行法175条から179条までが全部削除されています。これらの改正により，民事保全手続における担保供託及び担保供託以外の供託については，新たに担保提供の場所の特例，担保の取戻しの許可及び仮処分解放金の制度が創設されたほか，供託の根拠規定が全て改められ，民事保全における供託事務に大幅な影響が及ぶこととなりました。本通達は，これらの供託事務の取扱いについての詳細な指針を示したものです。

　具体的には，保全命令は，申立てにより，裁判所が行う（民保２Ⅰ，保全規則１）こととされ，保全執行は，申立てにより裁判所又は執行官が行うこととされました（民保２Ⅱ，保全規則１）。そして，民事保全法において，保全命令及び保全執行に関して本通達に掲げる担保についての規定が設けられました。これらの担保供託の管轄供託所は，従前の旧民事訴訟法においては明らかでなかったため，民事執行法15条１項と同様に，発令裁判所又は保全執行裁判所の所在地を管轄する地方裁判所の管轄区域内の供託所にすることとされました（民保４Ⅰ）が，特例として，保全命令の担保の供託をする場合，手続上の迅速性を要する場合が多いことから，債権者の住所地又は事務所の所在地，その他裁判所が相当と認める地を管轄する地方裁判所の管轄区域内の供託所に供託することができるとする民事保全法４条１項の例外とし

12

ての規定が設けられています（同14Ⅱ）。

　担保として供託した供託物の取戻しについて，発令裁判所が相当と認める有価証券を担保として供託した場合，担保を提供した者は，裁判所に対して，担保取消しの申立てをし，担保取消決定を得て供託物を取り戻すことができるとされました（民保4Ⅱ，民訴79準用）。また，従前から債務者に損害が生じないことが明らかで担保の提供を求める必要性がないこと，担保の取戻しに対し，不服申立てを認める実益がない場合には，裁判所の許可によって債権者に担保の取戻しを認める運用を行っていたことから，民事保全法の施行に伴い，規則においては従来の取扱いをそのまま明文の規定として設けられました（保全規則17）（吉戒修一監『民事執行法・民事保全法と供託実務』165頁（商事法務研究会，1992））。

第5　近年に行われた民事執行法等に関する法律改正と供託事務の取扱い

　近年に行われた民事執行法等に関する法律改正では，バブル崩壊後の住専の不良債権の回収の実効と多発した不動産売却の手続における不当な妨害行為を排除し，競売の手続のより適性かつ迅速な遂行を図るため，平成8年9月1日に「民事執行法の一部改正」と「特定住宅金融専門会社が有する債権の時効の停止等に関する特別措置法」が施行され，民事執行法55条，77条の保全処分及び同法83条の引渡命令の対象者の範囲を拡張するとともに，その内容を充実し，これを強化する措置として民事執行法187条の2（現民執187）を新設し，担保権の実行としての不動産競売の開始決定前の保全処分が認められました。

　また，平成10年12月16日「金融再生関連法の制定に伴う民事執行法の改正及び特例臨時措置法」（特例臨時措置法平20.12.16失効，時限立法）が施行され，不当な執行妨害による不動産競売手続の遅延の現状から，円滑かつ適正な手続の遂行を図るため，不当な執行抗告の簡易却下制度，買受けの申し出をした差押債権者のための保全処分の制度等を設けるとともに，執行官等の調査

第Ⅰ編　各制度の概要

権限の拡充，手続の迅速処理の観点から，配当日の呼出状の送達の簡素化，売却の見込みがない場合の特別措置の新設，さらに，競売制度を利用しやすくするため抵当不動産に対しての登記手続の簡素化が図られ，競売手続の臨時の措置として，特定債権者（預金保険機構，その業務の特例の協定銀行，整理回収機構等）が申し立てた競売事件における現況調査及び評価等についての民事執行法の特例を定めました。なお，この特例臨時措置法が失効するまでの間に申し立てられた特定競売手続については，その時以後も，なお効力を有するとする経過措置（附則5）が設けられています（浦野雄幸編『基本法コンメンタール　民事執行法（第4版）』18・19頁（日本評論社，1999））。

　特に平成16年4月1日に施行された「担保物権及び民事執行制度の改善のための民法等の一部を改正する法律」（平成15年法律第134号）は，民法中の不動産競売その他の民事執行手続に関する規定等に重要な改正を加えたもので，不動産競売における執行妨害への対策強化と手続の合理化を図るため発令要件の緩和等といった改善がされました。また，「担保物権及び民事執行制度の改善のための民法等の一部を改正する法律の施行に伴う関係政令の整備に関する政令8条による改正」（平成16年政令第45号）も同日に施行され，船舶登記規則，農業用動産抵当権登記令及び建設機械登記令の一部が改正されています（民事月報59巻5号50頁（2004））。

　さらに，平成17年4月1日に施行された「民事関係手続の改善のための民事訴訟法等の一部を改正する法律」（平成16年法律第152号）では，不動産競売手続の円滑化・迅速化を図り，より利用しやすい手続に改善がされています。

　最近では，国際裁判管轄に関する規定の新設を主な内容とする民事訴訟法及び民事保全法の一部の改正（平成23年法律第36号）がされています。改正法は，日本の裁判所が国際裁判管轄を有する場合を，契約上の債務に関する訴えや不法行為に関する訴えなど具体的な訴えの類型ごとに定めています。これによって国際的な民事紛争に係る訴えが提起された場合にわが国の裁判所が適用すべきルールが明確になり，提起された訴訟の適正かつ迅速な解決が期待されるところです。また，国際裁判管轄に関する明文の規定が設けら

14

れたことにより，国際取引に従事する企業や個人は，どのような場合に日本の裁判所に国際裁判管轄が認められるのかを予測しつつ，国際裁判管轄に関する合意をすることも可能となりました。このことは，国際取引の円滑化にも資するものと考えられます（民事月報66巻9号7頁（2011））。

1 平成15年法律第134号の主な改正部分（民事月報59巻2号7頁（2004））

① 不動産の明渡執行の実効性の向上

　占有移転禁止の仮処分命令であって，係争物が不動産であるものについては，その執行前に債務者を特定することを困難とする特別の事情があるときは，裁判所は，債務者を特定しないで，これを発することができることとされました（民保25の2Ⅰ）。

　また，不動産の価格を減少させ，若しくは減少させるおそれがある行為若しくは不動産の売却を困難にする行為をし，又はそれらの行為をするおそれがある占有者に対して不動産の占有解除等を命ずる保全処分若しくは公示保全処分（以下「売却のための保全処分等」という。）の決定について，当該決定の執行前に相手方を特定することを困難とする特別の事情があるときは，執行裁判所は，相手方を特定しないで，これらを発することができることとされました（民執55の2，55，68の2，77，187）。

② 売却のための保全処分についての改正

　発令要件の緩和（民執55Ⅰ），占有移転禁止の保全処分への当事者恒定効の付与（同55Ⅰ③），執行官保管等を内容とする相手方を特定しないで発する売却のための保全処分（同55の2）が改正されました。

③ 物件明細書に係る情報提供の方法

　物件明細書に係る情報提供として写しを備えておく方法に代えて，インターネットなど情報技術の発展を想定して，最高裁判所規則で定める方法としました（民執62Ⅱ）。

第Ⅰ編　各制度の概要

④　競売不動産の内部まで見せる内覧制度の創設（民執64の２）

⑤　差引納付に係る代金の納付時期

　配当異議の申出があったときは配当期日から１週間以内，差引納付の申出をした買受人は，異議にかかる部分の代金を納付すべき場合は２週間以内（民執90Ⅵ）とされています。

⑥　差押禁止債権の範囲の改正

　改正法による改正前の民事執行法（以下「旧法」という。）では，旧法143条に規定する債権執行又は同法193条１項に規定する一般の先取特権の実行若しくは行使に係る事件において，「債権者が国及び地方公共団体以外の者から生計を維持するために支給を受ける継続的給付に係る債権」（旧法152Ⅰ①）及び「給料，賃金，俸給，退職年金及び賞与並びにこれらの性質を有する給与に係る債権」（同152Ⅰ②）を差し押さえるときは，請求する債権の種類を問わず，その支払期に受けるべき給付の４分の３に相当する部分（その額が改正政令による改正前の民事執行法施行令（昭和55年政令第230号。以下「旧令」という。）２条に定める額を超えるときは，同条で定める額に相当する部分）は，差し押さえてはならないこととされていました（旧法152Ⅰ，193Ⅱ）。また，「退職手当及びその性質を有する給与に係る債権」を差し押さえるときには，その給付の４分の３に相当する部分は，差し押さえてはならないこととされていました（旧法152Ⅱ，193Ⅱ）。改正政令により，支払期が毎月と定められている債権に係る差押えが禁止される債権の額の上限が21万円から33万円に引き上げられるなど，旧令第２条に定める額が改正されました。なお，改正政令の施行日（平成16年４月１日）前に申立てがされた事件における差し押さえてはならない債権の部分の額については，改正政令による改正後の民事執行法施行令２条の規定にかかわらず，なお従前の例によることとされています（改正政令附則２条）。

　また，差押禁止動産の範囲（民執131②・③）についても，差押えが禁止されている必要生活費の範囲を１月間から２月間に拡大する一方，差押えが禁止される食料及び燃料の範囲を２月間から１月間に縮小しています。

16

序　章

⑦　養育費等の履行確保のための強制執行の特例

　改正法により，債権者が民法（明治29年法律第89号）752条の規定による夫婦間の協力及び扶助の義務，同法760条の規定による婚姻から生ずる費用の分担の義務，同法766条（民749，771及び788において準用する場合を含む。）の規定による子の監護に関する義務及び同法877条から880条までの規定による扶養の義務に係る金銭債権（以下これらを「扶養債権等」という。）を請求する場合における民事執行法152条1項及び2項の規定の適用については，給料債権等についての差押禁止とする範囲を，その給付の「4分の3」に相当する部分から「2分の1」に相当する部分に縮減しています（民執152Ⅲ）。

⑧　間接強制の適用範囲の拡張と執行方法の自由選択（民執172）

⑨　滌除の制度の改正

　抵当権実行前の滌除権者への通知義務（改正法による改正前の民法（以下「旧民法」という。）381条）及び抵当権者の増価買受義務（旧民法384条2項）が廃止されました。また，滌除の制度の名称が「抵当権消滅請求」に改められました（民379）。

⑩　債権者が執行裁判所の許可を得て動産競売を開始することができる制度の創設（民執190Ⅰ）

⑪　財産の開示（民執196〜203）

　債務者の財産を把握するため，債務者に自己財産について陳述させる手続が創設されました。

⑫　執行妨害対策の強化及び新たに創設された制度の実効性の確保のため罰則規定を創設（民執204，205，206）。

【平成15年法律第134号における主な供託事務の取扱い】

　（平16.3.19民商782号通達・先例集(8)［79］487頁）

前述①について

i　相手方を特定しないでする仮処分，保全処分等の発令の決定を得るために担保を立てなければならないときは，供託する方法によることができます（民保14，4，民執55Ⅳ，68の2Ⅰ，77Ⅱ，187Ⅴ，15Ⅰ）。

17

第Ⅰ編　各制度の概要

ⅱ　相手方を特定しない占有移転禁止の仮処分及び売却のための保全処分
　等のための供託については，供託書の「被供託者の住所氏名」欄に「裁
　判所の名称及び件名等」欄に記載の事件の決定の執行の時において「『備
　考』欄記載の不動産を占有する者」の例により記載し，「裁判所の名称
　及び件名等」欄の「債務者」又は「被申請人」として「被供託者」と記
　載し，また，「備考」欄に不動産の表示を記載するものとしています。

前述⑦について

　民事執行法152条1項又は2項の債権について，扶養債権等に基づく差
押えとそれ以外の差押えが競合し，各差押えの金額が異なる場合において，
これらの差押えの金額のうち最も多い金額の供託をするときは，供託書の
「法令条項」欄に「民事執行法第156条第1項，第2項」と記載するものと
しています。

　改正政令の施行日前に申立てがされた差押えと施行日後に申立てがされ
た差押えが競合し，各差押えの金額が異なる場合において，これらの差押
えの金額のうち最も多い金額の供託をする場合も同様です。

前述⑨について

　供託の根拠条文が旧民法378条から386条に改められたほかは，供託事務
の取扱いに特段の変更はありません。

　なお，改正法の施行前に旧民法383条の書面が同条に規定する債権者の
全員に到達した場合における当該抵当不動産についての旧民法378条の規
定による滌除については，改正法による改正後の民法の規定にかかわらず，
なお従前の例によることとされました（改正法附則4条）。したがって，改
正法施行前に旧民法383条の書面が同条に規定する債権者の全員に到達し
たものの，その後1月以内に債権者から増価競売の請求がされない場合に
抵当不動産の第三取得者がする供託については，供託書の「法令条項」欄
に「備考欄のとおり」と，「備考」欄に「担保物権及び民事執行制度の改
善のための民法等の一部を改正する法律附則第4条，同法による改正前の
民法第378条」と記載するものとしています。

18

序　章

2　平成16年法律第152号の主な改正部分（民事月報60巻5号92頁（2005））

①　少額訴訟債権執行手続の創設

　改正法では，執行段階に至るまでの手続の利便性を高めるため，少額訴訟に係る判決等の債務名義については，通常の地方裁判所における債権執行手続のほかに，少額訴訟が行われた簡易裁判所でも金銭債権に対する強制執行（ただし，「差押命令」が「差押処分」となり差押禁止債権の範囲の変更はできません。）を行うことができることとしたものです（民執167の2以下）。執行供託の範囲が拡大されました。

②　不動産競売手続の改善

　最低売却価格制度の見直し（民執60），差押債権者への配当が見込めない場合の措置（同63）や，買受人が配当等を受けるべき債権者であるときに，配当等を受けるべく額を差し引いて代金を納付することを申し出る期限を伸張するといった改善を行っています（同78Ⅳ）。

③　扶養義務等に係る金銭債権に基づき間接強制を許容する特例（民執167の15，173Ⅱ）

　金銭債権については，強制執行のみが認められており，裁判所が債務者に対して，不履行の場合に心理的強制を加えて，履行を強制する間接強制は認められていませんでしたが，改正法においては，金銭債務のうち，扶養義務等に係るものに限って認めることとしました。

④　裁判官と裁判所書記官の職務分担の合理化

　執行裁判所の職務のうち，物件明細書の作成（民執62），売却方法の決定及び売却決定期日の指定・変更（同64Ⅰ・Ⅳ・Ⅴ・Ⅵ），代金納付期限の指定・変更（同78Ⅰ・Ⅴ），配当表の作成（同85Ⅴ）などが裁判所書記官の固有権限とされたほか，裁判所書記官の権限が拡大され少額訴訟債権執行手続においては，裁判所書記官が執行裁判所と並ぶ執行機関として認められています（同167の2）。

⑤　執行官の権限の拡大

　執行官に執行裁判所と同様に，官庁又は公署に対する一般的な援助請求

19

第Ⅰ編　各制度の概要

の権限を認めることとしました（民執18Ⅰ）。

【平成16年法律第152号における主な供託事務の取扱い】

前述①について

i 供託書の供託の原因たる「事実」欄の事件の表示の記載として，「○○簡裁平成○○年（少ル）第○○○号」と記載します。なお，簡易裁判所から事件が移行されると「○○地裁（△△支部）平成○○年(ル)第○○○号」となります。

ii 事情届の提出先について，民事執行規則138条において，差し押さえられた債権について更に差押命令，差押処分又は仮差押命令の送達を受けた場合，事情届は，先に送達された差押命令を発した裁判所に対してしなければならないとし，差押処分が先に送達されていれば，当該差押処分を発した裁判所書記官に事情届を行うことと改正されました。

第6 新たな供託制度及びその他関連する法律の改正等に伴う供託事務の取扱い

1 新たな供託制度の事務の取扱いに関する通達

供託根拠法令に関しては，毎年のように新しい供託制度が創設され，現在，約150法令，約660条文にも上っています。近年創設された主な供託制度等は以下のとおりとなっています。

(1) 特定住宅瑕疵担保責任の履行の確保等に関する法律等の施行に伴う供託事務取扱いについて（平21. 9. 29民商2300号通達，民事月報64巻11号133頁（2009））

特定住宅瑕疵担保責任の履行の確保等に関する法律（平成19年法律第66号。平成21年10月1日施行）は，いわゆる姉歯対震偽装事件の反省に立ち，被害者救済制度の整備を図るという観点から，新築住宅に瑕疵があった場合における業者の資力を確保し，その瑕疵担保責任の履行を確保するため，建築業者による住宅建設瑕疵担保保証金の供託，宅地建物取引業者による住宅販売瑕疵担保保証金の供託，住宅に係る瑕疵担保責任の履行によって生ずる損害

20

をてん補する一定の保険の引受けを行う住宅瑕疵担保責任保険法人の指定等について定めたものです。

(2) **著作権法第67条第１項（同法第103条において準用する場合を含む。）の規定による著作権者不明等の場合における著作物の利用に係る補償金及び同法第67条の２第１項（同法第103条において準用する場合を含む。）の規定による裁定申請中の著作物の利用に係る担保金の供託に関する手続について**（平21.12.24民商3041号依命通知，民事月報65巻２号151頁（2010））

著作権法の一部を改正する法律（平成21年法律第53号。平成22年１月１日施行）において，著作権者と連絡することができない場合に文化庁長官の裁定を受けて著作物を利用することができますが，著作物の利用等をより円滑に行うことができるようにするため，文化庁長官が定める額の担保金を供託した場合には，当該裁定又は裁定をしない処分を受けるまでの間，著作物を利用することができることとする供託制度です。

(3) **農地法第43条第１項の規定による遊休農地を利用する権利の設定に関する裁定に係る補償金の供託に関する手続について**（平21.12.14民商2973号依命通知，民事月報65巻１号178頁（2010））

農地法等の一部を改正する法律（平成21年法律第57号。平成21年12月15日施行）において，所有者等を確知することができない遊休農地につき，農地保有合理化法人等（現農地中間管理機構）が一定額の補償金を供託して，５年間に限り当該農地を使用することができることとする制度です。

(4) **資金決済に関する法律等の施行に伴う供託事務の取扱いについて**（平22.3.30民商830号通達，民事月報65巻５号192頁（2010））

資金決済に関する法律（平成21年法律第59号。平成22年４月１日施行）並びに資金決済に関する法律の関連法等の施行により，前払式証票の規制等に関する法律（平成元年法律第92号）の廃止に伴い，その内容を取り込むとともに，銀行以外の者が為替取引をすることができることとし，送金途上にある資金と同額の資産を供託等によって保全することを義務付けることとされました。

第Ⅰ編　各制度の概要

(5)　保険法の施行に伴う供託事務の取扱いについて（平22．7．12民商1696号通達）

　保険法（平成20年法律第56号。平成22年4月1日施行）においては，死亡保険契約の当事者以外の者が当該死亡保険契約の解除をしようとする場合において，保険金受取人が解約返戻金相当額を解除権者に支払ったときは，当該解除の効力が生じないものとする，いわゆる介入権のほか，当該解除により保険契約者が保険者に対して有することとなる金銭債権について差押えがあった場合において，保険金受取人が解約返戻金相当額を供託の方法により支払をすることができることなどが定められました。

(6)　家畜伝染病予防法の一部を改正する法律等の施行に伴う供託事務の取扱いについて（平23．7．11民商1656号通達，民事月報66巻8号104頁（2011））

　家畜伝染病予防法の一部を改正する法律（平成23年法律第16号）及び家畜伝染病予防法施行令の一部を改正する政令（平成23年政令第170号）が平成23年7月1日に施行され，国は，口蹄疫等がまん延し，又はまん延するおそれがある場合において，その所有する患畜等以外の家畜を都道府県知事の命令に従って殺処分し，又は殺処分されたために損失を受けた者に対し，その生産に要する費用その他の通常生ずべき損失として政令で定める損失を補償しなければならないとされ，①補償金の支払を受けるべき者が受領を拒み，又は受領することができない場合，②過失がなくて補償金の支払を受けるべき者を確知することができない場合に補償金を供託することができるとされました。

(7)　森林法第10条の11の6第1項の規定による要間伐森林についての特定所有権及び特定使用権の取得に関する裁定に関る補償金の供託に関する手続について（平24．3．29民商844号・平24．3．29民商845号依命通知，民事月報67巻5号337頁（2012））

　森林法の一部を改正する法律（平成23年法律第20号）が平成24年4月1日に施行され，要間伐森林について早急に間伐・保育を実施しなければ災害の発生などにより公益を著しく損なうおそれがある場合には，森林所有者が不確知であっても，裁定により，当該森林について施業代行を希望する者が間伐などを行うために必要な権利を設定することができる新たな制度を設けま

序章

した。

　施業代行者が都道府県知事に対し裁定を申請し，要間伐森林の立木のうち間伐のため伐採するものの所有権並びに要間伐森林について行う間伐の実施及びそのために必要な施設の整備のための当該要間伐森林の土地を使用する権利の取得の裁定を受けることができ，その際，施業代行者は，その裁定において定められた補償金の支払時期までに，要間伐森林の所在地の供託所に対して，その補償金を当該要間伐森林の所有者のために供託しなければならないとされています（改正森林法10の11の6Ⅴ・Ⅵ）。

(8)　マンションの建替えの円滑化等に関する法律の一部を改正する法律の施行に伴う供託事務の取扱いについて

　マンションの建替えの円滑化等に関する法律の一部を改正する法律（平成26年法律第80号）が平成26年12月24日に施行され，地震に対する安全性が確保されていないマンションの建替え等の円滑化を図るため，マンション及びその敷地の売却を居住者の5分の4の賛成をもって行うことができる制度です。

　この制度の利用において，担保権の目的物について分配金又は補償金を支払うとき（担保権者の全てから供託しなくてもよい旨の申出があったときを除く。）は，その分配金等を供託しなければならないものとされています。また，先取特権，質権又は抵当権を有する者は，当該供託された分配金等に対してその権利を行うことができるものとされるとともに，その他の分配金及び補償金の供託に関しての規定も設けられています。

■ 2　その他関連する法律の改正等に伴う供託事務の取扱い ■

(1)　出入国管理及び難民認定法及び日本国との平和条約に基づき日本の国籍を離脱した者等の出入国管理に関する特例法の一部を改正する等の法律等の施行に伴う供託事務の取扱いについて（平24.6.28民商1597号通達，民事月報67巻7号116頁（2012））

　出入国管理及び難民認定法及び日本国との平和条約に基づき日本の国籍を離脱した者等の出入国管理に関する特例法の一部を改正する等の法律（平成21年法律第21号）施行に伴い，外国人登録法（昭和27年法律第125号）が廃止さ

23

第Ⅰ編　各制度の概要

れ，新たな在留管理制度が導入されることとなりました。また，入管改正法の施行に合わせて，外国住民を住民基本台帳法（昭和42年法律第81号）の適用対象に加えるため，同法についても，住民基本台帳法の一部を改正する法律（平成21年法律第77号）が施行されています。

　このことを受け，出入国管理及び難民認定法及び日本国との平和条約に基づき日本の国籍を離脱した者等の出入国管理に関する特例法の一部を改正する等の法律の施行に伴う法務省関係省令の整備及び経過措置に関する省令（平成23年法務省令第43号。平成24年7月9日施行）により，「外国人登録原票」及び「外国人登録証明書」は廃止され，当該証明書に代わるものとして，法務大臣により，「在留カード」及び「特別永住者証明書」が発行されることとなり，供託において，払渡しを請求する者が個人の場合，印鑑証明書の添付を省略することができる本人確認（規則26Ⅲ②）の証明として，「外国人登録証明書」から「在留カード」に変更されました。

⑵　DV被害者から供託物払渡請求書の住所等の秘匿に係る申出があった場合における措置について（平25.9.20民商77号回答，平25.9.20民商78号通知，民事月報68巻12号7頁，78頁（2013））

　配偶者からの暴力の防止及び被害者の保護に関する法律（平成13年法律第31号）に基づき，配偶者に対する暴力，いわゆるDVの加害者（ストーカー被害者，児童虐待を受けた児童である被害者，犯罪や不法行為の被害者も含む。）が，行政機関等から取得した情報に基づき，その被害者の住所，居所等を突き止めて更なる危害を加えるといったことを防止するため，DV被害者等から申出があった場合，供託所は住所等を秘匿する措置を取ることができるというものです。

⑶　民法の一部を改正する法律の施行に伴う供託事務の取扱いについて（平25.12.11民商108号通達，民事月報69巻1号124頁（2014））

　民法の一部を改正する法律（平成25法律第94号。平成25年12月11日施行）は，旧民法第900条第4号ただし書の規定のうち嫡出でない子の相続分を嫡出子の相続分の2分の1とする部分は，憲法（14条1項）違反であるという決定がされ（最高裁判所平成25年9月4日決定（平成24年(ク)第984号及び第985号），

嫡出でない子の相続分を嫡出である子の相続分と同等としました。なお，この法律による改正後の900条の規定は，平成25年9月5日以後に開始した相続について適用されます。

過去の供託金払渡しの効力について，同年9月4日以前に，本件規定に基づき供託金の全部又は一部を既に払い渡している場合には，最高裁決定の趣旨を踏まえ，過去の供託金の払渡しが有効であることを前提とした上で，同決定の時点で供託金の全部を払渡済みの場合には，払渡認可を取り消す必要はなく，供託金の残額が存在する場合に，平成13年7月1日以後に相続が開始した事案において，遺産分割協議書等を添付することなく払渡請求がされたときは，その残額の範囲内において，嫡出子と嫡出でない子の相続分を等しいものとして払渡しをすれば足りることとなります。

⑷　**行政手続における特定の個人を識別するための番号の利用等に関する法律等の施行に伴う供託事務の取扱いについて**（平27.12.22民商172号通達，民事月報71巻2号282頁（2016））

行政手続における特定の個人を識別するための番号の利用等に関する法律（平成25年法律第27号）附則第1条第4号に掲げる規定，行政手続における特定の個人を識別するための番号の利用等に関する法律の施行に伴う関係法律の整備等に関する法律（平成25年法律第28号）附則第3号に掲げる規定及び戸籍法施行規則等の一部を改正する省令（平成27年法務省令第51号）が平成28年1月1日に施行され，供託物払渡請求における事務の取扱いにおいて，個人が供託物の払渡請求をする場合において，その者が提示した個人番号カードにより，その者が本人であることを確認することができるときは，供託物払渡請求書に押された印鑑についての市区町村長の作成した印鑑証明書の添付を省略することができることとされました（規則26Ⅲ②）。

⑸　**不正競争防止法の一部を改正する法律等の施行に伴う供託事務の取扱いについて**（平27.12.16民商166号通知，民事月報71巻2号274頁（2016））

不正競争防止法の一部を改正する法律（平成27年法律第54号）及び不正競争防止法による保全手続等に関する規則（平成27年最高裁規則第10号）が平成28年1月1日に施行されたのに伴い，営業秘密侵害により生じた財産の没収

第Ⅰ編　各制度の概要

保全等に関する供託事務の取扱いについて，平成12年１月31日付け法務省民四第209号法務省民事局長通達「組織的な犯罪の処罰及び犯罪収益の規制等に関する法律等の施行に伴う供託事務の取扱いについて」に準じて取り扱うものとしています。

⑹　行政不服審査法等の施行に伴う供託事務の取扱いについて（平28.3.29民商51号通達，民事月報71巻５号513頁（2016））

行政不服審査法（平成26年法律第68号），行政不服審査法の施行に伴う関係法律の整備等に関する法律（平成26年法律第69号），行政不服審査法施行令（平成27年政令第391号）が平成28年４月１日に施行されたことにより，供託事務取扱準則の一部が改正（平28.3.29民商50号）され，供託官の処分に不服がある者又は供託官の不作為に係る処分を申請した者は，当該供託官を監督する法務局又は地方法務局の長に，供託官を経由して，審査請求ができるとされ（供１ノ４，１ノ５），供託官の不作為が審査請求の対象となることが明示されたため，同日付民商51号通達により，供託事務における審査請求の手続の取扱い等について，留意すべき事項を明らかにしています。

第7　最高裁判所の判決により変更された供託事務の取扱い

平成28年３月31日，最高裁第一小法廷において，「営業上の保証供託における取戻請求権の消滅時効の起算点」に関する判決を受けて，供託根拠法令に権利申出公告手続の定めがあり，かつ，営業保証金を取り戻すことができる事由が発生した日から10年（以下この期間を「公告免除期間」という。）を経過したときは権利申出公告手続を要しない旨の定めがある場合において，権利申出期間に権利申出公告がされなかったときは，取戻請求権の消滅時効は，供託原因消滅事由が発生した日から10年を経過した時から進行すると解するのが相当であるとされました。

また，同年12月19日，「共同相続された普通預金債権，通常貯金債権及び定期貯金債権は，いずれも相続開始と同時に当然に相続分に応じて分割され

ることはなく，遺産分割の対象となるものと解するのが相当である。」との最高裁大法廷の決定により，預金債権に係る債権者不確知供託の受理及び払渡しの取扱いが一部変更されているものがあります。

第8 近年に行われた主な供託規則の一部改正

平成14年 8 月 1 日に施行された供託規則の一部を改正する省令（平成14年法務省令44号）は，供託物の払渡請求者が，印鑑証明書の添付を要しない場合があるとされ，10万円未満の支払委託による払渡し時の印鑑証明書の添付の省略ができることとなりました。

翌15年10月 1 日に施行された供託規則の一部を改正する省令（平成15年法務省令60号）では，印鑑証明書の添付省略が見直され，払渡請求時に印鑑証明書の添付を原則とした上で，運転免許証・住民基本台帳カード（パスポートは不可）等の本人確認，供託書と取戻請求書の印鑑が同一の場合，官庁又は公署が発行した供託原因消滅証明書を添付した場合，個人の印鑑証明書等の添付は不要とし，会社等の場合は，資格証明書と代表者の印鑑証明書を添付することとしています。

さらに，平成17年 3 月 7 日の供託規則の一部を改正する省令（平成17年法務省令13号）により，払渡請求の添付書類が見直され，供託書正本，供託通知書の添付が不要とされ，利害関係人の承諾書を添付する場合の添付書類及びその有効期限，印鑑証明書の添付を要しない場合などが改正されています。

平成20年（平成20年法務省令第 3 号）は，供託のシステム化が行われ，ペーパーレス化により，OCR用紙のみの使用となり，平成23年（平成23年法務省令第37号）には，新たな登記・供託オンライン申請システムへ切り替えられオンラインによる供託申請において電子署名の付与が不要となっています。

【近年に行われた主な供託規則の一部改正】

	省　令	主な改正内容	施行日
1	平成10年法務省令第50号	供託金を受け入れるため，預貯金口座を開設，供託金の振込み方式導入	1998/12/1

第Ⅰ編　各制度の概要

2	平成14年 法務省令第7号	指定供託所におけるOCR供託書，供託カードの導入	2002/2/14
3	平成14年 法務省令第44号	供託物の払渡請求者が，印鑑証明書の添付を要しない場合があるとされ，10万円未満の支払委託による払渡し時の印鑑証明書の添付の省略	2002/8/1
4	平成15年 法務省令第1号	振替国債の供託事務の取扱いに関する規定が置かれた。OCR用供託書の全国展開	2003/1/6
5	平成15年 法務省令第60号	指定供託所における元帳・供託書副本のペーパーレス化，供託書等への押印の廃止，印鑑証明書の添付省略が見直され，払渡請求時に印鑑証明書の添付を原則とした上で，運転免許証・住民基本台帳カード（パスポートは不可）等の本人確認，供託書と取戻請求書の印鑑が同一の場合，官庁又は公署が発行した供託原因消滅証明書を添付した場合，個人の印鑑証明書等の添付は不要とし，会社等の場合は，資格証明書と代表者の印鑑証明書を添付	2003/10/1
6	平成17年 法務省令第13号	供託通知書の発送請求（規則16），納付情報による供託金の納付（規則20の3），供託物払渡請求書への受付年月日時分の記録（準則56Ⅰ），払渡請求の添付書類である供託書正本，供託通知書の添付義務の見直し（規則24，25），利害関係人の承諾書を添付する場合の添付書類及びその有効期限（規則24Ⅱ，25Ⅱ），印鑑証明書の添付を要しない場合（規則26Ⅲ②・④），催告払い等の廃止（旧規則30，31）電子情報処理組織による供託等の手続（規則38～46）	2005/3/7
7	平成20年 法務省令第3号	全ての供託所において，ペーパーレス化が導入され原則として，三連複写式の供託書用紙は使用できず，OCR用の供託書のみの使用（規則13Ⅰ）	2008/2/25
8	平成23年 法務省令第37号	新たなオンライン申請システム（登記・供託オンライン申請システムへ）に切り替えられることに伴い，オンラインによる供託手続について，更なる利用者の利便性の向上等を図るため，オンラインによる供託申請における電子署名の付与を不要（規則39Ⅰ）とし，供託書正本取得の選択化（規則40Ⅱ）を可能とするなどの改正を行ったもの。	2013/1/10
9	平成26年 法務省令第17号	供託金の払渡しを受けようとする場合の預貯金振込みの方法として，日本銀行が指定した銀行その他の金融機関の供託金払渡請求者の預金に限られていたが，当該請求者の代理人の預金又は貯金に振り込む方法が認められた（規則22Ⅱ⑤後段）。	2014/6/2
10	平成29年 法務省令第3号	供託物の払渡しを請求する者が個人である場合において，その者が印鑑証明書の添付を省略するためには，その者が本人であることを確認することができる運転免許証等の資料，いわゆる「本人確認資料」を提示するとともに，その写しを添付することが必要であることが明示された（規則26Ⅲ②）。 　また，供託書に押された印鑑と同一の印鑑を用いて払渡請求をすることによって印鑑証明書の添付を省略する取扱いに関する経過措置が廃止された。	2017/3/13

第1章
民事執行制度の概要

【民事執行の分類】

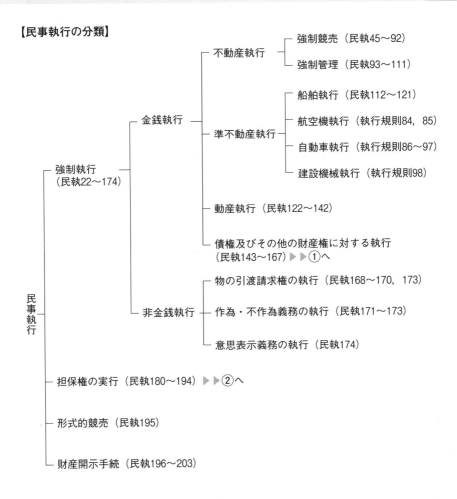

第Ⅰ編　各制度の概要

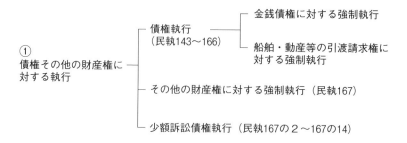

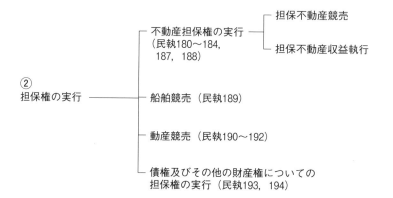

第1章　民事執行制度の概要

第1節　民事執行法（総論）

第1　民事執行とは

　私たちが社会で生活する場面においては，債権・物権等の財産関係及び身分関係から，各種の権利義務が発生します。これらの権利義務という法律関係の内容を定めるのが民法，商法ですが，その権利関係に対して，私的な利害の衝突等から様々な紛争が生じ，その紛争を公的機関である裁判所が法律に従い公権的判断（判決）を行い，紛争の解決を図る手続を定めるのが民事訴訟法です。

　しかし，その判決に従わず債務者等が義務を履行しない場合，国家権力により強制的に実現するための執行機関と執行手続が必要となります。民事執行は国家権力の関与により債務者の意思に反してでもその義務を履行させ，債権者に満足を与えることを目的とするものですが，反面，債権者による自力救済を禁止し，不当執行を防ぎ，不必要な損害を回避し，債務者の利益を守るといった社会的利益の調整の必要性から，民事執行制度が生まれたといえます。また，民事執行は，債務者（所有者等）の有する個別の財産（不動産，動産，債権等）について，それぞれ個別に執行していくもので，債務者の総財産を執行の目的とする破産，民事再生，会社更生等の包括執行とは異なります。

　具体的には，民事訴訟法は，債務名義（54頁及び「Q6」参照）の取得のための判決手続であり，民事執行法は，債務名義に基づく執行手続を指します。

民事訴訟法（判決手続）	民事執行法（執行手続）
訴え提起→口頭弁論→判決・確定（債務名義）	執行文付与の申立て→執行文の付与→執行の申立て→執行

31

第2 民事執行法が規定する民事執行の4つの形態

1 強制執行（民執22〜174）

　強制執行とは，執行裁判所又は執行官が，国家権力を用いて債権者のために，判決その他の債務名義に表示された私法上の給付請求権を，強制的に実現するための手続です。

　なお，一般的に強制執行を求めるものを債権者（執行債権者又は差押債権者），強制執行を受ける者を債務者（執行債務者又は差押債務者）といいます。また，差し押さえるべき債権の債務者を第三債務者といい，強制執行の原因となる債権（債務名義となる債権）を執行債権と，執行の対象である差押えに係る債権を被差押債権といいます。強制執行の手続において，執行債権者と執行債務者が誰であるかは，執行文（65頁参照）の付与された債務名義（54頁参照）に誰を債権者と債務者として表示しているかにより確定します。

　次の事例で考えてみましょう。

【基本事例Ⅰ】
　さいたま市中央区在住の青空広大さんは建設業を営んでいますが，経済不況の影響で，建材の仕入れ価格が値上がりし，資金繰りに窮していたため，海山銀行株式会社（所在地：東京都港区）からやむを得ず，金3000万円を借り入れました（金銭消費貸借契約：民587）。海山銀行が債権者，青空さんが債務者となります。
　なお，青空さんは，海山銀行からの借入金を活用し，森林緑子さん（東京都台東区在住）の所有の土地に建物を建築し，森林さんに対してその工事請負代金請求権（金3000万円）を有しています。

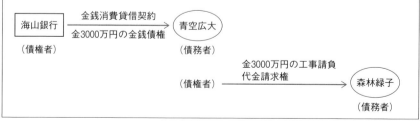

第1章 民事執行制度の概要

パターン事例 Ｉ－１

　青空さんは，海山銀行から金3000万円を借り入れましたが，青空さんは，弁済期を過ぎても借金を返済しません。海山銀行は，金3000万円を返済させるにはどうしたらよいでしょうか？

解説

　青空さんが弁済期を過ぎても借金を返済しない場合，まず，海山銀行（原告）は青空さんを被告として貸金返還請求の訴えをさいたま地方裁判所（民訴４Ｉ）に起こします。

　そして，裁判所が，「被告は，原告に対し，金3000万円を支払え。」という判決を言い渡し，青空さんは判決正本の送達を受けてから２週間以内に控訴をしないと，判決は確定します（後記「Ｑ１」参照）。

　青空さんが判決に従い素直に返済すれば，一件落着となりますが，確定判決が出ても青空さんが返済しない場合には，海山銀行（執行債権者）は，確定判決に基づき，執行裁判所又は執行官（民執２）に対し強制執行を書面（執行規則１）で申し立て，国家権力によって青空さん（執行債務者）の財産から，貸金債権の回収を強制的に実現することができます。

　具体的には貸金債権をどのように回収するかというと，青空さん所有の不動産や動産があれば，執行裁判所がそれを差し押さえ，強制競売（94頁参照）にかけ，執行裁判所はその売却代金から必要な額を海山銀行に支払うことになります。もちろん，青空さんが森林さんに有している工事請負代金請求権を差し押さえることもできます。この場合，森林さんを第三債務者と呼びます。なお，その売却代金が債務額より多ければ，残額は青空さんに返し，その代金が足りない場合は，さらに，青空さんに預貯金，給与，家賃収入，未受領の工事代金等などがあれば，その全財産から選んで，さらに，差し押さえて競売にかけることができます。

33

第Ⅰ編　各制度の概要

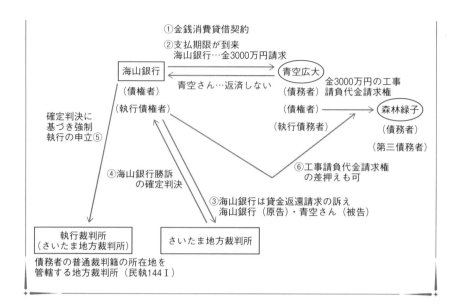

Q1 裁判が確定するまでの期間計算の起算点はいつからか？

 判決に対し，当事者が上訴（控訴，上告，上告受理の申立て）等をすることなく，2週間以内の控訴期間（民訴285）が経過したときは，その期間満了時に確定する（同116Ⅰ）。

起算点は，被告に判決の正本が届いた日の翌日から計算する。これは，到達主義の原則（民97）と初日不参入の原則（同140）によるものである（民訴95）。

ちなみに，正本と原本の違いは，正本は法律に規定がある場合に，権限のある者によって原本に基づき作成される。原本は法律の規定で一定の場所に保存しなければならないが，その効力を他の場所で発揮させる必要がある場合に，外部に対して原本と同一の効力を持つものとして交付される。強制執行においては，執行文の付与された債務名義正本でなければ執行力を有しない（民執25）とされている。なお，謄本は，原本の内容を同一の文字・符号を完全に謄写した書面をいう。

第1章　民事執行制度の概要

公正証書を例にとれば，原本は公証役場に保管し，正本は作成時に依頼人に交付し，謄本は利害関係人から請求があれば交付するものをいう。

2　担保権の実行（民執180〜194）

担保権の実行とは，債権者（担保権者）が，あらかじめ債務者の財産に担保を設定し，債務者の債務不履行時に執行裁判所が国家権力を用いて，担保財産を売却・処分し，その換価金をもって担保権者に優先弁済を与えるものです（155頁参照）。

ただし，民事執行の申立てができるのは，強制執行とは違い，担保権が設定された目的物に限定されることになります。

担保物権の代表的なものとして，抵当権（民369以下），質権（民342以下），先取特権（民303以下）があります。抵当権と質権は，契約によって担保目的物の上に設定されている約定担保物権であり，先取特権は一定の要件が充たされた場合に一定の物の上に法律上当然に成立する法定担保物権です。

次の事例で考えてみましょう。

パターン事例　Ⅰ-2

海山銀行は金3000万円の金銭消費貸借契約時に，青空さん所有の不動産に抵当権（民369以下）を設定する契約も締結し，その土地に抵当権設定登記をしていた場合は，どうでしょうか？

解説

海山銀行は青空さんが，約束の期限に金銭を返還しないときは，判決手続を経ることなく（債務名義を取得することなく），抵当権に関する登記事項証明書を提出することで，担保権の実行として担保不動産競売の方法による民事執行の申立てができることになります（民執180，181Ⅰ，155頁参照）。

不動産のほかに，青空さんが高価な動産を持っていれば，質権（民342以下）を設定する契約を締結してその動産を預かったりしておくと，

35

不動産と同様に担保権の実行として直ちに民事執行の申立てができることになります（民執190Ⅰ，159頁参照）。実際は，強制執行より担保権の実行のほうが多く利用されているようです。

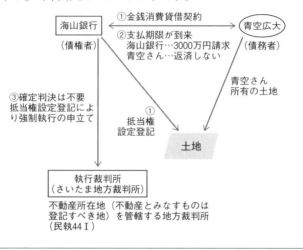

3 形式的競売（民執195）

(1) 留置権による競売

留置権とは，他の者の所有物に関して生じた債権を持っているとき，その債権の弁済が完了するまで，その所有物を占有し，留置状態を存続させることができる特殊な法定担保物権です。

例えば商人間の取引で，債務者が取引代金を支払わないとき，債権者は債務者の取引上で預かっている債務者所有の物品や有価証券などを，取引代金全部の支払があるまで留置することができます（商521，民法上の留置権については民295Ⅰ）。

留置することによって，間接的に支払を強制することになりますが，いつまでも債務者が取引代金を支払わない場合は，留置物を執行官によって競売にかけることができます（民執195）。

しかし，留置権者（債権者）は優先弁済を認められていないのですが，債務者又は第三者が留置権者から目的物の引渡しを受けようとするときは，債

権者に弁済をしてその債権を消滅させることを要します。また，目的物が留置権者又は第三者によって競売された場合でも，債権の弁済がない限り留置権は消滅しません（民296）。したがって，債権担保の点から見れば，他の債権者に先立って留置物につき弁済を受けることになり，優先弁済を受けるのと同じ結果になります。なお，留置物から生ずる果実については，優先弁済権を有します（民297Ⅰ，林良平編『注釈民法(8)』43頁（有斐閣，1965））。

(2) 民法，商法その他の法律による換価のための競売

共有物の分割のための競売（民258），遺産分割のための競売（家事手続194），弁済供託のための競売（民497，商524，後記「Ｑ２」参照）などを指します。

共有物の分割のための競売を例にとれば，数人で土地を所有していた場合，これを共有といいますが，この共有関係を解消するには，持分権の譲渡のほか共有物の分割が認められ，共有者はいつでも共有物の分割を請求することができるとされています（民256Ⅰ）。

共有物の分割方法としては，協議による分割と裁判による分割があり，協議による分割を前提として，協議が調わないときに共有者は共有物の分割を裁判所に請求することができるとしています（民258Ⅰ）。また，「共有物の現物を分割できないとき，又は分割によってその価値を著しく減少させるおそれがあるとき，裁判所は，その競売を命じることができる。」（同Ⅱ）としており，共有物を競売してその売得金を共有持分に応じて分配する形で分割がなされます。

以上の(1)(2)の競売手続は，担保権の実行としての競売の例によることになります（民執195）。

弁済供託のための競売とはどういうものか？

自助売却（民497）といわれるもので，弁済の目的物が供託に適しないとき，又はその物について滅失若しくは損傷のおそ

第Ⅰ編　各制度の概要

れがあるときは，弁済者は，裁判所（債務履行地を管轄する地方裁判所の管轄に属する。非訟事件手続法94Ⅰ）の許可（同95）を得て，これを競売（民執195）に付し，その代金を供託することができる。その物の保存について過分の費用を要するときや供託物の保管施設等がない場合も，同様とするとしており，供託を可能にして債務者の損害を防ぐ目的で認められたものである。自助売却の費用は，債権者が負担する。弁済者は，許可手続費用及び競売費用を目的物の換価代金から差し引いた残金を供託する。

　なお，民法上の自助売却制度は，商人間の債権には必ずしも適合しないため，商人間の売買，運送，海上運送については，商法上に特則が設けられている（商524，585〜587，591Ⅱ，624，627Ⅱ，754など）。民法の規定と大きく相違する点は，裁判所の許可を要しないことである（中川善之助ほか編『注釈民法⑿』328〜332頁〔甲斐道太郎〕（有斐閣，1970））。

《供託に適しない物等の例》

　畜産（牛・豚・養鶏），生簀の養殖魚，観賞用水槽に飼育中の熱帯魚，生鮮食品，危険物（ガソリン・化学薬品・爆薬等），倉庫積みの大量の商品，大型の重機類など。

❰ 4　財産の開示（民執196〜203）❱

　強制執行や一般の先取特権の実行は，執行の対象を特定して申し立てなければなりません（動産を対象とする場合を除く。）が，債権者が債務者の財産の種類や所在を把握することは実際上困難です。そこで，「平成15年法律第134号」（15頁参照）により，債務名義を得た金銭債権の債権者又は一般の先取特権者に債務者の財産に関する情報を取得させるための財産開示手続が創設されました。

　財産開示手続は，執行裁判所が実施決定をし開始されます。実施決定が確定すると執行裁判所は，財産開示期日を指定し，申立人と開示義務者（債務

者：民執198Ⅱ②）を呼び出し，期限を定め開示義務者に目録の提出を求めます。開示義務者は，正当な理由なく，期日に出頭しない場合や虚偽の陳述をした場合等には，30万円以下の過料に処せられます（同206）。また，申立人等も，財産開示手続において得られた債務者の財産等に関する情報を債権行使の目的以外に利用・提供した場合も同様です。なお，申立ては，債務者ごとに行い，１通の債務名義に記載された複数の債務者に対して開示を求める場合でも，債務者ごとに事件として申し立てるべきであるとしています（東京地方裁判所民事執行センター実務研究会編著『民事執行の実務　債権執行編（下）』260・261頁（金融財政事情研究会，2012））。この財産開示手続は，原則として３年以内に再度行うことはできません（同197Ⅲ）。

　実務上，この財産開示手続は，過払金債権者・債務者を当事者とする開示事案があるようですが，財産目録を提出することもなく，開示期日にも出頭しないこともあり，今のところ実際には十分に機能しているとはいえません。しかし，本来の制度趣旨が予定していたこととは別の意味で債権者に利用されているようです。それは，和解を目的として財産開示制度を利用することで，債務者に間接的な圧力をかけて任意の履行をさせる手段です。

　具体的には，債務者が開示期日に出頭しない場合や虚偽の陳述をした場合等に対する過料を受ける可能性による心理的強制をもって，債務者を事件外での和解に応じさせるというものです（日本執行官連盟編『新民事執行実務No.10』122頁（民事法研究会，2012）。なお，この開示手続は，債務者が財産開示日に出頭して財産を開示する制度ですから，債務者の住所等，送達する場所がわからない場合は，この手続を利用することはできません。

(1)　管　轄

債務者の普通裁判籍の所在地を管轄する地方裁判所が，執行裁判所として管轄します（民執196，19，民訴４）。

(2)　申立てができる債権者

金銭債権者に限られます。

　　ア　執行力のある債務名義の正本（ただし，仮執行宣言付判決，仮執行宣言付支払督促，執行証書，確定判決と同一の効力を有する支払督促である

ものを除く）を有する金銭債権の債権者（民執197Ⅰ）
イ　債務者の財産について一般の先取特権（民306等）を有する債権者（民執197Ⅱ）

Q3　一般の先取特権とは何をいうのか？

　民法で規定されているものとしては，民法306条に列挙されている一般の先取特権は，①共益の費用，②雇用関係，③葬式の費用，④日用品の供給の4つの債権である。この順位は相互間の優先順位を示すものである。特別法上のものとして，租税，国又は地方公共団体・公法人の徴収金，社会保険料等があり，一般の先取特権と特別の先取特権との間では原則として，後者が前者に優先する。ただし，共益費用は，その利益を受けたすべての債権者に優先する（民329Ⅱ）。特別の先取特権の間での順位は各法に規定がある（林良平編『注釈民法(8)』106～109頁〔甲斐道太郎〕（有斐閣，1965））。

(3)　開示義務者

執行債務者が開示義務者となるのが原則ですが，債務者の法定代理人，債務者が法人である場合はその代表者がそれぞれ開示義務者となります（民執198, 199）。

(4)　債務者の財産調査にかかる供託に関する書類の閲覧

取戻請求権及び還付請求権についても，差し押さえることはできるため，債務者の財産調査に，供託の閲覧制度を利用しようとする場合がありますが，これについては，供託に関する書類の閲覧を請求（242頁及び「Q59」参照）することができるのは，供託について利害関係を有する者だけですので，供託物払渡請求権者の一般債権者であっても，これから当該払渡請求権を差し押さえようとする者は，供託物に直接の利害関係を有していないので，供託規則第48条の利害関係人には含まれない（昭38.5.22民事甲1452号・先例集(3)〔86-12〕284頁）ということになります。

第1章　民事執行制度の概要

ア　閲覧が認容された先例

① 司法警察員から犯罪捜査上必要であるとして，供託関係書類の閲覧申請があった場合は，必要性が認められればこれに応じて差し支えない（昭35年度全国供託課長会同決議・先例集(3)〔1-91〕16頁，昭39.6.16民事甲2104号・先例集(3)〔134-8〕409頁）。

② 徴税官署は「供託上利害の関係を有する者」とは認められないが，国税徴収法第141条の趣旨にかんがみ，閲覧請求に応じて差し支えない（昭36.4.8民事甲816号・先例集(3)〔4-23〕26頁）。

③ 裁判所又は検察庁から，事件の審理又は捜査の必要上供託関係書類の取寄せ又は送付嘱託があった場合は，供託事務に支障がない限り応じて差し支えない（昭39.4.18民事四発162号・先例集(3)〔128〕398頁，昭39年度全国供託課長会同決議・先例集(3)〔135-57〕426頁）。

④ 建物の賃借人が賃貸人に対する家賃を供託しているところ，当該建物の抵当権者が，民法372条において準用する同法304条の規定に基づき供託金の還付請求権を差し押さえる前提として，当該抵当権設定の登記ある不動産登記簿謄本を閲覧申請書に添付した上で供託書副本の閲覧を請求した場合，これに応じるべきである（平14.11.22民商2757号・先例集(8)〔67〕405頁）。

イ　閲覧が認められなかった先例

① 国税局長から，弁護士の収入状況調査のための供託関係書類の閲覧には応じるべきでない（昭34.10.31民事甲2437号・先例集(2)〔63〕248頁）。

② 弁護士会会長から，差押債権を特定するため弁護士法23条の2第2項の規定による閲覧請求があっても応じることはできない（昭47年度全国供託課長会同決議・先例集(5)〔75-28〕254頁）。また，弁護士会会長から，同会所属弁護士の依頼人である供託者の当該供託について，弁護士法23条の2第2項に基づき，差押えの有無についての照会があった場合も，応じない取扱いがされている。

③ 弁護士法23条の2第2項の規定に基づき，同会所属弁護士会長から強制執行事件につき財産調査のため供託の有無，供託の日時，供託金額，

41

第Ⅰ編　各制度の概要

還付並びに取戻の有無等について調査報告方依頼があっても，応じることはできない（昭45．2．14民事甲652号・先例集(5)［45］160頁）。

第3 執行機関

1 執行裁判所

強制執行の実施を職分とする裁判所をいい，原則として，地方裁判所が執行裁判所となります（民執44，188，144，167）が，処分の内容を決めるための資料を保有する裁判所に執行処分をさせる趣旨から，例外的に少額訴訟債権執行（153頁参照）については簡易裁判所が，また代替執行・間接強制による強制執行については簡易裁判所又は家庭裁判所が管轄することもあります（同167の3，167の15Ⅵ，171Ⅱ，172Ⅵ，173Ⅱ，33Ⅱ①②）。

執行官が行う執行処分に対してその執行官所属の地方裁判所が，それぞれ執行裁判所となります（民執3）。また，少額訴訟債権執行事件の債権執行手続への移行に関する裁判など（同167の10，167の11，167の12など），裁判所書記官の執行処分に関連して執行裁判所が権限を持つ事項があります。

執行裁判所が執行機関となる執行には，金銭執行では，不動産に対する執行及び準不動産（船舶，自動車，建設機械，航空機等）に対する執行，並びに債権その他の財産権に対する執行，非金銭執行では，物の引渡請求権の間接強制による執行，及び目的物を第三者が占有している場合の引渡請求権の強制執行，作為・不作為請求権の強制執行があたります。

開示手続も執行裁判所の管轄となります。また，執行官の執行手続と裁判所書記官の執行処分に接続・関連して執行裁判所が権限を持つ事項として，前者の場合は，差押禁止動産の範囲の変更（民執132），動産競売開始許可の裁判（同190）等，後者では少額訴訟債権執行事件の債権執行手続への移行に関する裁判（同167の10）などです。

執行裁判所の執行に関する行為は，口頭弁論を経ないで（民執4），決定の形式ですることができるため，この決定に対しては，執行抗告（85頁参照）又は執行異議（88頁参照）ができる（同10，11）とされています。

42

第1章　民事執行制度の概要

■【 2　執行官 】■

　執行官は，特別職の国家公務員であり各地方裁判所に配置され（裁判所法62），最高裁判所の定める資格要件（同62Ⅱ）に従って，地方裁判所が任命し，その勤務裁判所を指定しています（同65）。定年は70歳とされています。国家公務員ではありますが，国家から俸給・手当ではなく，執行処分によって得る手数料による一種の独立採算制で，手数料が一定額に達しない場合は，国庫から不足額の支給を受ける手数料制としています（裁判所法62Ⅳ，執行官法21，執行官の手数料及び費用に関する規則）。

　執行官は，原則として，その所属する地方裁判所の管轄区域内において，その職務を行います（執行官法4）。その職分としては，不動産執行の手続では，執行裁判所の命令により現況調査を行ったり（民執57），売却における入札・開札を実施したりする（執行規則38条以下）など，執行裁判所の補助機関としての機能を果たします。

　執行官が執行機関となるのは，主として事実行為を必要とする動産に対する金銭執行（民執122，190）及び形式的競売（同195，36頁参照），物の引渡し・明渡し（第三者が占有している場合を除く。）を求める請求権の強制執行（同168，168の2，169）などです。

　その他，送達（民訴99Ⅰ）など執行官が取り扱うべきものとされている事務や，民事訴訟法，民事執行法，民事保全法等の法令で執行官が取り扱うとされたもの，また，同規定による裁判所の裁判により執行官が取り扱うべきものとされた事務（執行官法1）を行うものとされています。

■【 3　裁判所書記官 】■

　一般的に裁判所書記官は，執行裁判所又は執行官の行う民事執行の実施に際し，執行手続上の補助的役割を担当する機関ですが，もう一つ重要な役割として，裁判所書記官によって作成される調書があります（裁判所法60Ⅱ，民訴91，160）。これは，法廷でどのようなことが行われたかを公に証明する唯一の文書で，強い効力が認められます。この役割は裁判官といえども代わることはできない裁判所書記官固有の権限といえます。

43

第Ⅰ編　各制度の概要

　さらに，近年において，裁判官と裁判所書記官の職務分担の合理化の観点から権限分配の見直しが進められました。

　現在，不動産競売手続において，裁判所書記官の職務としている主なものは，差押えの登記・登録及び抹消の嘱託（民執48，54），執行手続における開始決定及び配当要求の終期の公告等（同49Ⅱ・Ⅳ），物件明細書の作成（民執62），売却方法の決定及び売却決定期日の指定・変更（同64Ⅰ・Ⅳ・Ⅴ・Ⅵ），代金納付期限の指定・変更（同78Ⅰ・Ⅴ），配当表の作成（同85Ⅴ），配当や弁済金・剰余金の交付を受けるべき債権者・債務者に対する売却代金の交付又は供託金の支払委託（執行規則61等）及び配当等の供託などが裁判所書記官の固有権限とされたほか，裁判所書記官の権限が拡大され少額訴訟債権執行手続においては，裁判所書記官が執行裁判所と並ぶ執行機関として認められています（民執167の2）。

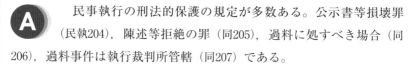

悪質な執行妨害に対する執行機関の保護の規定にはどのようなものがあるのか？

　民事執行の刑法的保護の規定が多数ある。公示書等損壊罪（民執204），陳述等拒絶の罪（同205），過料に処すべき場合（同206），過料事件は執行裁判所管轄（同207）である。

　刑法にも公務執行妨害及び職務強要（刑95），封印等破棄（同96），強制執行妨害目的財産損壊等（同96の2），強制執行行為妨害等（同96の3），差押え等に係る自己の物に関する特例（同115）などの規定がある。

第4　強制執行の種類

1　請求権の内容から見た分類

　金銭執行と非金銭執行に分けられ，金銭執行は金銭債権の強制的な実現を図るための強制執行で，執行の対象である物の性質に応じて，さらに，細分化されています。

第1章　民事執行制度の概要

(1) **金銭執行とは**
　ア　金銭執行の基本構造
　金銭執行は，債務者の財産から金銭を強制的に支払わせるというものです。
　債務者の金銭以外の財産を差し押さえて，それを強制的に金銭に換え，その代金をもって債権者の債権の弁済に充てることになります。
　金銭執行の手続は，次の順序で進行します。

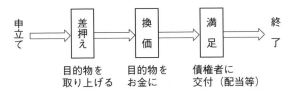

　(ア)　差押え
　金銭執行は差押えによって開始（民執143，145Ⅰ）され，差押えは執行の目的財産を債務者が処分することを禁止し，執行機関が処分権を取得します。不動産（《パターン事例Ⅰ－1》参照）であれば，差押えの登記（同48Ⅰ）をし，動産（《パターン事例Ⅲ－1》参照）であれば，執行官の占有（同123，124等）など，執行機関が執行の目的財産を換価するための準備の手続です。
　(イ)　換　価
　換価は，差し押さえた目的財産を金銭に換え，配当することができるようにするための手続です。金銭執行である以上，債権者が求めるものは金銭債権の満足です。よって，目的物を金銭に換える必要があります。典型的な方法としては，競売等による売却ですが，執行の種類によって具体的な方法は異なります。
　(ウ)　満　足（配当等）
　満足（配当）は，換価代金（不動産等の「売却代金（民執86）」，「配当等に当てるべき金銭等（同106）」，動産等の「売得金等」（同139Ⅰ，192），差押えをした金銭又は第三債務者がした供託金（同156Ⅰ・Ⅱ））を各債権者に分配する額を決定し，それに従ってその代金を各債権者に交付するための手続で，目的物の売却等で得た金銭を債権者に交付することにより，執行は終了します。なお，わが国は，金銭執行において債権者が競合した場合，差押えに後

45

第Ⅰ編　各制度の概要

れて執行手続に参加してきた債権者（配当要求，差押え，仮差押えの申し立て
を行っている一般債権者）にも，配当において債権額に按分比例した平等の
扱いとする平等主義を採用しています。

　換価代金の配当の手続には，配当手続（民執84Ⅰ，166Ⅰ）と弁済金交付手
続（民執84Ⅱ，166Ⅱ）の２つの方法があります（104頁参照）。

　　イ　対象となる目的財産の執行手続の種類

　不動産（民執43以下），船舶（同112以下），動産（同122以下），債権及びそ
の他の財産（同143以下）の４つに類型化し，それぞれの執行手続を定めてい
ます。

　これ以外にも，民事執行規則において，航空機（執行規則84，85），自動車
（同86以下），建設機械（同98），電話加入権（同146以下）及び振替社債等（同
150の２以下）について，それぞれ執行手続を定めています。

　　ウ　責任財産

　責任財産とは，強制執行の対象とすることができる債務者の財産のことで，
債務者の属する財産に限られ，金銭執行の責任財産は，基本的には，執行開
始当時に執行債務者に属する全ての財産となりますが，金銭債権の目的によ
る性質上の制限があり，執行禁止（差押禁止財産）の規定があります（後記
エ参照）。また，物の引渡請求権の執行の責任財産は，強制執行の基本とな
る債務名義によって定まります。

　しかし，目的財産が真実債務者に属するかどうか正確な実体関係を，執行
機関が一つ一つ調査判断していては，執行手続を迅速に進めることができず，
執行機関の職務に適するものとはいえません。

　そこで，民事執行法は，執行機関としては，目的物の外観すなわち公示手
段だけで権利関係を判断することができ，債務者名義で登記のある不動産
（執行規則23①），たとえ，第三者の不動産であっても，債務者名義で登記さ
れていれば，その差押えは適法となります。また，債務者が占有している動
産（民執123Ⅰ）は，債務者の責任財産である蓋然性が高いので，そのような
ものは差押えが許されます。

　債権執行の場合は，債務者が第三債務者に対してある債権を持っているか

46

第1章　民事執行制度の概要

どうかについては，債権者の申立てに基づいて判断すればよいものとしています（執行規則21③，133）。

　　執行機関による責任財産の帰属はどのように判断するのか？

　　　　以下の書面等により判断を行う。
① 不動産
　　登記　→　登記事項証明書（執行規則23①）
　　未登記　→　債務者の所有に属することを証する文書（同23②イ）
② 船舶，航空機，自動車
　船舶（執行規則74），航空機（同84）＝①不動産
　自動車　→　自動車登録ファイルに記録されている証明書（同88）
③ 動産
　占有を基準（民執123Ⅰ）
　占有　→　現実の所持を意味し，間接占有を含まない。なお，第三者が占有しているときでも，第三者が提出を拒まないときは差押え可能（同124）
④ 債権その他の財産権
　債権者の申し出たところによる（執行申立書　執行規則21③，133）。

　　エ　差押禁止財産
　民事執行法は，債務者の最低生活の保障を主眼に置き，生活を根底からおびやかすことのないよう，債務者の財産の一部について差押えを禁止しています。
　大きく分けると「差押禁止動産」（116頁参照）と「差押禁止債権」（127頁参照）とに分かれます（動産→民執131，債権→同152）。住宅を含めて不動産は，差押禁止財産にはなりません（例外として，宗教法人法83）。

47

第Ⅰ編　各制度の概要

(2) **非金銭執行とは**

金銭の支払を目的としない債権の強制的な実現を図るための強制執行です。

　ア　物の引渡請求権の執行（民執168〜170，173）

物が不動産，動産，第三者が目的物を占有している場合に分けて規定しています。

　　(ア)　不動産の場合

以下の事例で考えてみましょう。

【基本事例Ⅱ】
　金田耕助さんは，新潟県村上市へ２年間の転勤を命じられ，家族とともに東京を離れることとなり，急遽，東京都台東区東浅草の自宅を友人の等々力順也さんに２年の約束で貸すこととしました。金田さん（貸主）と等々力さん（借主）は公正証書の書面により，家賃は毎月末日までに金８万円を金田さんの指定した銀行に振り込むこと，２年間の契約で明け渡すことを内容とした定期建物賃貸借契約（借地借家法38）を交わしています。

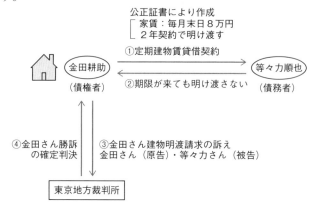

　２年が過ぎ金田さんは自宅に戻ることとなりましたが，等々力さんがその建物に住み続けていていっこうに出て行ってはもらえません。
　金田さん（原告）は，友人ではありましたが，しかたなく，等々力さん（被告）に対して建物明渡請求の訴えを東京地方裁判所に提起しました。そして，裁判所が「被告は，原告に対し，別紙物件目録記載の建物

第1章　民事執行制度の概要

を明け渡せ。」という判決を言い渡し，この判決が確定しました。

パターン事例　Ⅱ－1

　判決が出ても等々力さんが明け渡さない場合には，金田さんは，どうしたらよいでしょうか？

解説

　金田さん（執行債権者）は，確定判決に基づき，執行官に対し強制執行を申立て（民執168Ⅰ），等々力さんに対して，明渡しを強制的に実現することができます。

　具体的には，執行官が引渡しの期限（催告の日から1か月を経過する日）を定めて明渡しの催告を行い，等々力さんに猶予を与え任意の明渡しを期待するもの（同168の2）と，執行官が等々力さんの建物に対する占有を解いて，金田さんにその占有を取得させる方法により行う場合（同168Ⅰ）があります。強制執行の場合，執行官は，目的物でない動産を取り除いて，債務者等に引き渡さなければならず，引き渡せないときは，売却することができる（同168Ⅴ）とし，引渡しや売却しなかったものは執行官が保管することとなります（同168Ⅵ）。

　この目的外動産は，執行官に保管方法が委ねられています。保管に適さない動産は，緊急換価処分ができます（民執137，民保49Ⅲ類推）。また，客観的に換価価値が認められない動産は，廃棄処分に付されることとなります。売却の手続は，民事執行規則154条の2が定められ，原則，動産執行の例によることとなります（執行規則154の2Ⅰ）。売却したときは，売得金から売却・保管費用を控除し，残余金を供託することになります（民執168Ⅷ）。

パターン事例　Ⅱ－2

　金田さんが確定判決に基づき，等々力さんに対して，建物の明渡しの

49

強制執行をしようとしたところ，第三者である多治見春太さんに占有が移っていた場合は，どうなるのでしょうか？

解説

　金田さんが強制執行を行おうとしたところ，判決（口頭弁論終結時（9頁参照））後に，等々力さん（転貸人）から第三者の多治見さん（転借人）に占有が移っていた場合，多治見さんがその物を等々力さんに引き渡す義務を負っているときは，その等々力さんの引渡請求権を差し押さえた上，その請求権の行使を金田さんに許す旨の命令を発することで行う方法がとられています（民執170Ⅰ）。では，判決前に，等々力さんから第三者の多治見さんに占有が移っていた場合どうでしょうか。これは，多治見さんに対して建物明渡しの強制執行をすることができないことになります（《パターン事例Ⅱ-2．①》参照）。

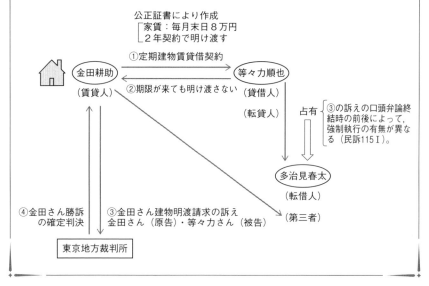

　(イ)　動産の場合

以下の事例で考えてみましょう。

第1章　民事執行制度の概要

【基本事例Ⅲ】
　東京都墨田区在住の堀北夢二さんは、生まれたばかりの長男の成長を残すために、大地信販会社から貸付を受け50万円もする高価なビデオカメラを購入し、日夜撮影に励んでいました。ある日、会社の後輩であり同じ町内会に住んでいる竹下大悟さんが、結婚するので新婚旅行にビデオカメラを貸してほしいといってきました。

　堀北さんは貸すのに躊躇しましたが、後輩の頼みとあってはしかたないと貸したところ、竹下さんは新婚旅行から戻ってきても、いっこうに返しに来ません。痺れを切らした堀北さんは、竹下さんに「ビデオカメラを返せ。」と電話で伝えましたが、それでも、いろいろと理由を付けて返そうとしません。次に内容証明郵便を送付して返還を求めましたが、何の音沙汰もありませんでした。堀北さんは竹下さんに対し、「ビデオカメラを引き渡せ。」という判決を求めて、東京地方裁判所に訴えを提起し、堀北さんの訴えどおりの判決が確定しました。

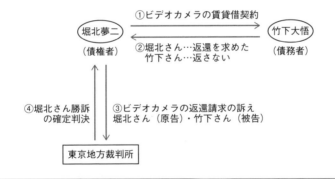

パターン事例　Ⅲ－1

　判決が出ても竹下さんは、返そうとはしません。堀北さんはどうしたらよいでしょうか？

解説

　堀北さん（執行債権者）は、確定判決に基づき、執行官に対し強制執

行を申し立て，竹下さんに対して，引渡しを強制的に実現することができます。

執行機関は執行官で，執行官が竹下さんから目的物を取り上げて，堀北さんに引き渡す方法により行うこととなります（民執169Ⅰ）。

　イ　作為・不作為義務の執行（民執171〜173）
　第三者が債務者に代わって債務を執行できる代替的な場合と債務者しか執行できない不代替的な場合とがあります。前者は，代替的作為義務と非代替的作為義務があり，代替的作為義務は，建物の収去・建築，物品運送，新聞への謝罪公告の掲載等，非代替的作為義務では，絵を描く，芸能人の劇場出演などです。
　代替的作為義務については，代替執行（後記2(2)参照）の方法がとられ，非代替的な場合は，債務者に金銭の支払を命じることによって間接的に執行を強制する間接強制の方法が適します（後記2(3)参照）。
　後者の不作為義務は，特定の作為を行ってはならないもので，営業禁止，建築工事妨害禁止等などがあります。また，不作為義務の執行についても，間接強制の方法がとられます。

　ウ　意思表示義務の執行（民執174）
　意思表示の擬制は不代替作為義務として間接強制も可能と考えられますが，債務者に強制をしなくても，債務者が意思表示をした場合と同様な法律効果を与えることで，執行の目的が果たせるものであり，本来の執行ではありません。
　例えば，登記義務者である売主が登記申請に協力しない場合には，登記権利者である買主は，「売主は買主名義への所有権移転登記手続をせよ。」との判決を得て，単独申請（登記申請は，原則，共同申請）で自己への所有権移転登記ができます（不登法63Ⅰ）。これは，登記所に対し裁判によって債務者が意思表示をしたものと擬制することとなるからです。

第1章　民事執行制度の概要

【 2　強制執行の性質から見た分類 】

(1)　直接強制

執行機関が，債務者の又は義務者の履行の意思に関係なく，直接に執行の目的を実現する方法です。執行のほとんどはこの直接強制によって行われています。

例えば，執行機関が目的物に対する債務者の占有を解き，債権者にその占有を取得させるといった，動産の引渡請求権の執行（民執169）に用いられています。また，子の引渡しの執行についての実務でも，間接強制に加え，動産の引渡請求権の執行を類推適用して直接強制を許容する方向に転換しています（山本和彦ほか編『新基本法コンメンタール　民事執行法』423頁〔大濱しのぶ〕（日本評論社，2014））。

(2)　代替執行

債務者が債務を履行しない場合に，代替的作為義務を命じる債務名義に基づいて，債権者が裁判所に授権を得て，債務者の費用で自ら又は第三者を雇って，意図する結果を実現するもの（民執171，民414Ⅱ）で，建物の取り壊しや妨害物の除去など，債務者以外の者でも実施できる代替的作為義務の執行及び不作為義務の違反結果の除去に用いられます。

(3)　間接強制

債務者に対して一定の不利益を課することにより心理的圧迫を加え，債務者自身の作為又は不作為を強制する方法です。あくまでも債務者に履行を強いる方法です（民執172，173，167の15）。

本来，直接強制や代替執行になじまない不代替的作為義務や不作為を目的とする債務義務の執行に用いられてきましたが，平成15年法律第134号（15頁参照）の改正によって，不動産の引渡し，明渡しの強制執行などの非金銭債権についても強制執行が可能となり（同173），さらに平成16年法律第152号（19頁参照）の改正で，金銭執行についても，扶養義務等に係る金銭債権についての強制執行の場合にのみ，認められています（同167の15）。

53

第Ⅰ編　各制度の概要

第5　強制執行の基本的な流れ

　確定判決等の債務名義を取得し，その債務名義に基づいて一般的には以下の手順で行われます。

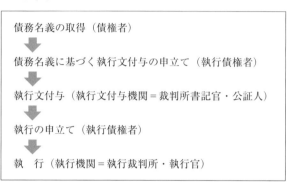

1　債務名義

　給付請求権の存在とその範囲の判断機関と執行機関は，分離独立して設けられています。このため，給付請求権のこれらの内容を執行機関に明らかにする手段が必要となります。これが「債務名義」です。

　債務名義とは，強制執行によって実現されることが予定される一定の私法上の給付請求権の存在とその範囲と当事者（債権者，債務者）を表示した公文書をいい，法律により執行力を認められたものです。強制執行手続は，この債務名義により執行されることとなります。

　民事執行法は22条において，債務名義を具体的に列挙して，この債務名義の種類に応じ，各事項をできるだけ細分化し，どのような文書が債務名義になり得るかを定めています。

(1)　**確定判決**（民執22①）

　「被告は，原告に対し，金100万円を支払え。」「被告は，原告に対し，別紙物件目録記載の建物を明け渡せ。」と命じた給付義務を宣言した給付判決で，確定（「Ｑ１」，後記「Ｑ６」参照）した終局判決が債務名義になります。

第1章　民事執行制度の概要

確定判決であれば必ず債務名義となるか？

　民事上の判決には，給付判決，確認判決，形成判決の3種類がある。

給付判決は，前記(1)「確定判決（民執22①）」の判決文のように，被告に，金銭支払を含む作為や不作為を命じる判決をいう。

確認判決は，「原告が，別紙物件目録記載の建物につき，所有権を有することを確認する。」という判決のように，権利等を確認する判決のことであり，形成判決は，「原告と被告は離婚する。」といった，判決の確定により法律関係の変動が生じる判決を指す。

給付の訴えや形成の訴えの場合は，請求棄却となるときは，結果的に原告の権利がなかったことを確認する確認判決がなされることとなる。確認判決も形成判決のいずれも強制執行を予定していない（ただし，訴訟費用の支払を命ずる部分は除く）。したがって，民事執行法22条1号には，「確定判決」とあるが，債務名義となるのは，原則，給付判決のみとなる。

では，確定した給付判決であれば必ず債務名義となるかというと，これにも例外がある。

つまり，給付判決でも，強制することができないもの，あるいは事実上不可能であるもの，強制することに意味がないもの，社会通念上，妥当性を欠くというような場合は，例外的に強制執行は許されないと考えられている。例えば，原告と被告とが使用者と雇用者である場合，被告に原告の会社で働くことを命じる判決は可能であるが，被告の自由意思の尊重から強制執行をすることはできない。同様なものとしては夫婦に同居を命じる判決などである。その他，画家が絵を描く債務，歌手が舞台で唄う債務なども強制執行が許されない債務として挙げられる。

55

第 I 編　各制度の概要

　このよう場合には，損害賠償などの他の方法で，金銭をもって解決することとなる。

(2)　仮執行の宣言を付した判決（民執22②）

　仮執行宣言とは，判決主文に「この判決の第○項は，仮に執行することができる。」と給付義務が表示されます。未確定の判決に即時に執行力を与えるものです。つまり，財産権上の請求権に関する判決において，判決確定前であってもその判決に基づいて，仮に強制執行をすることができる旨の宣言（裁判）をいいます（民訴259 I）。

　仮執行宣言は，原告が「担保を立てる」ことが仮執行の条件となっています。この場合，債権者は，担保提供したことを証明する文書を執行機関に提出した場合に限り，強制執行を開始することができます（民執30 II）。また，被告が担保を立てることで仮執行を免れるという仮執行免脱宣言（民訴259 III）が併せてなされることもあります。これにより，債務者が強制執行を免れるための担保（264頁及び**巻末供託申請記載例 7** 参照）を立てた場合には，強制執行をすることはできません（民執39 I ⑤）。

　この仮執行の効果は，一種の解除条件付であって，仮執行宣言がなされた後，控訴審などによって取消し，変更されると，仮執行の効果も遡って失われ，債権者は，仮執行によって取得した財産を債務者に返還し，また，仮執行により生じた損害を債務者に賠償しなければなりません。この原状回復請求権，損害賠償請求権については，民事訴訟法260条 2 項により認められています。

(3)　抗告によらなければ不服申立てができない裁判（民執22③）

　給付義務を内容とする抗告のできる性質の決定又は命令で，確定しなければその効力が生じない裁判をいいます。不動産執行の保全処分（同55 VII），不動産引渡命令（同83 V），間接強制による金銭支払命令（同172 I）などがこれに当たります。

　例えば，不動産を裁判所の競売で落札した買受人は，その不動産を不法に占有している債務者や第三者がいる場合に，裁判所から引渡命令という債務

名義を取得して，占有者に対して強制執行をすることができます。この裁判に対しては，執行抗告（85頁参照）という不服申立てが認められています。

(4) 仮執行の宣言を付した損害賠償命令（民執22③の2）

通常，民事裁判であれば，損害賠償請求権は「判決」によって認容されますので，原則，損害賠償の「命令」というものはありません。損害賠償命令とは，刑事手続と関連する特殊なものです。

この制度は，「犯罪被害者等の権利利益の保護を図るための刑事手続に付随する措置に関する法律（犯罪被害者保護法）」によって規定されています。すなわち，損害賠償命令とは，刑事事件を担当する裁判官が，民事事件と付随して審理を行い，命令を出すことになります。犯罪被害に基づく損害の賠償請求の裁判を，刑事手続と連動して行うことによって，犯罪被害者に対する確実で迅速な損害賠償の支払を図るという制度です。

この損害賠償命令に対しては，命令の送達の日から2週間以内に異議を申立てることができます（犯罪被害者保護法33）。異議が申立てられると，損害賠償命令申立て事件は，通常の民事訴訟へと移行し，それが確定するまでは債務名義とならず，強制執行できないのが原則ですが，仮執行宣言を付けることによって，判決が確定する前であっても債務名義となり，前もって強制執行することができるようになるのです。

(5) 仮執行の宣言を付した支払督促（民執22④）

債務者が争わないと思われることを前提として，債権者に簡易な手続で迅速に債務名義を取得させようとするものです。請求権の種類は，金銭その他の代替物・有価証券の一定の数量の給付を目的とするものに限られます（民訴382）。

債権者が，債務者の普通裁判籍の所在地を管轄する簡易裁判所に支払督促の申立てを行います（民訴383）。

支払督促は申立書のみを審査し，債務者に対して審尋は要せず，簡易裁判所書記官が支払督促を債務者に送達（民訴388）し，債務者は一定の期間内に異議申立てをしないと，債権者の申立てにより仮執行宣言が付され（民訴391Ⅰ），これが債務名義になります。

57

第Ⅰ編　各制度の概要

以下の事例で考えてみましょう。

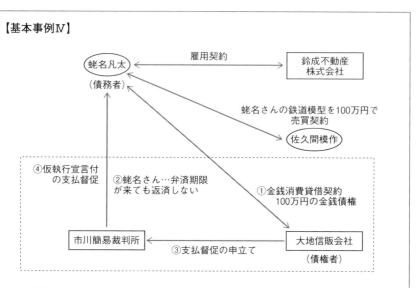

【基本事例Ⅳ】

　千葉県船橋市在住の蛯名凡太さんは，鈴成不動産株式会社（所在地東京都八王子市）に勤務していました。

　蛯名さんの趣味は競馬と鉄道模型の収集でした。週末は必ず船橋競馬場に通っていましたが，ほとんど勝ったことはなく，たまに儲かっても帰りに飲食で使ってしまうため，生活費にも困り，大地信販会社（所在地：東京都豊島区）から金100万円の借金をしてしまいました。そのため，毎月末日までに金10万円の返済を続けていたため，ますます，生活に困り，趣味で集めた鉄道模型を親友の佐久間模作さんに，金100万円で売り払ったのですが，売買代金の受け取りが1か月先であったため，大地信販会社への返済が滞ってしまいました。そのため，大地信販会社の社員が，蛯名さん宅に取立てに来ましたが，蛯名さんは居留守を使い顔を出さないでいました。

　そんなある日，市川簡易裁判所から仮執行宣言付の支払督促が届きました。

第1章　民事執行制度の概要

パターン事例　Ⅳ-1

　簡易裁判所から仮執行宣言付の支払督促に対して，蛯名さんが異議申立てをしないでいるとどうなるのでしょうか。

解説

　簡易裁判所書記官が発した支払督促（民訴386Ⅰ）に対し，蛯名さんが送達の日から2週間以内に督促異議の申立て（同386Ⅱ，387）をしないときは，そのときから30日以内に大地信販会社が申立て（同392）をすることにより仮執行宣言が付され（同391Ⅰ），再度，債務者に送達します。これが債務名義になります。その後，さらに2週間経つと，支払督促は確定判決と同一の効力を有するに至り（同393，396），民事執行法22条7号の「確定判決と同一の効力を有するもの」として債務名義となります。この債務名義により，大地信販会社は，蛯名さんに対して，仮執行宣言付の支払督促により強制執行ができることとなります。

　なお，それまでに蛯名さんから督促異議の申立てがあると，支払督促の申立時に訴えの提起があったものとみなされ，通常の判決手続に移行します（民訴395）。しかし，督促異議により強制執行は当然には停止しません。裁判所に強制執行の停止や取消しを申し立てる必要があります（民訴403Ⅰ③）。

　実務上，信販会社やクレジット・カード会社等で多く利用されているようです。

(6)　**訴訟費用額，執行費用額を定める裁判所書記官の処分**（民執22④の2）

　訴訟費用・和解費用の負担の額（民訴71，72），強制執行手続で同時取立ができなかった執行費用・債務名義の取消等に伴い返還すべき額（民執42Ⅳ）は，裁判所書記官の処分として定められ，この処分が債務名義となります。

(7)　**執行証書**（民執22⑤）

　執行証書として，「①公証人が作成した公正証書であること」（公証人法

59

第Ⅰ編　各制度の概要

26～40),「②金銭の一定の額の支払又はその他の代替物若しくは有価証券の一定の数量の給付を目的とする請求であること」,「③債務者が強制執行されても異議を述べない旨（執行受諾文言）が公正証書に入っていること」の3つの要件を備えていることが必要です。

　【基本事例Ⅱ】で金田さんと等々力さんは公正証書の書面により，定期建物賃貸借契約（借地借家法38）を交わし，2年間の契約で明け渡すことを内容としていますが，執行証書となる3つの要件の内「金銭の一定の額の支払又はその他の代替物若しくは有価証券の一定の数量の給付を目的とする請求であること」ではないため，建物の明渡しを求めることのできる債務名義とはならず，公正証書を基に建物明渡請求の訴えを提起して債務名義を取得する必要があります。

 3つの要件を備えている公正証書は全て執行証書となるのか？

　執行証書とならなかった公正証書の主な事例は，次のとおりである。

① 代理人が執行証書を作成する場合，債権者の代理人であることを隠して本人として公証人に公正証書の作成を嘱託し作成された公正証書は，債務名義としての効力がない（最高裁判決昭56.3.24民集35巻2号254頁）。

② 債務者を代理する権限のない者が，その代理人として公証人に公正証書の作成を嘱託し，かつ，執行受諾の意思表示をした場合には，債務者に対する関係においては効力がない（最高裁判決昭50.7.25民集29巻6号1170頁）。

③ 当事者一方の嘱託により作成した公正証書は，内容の如何に問わず，強制執行の債務名義とはならない（明43.11.22民刑1267号民刑局長回答）。

④ 公正証書に記載される執行受諾の意思表示に要素の錯誤（民95）があるときは，表意者に重大な過失のないかぎり，その意思表示は無効

であり，執行証書は効力を生じない（最高裁判決昭44．9．18民集23巻9号1675頁）。執行受託の意思表示が詐欺や強迫によるものについても，同様であると一般に解されている（中野貞一郎・下村正明『民事執行法』208頁（青林書院，2016））。
（古賀政治編『民事執行・保全判例インデックス』14～22頁（商事法務，2009））

(8)　確定した執行判決のある外国裁判所の判決（民執22⑥）

外国裁判所の判決は，日本の裁判所の確定した執行判決（民執24）が必要で，併せて一つの債務名義になります。外国判決に執行力がなければ，形式的な訴訟となってしまうからです。仮執行宣言付の執行判決でもよいと解されています。

執行判決を求める訴えが提起された場合，外国判決の内容の当否自体は調査されません（民執24Ⅱ）が，外国判決が「確定したことが証明されないとき」，民事訴訟法118条各号の要件を具備しないときは，執行判決は却下されることとなります（民執24Ⅲ）。

例えば，補償的損害賠償と訴訟費用等の実損害以外に罰金等の刑罰と同様な制裁のための懲罰的損害賠償というものを命じた外国判決（アメリカのカリフォルニア州）について，執行判決を求めた裁判において，懲罰的損害賠償の部分については民事訴訟法118条3号の日本の公序良俗に反するとして，執行判決を許さなかった判例があります（最高裁判決平9．7．11民集51巻6号2573頁）。

(9)　確定した執行決定のある仲裁判断（民執22⑥の2）

仲裁判断とは，訴訟に代わる紛争解決手段です。民事上の紛争について，第三者である仲裁人の判断に服する旨の当事者の合意（仲裁合意：仲裁法2Ⅰ）に基づき仲裁人の判断によって紛争を処理する手続です。仲裁は裁判所で行われる手続ではないですが，効力として時効中断（同29Ⅱ）が認められます。また，裁判所が，当事者等から証拠調べの実施を求められることがあります（同35Ⅰ）。仲裁判断も確定した執行決定と併せて，確定判決と同一の効力が認められており（同46，45Ⅰ），債務名義となります。

第Ⅰ編　各制度の概要

　ただし，公序良俗違反（仲裁法45Ⅱ⑨）であるなど，仲裁判断が確定判決と同一の効力を有しないとされたときは執行決定は与えられません（同46Ⅰ・Ⅷ，45Ⅱの各号）。

⑽　**確定判決と同一の効力を有するもの（民執22⑦）**

　確定判決ではなくても，法律によって確定判決と同一の効力を与えられ，債務名義になるものがあります。前記(5)「仮執行の宣言を付した支払督促」もその一例ですが，代表的なものとして，金銭の支払等の給付義務を内容とする裁判上の和解及び簡裁が行う訴え提起前の和解（即決和解：民訴275）が成立したときに和解の内容を記載する和解調書や認諾調書（民訴267），調停調書（民調法16，家事手続268）などです。

　では，調停調書について，家庭裁判所の調停の具体的な事例で考えてみましょう。

【基本事例Ⅴ】

　横浜市緑区に在住の上田静子さんは夫の拓海さんと18年間，結婚生活を続けてきました。夫は乙商事株式会社に勤め，静子さんも甲スーパーでパートとして働いていました。夫婦には，中学2年生になる拓磨という男の子がいます。夫は，拓磨が中学に入学してからは，毎日のように自宅にも帰らず生活費もろくに家には入れませんでした。

　静子さんは甲スーパーの正社員になったのを機に，離婚を決意し，協議離婚を進めていましたが，夫は離婚には応じるというものの，子どもをどちらが引き取るかで揉めたため，夫は離婚に同意しません。

◆◆ パターン事例 　Ⅴ－1

　話合いによって離婚をし，後日にトラブルとならないようにするには，どうしたらよいでしょうか。

解　説

　一方が離婚に同意しない場合は，裁判を家庭裁判所に申し立てて，判

第1章 民事執行制度の概要

決を取り離婚する方法がありますが，離婚裁判を申し立てる前に調停をすることとなっています（調停前置主義：家事手続244，257）ので，静子さんは，横浜家庭裁判所に離婚調停を申し立てることとなります。

　調停により，離婚後，子どもは静子さんが引き取り，拓海さんは，未払いの生活費100万円及び養育費として長男が満20歳に達するまで，毎月末日限り金３万円ずつの養育費を支払うことで，調停が成立したとして，調停調書（家事手続268）を作成すると以下のようになります。これが債務名義となります。

調　　書（成立）

事件の表示　　　　平成29年（家イ）第1234号　夫婦関係調整調停事件
期　　　　日　　　平成29年○○月○○日　午前10時30分
場　　　　所　　　横浜家庭裁判所家事部調停室
〜　省略　〜
当事者等及びその出頭状況
　　本　　　籍　　○○県○○市○○
　　住　　　所　　横浜市緑区○町○丁目○番号
　　（登記簿上の住所　　　　　　　　）
　　　　　　　　申立人　　上　田　静　子
　　本　　　籍　　○○県○○市○○
　　住　　　所　　横浜市緑区○町○丁目○番号
　　　　　　　　相手方　　上　田　拓　海
　下記の調停条項のとおり調停が成立した。
横浜家庭裁判所
裁判所書記官　法野律子

調停条項

　1　申立人と相手方とは，申立人の申出により本日調停離婚する。
　2　当事者間の長男拓磨（平成15年○月○日生）の親権者を母である申立人とする。
　3　相手方は，申立人に対し，前項の子の養育費として，平成29年○月から当該子が満20歳に達した後，最初に迎える○月まで，１か月３万円を毎月末日限り，上田拓磨名義のＹ銀行緑区支店の普通預金口座（口座

63

番号123456）に振り込む方法により支払う。
4 相手方は，申立人に対し，離婚に伴う財産分与として，金300万円，及び未払いの生活費100万円の支払義務があることを認める。
5 相手方は，申立人に対し，前項の金員を平成29年〇月末日限り，申立人名義のY銀行緑区支店の普通預金口座（口座番号456789）に振り込む方法により支払う。振込手数料は，相手方の負担とする。
6 相手方が前項の金員を支払ったときは，申立人は，相手方に対し，離婚に伴う財産分与として，別紙物件目録記載の不動産（以下「本件不動産」という。）を分与する。
7 相手方が第5項の金員を支払ったときは，申立人は，相手方に対し，本件不動産につき，当該支払日付け財産分与を原因とする共有持分全部移転登記手続をする。登記手続費用は，相手方の負担とする。
〜 省略 〜
（別紙物件目録も省略）

認諾調書とはどういうものか？

被告が原告の請求として権利主張を肯定する陳述を「請求の認諾」といい，裁判所は，被告が原告の請求を認諾すると，その当否の判断そのものの裁判を要せず，原告の請求どおりの被告敗訴の判決があったと同様となり，当該訴訟は終了する。請求の認諾の陳述があったときは，裁判所書記官がこれを調書に記載（訴訟規則67Ⅰ①）する。この調書を認諾調書（民訴267）といい，確定判決と同一の効力を有する。

民事調停とはどういうものか？

民事調停は，裁判官又は民事調停官（弁護士で5年以上その職にあった者：民調法23の2，23の3）と2人以上の民事調停委員で構成された調停委員（同8）が，紛争当事者を仲介して和解の成立を図る手続である。裁判上の和解と同一の効力が生じる（同16）。

第1章　民事執行制度の概要

> 　また，裁判所は，調停委員会の調停が成立する見込みがない場合にお
> いて相当と認めるときは，民事調停委員の意見を聴き，当事者双方の衡
> 平を考慮し，一切の事情を見て，職権で申立ての趣旨に反しない限りで，
> 事件解決のために必要な金銭の支払，物の引渡しその他の財産上の給付
> を命じることができる（同17）。この決定については，２週間の異議の申
> 立てが認められている（同18）。

　2　執行文

　強制執行の実施は，原則として，執行文の付与された債務名義の正本に基
づかなければならない（民執25）とされています。なお，執行文を付与する
意義は，①債務名義に執行力が現存すること，②執行当事者を確定すること
にあります。

⑴　執行文の付与機関

　　①　執行証書以外の債務名義については，事件の記録の存する裁判所の
　　　裁判所書記官です。

　　②　執行証書については，その原本を保存する公証人

いずれも，債権者からの申立てに基づいて付与します（民執26Ⅰ）。

債務名義の正本の末尾に執行力がある旨の証明を付記します（同26Ⅱ）。

⑵　執行文の類型

ア　単純執行文

債務名義の内容のままの執行力を公証した，通常の執行文です。

〈例文〉
　「債権者Ａは債務者Ｂに対しこの債務名義により強制執行することができ
る。」

イ　条件成就執行文

「請求が債権者の証明すべき事実の到来に係る場合においては，執行文は，
債権者がその事実の到来したことを証する文書を提出したときに限り，付与
することができる。」（民執27Ⅰ）とされています。「債権者の証明すべき事
実の到来」とは，停止条件の成就や不確定期限付の債務名義において不確定

65

第Ⅰ編　各制度の概要

期限が到来した場合等も含まれます。

　条件成就が代表的であるので，条件成就執行文と呼ばれています。執行文自体は，単純執行文と変わりません。その条件成就の審査は，民事執行法では，執行文付与の段階で，執行文付与機関である裁判所書記官や公証人が審査することとされています。

　　ウ　承継執行文

　「債務名義に表示された当事者以外の者を債権者又は債務者とする執行文は，その者に対し，又はその者のために強制執行をすることができることが裁判所書記官若しくは公証人に明白であるとき，又は債権者がそのことを証する文書を提出したときに限り，付与することができる。」（民執27Ⅱ）とされています。相続があったとか債権譲渡があったという場合など，債務名義成立後（確定判決等では口頭弁論終結後（9頁参照））の承継人が代表的ですので，承継執行文と呼ばれています。

　〈例文〉
　　「債権者Aは債務者Bの承継人Cに対しこの債務名義により強制執行することができる。」

　　エ　債務者を特定しない承継執行文

　平成15年法律第134号の改正でこの制度ができました（15頁参照）。これは占有者を頻繁に変えて執行妨害を行う者に対処するためのものです。

　債務名義に表示された請求権が，占有移転禁止の仮処分（民保25の2Ⅰ）を前提とする引渡・明渡請求権の場合か，売却のための保全処分と公示保全処分（民執55Ⅰ③，77Ⅰ③，187Ⅰ）を前提とする引渡命令による強制執行の場合に認められます（同27Ⅲ）。

　ただし，この執行文による強制執行は，執行文付与の日から4週間以内で，かつ現場で占有者を特定できる場合に限って，可能とされています（民執27Ⅳ）。占有を解かれた者が債務者となります（同27Ⅴ）。

第1章 民事執行制度の概要

 Q10 債務名義に執行文の付与を要しないのはどのような場合か？

A 迅速・簡易な執行実施のために執行文の付与を要しないものがある。

具体例として
① 仮執行宣言付支払督促，少額訴訟における確定判決又は仮執行宣言付判決（民執25ただし書）
② 金銭の支払や物の引渡しを命じる家事審判（家事手続39）
③ 仮差押命令，仮処分命令（民保43Ⅰ，52Ⅱ）
④ 被差押債権の債権証書取上げの執行（民執148），強制管理の不動産の取上げの執行（同98）

などである。一般に「執行力のある債務名義と同一の効力を有する。」と規定されている場合には執行文の付与を受けることなく強制執行の申立てができると解されている（「債務名義」54頁参照）。

ただし，条件成就執行文及び承継執行文（民執27）については，付与が必要である。

(3) 執行文についての不服申立て
ア 執行文付与等に関する異議の申立て

裁判所書記官又は公証人の執行文付与機関に対する当事者の執行文付与の申立てに関して，執行文付与及び付与しなかった場合についての不服申立てです。

この異議の申立ては，裁判所書記官のした処分の場合は，その裁判所書記官の所属する裁判所に対して行い，公証人のした処分の場合は，その公証人の役場の所在地を管轄している地方裁判所に対して行うこととなります（民執32Ⅰ）。また，裁判は，口頭弁論を経ないですることができます（同32Ⅲ）。

なお，執行文付与等に関する異議申立てに対する裁判に対しては不服申立てができません（民執32Ⅳ）。

67

執行文の付与に対して異議の申立てがあっても，そのままでは，その執行文が付与され，強制執行が開始され，執行手続が終了してしまうことも考えられるため，裁判所は，執行停止等の仮の処分をすることができるとし，執行文の付与に対しての「異議についての裁判をするまでの間，担保を立てさせ，若しくは立てさせないで強制執行の停止を命じ，又は担保を立てさせてその続行を命ずることができる。」（民執32Ⅱ）としています（264，265頁）。担保を立てさせる場合には，発令裁判所又は執行裁判所の所在地を管轄する地方裁判所の管轄区域内の供託所に供託することとなります（同15，253頁参照）。

イ　執行文付与の訴えと執行文付与に対する異議の訴え

㈎　管轄裁判所

執行文付与の訴えと執行文付与に対する異議の訴えの管轄裁判所は，具体的に債務名義の区分に応じて定めています。その管轄は専属管轄です（民執19）。

債務名義の確定判決であればその判決の第一審裁判所とされ，他の場合もこれに準じたものとなっています（同33Ⅱ，34Ⅲ）。

㈏　執行文付与の訴え

債権者は，条件成就執行文・承継執行文の付与を求める場合，民事執行法27条に規定する条件成就・承継の事実を証明する文書の提出ができないため，執行文が付与されなかったときは，債務者を被告として提起する訴えのことで，訴訟によってこれらの事実を証明して執行文の付与を得ることを目的とした債権者側の救済としたものです（民執33Ⅰ）。

条件成就執行文・承継執行文は，債権者が執行文付与機関（裁判所書記官，公証人）に対し，その証明すべき事実を証明したときに付与することができるとしています（ただし，承継執行文は承継の事実が付与機関に明白の場合は除く。）ので，証明の方法は文書に限られます。

このように，付与機関に対する証明の方法は文書に限られるため，証拠が文書以外で存在する場合（例えば，反対給付を支払ったことを証明する証人がいる場合）は，執行文付与の訴えという手続により，判決で執行文の付与を

命じてもらうことができます。執行文付与の訴えの勝訴判決が確定した場合，当該判決を付与機関に提示することで執行文の付与が受けられます。

【執行文の付与を認めた判決の場合】

> 〈判決主文〉
> 「○○の債務名義について，裁判所書記官は，原告のために執行文を付与せよ。」

　(ウ)　執行文付与に対する異議の訴え

　民事執行法27条の規定により執行文が付与された場合，条件成就・承継の各事実の存在に争いがあり，その執行文付与について異議がある債務者が，その付与された債務名義正本に基づく強制執行の不許を求める訴えを提起できるとしています（民執34Ⅰ）。執行文付与の訴えに対応して，債務者側の救済を目的としたものです。請求異議の訴え（76頁参照）の場合と同様に，数個の異議事由は同時に主張しなければならない（同34Ⅱ）とし，執行文の付与に対する異議の訴えが提起されても，債権者がしようとする強制執行の開始・続行を妨げるものではないので，そのままでは，強制執行が開始され，執行手続が終了してしまうおそれがあり，その訴えが意味のないものとなってしまうため，裁判所は，執行停止等の仮の処分をすることができるとしています（同36Ⅰ，37Ⅰ，「Q12」参照）。

　担保を立てさせる場合の管轄供託所は，前記ア「執行文付与等に関する異議の申立て」と同様です。訴えの提起時期は，債務名義の執行力の排除を目的とすることから，債務名義の成立後であれば，いつでもこれを提起することができます。

　(エ)　執行文付与等に関する異議の申立てとの関係

　条件成就・承継の事実に争いがあり，条件成就執行文と承継執行文が付与されなかった債権者は，「執行文の付与等に関する異議の申立て」（民執32）ができますが，「執行文付与の訴え」（同33）を起こしてもよいですし，民事執行法32条と同時に又は異議申立てが認められなかった後，同法33条の訴えを起こしてもよいとされています。執行文が付与された場合，単純執行文では同法32条の異議の申立ての方法で不服を主張することとなりますが，条件

69

第Ⅰ編　各制度の概要

成就執行文と承継執行文の場合は，付与されなかったときと同様に「執行文付与に対する異議の訴え」（同34）を起こしてもよいし，民事執行法32条が認められなかった場合，同法34条の訴えを提起してもよいと考えられています。

3　強制執行の開始

　執行文の付与された債務名義の正本により，強制執行の開始を求めて申立てをすることができます。申立てを受けた執行機関は，強制執行を開始する一定の要件が備わっているかを審査することになり，その要件が，強制執行開始要件と呼ばれます。

(1)　一般的要件

　①　執行力ある債務名義の正本に基づく申立てをすること（民執25）

　②　債務名義の正本等があらかじめ又は同時に債務者に送達されていること（同29前段，執行規則20）

　執行証書以外の債務名義については，債務名義を作成した裁判所の所属する裁判所書記官に申請し，執行証書については公証人に対して送達の申請を行います。送達完了後には送達証明書を取得して強制執行の申立書に添付する必要があります。なお，判決や仮執行宣言付支払督促は職権で送達がされますので，送達の申立て自体は不要となります（民訴255Ⅰ，391Ⅱ）。

(2)　債務名義の事案による要件

　①　請求が確定期限の到達に係る場合には，その期限が経過したこと（民執30Ⅰ）

　②　請求が債権者の担保の提供に係る場合には，担保を供託した旨を証明したこと（同30Ⅱ）

　　　仮執行宣言付判決（同22②，民訴259）のように，場合によっては担保を立てることを強制執行実施の要件とする債務名義の場合です。

　③　請求が債務者の引換給付義務の履行に係る場合には，その義務を履行したこと（民執31Ⅰ）

　　　例えば，【基本事例Ⅱ】の例で，債務名義に「原告金田さんは，被

第 1 章　民事執行制度の概要

告等々力さんに対し，被告の立ち退き料として，金100万円の支払と引換えに，被告は別紙物件目録記載の建物を明け渡せ。」というような判決が出された場合に，原告が強制執行を開始するためには，原告である債権者が，反対給付又はその提供のあったことを証明することが必要となります。

④　請求が代償請求の場合には，主たる請求の執行が不能に帰したこと（民執31Ⅱ）

【基本事例Ⅲ】の例で，堀北さんは竹下さんがビデオカメラを紛失しているのではないかと考えて「ビデオカメラを引き渡せ。引き渡せないときは，損害賠償金として金50万円を支払え。」という判決を求めて訴えを提起した場合，堀北さんの訴えどおりの判決が確定し，堀北さんが金50万円について，金銭執行をしようとするには，ビデオカメラの引渡執行ができない場合に限られるというものです。つまり，ビデオカメラの引渡執行が不能に終わったことを証明して，初めて金50万円の請求についての執行を開始してもらえることとなります。

Q11　強制執行の費用はどうなるのか？

A　強制執行で必要な費用は，債務者の負担となり，特に債務名義を必要とせず，執行手続において同時に取り立てることができる。例えば，金銭債権を差し押さえた債権者は，その債権及び執行費用の額に達するまで差し押さえた債権を取り立てることができる（民執155Ⅰ）。

したがって，供託金の払渡しにおいて差押債権者が差押えによって取立てできる金額は，差押債権者の債権及び執行費用の額に達するまでであり，その金額は，差押命令の記載により判断して差し支えないとされている（民執通達第四・二・1㈠(2)なお書き・先例集(6)［68］332頁）。

71

第Ⅰ編　各制度の概要

【 4　強制執行停止の決定（裁判）】

　民事訴訟法403条又は民事執行法36条により当事者の申立てによって裁判所が決定するものと，民事執行法10条6項の執行抗告（これを準用する民執11Ⅱの執行異議を含む。88頁以下参照）により裁判所の裁量によって発せられるものがあります。

　これらの決定がなされると，仮執行宣言の付された判決や仮執行宣言が付された支払督促，確定判決による強制執行を一時停止する効力があります。

　強制執行停止決定は担保を立てないでも発令可能ですが，実務上はほとんどの場合に担保提供が要求されます（255頁，資料8参照）。なお，債権者に生ずるおそれのある損害のための担保を立て，執行処分の取消決定も民事訴訟法403条と民事執行法36条1項で可能です。担保額は確定判決まで本案判決が遅延したことによる損害を考慮して決められます。担保を立てる場合は，民事訴訟法403条については，担保を立てるべきことを命じた裁判所（以下「発令裁判所」という。）又は執行裁判所の所在地を管轄する地方裁判所の管轄区域内の供託所に供託することが原則です（民訴405，民執15，255頁参照）。

(1)　停止決定の要件

　強制執行停止決定には，強制執行可能な債務名義の種類によってその停止決定の要件が異なります（手形訴訟などについては省略）。

　①　確定判決に対し特別上告又は再審を申し立てる場合（民訴403Ⅰ①）

　　　不服の理由として主張した事情が法律上理由があるとみえ，事実上の点につき疎明があり，かつ，執行により償うことができない損害が生ずるおそれがあることにつき疎明があることが要件となります。

　②　仮執行宣言の付された判決に上告又は上告受理申立てをした場合（同403Ⅰ②）

　　　原判決の破棄の原因となるべき事情及び執行により償うことができない損害が生ずるおそれがあることにつき疎明があることが要件となります。

　③　仮執行宣言の付された判決に控訴又は仮執行宣言の付された支払督促に督促異議を申し立てた場合（同403Ⅰ③）

第1章　民事執行制度の概要

　　　　原判決若しくは支払督促が取消し又は変更の原因となるべき事情が
　　　ないとはいえないこと，また執行により著しい損害を生ずるおそれが
　　　あることにつき疎明があることが要件となります。
　④　確定判決等に対し請求異議の訴え等を提起した場合（民執36Ⅰ）
　　　　不服の理由として主張した事情が法律上理由があるとみえ，かつ，
　　　事実上の点に疎明があることが要件（後記「Q12」参照）となります。

(2)　発令裁判所

　事件記録のある裁判所が発令することができます（民訴404Ⅰ）。督促異議
の場合も同様です（同404Ⅱ）。前記(1)④については請求異議の訴え等の係属
する受訴裁判所となります（民執36Ⅰ）。

Q12　民事執行法36条の仮の処分とはどういうものか？

A　　1　仮の処分の意義
　　　　執行文付与に対する異議の訴え又は請求異議の訴え（以下
「請求異議の訴え等」という。）を提起したのみでは，強制執行は当然に停
止されず，請求異議の訴え等の判決までに強制執行が最後まで進行して
しまうことになる。これでは，訴えを提起した意味がなくなってしまう
おそれがある。そこで，請求異議の訴え等が現に係属している裁判所
（以下「受訴裁判所」という。）は，債務者の申立てにより終局判決におけ
る執行停止等の裁判等（民執37Ⅰ）がなされるまで，提訴又は判決の際
に，仮の処分として，強制執行停止や停止とともに担保を立てさせて執
行の続行又は執行処分の取消しを命じることができる（民執36Ⅰ）。
　裁判において命じられる立担保が，仮の処分によって相手方に与える
損害を担保するためのものであり，強制執行の停止を命ずる処分であれ
ば，執行の遅延により通常生ずべき損害，及び執行が不能になった場合
に債権者が債務者に対して取得する損害賠償請求権を担保することにな
る。

73

第Ⅰ編　各制度の概要

2　仮の処分の発令裁判所と発令要件

　管轄裁判所は，受訴裁判所である（民執36Ⅰ前段）。この受訴裁判所に対する申立てにあたっては，既に請求異議の訴え等が提起されていることが必要である（ただし，これらの訴えの訴状の提出とともに，仮の処分の申立てをすることでも可）が，訴えの提起について執行開始を要件としていない。ただし，第三者異議の訴えについて準用される場合は（民執38Ⅳ），原則として執行の開始が要件とされる。急迫の事情があるときには，受訴裁判所の裁判長が単独で，裁判長の裁量的判断により仮の処分を命ずることができる（民執36Ⅰ後段）。

　さらに，民事執行法36条1項の発令要件である請求異議の訴え等における異議のために主張した事情に法律上理由があるとみえること，かつ，事実上の点について疎明があったとき（実務においては，当事者・第三者の陳述書，関連する証拠書類の提出などによって疎明がなされている。民訴188参照）を満たす場合で，急迫の事情があるときには，請求異議の訴え等の提起前であっても執行裁判所は，債務者の申立てにより執行停止等の仮処分を命じることができる（民執36Ⅲ後段）。

　受訴裁判所又は執行裁判所のいずれにおいても，申立てに基づき発令され，職権で発することは許されない。申立権者は，請求異議の訴え等における原告となるべき者である。

　受訴裁判所及び執行裁判所のいずれの審理においても口頭弁論は，任意的に開催される。通常実務では，口頭弁論を開かず，相手方の審尋を経ないで書面審理で行われる（民執36Ⅱ・Ⅳ）。ただし，口頭弁論を開かずに，申立てを容認する場合には，当事者双方に送達することを要するとされ，裁判は決定の形式で行われる。

　仮の処分の申立てについての裁判に対しては，受訴裁判所，執行裁判所のいずれによる裁判に対しても不服申立てをすることができない（民執36Ⅴ）。

3　仮の処分の効力とその失効

　仮の処分の効力は，強制執行の現在及び将来の執行を停止する効力を

74

有し，既に開始されている執行手続の停止のみならず，当該債務名義に
基づく新たな強制執行（他の執行方法や他の目的物に対するものを含む。）
の開始も許されないことになる。これに加え，執行処分の取消しも仮の
処分が発令されただけで，当然に強制執行の停止や取消しの効果は生じ
ることはなく，民事執行法39条及び同法40条の手続を取る必要がある
（後記「Q17」参照）。

　受訴裁判所（又は，裁判長）がなした仮の処分は，本案である請求異
議の訴え等の民事執行法37条1項の終局判決において，認可，変更，取
消しがなされることによって失効することとなる。また，執行裁判所に
よる仮処分の場合は，受訴裁判所の裁判の正本を執行裁判所若しくは執
行官に対して提出すべき期間を経過したとき，又はその期間内に終局判
決における執行停止の裁判等の正本が執行裁判所若しくは執行官に提出
されたときには，期間の経過を待たずに執行裁判所による仮の処分は失
効することになる（民執36Ⅳ）。
（山本和彦ほか編『新基本法コンメンタール　民事執行法』106～110頁〔山本
研〕（日本評論社，2014））

第 6　強制執行の不服申立て

　執行法上は適法であるが，実体上の根拠を欠く違法な執行を不当執行とい
い，不当執行は，債務名義に表示されている権利と実体上の権利との間に食
い違いが生じた場合や，執行機関が責任財産の認定を誤り，債務者以外の者
の財産を差し押さえたような場合，請求異議の訴え，第三者異議の訴えによ
ることとなります。前述した執行文付与に対する異議の訴えについても不当
執行に対する救済としての役割を果たしているといえます。

　執行機関の執行行為である執行処分又は執行処分をしないことがその手続
規定に違反してなされた場合，その民事執行は執行法上違法なものとなりま
す。これを違法執行といい，このような場合の不服申立方法として認められ

75

第Ⅰ編　各制度の概要

ているのが，執行抗告と執行異議です。なお，規定上，「不服申立てができ
ない」とされている裁判には，執行抗告も執行異議もできません。

1 不当執行

(1) 請求異議の訴え

　債務名義に記載された請求権が弁済等により消滅していた場合や，変更さ
れた場合，あるいは，当初から請求権そのものが発生していない場合には，
前述のとおり，執行法上は適法であっても，実体法上は違法ということにな
ります。その執行は，既に存在しなくなった債権についての執行であり，不
当な執行ですが，執行機関としては，債務名義である執行正本が提出されれ
ば，執行を開始し，執行文付与手続についても，判決の確定等などを形式的
に提出された文書に基づいて調査するにすぎず，弁済の有無等についてまで
審査を行いません。

　こうした審査は，執行手続とは別の通常の判決手続により行うべきものと
されています。その訴訟では債務名義に表示されている給付債権が現存する
か否かが審理判断の中心となりますが，既に債務名義が存在しているので，
その訴えは，債務者がその債務名義の執行力の排除を求める訴えとなり，請
求異議の訴え（民執35）と呼ばれています。

　執行債権が不存在にもかかわらず，債務名義により強制執行がなされた場
合には，債務者は，執行により失った利益を不当利得として返還請求するこ
とができます。

　申立て管轄裁判所は，債務名義の種類によって異なります（民執35Ⅲ）。
《パターン事例Ⅰ－1》，【基本事例Ⅱ】，《パターン事例Ⅲ－1》であれば，
確定判決によるものですから判決の第一審の地裁となります（仮執行宣言付
判決，抗告に服する裁判，確定した執行判決付外国判決，確定した執行決定付仲
裁判断等も同じ，民執33Ⅱ①準用）。《パターン事例Ⅳ－1》では，仮執行宣言
付支払督促を発した裁判所書記官の所属する簡裁（同33Ⅱ②準用），《パター
ン事例Ⅴ－1．①》は，調停が成立した家裁（確定判決と同一の効力を有する
ものを債務名義とする場合，和解・調停が成立した簡裁，地裁，家裁となり（同

76

33Ⅱ⑥準用)），仮執行の宣言を付した損害賠償命令を債務名義とする場合は損害賠償命令事件の係属している地方裁判所（同33Ⅱ①の２準用），訴訟費用額，執行費用額を定める裁判所書記官の処分は，その処分をした裁判所書記官の所属する裁判所，執行証書を債務名義とする場合は，債務者の普通裁判籍の所在地を管轄する裁判所（同33Ⅱ⑥準用）となります。

　なお，仮執行宣言付判決と仮執行宣言付支払督促で確定前のものについては，請求異議の訴えを提起することはできません（民執35Ⅰ前段）。これは，上訴や督促異議（民訴390，393）によって債務名義の内容を争うことが可能なため，あえて，請求異議の訴えを認める必要がないと考えられているからです。

　次の事例で考えてみましょう。

パターン事例　Ⅰ－3

　海山銀行は，確定判決に基づき，青空さんの財産から3000万円を回収するため，執行機関に対し強制執行を申し立てました。しかし，確定判決後，青空さんは3000万円を既に返金していましたが，それでも，海山銀行が返済の事実はない旨，主張して強制執行の申立てを取り下げない場合，青空さんはどうしたらよいでしょうか。

解説

　民事執行法35条１項前段に「債務名義に係る請求権の存在又は内容について異議のある債務者は，その債務名義による強制執行の不許を求めるために，請求異議の訴えを提起することができる。」としています。青空さん（原告。債権者である海山銀行は被告となる。）は，この請求異議の訴えを提起して，債務名義の執行力の排除を求めることができます。

　確定判決が債務名義の場合，請求異議事由は，その判決の口頭弁論終結後に生じたものに限定されます（民執35Ⅱ）。これは，判決の既判力の標準時を事実審の口頭弁論終結時としていることからであり，基準時前のものまで認めるといつまでも蒸し返しが可能となって，訴訟をして判決をした意味がなくなってしまうことになります。基準時前の事由を

77

持ち出して基準時における判断を否定することはできなくなることを，既判力の遮断効の作用といいます。

　したがって，本事例（民執35Ⅰ前段）の場合において，青空さんが請求異議の訴えをする場合の事由として「基準時よりも後に返済があったから，基準時にあった海山銀行の権利はその後消滅した。」と主張することは許されます。しかし，青空さんが，「基準時より前に弁済があったから，基準時に海山銀行の権利はなかった。」と主張することは許されないこととなります。

ア　請求異議事由

　代表的なものとして，前記《パターン事例Ⅰ－3》のような判決後に債務者が弁済していたという場合があります。また，判決により確定した権利の消滅時効が成立したこと（民174の2），債権譲渡（415頁参照）により請求権の主体に変動がある場合など，請求権の不存在や消滅などの事由も異議事由となります。

　また，民事執行法35条1項後段の場合，「裁判以外の債務名義の成立について異議のある債務者も，同様とする。」としています。

　裁判以外の債務名義では，その成立の過程において瑕疵がある場合，異議事由となります。例えば，執行証書（59頁及び「Q7」参照）の場合，執行証書が無効である場合，民事執行法35条1項後段で主張できます。この場合の無効とは，執行受諾の意思表示に要素の錯誤（民95）があった場合や，執行受諾の意思表示が無権代理によるものだった場合です。また，執行証書に請求権がないことを主張する場合は，民事執行法35条1項前段の請求異議事由の主張となります。

　裁判以外の債務名義については，裁判の場合と違い，上訴，異議などの不服申立ての方法がありません。そのため成立過程の瑕疵を争うことのできる機会を設けたものです。

　なお，異議事由が数個あるときは，債務者は同時に，これらを主張しなければならないこととなっています（民執35Ⅲ，34Ⅱを準用）。

第1章　民事執行制度の概要

　　イ　請求異議の訴えと執行停止の仮の処分

　請求異議の訴えを提起しても，当然には執行手続は停止しないため，その
ままにしておくと，判決までに執行手続が最後まで進んでしまい，執行を排
除するための請求異議の訴えを提起した意味がなくなるおそれがあります。

　それでは，どのようにすれば執行手続を停止し，請求異議の訴えの判決ま
でもっていくことができるのか，以下の事例の場合を通して考えていきます。

パターン事例　I-3.　①

　青空さんは3000万円を既に返金していたため，請求異議の訴えを提起
しましたが，当然には執行手続は停止しないといわれました。放ってお
くと，請求異議の判決までに執行手続が最後まで進んでしまい，請求異
議の訴えを提起した意味がなくなるおそれがあります。どうすれば，執
行手続を停止し，請求異議の訴えの判決までもっていくことができるの
でしょうか。

解説

　確定判決後，青空さんは3000万円を既に返金し，海山銀行から領収書
等を受け取っていた場合，弁済を主張して強制執行の停止（民執39 I ⑧）
を求めることができます（「Q17」参照）。

　しかし，海山銀行が返済の事実はない旨，主張して執行の申立てを取
り下げないことになると，執行停止は4週間に限られます（民執39 II）
から，青空さんは，その間に，請求異議の訴え（同35）を提起すること
になりますが，請求異議訴訟の審理中でも強制執行は停止しないため，
請求異議訴訟の判決までに強制執行が最後まで進行してしまいます。

　そこで，請求異議の訴えとともに（急迫の事情があるときは訴え前でも
可，民執36 III），執行停止の仮の処分の裁判（同36 I）を得て，仮執行宣
言を付与（同37 I）し，その強制執行の一時の停止を命じる旨の記載し
た裁判の正本（同39 I ⑦）を執行機関に提出すれば，執行手続は引き続
き停止されることになります。通常，停止を命じるときは，供託を行い
ます（同15，253頁以下参照）。

79

最終的に請求異議の訴えを認容する判決が確定すると，「強制執行を許さない旨を記載した執行力ある裁判の正本」（民執39Ⅰ①）を執行機関に提出することができ，執行手続はそれ以上進まないとともに，執行手続はすべて取り消される（同40Ⅰ）こととなります。

【強制執行を許さない旨を記載した執行力ある裁判の正本】

〈判決主文例〉
　「被告（海山銀行）から原告（青空さん）に対する東京地方裁判所平成29年㈦第○○号貸金返還請求事件の判決に基づく強制執行を許さない。」

ウ　執行文についての不服申立てと請求異議の訴えとの関係

㈠　執行文付与等に関する異議の申立てとの関係

執行文付与等に関する異議の申立ては決定手続，請求異議の訴えは判決手続であることから，例えば，執行証書において公証人の署名・捺印がない場合や金額の一定性がない場合のように，事件の記録から形式的に判断されるものは，異議申立てによるべきであり，執行受諾の意思表示に錯誤があった場合のように，実質的な審理を要する実体関係的な無効原因については，請求異議の訴えによるべきであると考えられています。

㈡　執行文付与の訴えとの関係

条件成就執行文あるいは承継執行文を付与してもらえなかったという執行文付与の訴えの訴訟中に，被告（債務者）が弁済等という請求異議事由を反訴としてではなく単に抗弁として主張することができるかですが，判例では，請求異議事由は，請求異議の訴えによるべきであり，主張できないとしています（最高裁判決昭52.11.24民集31巻6号943頁，古賀政治編『民事執行・保全判例インデックス』42頁（商事法務，2009））。

㈢　執行文付与に対する異議の訴えとの関係

執行文付与に対する異議の訴えにおいて，その原告（債務者）は，弁済等の請求事由も主張できるか，また，請求異議の訴えにおいて，承継人でないというような執行文付与に対する異議事由も主張できるかですが，判例は，別個独立の制度と見て，いずれも主張できないとしています（最高裁判決昭

第1章　民事執行制度の概要

55. 5. 1判時970号156頁，古賀政治編『民事執行・保全判例インデックス』44頁（商事法務，2009））。

(2) 第三者異議の訴え

差押えは，債務者の責任財産（46頁参照）に対してのみなされるべきですが，差押えを実施する執行機関は，目的物が債務者名義の不動産，債務者の支配する場所にある動産という外観があれば執行を開始します（「Q5」参照）。これは，債務者の責任財産である蓋然性が高く，迅速処理の観点から差押えが許されますが，その執行対象財産が債務者の責任財産に属していない場合，強制執行により，真実の第三者の権利を害することとなります。

したがって，強制執行の目的となった財産が，真実は債務者の責任財産に属していないために第三者の権利が害される場合，第三者が債権者に対し，その強制執行の不許を求める訴えをすることができるとしています（民執38）。管轄裁判所は執行裁判所（同38Ⅲ）で，手続は執行手続とは区別され，通常の民事訴訟で審理を行う判決手続です。

以下の事例の場合を考えてみます。

パターン事例　Ⅰ-4

　海山銀行が，青空さん名義の甲土地に対して，確定判決に基づき強制執行を申し立て差し押さえました。しかし，実際には，その土地は山川豊治という人の所有でした。山川さんは所有の土地を担保に，銀行からの融資を受けるため，登記事項証明書を確認して，はじめて，知らない間に名義を青空さん名義とされ，しかも差押えがされていることを知りました。山川さんは，どうすればよいでしょうか。

解説

　第三者である山川さんの不動産は執行債権の配当（満足）に供せられるべき財産ではなく，その執行により自分の利益が害されることを主張して，海山銀行を被告として執行の排除を求める第三者異議の訴え（民執38）をすることができます。

　第三者異議の訴えについて審理している間の執行手続については，執

81

第Ⅰ編　各制度の概要

行停止とともに担保を立てさせて執行の続行や執行処分の取消しを命じる仮の処分が可能です（民執38Ⅳ，36Ⅰ，37Ⅰ「Q12」参照）。

　仮の処分が認められ，強制執行の停止のみを命じた場合は，その裁判の正本が執行停止文書（民執39Ⅰ⑦）となり，執行停止とともに執行処分の取消しも命じた場合は，その裁判の正本が執行取消文書となります（同39Ⅰ⑥「Q17」参照）。

〈判決主文例〉
　「被告（海山銀行）が原告（山川さん）に対する東京地方裁判所平成29年(ワ)第○○号貸金返還請求事件の判決に基づく強制執行を許さない。」

　また，第三者異議の訴えの原告の山川さん（被告は海山銀行）は，その訴えに併合し，債務者に対する強制執行の目的物についての訴え（例えば，青空さん名義になっている所有権抹消登記請求の訴え）を提起することもできます（民執38Ⅱ）。

　裁判所が異議事由を認め，山川さんが勝訴した場合は，強制執行は許されなくなり手続は取り消されることとなります。

　不動産の場合の第三者異議の事由については，登記が問題となります。次の事例で考えてみましょう。

パターン事例　Ⅰ-4．①

《パターン事例Ⅰ-4》の場合において，
(1)　もともとは山川さんの所有の土地ではなく，海山銀行の差押えより前に，山川さんが青空さんからその土地の譲渡を受けて，所有権移転登記をしていなかった場合はどうでしょうか。
(2)　青空さんから土地の引渡しを受けるまでの担保として，山川さんが抵当権設定登記を備えていた場合はどうでしょうか。

解　説

(1)　青空さんから山川さんが所有権を承継していても，所有権移転登記をしていない場合は，海山銀行と山川さんの関係は，青空さんからの

82

二重譲渡と同じ関係となります。この場合，山川さんは登記をしていないため対抗要件（民177）を備えていません。海山銀行は，差押えをしたことにより，裁判所書記官により職権で登記嘱託がなされています（民執48Ⅰ）。したがって，山川さんの対抗力のない所有権は，第三者異議事由に当たらないことになり，山川さんが第三者異議の訴えを起こしても請求棄却となります（地上権についても同様）。

このように第三者は，不動産であれば登記（民177），動産であれば引渡し（同178）というように，対抗要件を具備する必要があるというのが通説・判例となっています（後記「Q13」参照）。

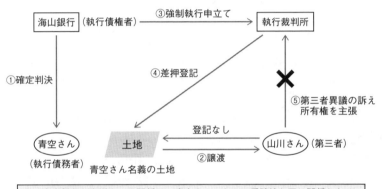

(2) 海山銀行の差し押さえた青空さんの土地について，土地の引渡しを受けるまでの担保として，山川さんが抵当権を設定し登記も備えていた場合，海山銀行の強制執行を第三者異議の訴えで排除できるかですが，山川さんの抵当権は，民事執行法59条1項で消滅しますが，同法87条1項4号で配当等を受けることができます。また，剰余主義（民執60Ⅲ）により山川さんは保護されるため，これも第三者異議事由とはなりません。

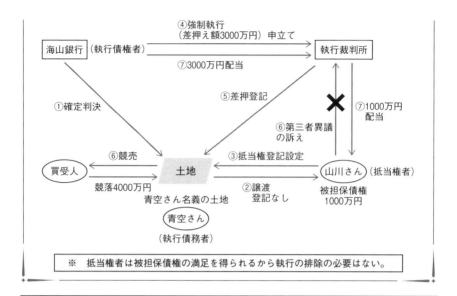

※ 抵当権者は被担保債権の満足を得られるから執行の排除の必要はない。

Q13 第三者異議事由となる場合とならない場合には主にどのようなものがあるか？

A （事由となる主な判例）
① 動産の譲渡担保権者は，特別の事情がない限り，第三者異議の訴えを提起することができる（最高裁判決昭58.2.24判時1078号76頁）。
② 動産の所有権留保の場合，代金完済に至るまで目的物の所有権を売主に留保し，買主に対する所有権の移転は，代金完済を停止条件とする旨の合意がされている動産の割賦払約款付売買契約において，代金完済に至るまでの間に買主の債権者が目的物に対し強制執行したときは，売主又は右売主から目的物を買い受けた第三者は，所有権を主張し，第三者異議の訴えによって右執行を排除することができる（最高裁判決昭49.7.18判時754号48頁）。

（事由とならない主な判例）
① 第三者異議の訴えの原告の法人格が執行債務者に対する強制執行を回避するために濫用されている場合には，原告は，執行債務者と別個の法人格であることを主張して強制執行の不許を求めることは許され

ない（最高裁判決平17．7．15民集59巻6号1742頁）。

②　所有権を異議理由とする第三者異議訴訟の繋属中に，右所有権の取得原因たる契約が詐害行為に該当することを理由として右契約の取消を求める反訴が提起され，右本訴及び反訴が同一の裁判所において審理された結果，詐害行為取消権が存すると判断され，前記の所有権取得が否定されるべきことが裁判所に明らかな場合においては，本訴である第三者異議訴訟は排斥を免れない（最高裁判決昭40．3．26民集19巻2号508頁）。

③　銀行口座への誤振込みの場合，振込依頼人から受取人の銀行の普通預金口座に振込みがあったときは，両者の間に振込みの原因となる法律関係が存在するか否かにかかわらず，受取人と銀行との間に振込金額相当の普通預金契約が成立するとして，振込依頼人の第三者異議の訴えによって，預金債権に対する強制執行の不許を求めることはできないとした（最高裁判決平8．4．26判時1567号89頁）。

④　従物は主たる土地から独立して処分し得るものではないとして，執行債権者に対し，強制執行の排除を求めた第三者異議の訴えに対して，判決は，宅地に対する抵当権の効力は，特段の事情のないかぎり，抵当権設定当時右宅地の従物であった石燈籠及び庭石にも及び，抵当権の設定登記による対抗力は，右従物についても生ずる（最高裁判決昭44．3．28民集23巻3号699頁）とした。

（古賀政治編『民事執行・保全判例インデックス』56〜70頁（商事法務，2009））

2　違法執行

(1)　執行抗告

「民事執行の手続に関する裁判に対しては，特別の定めがある場合に限り，執行抗告をすることができる。」（民執10Ⅰ）としています。「特別な定め」とは明文の規定がある場合に限り可能ということです。例えば，強制競売の開始を求める申立てが却下されたような場合，民事執行法45条3項に「強制

競売の申立てを却下する裁判に対しては，執行抗告をすることができる。」と規定されています。

なお，執行抗告に執行停止の効力はありません（民執10Ⅵ → 「即時抗告と違う」，民訴334Ⅰ，後記「Q15」参照）。

執行抗告をすることができると定められているものには，どのようなものがあるか？

主なものとして
① 強制競売の申立てを却下する裁判差押命令の申立てについての裁判（民執45Ⅲ，145Ⅴ）
② 配当要求を却下する裁判（同51Ⅱ，105Ⅱ，154Ⅲ）
③ 売却のための保全処分の申立て又は保全処分命令が発せられた後に事情の変更があった場合の命令の取消し及び変更の申立てについての裁判（同55Ⅵ，77Ⅱ）
④ 売却の許可又は不許可の決定（同74Ⅰ）
⑤ 不動産引渡命令の申立てについての裁判（同83Ⅳ）
⑥ 強制管理・担保不動産収益執行の申立てについての裁判（同93Ⅴ，188）
⑦ 民事執行の手続を取り消す旨の決定（同12Ⅰ前段）
⑧ 転付命令の申立てについての決定（同159Ⅳ）
⑨ 代替執行・間接強制の申立てについての決定（同171Ⅴ，172Ⅴ，173Ⅰ）

ア 提起期間と管轄裁判所

執行抗告は，当該裁判によって不利益を受けるものであれば執行抗告ができます。

原則として，当該裁判の申立人及び相手方ですが，抗告の利益がある限り，第三者も含まれます。申立ての期間は，原裁判の告知を受けた日から1週間内に抗告状を，抗告裁判所ではなく原裁判所に提起することが必要です（民

執10Ⅱ)。執行抗告状が，原裁判所以外の裁判所に提出された場合，これを受理した裁判所は，民事訴訟法16条を類推適用して，原裁判所に抗告状を移送すべきでなく，却下すべきであるとしています（最高裁判決昭57．7．19民集36巻6号1229頁)。また，一定の理由がある場合には原裁判所で却下されます（同10Ⅴ)。理由がない場合は，事件を抗告裁判所に送付することになります。

　なお，審理については，「抗告」ですから裁判に対する上訴であり，一段階上の裁判所が担当することとなります。原裁判所が地裁であれば，高等裁判所ということになります。

　イ　執行抗告の手続

　審理は決定手続によって行われ，送付を受けた抗告裁判所は，任意的口頭弁論（民執4）で審尋をすることができます（民訴87Ⅱ)。審理の結果，執行抗告が不適法であったときは却下します。適法であった場合で第一審判決を維持すべきときは執行抗告を棄却し，執行抗告に理由があると認めるときは，第一審判決を取消し（民執20，民訴305，306)，事件の差戻し（民執20，民訴307，308）を行います。

　なお，抗告裁判所が地裁であれば，再執行抗告も可能です（民執20，民訴330)。

　抗告裁判所が高等裁判所の場合は，特別抗告（民執20，民訴336)，許可抗告（民執20，民訴337)，再審抗告（民執10Ⅹ，民訴349）のみが可能となります。

Q15　執行抗告の裁判の間に執行手続を停止させるためにはどうすればよいか？

A　執行抗告には執行停止の効力はないため，執行手続が進行することになるが，そのまま執行が完了してしまうと，執行手続上の救済方法としての執行抗告の利益が失われてしまうことになる。そこで，一定の要件のもとに執行停止のための仮の処分が認められている。

　記録が原裁判所にある間は原裁判所が，その後は抗告裁判所が執行抗告についての裁判が効力を生じるまでの間，担保を立てさせ，又は立て

第Ⅰ編　各制度の概要

させないで，原裁判の執行の停止若しくは民事執行の手続全部又は一部の停止を命じ，担保を立てさせて，これらの続行を命ずることができる（民執10Ⅵ）。これに対しては，不服申立てはできない（同10Ⅸ）。なお，この仮の処分においては，請求異議の訴え等と異なり，執行処分の取消しまでは命ずることはできない。

担保を立てさせる場合は，担保を立てるべきことを命じた裁判所又は執行裁判所の所在地を管轄する地裁の管轄区域内の供託所（民執15）に供託することとなる（253頁以下参照）。

執行異議（後記(2)）の場合も同様である（民執11Ⅱ，10Ⅵ～Ⅸ準用）。

Q16　即時抗告とは何か？

A　明文の規定（民訴21，25Ⅴ，44Ⅲ等，民事訴訟法全条文中の36か条に規定があり，民事保全法，非訟事件手続法，民事調停法，家事事件手続法，刑事訴訟法等にも規定がある。）がある場合のみ認められる。訴訟法上，一定の不変期間（裁判所が任意に伸縮できない期間）内に提起すべきものとされる抗告。この期間は，民事訴訟法332条では１週間，民事保全法19条１項・民事調停法21条・家事事件手続法86条１項・非訟事件手続法67条１項では２週間，刑事訴訟法422条では３日である。

原則として執行停止の効力をもつ（民訴334Ⅰ）。

民事執行法施行前は，即時抗告が原裁判の執行停止の効力を持つため，執行妨害に利用されることがあった。そのため，執行抗告は，当然に執行停止効があるわけではないとし，必要に応じ個別的に原裁判の執行の停止や執行手続の停止をすることができることとしている。

(2)　執行異議

執行裁判所の執行処分で執行抗告することができないもの，執行官の執行処分やその遅怠に対して認められています（民執11Ⅰ）。

執行抗告ができないものとは，例えば，強制競売の申立てを却下する裁判に対しては，執行抗告をすることができるとしていますが，強制競売を開始する決定に対しては，執行抗告はできないため，執行異議によることとなります。その他，売却基準価格の決定（民執60Ⅰ），管理人の解任（同102，188）などがあります。

執行官の処分には，執行官が自ら執行機関としてした処分や執行裁判所の補助機関としてした処分（現況調査：民執57Ⅲ，売却の方法：同64Ⅲ・Ⅵ）に不服がある場合も執行異議の対象となります。

遅怠については，例えば，執行裁判所が行う売却基準価格の決定や執行官の現況調査が遅怠している場合にも，執行異議をすることができるとしています。

執行抗告と同様，執行異議に執行停止の効力はありません（民執11Ⅱ，10Ⅵ）。

ア　申立てとその時期

執行処分やその遅怠により直接的な不利益を受け，それが是正されることについて異議の利益がある場合，債権者は適正な執行を求めるために，執行を受ける債務者はその保護を求めるために，違法な執行処分によってその利害を害されるという場合には第三者も，申立期間を限定せず異議の利益が存在する間は，執行異議をいつでも申し立てることができます。

なお，当該執行処分に対して第三者異議の訴え（民執38）を提起できる場合であっても，第三者は執行異議を申し立てることができるとされています（大審院判決昭10．3．26民集14巻6号491頁，山本和彦ほか編『新基本法コンメンタール　民事執行法』35頁〔古賀政治〕（日本評論社，2014））。

また，執行異議の裁判に対しては，原則，執行抗告ができません（民執10Ⅰ）が，民事執行の手続を取り消す執行官の処分に対する執行異議の申立てを却下する裁判に対しては，執行抗告が認められています（同12Ⅰ）。

イ　管轄裁判所

執行異議の管轄は，執行裁判所の執行処分に対する場合はその執行裁判所に，執行官の執行処分に対してはその執行官所属の地方裁判所に，売却決定期日，配当期日，審尋期日などの執行裁判所の期日に口頭で申立てができる

第 I 編　各制度の概要

ほかは，書面でしなければなりません（執行規則 8 I）。

　なお，管轄のない裁判所に申し立てられたときは，管轄裁判所に移送されます（民執20，民訴16 I）。

【強制執行手続における不服申立て一覧表】

	不服申立て方法	当事者	不服の対象	不服の理由
不当執行	請求異議の訴え（民執35）	債務者	債務名義	請求権の不存在又は内容の変更
	執行文の付与等に関する異議の申立て（民執32）	債権者債務者	執行文付与の申立てに関する処分一般	執行文付与の理由の有無，手続違背一般
	執行文付与の訴え（民執33）	債権者	条件成就執行文・承継執行文等の不付与	条件成就・承継等の事実を証する文書が提出できないこと
	執行文付与に対する異議の訴え（民執34）	債務者	条件成就執行文・承継執行文等の付与	条件成就・承継等の事実の不存在等
	第三者異議の訴え（民執38）	第三者	民事執行に関する処分一般	執行目的物の所有権その他譲渡又は引渡しを防げる権利の存在
違法執行	執行抗告（民執10）	債権者債務者第三者	民事執行の手続に関する裁判（執行抗告ができる旨の特別の定めがあるもの）	手続違背一般
	執行異議（民執11）	債権者債務者第三者	民事執行の手続に関する裁判（執行抗告ができないもの），執行官の処分	手続違背一般

Q17　不服申立てだけでは，強制執行は停止しないが，どのようなときに執行機関は強制執行を停止，また，取消しをするのか？

　A　不服申立ての裁判等において，強制執行の停止及び取消しの判決，決定を受けただけでは，当然に執行手続の進行は停止及び取消しとはならない。民事執行法39条及び同法40条の手続を取る必要がある。

　執行機関は，以下の①〜⑧の文書の提出があった場合は，執行手続を

90

停止しなければならない（民執39Ⅰ）としている。供託物払渡請求権の差押えについても裁判所書記官から執行停止の通知が送達される。また，①〜⑥（及び民執183Ⅰ①〜⑤「不動産担保の実行の手続の停止」参照）の文書の提出があった場合には，執行裁判所は執行手続を停止するだけではなく，既にした執行処分をも取り消さなければならない（同40Ⅰ）。この取消処分は即時に効力が生じ，執行抗告することができない（同40Ⅱ）。執行停止の場合と異なり，裁判官による決定がされ，供託所にも裁判官の執行取消決定正本が送達される。

　このように執行処分を取り消すべき文書を「執行取消文書」と呼び，⑦⑧の執行手続を停止するだけの文書を「執行停止文書」という。

① 　以下の旨を記載した執行力ある裁判の正本（民執40，39Ⅰ①）
　・仮執行宣言を取り消す旨
　・執行抗告や執行異議が認められ強制執行を許さない旨
　・不服申立てにより強制執行の停止を命じたもの
② 　債務名義に係る和解，認諾又は調停の効力のないことを宣言した確定判決正本（同40，39Ⅰ②）
③ 　以下の債務名義が効力を失ったことを証する調書の正本その他裁判所書記官の作成した文書（同40，39Ⅰ③）
　・仮執行宣言付判決（同22②）
　・抗告によらなければ不服申立てができない裁判（同22③）
　・仮執行宣言付支払督促（同22④）
　・訴訟費用額，執行費用額を定める裁判所書記官の処分（民執22④の2）
④ 　強制執行をしない旨又は申立てを取り下げる旨を記載した裁判上の和解・調停の調書の正本又は裁判上の和解と同一の効力を有する労働審判の審判書等（同40，39Ⅰ④）
⑤ 　強制執行を免れるための担保を立てたことを証する書面（同40，39Ⅰ⑤）

第Ⅰ編　各制度の概要

　　供託の方法で担保を立てた場合，供託証明書（規則49），銀行等との間の支払保証委託契約を締結した方法の場合は，契約締結証明書

⑥　強制執行の停止及び執行処分の取消しを命ずる旨を記載した裁判の正本（民執39Ⅰ⑥）

⑦　強制執行の一時停止を命ずる旨を記載した裁判の正本（同39Ⅰ⑦）

⑧　債権者が債務名義成立後に弁済を受け又は弁済猶予を承諾した旨を記載した文書（同39Ⅰ⑧）

　執行停止文書による執行停止の期間については，強制執行の一時停止を命じる旨の裁判の正本（民執39Ⅰ⑦），不動産担保権の実行手続の一時停止を命じる旨又は一時禁止する裁判の謄本の場合（同183Ⅰ⑥・⑦）には，裁判で定められた期間になる。

　また，弁済受領文書による強制執行の停止は，4週間（民執39Ⅱ），弁済猶予文書によるものは，同一の執行手続については，2回を限度で通算して6か月を超えることはできない（同39Ⅲ）としている。

第2節 民事執行（各論）

第1 不動産執行

1 不動産執行とは

不動産に対する強制執行をいい、不動産執行には、強制競売（民執45～92）又は強制管理（同93～111）の方法があり、併用して行うこともできます（同43Ⅰ）。

強制競売と強制管理には、根本的な違いがありますが、両者とも国家が、債権者の申立てによって不動産を差し押さえ、これを売却（又は管理）して換価し、その売得金の配当等を実施し、各債権者の弁済に充てることを目的とする制度ないし手続である点で共通しています。

Q18 土地・建物以外に執行の対象となる不動産はどのようなものか？

以下のような権利が不動産とみなされる。
① 不動産の共有持分、登記された地上権及び永小作権並びにこれらの権利の共有持分（民執43Ⅱ）
② 登記された立木（立木ニ関スル法律2Ⅰ）
③ 工場財団（工場抵当法14Ⅰ）

ただし、登記のできない土地の定着物は、動産執行の対象物となる。

未登記の建物は、不動産競売開始決定に基づく差押登記の嘱託の際に、表示・保存の登記嘱託が行われる。したがって、登記に必要な書類を提出しなければならない。

また、動産であるが、登録制度などがある関係で、執行手続上は不動産に準じて取り扱われるものもある（113頁参照）。

第Ⅰ編　各制度の概要

2　強制競売手続の概要（「不動産強制競売手続フロー」巻末資料1参照）

強制競売の規定は，強制管理（民執111），船舶執行（同121），自動車執行（執行規則97），担保不動産競売（民執188）などに準用されています。

申立て及び差押え	換　価	満　足
申立て ↓ 開始決定 ↓ 差押登記の嘱託	売却準備 ↓ 売却実施・売却許可 ↓ 売却後の手続（代金納付等）	配　当 又は 弁済金交付

(1)　申立て及び差押え

ア　管轄裁判所

強制競売は，不動産所在地（不動産とみなされるものについては登記すべき地）を管轄する地方裁判所が専属的に管轄します（民執44Ⅰ，19）。なお，建物が複数の地方裁判所の管轄区域にまたがって存在する場合には，建物の執行については各裁判所が競合的に管轄権を有し，かつ，土地については，各土地の所在地を管轄する裁判所のほか，建物について競売申立てを受けた裁判所も競合的に管轄権を有します（同44Ⅱ）。

土地と建物とを同一の競売手続において一括して売却することを可能にするためです。

イ　競売の申立てと執行開始の要件

執行力ある債務名義の正本（民執22，25）に基づいて，債権者の申立てによって実施されます。申立ては書面で行います（執行規則1）。

申立書には執行申立てに一般的な事項を記載し（執行規則21），執行正本のほか目的不動産の登記事項証明書等の所定書類（同23）を添付しなければなりません。

執行開始の要件としては，以下のとおりとなります。

(ア)　債務名義等の送達（民執29）

債務名義等があらかじめ，又は同時に，債務者に送達されたとき

㈣　期限の到来又は担保の提供（民執30）

期限の到来後，又は債権者が担保を立てたことを証する文書を提出したとき

㈥　反対給付又は他の給付の不履行に係る場合の強制執行（民執31）

債権者が反対給付又はその提供のあったことを証明したとき，又は他の給付について強制執行の目的を達することができなかったことを証明したとき

ウ　競売開始決定

執行裁判所は，執行要件の具備の審理のため，申立書その他の提出文書，必要な場合には利害関係を有する者その他参考人を審尋することができます（民執5）。

申立てを適法と認めるときは，競売開始決定をし，債権者のために目的不動産を差し押さえる旨を宣言します（民執45Ⅰ）。不適法と認めるときは申立却下の決定をします。申立人が，手続に必要な費用として裁判所書記官により定められた金額を予納しない場合にも，申立てを却下します（同14Ⅳ）。

開始決定は，債務者（所有者）に対し送達され（民執45Ⅱ），差押債権者には告知されます（執行規則2Ⅱ）。

 既に他の債権者によって強制競売の申立てがなされ開始決定がされている場合，更に競売を申し立てることができるのか？

A　二重，三重に競売を申し立てることができる（民執47Ⅰ）。先に開始決定がなされた競売事件を先行事件，二重開始決定がなされた事件を後行事件といい，二重開始決定がなされると，後行事件についても差押登記がされる。あくまで先行事件が優先され，後行事件は現況調査まで進め，その後の手続が進行しない。先行事件が何らかの理由で取り下げられ，又は取り消された場合は，執行裁判所は，後行事件の手続を進めなければならない（同47Ⅱ）。また，先行事件の手続を停止した場合は，後行事件の差押債権者により競売手続を続行する申立てがなされ，裁判所が続行決定をしたときも後行事件が進められること

第Ⅰ編　各制度の概要

となるが，続行決定の申立てができるのは，後行事件の申立てが先行事件の配当要求の終期までと，先行事件が取り消されても売却条件が変わらない場合である（同47Ⅵ）とされている。

エ　配当要求

　　　(ア)　配当要求とは

　配当要求とは，配当要求債権者が，執行債務者が第三債務者に対して有する債権から弁済を受けようとするとき，既にその目的債権が他の債権者により差押えを受けている場合に，自らは差押えの申立てをすることなく，先行する債権差押手続を利用して，その手続に参加して配当を受ける制度です。

　したがって，配当要求債権者は，単に配当に預かる地位しか有しないので，差押債権者が債権執行を取り下げた場合は，配当要求の効力は当然に失効することになり，また，第三債務者が差し押さえられた債権を供託しない場合において，自ら取立訴訟（「Q26」参照）を提起して供託請求をすることはできません。

　不動産強制競売手続（巻末資料１参照）の場合，債権者が申立てをした競売手続について，他の債権者が配当を要求することができるとしています。この場合，債権者平等の原則から，申立てをした債権者が優先して配当を受けることはなく，配当要求をした他の債権者も債権額に応じ按分して配当を受けられることになります（ただし，執行費用などは共益費用の先取特権として他の債権者に先立って，申立てをした債権者が回収できます。）。

　しかし，いつまでも，この配当を認めると配当手続に支障を来すこととなりますから，裁判所書記官は，配当要求の終期を定めなければならないとしています（民執49Ⅰ）。

　　　(イ)　配当要求をすることができる債権者

　配当要求ができる債権者は，①民事執行法25条の規定による強制執行を実施することができる債務名義の正本を有する債権者，②差押えの登記後に登記された仮差押債権者及び③民事執行法181条１項各号に掲げる文書により一般先取特権を有することを証明した債権者です（民執51）。

96

①について，民事執行法25条は「強制執行は，執行文の付された債務名義の正本に基づいて実施する」と定めていますので，配当要求にあたっては，執行文の付された債務名義の正本が必要となります。ただし，少額訴訟における確定判決又は仮執行の宣言を付した少額訴訟の判決若しくは支払督促などの債務名義には執行文は不要です（同25ただし書）。

②は，強制執行保全のために仮差押命令（民保20）を得て仮差押登記（同47）がされていれば配当要求をすることができます。

オ　開始決定に対する不服申立て

開始決定に対して債務者（所有者）及び利害関係人が不服にある場合は，執行異議（88頁参照）を申し立てることができます（民執11Ⅰ）。異議事由としては，例えば，執行力のある債務名義の正本が存在しない又は送達がされていない場合や申立手数料が納付（印紙の貼付）されていないなど，執行手続上に瑕疵があることが該当します。

開始決定に対しては，執行抗告（85頁参照）をすることはできませんが，その後の売却許否の決定に対する執行抗告で是正する機会があります。また，競売開始決定に対する執行異議により競売開始決定が取り消された場合，この取消決定に不服があるときは執行抗告をすることができます（民執12Ⅰ）。

また，競売申立却下の裁判に対しては，執行抗告をすることができます（民執45Ⅲ）。この場合の抗告事由としては，執行異議とは逆に執行手続上の瑕疵がないことを理由として抗告することとなります。

カ　差押えの登記嘱託

開始決定がされたときは，裁判所書記官は，直ちに，その開始決定に係る差押えの登記を嘱託しなければなりません（民執48Ⅰ）。

差押えによる処分の制限は民法177条の物権の変更に当たり，対抗力を持つこととなり，正当な利害関係を有する第三者との関係は，登記の先後により決せられることとなります。したがって，債務者が第三者へ，目的不動産の処分をする機会を与えないようにするため，実務では，登記嘱託は，債務者（所有者）への開始決定正本送達前に行っているようです。

嘱託を受けた登記官は，執行債務者が目的不動産の所有者として登記され

第Ⅰ編　各制度の概要

ていない等の理由により嘱託を却下すべき場合には，却下決定書を嘱託者である裁判所書記官に送付します（不登法16Ⅱ，25）。差押えの登記がなされないと目的不動産を競売することができないので，執行裁判所は，この却下を相当と認めるときは，民事執行法53条により競売手続取消決定をします。他方，却下事由がなければ，登記官は，差押えの登記をして，登記事項証明書を執行裁判所に送付します（民執48Ⅱ）。

Q20 未登記の不動産については，どのようにして差押えの登記をするのか？

A 表題登記がされている場合，登記官が職権で債務者を所有者とする所有権保存登記をした上で，差押えの嘱託登記をする（不登法76Ⅱ）。表示登記もされていない場合，まず登記官は職権で表題登記を行い，さらに，所有権保存登記をした上で，差押えの登記をすることとなる（同76Ⅲ）。

　キ　差押えの効力

　　(ア)　差押えの効力の発生時期

　差押えの効力は，競売の開始決定が債務者（所有者）に送達された時に生じます（民執46Ⅰ本）が，差押えの登記がその開始決定の送達前にされたときは，登記がされた時に生じます（同46Ⅰただし書）。

　　(イ)　債務者の処分制限効

　差押えは，差し押さえられた不動産の債務者（所有者）は，不動産を譲渡し，又は，不動産に担保権や用益権を設定するなどの処分行為は禁止されます（差押えの処分制限効）が，差押登記のされた不動産について所有権移転登記をすることも可能です。この場合，競売手続が進行して買受人が不動産を取得すれば，こうした処分は無視され，差押え後の所有権移転登記は抹消されます（民執59Ⅱ，82Ⅰ②）。しかし，差押債権者が競売申立てを取り下げたり，取り消されたら，その処分は，有効となります。

　債務者（所有者）が，不動産の通常の用法に従って使用し，収益すること

もできます（民執46Ⅱ）。

Q21 賃借権の譲渡についての承諾は差押えによって禁止される処分に当たるか？

A 賃貸中の不動産に対する競売開始決定の差押の効力発生後賃貸人のした賃借権譲渡の承諾は，特段の事情のない限り，右差押の効力によって禁止される処分行為に当たらず，譲受人は，賃借権の取得をもって競落人に対抗することができる（最高裁判決昭和53．6．29民集32巻4号762頁）。

「特段の事情」とは，買受人側に不利益に賃貸借契約が改定された場合，改定がなくても，賃借人と通じた暴力団等に賃借権を譲渡させたような場合も含まれる。

ク　滞納処分との競合

滞納処分による差押えのある不動産に対しても競売の開始決定をすることができ（滞調法12Ⅰ，20），また，競売による差押えの登記がある不動産に対しても滞納処分による差押えをすることができます（同29Ⅰ，36）。

㋐　滞納処分手続先行の場合の調製

滞納処分の差押登記のある不動産について競売の開始決定をしたときは，裁判所書記官は，その旨を滞納処分の差押えをした徴収職員等に通知しなければなりません（滞調法12Ⅱ）。

また，滞納処分による差押えが先行している場合には，二重開始と同じく，原則として，競売の手続を執行させることができません（滞調法13Ⅰ本文）。

滞納処分手続により配当まで実施し，結果，残余金が発生すると執行裁判所に交付（滞調法17，6Ⅰ）し，執行裁判所により配当等の手続を行うこととなります（同17，6Ⅱ）。残余金が発生しない場合は，執行裁判所にその旨の通知を行います（同17，6Ⅲ）。

しかし，滞納処分庁の徴収職員等（以下「徴収職員等」という。）が，その後公売にかけるといった処理を行わずにいた場合，そのままではずっと競売

手続が進行しないことになってしまいます。そこで，法律は「相当期間内に公売その他滞納処分による売却がなされないとき」は，差押債権者が続行決定を申し立てることにより，競売手続を進めることができます（滞調法17，8）。申立てがあると執行裁判所は，徴収職員等に対し，回答期限を決め意見を求めます（同17，9Ⅱ，滞調規則19Ⅰ）。実務においては，続行決定に同意又は意見の提出がされない場合に，執行裁判所において続行が相当と認め続行決定を行っているようです（滞調法17，9Ⅰ）。

申立時に滞納処分による差押えがなされているようであれば，競売申立てと同時に続行決定の申立てを行うとよいということになります。

同時に申し立てない場合，又は申立て後，差押えが有効になる前に滞納処分による差押えがなされた場合は，裁判所書記官より続行決定申立書の提出を求められます。続行決定があると，滞納処分と強制執行等との手続の調製に関する法律の規定の適用については，滞納処分による差押えは，強制執行による差押え後にされたものとみなされます（滞調法17，10Ⅰ）。なお，続行決定に対しては，不服を申し立てることはできません（同17，9Ⅳ）。

　(イ)　民事執行手続先行の場合の調製

民事執行の差押え後に滞納処分の差押えをしたときは，徴収職員等は，執行裁判所にその旨の通知をしなければなりません（滞調法29Ⅱ）。

強制競売手続が取消し又は取下げ等により終了しない限り，滞納処分による売却を実施することができません（同30）。ただし，滞納処分続行承認の決定があったときはこの限りではありません（同30ただし書）。

滞納処分続行承認の請求は，強制執行が中止又は停止された場合に徴収職員等か執行裁判所に対して行うもので（滞調法33Ⅰ，25），執行裁判所が相当と認め続行承認を決定することとなります（同33Ⅰ，25）。決定がされると滞納処分手続が先行し，配当まで実施されたその後の手続は，前記(ア)のとおりです。実際には滞納処分続行承認の請求がされる事例は少ないようです。

第1章　民事執行制度の概要

(2)　換　価

ア　換価手続前

(ア)　不動産の滅失等による手続の取消し

競売の開始決定後，目的不動産が火災等により滅失したり，所有名義が移っていたような場合には，執行裁判所は，当該競売の手続を取り消さなければならない（民執53）としています。

(イ)　売却のための保全処分

債務者の所有する不動産の処分は，差押えによって禁止されますが，所有権の内容である使用・収益・処分の権利（民206）のうち残りの使用と収益は，なお債務者の権利として残されている（民執46Ⅱ）ため，民事執行法に従って売却されることになっている不動産について，その限度で制限を受けることになります。

つまり，不動産の滅失の防止，差押え後の債務者又は不動産の占有者が不動産の価格を減少させる行為又はそのおそれがある行為（価格減少行為）をするときは，執行裁判所は，差押債権者の申立てにより，買受人が代金を納付するまでの間，価格減少行為の禁止又は一定の行為を命ずる保全処分（民執55Ⅰ①），執行官保管命令（同②），占有移転禁止・公示保全処分（同③）を命じることができるとし，執行官保管命令は占有者に与える損失を配慮し，担保を必要としています（同55Ⅳ）。担保の提供方法については，民事執行法15条に定められています（「裁判上の担保供託」249頁参照）。

Q22　相手方を特定しないでする保全処分はできるのか？

A　不動産の価格を減少させ，若しくは減少させるおそれがある行為若しくは不動産の売却を困難にする行為をし，又はそれらの行為をするおそれがある占有者に対して不動産の占有解除等を命ずる保全処分若しくは公示保全処分の決定について，当該決定の執行前に相手方を特定することを困難とする特別の事情があるときは，執行裁判所

101

第Ⅰ編　各制度の概要

は，相手方を特定しないで，これらを発することができる（平16．3．19
民商782号通達，民執55の2，55，68の2，77，187）。これらの裁判所の決
定を得るため担保を立てなければならないときは，供託する方法による
ことができる（同55Ⅳ，68の2Ⅰ，77Ⅱ，187Ⅴ，15Ⅰ，253頁参照）。

　　イ　換価の手続
　　　㈠　売却の準備（現況調査，評価，配当要求の終期の決定等）と売却許
　　　　可条件の確定（物件明細書の完成）
　不動産の売却の準備として，執行官による現況調査と評価人（通常は不動
産鑑定士）による評価が行われ（民執57以下），不動産への立ち入り，占有す
る第三者への質問，文書の提示を求めたりできます（同57Ⅱ）。裁判所は評
価人（実務では，不動産鑑定士を選任しています。）による評価を基に最低売却
価額を決定し（売却基準価額の決定等：同60），また，物件明細書を作成して
（同62），買受希望者にどのような不動産が売却されるかを明らかにします。
　　　㈡　売却の実施と売却許可決定
　売却は，裁判所書記官の定める方法により行われます（民執64Ⅰ）。通常，
一定期間内に入札書を提出すればよいという期間入札の方法で行われ，執行
官が実施します（同64Ⅲ）。有効な買受申出のうちで最も高い価額で申し出
た者を執行官が最高価買受申出人に指定し，執行裁判所がその者に売却する
か否かを決定します（同69）。
　　　㈢　買受けの申出をした差押債権者のための保全処分
　入札又は競り売りの方法により売却を実施しても買受申出がなかった場合
において，債務者又は不動産の占有者が不動産の売却を困難にする行為をし，
又はその行為をするおそれがあるときは，差押債権者は，執行裁判所に対し，
買受人が代金を納付するまでの間，不動産に対する占有を解いて執行官又は
申立人に引き渡して保管させる旨の保全処分（必要に応じて公示保全処分を含
む。）を命じるよう求めることができます（民執68の2Ⅰ）。
　差押債権者がこの保全処分の申立てをするには，買受可能額以上の申出額
を定めて，次の入札又は競り売りで申出額に達する買受申出がないときは自

102

ら申出額で買い受ける旨の申出（予備的買受申出）をし，かつ，申出額に相当する保証の提供をしなければならず（民執68の2Ⅱ），また，これとは別に担保を立てなければなりません（同Ⅰ，249頁参照）。

　　　　(エ)　買受人等のための保全処分

　代金納付した買受人が引渡命令を申し立てても，引渡命令が発せられ確定しなければ執行力を生じないので，その間の価格減少行為に対抗するため，認められています（「民事執行法の一部を改正する法律」（平成8年6月26日法律第108号）により相手方の範囲拡大，平成15年法律第134号の改正により規定の整理，15頁参照）。

　最高価買受申出人又は買受人は，価格減少行為に対抗するため，執行裁判所に対し，引渡命令の執行までの間，売却のための保全処分と同様の処分を求めることができます（民執77Ⅰ）。

　　　　(オ)　売却後の手続（代金納付と所有権の取得，引渡し）

　売却許可決定が確定して，代金が支払われると，所有権は買受人に移転し（民執79），所有権移転登記がなされ，売却により消滅する物上負担（抵当権など）の登記そして差押えの登記の抹消登記がなされます（同82Ⅰ）。

　売却不動産上の負担のうち，担保権は消滅するのが原則です（消除主義民執59Ⅰ。例外は，通常の質権，留置権）。用益権については消除主義の原則をとることはできませんが，売却により消滅する担保権よりも後順位の用益権は，もし存続するとなると担保権者の利益を害することになりやすいので，物権の順位の原則により一律に消滅するものとされています（同59Ⅱ）。差押え後に設定された負担は，執行手続との関係では無効なものとして扱われ，買受人に引き受けられることもありません。債務者が売却不動産を任意に明け渡さない場合には，通常訴訟によることなく引渡命令という簡易な手続で明渡しを得ることが買受人に認められています。引渡命令の相手方は，事件の記録上買受人に対抗することのできる権原を有していると認められる者を除くその他の占有者にも拡張されています（同83Ⅰ）。

103

第Ⅰ編　各制度の概要

【法定売却条件（民執59Ⅰ～Ⅳ，仮登記担保契約に関する法律16Ⅰ・Ⅱ）】

	売却により消滅・失効するもの	買受人が引き受けるもの
担保権	・先取特権（一般の先取特権，特別の先取特権） ・使用・収益をしない旨の定めのある債権 ・抵当権（差押えの登記の先後を問わない。根抵当権を含む。）	・使用・収益をしない旨の定めのない優先順位の質権 ・留置権（差押え登記後のものを含む。）
仮登記担保	仮登記担保	
用益権	・消滅する担保権（仮登記担保権を含む。），差押え，仮差押えに対抗できない用益権（地上権，永小作権，長期賃借権等）	・最先順位の用益権（地上権，永小作権，賃借権等） ・抵当権に劣後する建物賃借権（仮登記のものを含む）
差押え等の処分制限	・差押え，仮差押えの執行 ・消滅する担保権（仮登記担保権を含む。），差押え，仮差押えに対抗できない仮処分の執行	・最先順位の仮処分

(3) 満足（配当等）

「配当」と「弁済金交付」を配当等といいます。

弁済金交付は，債権者が1人の場合や2人以上の配当を受けるべき債権者（以下「配当受領権者」という。）があっても買受人からの納付された代金（以下「売却代金」という。）で，各債権者の債権及び執行手続費用の全部を弁済できる場合の手続（民執84Ⅱ）をいいます。各債権者は不服なく満足を得ることができます。配当は，弁済金交付以外の場合の手続で，複数の配当受領権者がいて，売却代金で各債権者の債権及び執行費用と各債権者の差押債権額の全額を弁済できない場合の手続をいいます（同84Ⅲ）。

ア　配当期日

配当は前述したとおり，複数の配当受領権者に配当に充てるべき売却代金で，差押債権額の全額を弁済できないときの手続ですが，この場合，執行裁判所は配当表による配当を実施することとなります（民執84Ⅰ）。配当のために指定される日を配当期日と呼びます。

この期日では，配当表に記載された各債権者又は配当の額について不服の

第1章　民事執行制度の概要

ある債権者及び債務者は，配当期日において配当異議の申出（民執89 I，166 II）ができます（「配当留保供託」281頁参照）。

　しかし，配当期日において，誰からも異議の申出がなければ，配当表は確定し，それに従って，配当を行うこととなります。

　　イ　弁済金交付日

　弁済金交付の手続の場合に指定される期日（執行規則59 I）が，弁済交付日です。原則として，代金納付日等から1か月以内の日としなければなりません（同59 II）。この場合，差押債権額の全額を弁済できるため，債権者が弁済を受けることのできる額について債権者間に争いの生ずる余地はないことから，前記アの手続によることなく，執行裁判所は，売却代金の交付計算書を作成して，債権者に弁済金を交付し，余剰金があればそれを債務者に交付すれば足りるとしています（民執84 II）。

　この期日では，弁済金交付日を実施することにより交付する金額が確定し，交付計算書に従い，交付を行い弁済金交付手続は終了します。

Ｑ23　不動産強制競売における配当等を受けるべき債権者とは誰か？

Ａ　① 差押債権者（民執87 I ①）

　　　強制競売の開始決定（同45），二重開始決定（同47：先行事件の配当要求の終期までに申立てをした者（同49 I・III）），一般の先取特権（「Ｑ3」参照）の実行として競売の開始決定（同181 I ④）をした差押債権者である。

② 配当要求の終期までに配当要求をした債権者（同87 I ②）

③ 配当要求の終期までに交付要求をした債権者（同②の類推適用）

④ 最初の強制競売の開始決定に係る差押えの登記前に登記された仮差押え債権者（同③）

　　　二重開始決定の場合，先行事件が取下げ又は取消しで終了すれば，後行事件に係る差押えの登記前の登記された仮差押え債権者である。

105

第Ⅰ編　各制度の概要

⑤　差押えの登記前に登記された担保権者（同④）

　　最初の差押えの登記前に登記された先取特権，質権又は抵当権（根抵当権も含む。）の売却により消滅するものを有する債権者は，担保権の消滅等に伴い，配当要求をしなくても，配当等を受けられる。この登記が仮登記又は保全仮登記（民保53Ⅱ）であるときは，配当等の額は供託される（民執91Ⅰ⑤，281頁参照）。仮登記担保権については，裁判所書記官の催告に従い，届出をしたときに限り，配当を受けることができる（仮登記担保契約に関する法律17Ⅰ・Ⅱ）。

⑥　一般の先取特権以外の担保権の実行としての競売の申立てをした差押債権者

　　仮差押えの登記後に登記した民事執行法87条1項4号の担保権者は，仮差押債権者が本案の訴訟において敗訴し，又は仮差押えの効力を失ったときに限り，配当等を受けることができる（民執87Ⅱ）。仮登記担保についても準用される（仮登記担保契約に関する法律17Ⅳ）。

　　配当の日までに仮差押えの帰趨が定まらないときには，執行裁判所は，仮差押債権者の勝訴，敗訴の双方を想定した二重配当表を作成し，両者に共通する金銭のみを債権者等に交付し，その残金については裁判所書記官によって供託されることになる（民執91Ⅰ⑥，281頁参照）。そして，仮差押債権者の本案訴訟の結果が出ると，供託事由が消滅し，供託金の追加配当等が実施されることになる（同92Ⅰ）。

⑦　最初の強制競売の開始決定に係る差押えの登記後にされた担保権を有する債権者は，配当等を受けることができないが，先行事件が停止され，後行事件について手続が進められている場合において，先行事件が停止に係る訴訟において敗訴したときは，この担保権を有する債権者も配当等を受けることができる（民執87Ⅲ）。

（山本和彦ほか編『新基本法コンメンタール　民事執行法』266～268頁〔及川勝広〕（日本評論社，2014））

ウ　配当手続の流れ

①　代金納付がされると配当財団が形成され，執行裁判所は，売却代金の配当を実施します（民執84Ⅰ）。

　　この場合，執行裁判所は，特別な事情がある場合を除き，代金納付の日から原則として1か月以内の日を配当期日と定め，配当受領権者及び債務者等に対して配当期日呼出状を送達（執行規則59Ⅰ・Ⅱ）し，併せて，各配当受領権者に対し，その債権の元本及び配当期日等までの利息その他の附帯の債権の額並びに執行費用の額を記載した計算書（以下「配当計算書」という。）を1週間以内に執行裁判所に提出するように催告を行います（同60）。

②　配当計算書の提出を受けると裁判所書記官は，各配当受領権者について，その債権の元本及び利息その他の附帯の債権の額，執行費用の額並びに配当の順位（後記オ参照）及び額を定めた配当表を作成（民執85Ⅴ）し，配当を行います。

③　裁判所書記官は配当期日において異議なく確定した配当については，出頭した配当受領権者及び債務者に交付します（執行規則61）。交付は通常，日本銀行振出小切手又は銀行振込を指定することによって受領が行われるようです。

④　配当期日に異議の申出（民執89Ⅰ，後記エ参照）があったような場合は，異議の係る配当について留保されます。異議を申し出た配当受領権者は，1週間以内（買受人が民執78Ⅳただし書の規定により金銭を納付すべき場合にあっては2週間以内）に配当異議訴訟の提起を証明しなければ，配当異議は取り下げたものとみなされ，配当は確定します（同90Ⅵ）。提出があった場合は，異議のあった部分につき，裁判所書記官は，配当留保供託（同91Ⅰ⑦，281頁参照）を行います。

⑤　権利が確定していないため，配当期日に配当の実施を直ちに受けられない債権者が存在していたり，実際に配当等が受けられるのに配当期日等に出頭しないため，配当等を実施することができない場合があります。このような場合には，裁判所書記官は債権者不出頭供託（民執91Ⅱ）を

107

第Ⅰ編　各制度の概要

行います（286頁参照）。（以上，東京弁護士会法友全期会民事執行研究会編著『Q&Aでわかる民事執行の実務』91頁（日本法令，2013））。

　　エ　配当異議

　配当期日において，執行裁判所から示された配当表の内容（各債権者の債権額あるいは配当額）に異議がある当事者は，配当異議の申出をすることができます（民執89Ⅰ）。

　配当異議の申出が適法であれば，配当異議の申出のない部分に限り配当を実施することになります（民執89Ⅱ）。この申出は，配当期日において行う必要があるため，必ず期日に出頭し口頭又は書面でしなければなりません。

　債権者からの異議は，異議の相手方である他の債権者の配当額を減額し，自己の配当額に加えるべきことを求めるものです。

　例えば，配当に充てるべき売却代金が全体で600万円の配当（ただし，費用配当は除く。）で行われる場合，抵当権者Aに300万円，一般債権者のB及びCに各150万円の配当表が作成された場合は，Aの債権に異議があるBは，Aの300万円全体に異議が出せるわけではなく，自己に対する配当増加分の150万円のみに異議を出すことができ，この場合は，A，B，Cに各150万円の配当が実施されます。

　つまり，債権者が異議を申し出ることのできる金額は，自己の差押債権額から配当額を差し引いた額が限度となります。債務者からの異議については，限度はありません。ちなみに，配当手続において，買受人から代金納付がされていないのに配当期日を定め，配当期日呼出状を送達したなど，配当手続に瑕疵がある場合は，執行異議の申立てをすることとなります（民執11）。

　配当異議の申出があると，その部分については，配当が留保されることになります（民執166Ⅱ，89Ⅱ）。前述の例であれば，150万円については配当が留保されます。

　しかし，配当異議の申出による配当は，配当期日から1週間以内に訴えを提起したことの証明書等を執行裁判所に提出しなければなりません（民執166Ⅱ，90Ⅵ）。提出があった場合は，異議のあった部分につき，裁判所書記官は，配当留保供託（同91Ⅰ⑦，281頁参照）を行います。提出されない場合

108

には，配当異議の申出が取り下げられたものとみなされ（同90Ⅵ），留保されていた部分について配当表に従って配当が実施されることになります。

弁済金交付の場合は，配当異議の申出の余地はなく，交付計算書を作成して債権者に対し弁済金を交付します。

オ　配当等の順位

配当期日において，すべての債権者間で，配当順位及び額の合意が成立している場合を除き（民執85Ⅰ），民商法等の規定に従い各権利者の優先順位を定めることとなります（同85Ⅱ）。まずは，執行費用（共益費用）について，最優先順位の債権（民306，307，329）として配当します。この執行費用とは，申立手数料や差押登記に係る登録免許税，現況調査手数料，評価料，配当期日呼出状送達費用や供託所への支払委託書の送付に要する費用等，すべての債権者の共通の利益のために支出されたと認められるもののことです。

次に，公租（国税・地方税）・公課（公租以外に，国や地方公共団体が徴収する税）の公債権（以下「公租公課」という。）については，すべての私債権に優先（別段の定めがある場合を除く。国徴法8，9，地方税法14）されます。

公租と公課間では，常に公租が優先します。

公租間，公課間においては，差押先着手及び担保先徴取主義（国徴法12，地方税法14の6），交付要求先着手主義（国徴法13，地方税法14の7）から法定納付期限の前後にかかわらず配当の順位は定まります。つまりは，先着順ということになります。

公租公課と担保権等（抵当権等）による物上代位間での優先関係は，公租公課の法定納付期限等と抵当権等の設定登記がなされた時期の先後によって優先関係が決まります（国徴法16）。抵当権等の物上代位による当該物件の賃料の差押えが競合した場合には，抵当権等の順位によって優先関係が決まり，抵当権等による物上代位と一般の債権とが競合した場合には，抵当権等の設定登記日と一般と債権による差押命令の第三債務者への送達日の先後によって優先順位が決まります。

私債権の順位は，抵当権，一般先取特権，一般債権者の順位となります。優先権のない一般債権は，優先権のある債権に劣後します。優先弁済権のな

第Ⅰ編　各制度の概要

い一般の債権者間においては，債権者平等主義の原則が適応されて，各請求債権額の割合に応じて平等に配当を受けられることになります。

　以上について，整理すると概ね以下のとおりとなります。

第1順位　執行費用のうち共益費用となるもの（民306Ⅰ，307，329）

第2順位　目的不動産の第三取得者が支出した必要費・有益費の償還請求権（同391）

第3順位　登記した不動産保存及び不動産工事の先取特権により担保される債権（同326，327，337，338Ⅰ）

第4順位　公租及び公課に優先する（根）抵当権，不動産質権，一般の先取特権及び担保仮登記担保権によって担保される債権（民執59Ⅱ，仮登記担保契約に関する法13，民328，340，借地借家法12，国徴法15〜18，20，23，地方税法14の9〜14の12など）

第5順位　公租（国徴法8，地方税法14）

第6順位　公課（国徴法2⑤，健康保険法183，労働保険の保険料の徴収等30，厚生年金保険法89，国民年金法95など）

第7順位　公租及び公課に劣後する（法定納付期限等の経過後に登記された）抵当権，不動産質権，一般の先取特権及び担保仮登記担保権によって担保される債権（民373等）

第8順位　未登記の一般先取特権によって担保される債権（民306，336）

第9順位　一般債権

（以上「金融法務事情№1853」61頁（2008），中野貞一郎・下村正明『民事執行法』567頁（青林書院，2016），山本和彦ほか編『新基本法コンメンタール　民事執行法』262頁〔及川勝広〕（日本評論社，2014））

❚ 3　強制管理手続の概要 ❚

　強制管理とは，執行裁判所が目的不動産を差し押さえて（民執93Ⅰ），不動産の収益の管理に当たるべき管理人を選任し（同94），管理人が収取した天然果実又は法定果実の換価代金等をもって，債権者の債権の弁済に充てるものです（同107）。金銭債権者が執行力のある債務名義の正本に基づいて強

制管理の申立てをします（同25）。

民事執行法93条1項は，「執行裁判所は，強制管理の手続を開始するには，強制管理の開始決定をし，その開始決定において，債権者のために不動産を差し押さえる旨を宣言し，かつ，債務者に対し収益の処分を禁止し，及び債務者が賃貸料の請求権その他当該不動産の収益に係る給付を求める権利（……省略……）を有するときは，債務者に対して当該給付をする義務を負う者（……省略……）に対しその給付の目的物を管理人に交付すべき旨を命じなければならない。」と規定しています。強制管理は，開始決定，差押登記，換価，配当と不動産競売とほぼ同様な流れとなっています。

(1) 強制管理開始決定と差押え

執行裁判所は，強制管理の開始決定後，あわせて不動産の差押えを行います。さらに，収益が減らないように，収益が処分されないための措置も命じられます（民執93 I）。その後の手順は，以下のとおりです。

① 開始決定は，債務者及び給付義務者に送達しなければなりません（民執93Ⅲ）。

② 給付義務者に対する開始決定の効力は，開始決定が当該給付義務者に送達された時に生じます（同93Ⅳ）。

③ 強制管理の申立てについての裁判に対しては，執行抗告をすることができます（同93Ⅴ）。

④ 二重開始決定も可能です（同93の2）。

⑤ 裁判所書記官は，法定果実の場合，開始の送達に際して，給付義務者に対して給付義務の一定内容について陳述すべき旨の催告しなければなりません（同93の3）。

⑥ 債権差押えの債権者等も強制管理の手続内で配当等を受けることができます（同93の4Ⅲ）。

(2) 換 価

① 強制管理開始決定が出されると，裁判所は開始決定と同時に管理人を選任します（民執94 I）。

② 管理人が，当該不動産について，管理，収益の収取，収益の換価を

第Ⅰ編　各制度の概要

することになり（同95Ⅰ），これに要する費用は当該収益によって負担され，収益期間に応じた固定資産税・都市計画税等の租税公課や管理人の報酬も収益の中から支出されます（同106Ⅰ）。管理人は執行裁判所が監督します（同99）。

(3)　**配当等**

　強制管理における配当等の手続は，第一次的には管理人が行うことになります（民執107Ⅰ）。債権者が１人である場合，又は債権者が２人以上であって配当等に充てるべき金銭で各債権者の債権及び執行費用の全部を弁済することができる場合には，管理人は債権者に弁済金を交付し，剰余金を債務者に交付します（同107Ⅱ）。各債権者が弁済金の交付により，その債権及び執行費用の全部の弁済を受けたときは，執行裁判所は強制管理の手続を取り消さなければならないとされています（同110）。また，債権者が多数いる場合において，各債権者の債権及び執行費用の全部を弁済することができないときは，配当協議の日に，債権者の協議が調えば，その協議に従って配当を実施します（同107Ⅲ）。配当受領権者は不動産競売とは異なり，登記された抵当権者は自ら担保不動産収益執行を申し立てない限り配当受領権はありません。

　管理人が配当を実施する場合において，配当等を受けるべき債権者の債権が仮差押債権者の債権であるとき，又は強制執行の一部停止を命ずる旨を記載した裁判の正本（民執39Ⅰ⑦）の提出されている債権であるときは，管理人は，これらの債権者の配当等の額に相当する金銭を供託（289頁参照）し，その事情を執行裁判所に届け出なければならないとされています（民保47Ⅳ，民執108前段）。この場合における配当等の手続は執行裁判所が行うことになります（民執109，民執通達第二・一・⇔・(1)・(2)・先例集(6)［68］314頁）。また，債権者が配当等の受領のために出頭しなかったときにも管理人は，その配当等の額に相当する金銭を供託しなければならないとされています（民執108後段）。この場合の供託金の払渡しは，被供託者の還付請求によってすることとされています（民執通達第二・一・2・⇔・(1)・(2)・先例集(6)［68］315頁）（289頁参照）。

112

第1章　民事執行制度の概要

第 2　準不動産執行

1　準不動産とは

　準不動産執行にいう準不動産とは，船舶，航空機，及び建設機械のように，民法の基準からすれば，動産であるが，登記・登録制度などがあるため，執行手続上は不動産に準じて取り扱われるものをいいます。

2　船舶執行

　総トン数20トン以上の船舶（これに満たない船舶は，民事執行規則に規定される小型船舶に対する強制執行となります（執行規則98の2）。）で，端舟（航行推進力として機関や帆を使用しない舟）その他ろかい（櫓櫂）又は主としてろかいをもって運転する舟でないものに対する強制執行であり，不動産の強制執行の方法により行います（民執112）。不動産の強制執行の規定が大幅に準用されています（同121）が，不動産執行とは異なり，船舶執行には強制管理の制度はありません。

　執行裁判所は，強制競売の開始決定の時の船舶の所在地を管轄する地方裁判所となります（民執113）。執行裁判所は，船舶が海を動き回るため，強制競売の手続を開始する際，執行官に対し，船舶の航行のために必要な文書である船舶国籍証書等を取り上げて執行裁判所に提出すべきことを命じなければなりません（民執114Ⅰ）。強制競売の開始決定においては，債権者のために差し押さえる旨の宣言をし，債務者に対して出港禁止命令を行います（民執114Ⅱ）。

　船舶の換価や配当等について不動産強制競売に関する諸規定が準用されます。

3　その他の準不動産執行

　その他，航空機に対する強制執行（執行規則84以下），登録された自動車に対する強制執行（同86以下），建設機械に対する強制執行（同98），登録された小型船舶に対する強制執行（同98の2）があります。

113

第Ⅰ編　各制度の概要

原則として不動産あるいは船舶に対する強制競売の諸規定に準じることとなります。

第3 動産執行

1 動産執行とは

　動産は，一般的に不動産等と比較して経済的価値が低く，売得金から多くの配当を得ることは期待できませんが，権利関係が複雑ではないため，執行官が執行機関として直接差押え，換価するのに適しているといえます。また，動産執行の申立ては，債権者にとって使用価値の高い動産を差し押さえるなどして，債務者に心理的圧迫を与え，弁済を強制する目的でされることが多いようです。

　動産執行の対象としては，不動産以外の物，無記名債券（乗車券，商品券のような債権者の氏名が記載されていない証券等）などの民法86条にいう動産，登記できない土地の定着物（庭木，庭石，機械，貯蔵用タンクなど），土地から分離する前の天然果実で1か月以内に収穫することが確実なもの，裏書の禁止されている有価証券以外の有価証券（手形，小切手，株券，社債，抵当証券等）としています（民執122Ⅰ）。

2 動産執行手続の概要（「動産執行手続フロー」巻末資料2参照）

　動産執行の方法は，執行官により債務者の動産を差し押さえて競売にかけ，その売得金をもって，債権者の満足を図るものです。

申立て及び差押え	換　価	満足（配当等）
申立て ↓ 差押え	執行官による競り売り等	配当（協議が調った場合は執行官により，不調の場合は執行裁判所による） 又は 弁済金交付

(1) 申立て及び差押え

ア　申立て

申立ては，差し押さえるべき動産所在地の執行官に対し（執行官法4），書面により申し立てなければなりません（執行規則1）。債権者は，民事執行規則21条各号に掲げる事項のほか，差し押さえるべき動産が所在する場所を申立書に記載すれば足り，具体的に個々の動産を特定する必要はありません（同99）。差し押さえるべき動産は，指定された場所に臨場した執行官が債権者の利益を害さない限り，債務者の利益を考慮して選定します（同100）。

申し立てる際には，手数料及び執行費用の概算額を予納します（執行官法15）。

イ　差押えの方法

動産執行は，執行官の目的物の差押えにより開始します（民執122Ⅰ）。

差押えの方法は，債務者の占有する動産を執行官が占有することによって行います（同123Ⅰ，124）。執行官は，差押動産を債務者に保管させ（同123Ⅲ），使用を許可することもできます（同Ⅳ）。執行官以外が保管する場合は，差押物に封印その他の方法（差押物件標目票，公示書の貼付等）で差押物であることを表示します。

なお，執行官は，差押え対象物が第三者の所有であるか調査する必要がありませんから，その動産が債務者が占有していると認められる限り差押えを行うことができますが，第三者は，第三者異議（同38，81頁参照）又は執行異議（同11，86頁参照）によって，差押えを取り消すこととなります。

ウ　二重差押えの禁止

執行官は，差し押さえられた動産及び仮差押えの執行をした動産を更に差し押さえることはできません（民執125Ⅰ）。

動産の価値が一般的に小さいことや，不動産のように二重開始決定をして二重の差押えを認めると，同一物を執行官が二重に占有するという状態になりかねないので，二重差押えは禁止されています。二重に執行の申立てがあった場合には，先後の事件を併合することとなります（民執125Ⅱ）。

事件の併合は，動産執行では二重差押えを禁止する代わりに，二重の執行

第Ⅰ編　各制度の概要

申立てを認め，事件の併合により債権の満足を図るものです（民執125Ⅱ以下）。事件の併合があると，後から差し押さえられた動産も先の事件で差し押さえられたものとみなされ（全体の配当原資になる。），後の事件の申立ては，配当要求の効力を持ちます（同125Ⅲ）。

　配当要求は，自ら改めて執行の申立てをすることなく，既に他の債権者の申立てによって開始された金銭執行の手続に参加することにより債権の満足を図ろうとする債権者のための手続です。

　動産執行の場合，先取特権者及び質権者のみがその権利を証する文書を提出して，配当要求をすることができます（民執133）。配当要求ができる債権者は，①債務名義を有している一般債権者は，動産執行を申し立て，事件の併合がなされた場合（民執125Ⅱ・Ⅲ前段），②債務名義を有していない一般債権者は，仮差押命令を得て，仮差押えの執行を申し立て，事件の併合がなされた場合（民保49Ⅳによる民執125準用，125Ⅳ前段），③先取特権者又は質権者は，担保物権を証する文書を提出して配当要求をすることができます（民執133）。

エ　差押禁止動産

㋐　生存の保障

　債務者の生存権保障の観点から，債務者の所有動産であっても，生活必需品まで差し押さえることは好ましくありません。債務者等の生活に欠くことのできない衣服，寝具，家具，台所用具等一定の動産については，差押えを禁止しています（民執131①・②）。金銭については標準的な世帯の2か月分の必要生計費を勘案して民事執行法施行令1条で定める額である66万円が差押禁止となります（同③）。

㋑　個人的生業の維持

　差押動産が，その債務者の収入減を将来にわたり断つようなものは，産業政策上の考慮を加え，差押えを禁止しています。例えば，農業に不可欠な農具（民執131④・⑤），業務に不可欠な器具等（同⑥）は差押禁止となります。

㋒　その他

　実印，その他の印で職業又は生活に不可欠なもの（民執131⑦），仏像・位

牌等（同⑧），他に，民事執行法131条（⑨～⑭）に列挙されているものは差押禁止となります。

オ 超過差押えの禁止と無剰余差押えの禁止

差押債権者の債権と執行費用の弁済に必要な限度を超えて差し押さえることはできません（民執128Ⅰ）。また，換価しても執行費用及び優先債権者に配当すると差押債権者に配当される見込みのない差押えもできません（同129Ⅰ）。

(2) 換　価

ア 売却の方法

売却の方法は，入札（執行規則120），競り売り（同114～119），又は，執行裁判所の許可を受けて，特別売却（同121），委託売却（同122）により執行官が，差押物を売却することとなります（民執134）。

イ 有価証券についての特則

執行官は，手形等を差し押さえた場合，一定期間内に提示等を要するものについては，債務者に代わって行います（民執136）。

また，執行官は，有価証券を売却したときは，買受人のために，債務者に代わって裏書又は名義書換えに必要な行為をすることもできます（民執138）。

ウ 売却価額に関する特則

取引所の相場がある有価証券は，その日の相場以上の価額で売却しなければなりません（執行規則123）。

また，貴金属等は地金としての価額以上で売却しなければならない（執行規則124）としています。

エ 売却の見込みのない場合の特則

執行官は，相当な方法による売却を実施してもなお売却の見込みがないとき（無剰余）は，その差押えを取り消すことができます（民執130）。

(3) 配当等の手続

動産執行の配当等は，強制管理の管理人と執行裁判所との関係に類似しています。配当等の実施において，配当異議の申出，配当異議訴え等の強制競売の規定が準用されています（民執142Ⅱ）。

117

ア　弁済金の交付

　債権者が1人，又は債権者が2人以上であっても，売得金（目的物を競売して得た金銭），差押金銭，手形等の支払金で各債権者の債権及び執行費用の全部を弁済できる場合は，執行官は債権者に弁済金を交付し，剰余金を債務者に交付します（民執139Ⅰ）。

　イ　配当の実施

　ア以外で協議が調った場合は，執行官はその協議に従い配当を行います（民執139Ⅱ）。協議が調わない場合には，執行官は，その事情を執行裁判所に届け出なければなりません（同Ⅲ）。また，執行官が供託した場合（同141）には，供託の事由が消滅したときに，執行裁判所が配当等を実施することとなります（同142Ⅰ，289頁参照）。不動産執行における配当手続の規定がほぼ準用されます（同86，87は除外）。

Q24　動産執行における配当等を受けるべき債権者とは誰か？

　配当等を受けるべき債権者は，差押債権者のほか，売得金については執行官がその交付を受けるまで（民執137又は民保49Ⅲの規定により供託された売得金については，動産執行が続行されることとなるまで）に，差押金銭についてはその差押えをするまでに，手形等の支払金についてはその支払を受けるまでに配当要求をした債権者となる（民執140）。

　配当要求をすることができる債権者には，先取特権又は質権を有する者（民執133）のほかに，動産執行事件（又は動産仮差押執行事件）の併合手続が行われた事件の申立債権者が含まれる（同125Ⅲ・Ⅳ）。
（以上，山本和彦ほか編『新基本法コンメンタール 民事執行法』354頁〔松浦雅美〕（日本評論社，2014））

第1章　民事執行制度の概要

(4)　執行官の供託

　債権者が配当等の受領のために出頭しなかった場合には，執行官は，配当等の額に相当する金銭を供託します（民執142Ⅱ，192，293頁参照）。

　また，配当等を受けるべき債権者の債権に民事執行法141条1項1号から4号までの事由があるときは，執行官は，その配当等の額に相当する金銭を供託した上，その事情を執行裁判所に事情届をする必要があります（民執141Ⅰ，192，292頁参照）。

第 4 　債権執行

❙ 1 　債権執行とは ❚

　債権執行とは，執行債権者が，金銭債権の満足のため，執行債務者が第三者に対して有する金銭の支払を目的とする債権（金銭債権）等を財産権としてとらえ，その財産的価値を差し押さえ，換価し，配当等を実施し，各債権者の債権の弁済に充てることを目的とする手続です。その対象物は，金銭の支払を目的とする債権（民執143，以下「金銭債権」という。）又はその他の財産権（同167）と船舶（同143，162）・動産（同143，163，執行規則142の2）・航空機（執行規則142）・自動車・建設機械又は小型船舶（民執163Ⅰ，執行規則143）の引渡請求権を対象とする手続に関しても定めがあります。

　金銭債権とは，例えば，預金債権，貸金債権，売買代金債権，売掛代金債権，損害賠償債権，請負代金等をいいます。また，給与債権，賃料債権等のように同一の法律関係に基づいて継続的に発生する将来債権も対象となります。

　動産引渡を目的とする債権であっては，その動産を目的とする有価証券が発行されている場合は，動産執行の対象となり，債権執行の対象とはなりません。執行実務においては，給料債権や預金債権などの金銭債権に対する強制執行の事件が大多数を占めています。

119

第Ⅰ編　各制度の概要

▌ 2　債権執行手続（「債権執行手続フロー」巻末資料３参照）▐

　債権執行は，債権者が債務者に対して有する債務名義（強制執行）又は担
保権（債権担保権実行）に基づいて申立て，債務者が第三債務者に有する債
権に対して裁判所が差押命令を発した後，換価手続として，差押債権者によ
り取立て（民執155Ⅰ），第三債務者による供託（同156Ⅰ・Ⅱ），転付命令（同
159），譲渡命令（同161）等によって換価し，得られた金額を債権者の債権回
収に充てるといった手続です。第三者債務者が差し押さえられた債権を供託
した場合には，第三債務者が提出する事情届（後記138頁参照）に基づき配当
等手続が実施され，これにより債権の満足が図られることとなります。

申立て及び差押え	換　価	配当等
差押命令の申立て及び発令 ↓ 第三債務者への送達 債務者への送達	①取立権の行使 ②第三債務者の供託 ③転付命令 ④譲渡命令等	②の場合は配当又は弁済金交付，それ以外では，配当等の手続による場合は限定されている。

(1)　申立て

　債権に対する強制執行は，執行裁判所が執行機関となり，裁判所の差押命
令によって手続が開始されます（民執143）。その申立手続については，強制
執行総則等に規定されています。

ア　管　轄

　執行裁判所は，原則として，債務者の普通裁判籍の所在地（自然人であれ
ば住所，法人であれば本店又は主たる事務所等）の地方裁判所とされているこ
とから（民執144Ⅰ・Ⅱ），債権者はこれらの裁判所に差押命令の申立てをす
ることになります。例外として，被差押債権の所在地を管轄する地方裁判所
が管轄となる場合もあります。

①　第三債務者の普通裁判籍の所在地（民執144Ⅱ本文）

②　船舶・動産の引渡請求権，物上担保権の場合そのものの所在地

イ　申立書の記載事項（執行規則21, 133）

①　執行債権者・執行債務者・第三債務者及び代理人

②　債務名義の表示

③ 被差押債権の表示及び額その他債権を特定するに足りる事項

④ 一部執行の場合はその範囲

　ウ　配当要求

既に目的債権が差押えを受けている場合であっても，債務名義を取得した他の債権者等は，さらに，二重に差押えをすることができます（民執144Ⅲ，149，159Ⅲ等）が，自ら差押えの申立てをすることなく，先行する債権差押手続に参加して配当を受けることもできます（同154Ⅰ）。

なお，配当要求は，民事執行法165条に定める時期（配当要求遮断効が生じる前）にしなければなりません。

① 配当要求ができる者

　・執行力ある債務名義正本を有する者

　・文書により先取特権を有することを証明できる者

② 配当要求の手続

　・裁判所へ要求書の提出（民執154，執行規則26）

　・第三者への送達（民執154Ⅱ）

　・差押債権者及び債務者への通知（執行規則145，27）

③ 配当要求の効力

　・執行裁判所による適法な配当要求書の受理により効力発生

　・差押えの範囲内で効力

　・転付命令・譲渡命令を得ることはできない。

　・差押債権額につき第三債務者の供託義務（民執156Ⅱ）

(2)　**差押え**

執行裁判所は，差し押さえるべき債権の存否や帰属など実体関係を調査することなく，管轄権，手数料，執行正本の有無，差押え禁止・制限の有無等を調査し，債務者，第三債務者を審尋せずに差押命令を発します（民執145）。

差押命令がなされることによって，債務者は差し押さえられた債権を自ら取り立てることやその他の処分行為（例えば，譲渡，免除，相殺，質入れ等）を行うことが禁止され，第三債務者は債務者への弁済が禁止されることになります（民執145Ⅰ）。

第Ⅰ編　各制度の概要

差押命令受領後の第三債務者の手続図

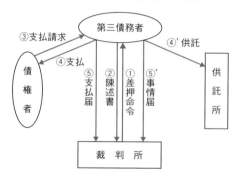

※　③債権者から支払請求があった場合
　　債権者に支払うことができるのは，差押命令を受け取った日から
　　1週間経過後です（民執155Ⅰ）。
※　④⑤　　債権者に支払った場合は支払届 ｝裁判所へ
　　④'⑤'　供託した場合は事情届

Q25 債務者に対する債権差押えの処分禁止の効力はどの範囲まで及ぶのか？

　債権者は取立てのほか，譲渡，放棄，免除，相殺，質権設定，期限の猶予等債権者を害する一切の処分が禁止される。

処分禁止の効力（民執145Ⅰ）については，差押えが有効である以上，差押債権者に対する関係でのみ生ずると解されており，その処分をもって差押債権者に対抗できないものと解されている（吉野衛ほか『注釈民事執行法6』520頁〔吉野衛・三宅弘人〕（金融財政事情研究会，1995））。

そして，処分禁止の効力の債権者の範囲については，「差押え後の執行債務者の処分行為は差押債権者に対して無効であるが，一人の債権者のした差押えの効力は，平等主義の立場から，当該執行手続に参加してくるすべての債権者のためにも生ずるものと解すべく，他の債権者は配当要求によって執行に参加することができる。したがって，差押え後の執行債務者のした処分行為は，差押債権者に対して無効であるだけでなく，処分後に当該執行に参加してくるすべての債権者にも対抗できず，

122

ただ，その手続が取り消されたり，又はその申立てが取下げられたとき
に初めて有効になる」とされており（前掲書521頁），民事執行法は債権
執行においても，不動産執行と同様に，手続的相対説をとっているもの
と解されている。

　なお，差押債権発生の原因となる法律関係の処分（解除権等の行使）
は妨げられない。

　また，給与債権の差押え後に退職し，6か月余経過して同じ会社に再
雇用された場合は，再雇用後の給与債権に差押えは及ばない（最高裁判
決昭55．1．18判時956号59頁，山本和彦ほか編『新基本法コンメンタール 民
事執行法』360頁〔池田弥生〕（日本評論社，2014））。

＊　差押命令の記載事項
1　事件番号
　事件番号に付される符号（例）…（巻末資料4参照）
　地方裁判所（ル）→　強制執行による差押え
　地方裁判所（ナ）→　担保権実行又は物上代位権行使による
　地方裁判所（ヲ）→　執行雑事件（転付命令，差押範囲の変更）
　簡易裁判所（少ル）→少額訴訟の債権執行（差押え）
　地方裁判所（ヨ）→保全処分（仮差押え・仮処分）
　簡易裁判所（ト）→保全処分（仮差押え・仮処分）
2　当事者（差押債権者，差押債務者，第三債務者）
3　執行債権→請求債権目録に記載
4　差押えの目的債権（被差押債権）→差押債権目録に記載
5　差押えの宣言及び処分禁止命令
6　発令年月日
7　執行裁判所の表示
8　差押命令正本である旨の裁判所書記官の証明
　物上代位権行使による差押えの場合
9　「2　当事者」として担保権の権利者も記載
10　「3　執行債権」に代えて，担保権及び被担保権の表示

第Ⅰ編　各制度の概要

ア　差押命令の送達

差押命令は，裁判所から，職権をもって債務者と第三債務者に送達されることになります（民執145Ⅲ），第三債務者への送達時をもって効力が生じることになります（同145Ⅳ）。

イ　第三債務者に対する陳述催告

(ア)　制度の趣旨・目的

差押命令は，債権の存否，範囲等について債権者の調査・推認したところに従った申立てに基づいて発せられますが，差押債権者としては，被差押債権の存否や他の債権者との競合の有無を知り，それによって転付命令などの事後の換価手続の選択の判断資料とするため，第三債務者に対し，最高裁判所規則（執行規則135Ⅰ）で定める事項について陳述を求める申立てができるとされています（民執147Ⅰ）。

なお，陳述の催告を受けた第三債務者は，差押命令送達の日から２週間以内に陳述しなければならず，故意又は過失により，陳述をしなかったとき，又は不実の陳述をしたときは，これによって生じた損害を賠償する責任を負わなければなりません（民執147Ⅱ）。

(イ)　陳述すべき内容

裁判所書記官から陳述の催告を受けた第三債務者は，民事執行規則135条１項に定める下記の事項について，陳述する義務を負うことになります。

以下は，陳述書の記載における留意事項です。

①　差押えに係る債権の存否並びにその債権が存在するときは，その種類及び額（金銭債権以外の債権にあっては，その内容）（執行規則135Ⅰ①）

a　差押えに係る債権の存否

差押えに係る債権の存否が「ある」というのは，差押命令正本が第三債務者に送達された時点において，差押命令正本中の「差押債権目録」に特定・表示された債権が現に存在する場合をいいます。

差押えに係る債権の存否が「ない」というのは，当初から債権が存在しなかった場合，差押命令正本が第三債務者に送達される以前に，弁済，相殺，免除等により当該債権が消滅している場合をいいます。

124

第1章　民事執行制度の概要

陳　述　書　様　式　例　　｜　平成○○年（　）第○○○○号

陳　述　書

平成○○年○○月○○日
日　記　　第○○○号

○○地方裁判所第○部　御中

第三債務者

下記のとおり陳述します。

1　差押えに係る債権の存否	ある　　　　　　　ない	
2　差押債権の種類及び額 （金銭債権以外の債権は，その内容）		
3　弁済の意思の有無	ある　　　　　　　ない	
4　弁済する範囲又は弁済しない理由		
5　差押債権について，差押債権者に優先する権利を有する者（例えば，質権者）がある場合の記入欄	優先権利者の住所，氏名	
	その権利の種類及び優先する範囲（金額）	

6　他の差押え（滞納処分又はその例による差押えを含む。）仮差押え仮処分	執行裁判所等	債権者の住所・氏名	差押え等の送達年月日	差押え等の執行された範囲（金額）
	事件番号			

125

第Ⅰ編　各制度の概要

　　b　債権の種類及び額
　差押えの効力が及んでいる範囲内での現存額で記載することになります。
例えば，差押債権の一部が弁済されている場合は，「平成28年12月１日付け
売買契約に基づく代金債権金100万円のうち金70万円（金30万円については，
平成29年１月１日に弁済）」のように陳述することになります。
　　②　弁済の意思の有無及び弁済する範囲又は弁済しない理由（執行規則
　　　135Ⅰ②）
　弁済，相殺又は免除の予定，質権の設定，差押えの競合などがない限り，
原則として，弁済の意思は「ある」と陳述します。なお，併せて，弁済する
範囲についても陳述することになりますが，「債権の種類及び額」と異なる
場合は，「差押債権金100万円のうち金30万円」というように，弁済の範囲を
明確にする必要があります。
　　弁済の意思が「ない」場合には，「差押債務に対し，相殺予定の債権があ
る。」，「差押えの競合がある。」，「差押債権については抵当権が設定されてい
る。」といったように弁済しない理由を記載することになります。
　　③　当該債権について差押債権者に優先する権利を有する者があるとき
　　　は，その者の氏名又は名称及び住所並びにその権利の種類及び優先す
　　　る範囲（執行規則135Ⅰ③）
　「当該債権について差押債権者に優先する権利を有する者」とは，抵当権
者や質権者などの一般債権者に優先して弁済を受けられる権利者のことをい
い，優先権利者の住所・氏名，差押債権者に優先する権利の種類及び優先す
る範囲を陳述することになります。
　　④　当該債権に対する他の債権者の差押え又は仮差押えの執行の有無並
　　　びにこれらの執行がされているときは，当該差押命令，差押処分又は
　　　仮差押命令の事件の表示，債権者の氏名又は名称及び住所並びに送達
　　　の年月日並びにこれらの執行がされた範囲（執行規則135Ⅰ④）
　同一の債権について先行する仮差押え又は差押えのあったときは，「○○
地方裁判所平成○年(ル)第○○号債権差押事件，差押債権者（住所・氏名），平
成○年○月○日送達，差押債権額金○○円」といったように，当該仮差押え

126

又は差押えの内容を陳述することになります。

⑤　当該債権に対する滞納処分による差押えの有無並びに差押えがされているときは，当該差押えをした徴収職員等の属する庁その他の事務所の名称及び所在，債権差押通知書の送達の年月日並びに差押えがされた範囲（執行規則135Ⅰ⑤）

　同一の債権について先行する国税滞納処分による差押えのあったときは，「○○税務署，徴発第○○号債権差押通知書，告知番号○○番，平成○年○月○日送達，差押債権額金○○円」といったように，当該差押えの内容について陳述することになります。

　ウ　不服申立て

　差押命令の申立てについての裁判に対しては，不服申立ての利益を有する者は，執行抗告又は債務名義の訴えをすることができます（民執145Ⅴ，35）。

・手続上の瑕疵を理由　→　執行抗告（85頁参照）

・債務名義の不存在，消滅等　→　請求異議の訴え（76頁参照）

　エ　差押禁止債権

　債務者の生活保障という社会政策的配慮から債権全額を差し押さえることができるとするのは問題があり，民事執行法152条において，下記の債権を差押禁止債権するという規定を設けました。また，差押えの範囲は，民事執行法152条の趣旨が債務者の生活保障ですから，給与債権の名目額から所得税，住民税，社会保険料，通勤手当を控除した手取額を基準として算定するのが，実務上の取扱いとなっています。

①　債務者が国及び地方公共団体以外の者から生計を維持するために支給を受ける継続的給付に係る債権（民執152Ⅰ①）。

②　給料，賃金，俸給，退職年金及び賞与並びにこれらの性質を有する給与に係る債権（同152Ⅰ②）

③　退職手当及びその性質を有する給与に係る債権（同152Ⅱ）

・①～③の支払に受けるべき給付額の４分の３に相当する部分が差押禁止額

・①②は標準的な世帯の必要経費を勘案して政令（民事執行法施行令2

第Ⅰ編　各制度の概要

Ⅰ）で定める額が上限となります。ただし，この額を超えるときは，その額までの差押えが禁止され，それを超える部分は差押えができます。整理すると以下の表のとおりとなります。

支払期	手取額	差押禁止額
毎　　月	44万円超	33万円
毎半月	22万円超	16万5000円
毎　　旬	14万6667円以上	11万円
月の整数倍の期間ごと	（44万円×月の整数）超	33万円×月の整数
毎　　日	1万4667円以上	1万1000円
その他の期間	（1万4667円×期間日数）以上	1万1000円×期間日数

　オ　扶養義務等に係る金銭債権を請求する場合における特例

　平成15年法律第134号の改正により，債権者が，民法752条の規定による夫婦間の協力及び扶助の義務，民法760条の規定による婚姻から生ずる費用の分担の義務，民法766条の規定による子の監護に関する義務，民法877条から880条までの規定による扶養の義務に係る金銭債権を請求する場合における，民事執行法152条1項及び2項の適用については，それらの規定中（前記エ①～③の場合）「4分の3」とあるのは，「2分の1」とすることとされました（民執152Ⅲ）。なお，賞与及びその性質を有する給与に係る債権以外の給与の性質を有する債権は以下の表に記載されている金額の差押えが禁止され，これを超える金額の差押えが認められています（民事執行法施行令2Ⅰ）。

　また，賞与及びその性質を有する給与に係る債権の額が66万円を超える場合には，33万円の差押えが禁止され，33万円を超える全額の差押えが認められています（民事執行法施行令2Ⅱ）。

支払期	収入額	差押禁止額
毎　　月	66万円超	33万円
毎半月	33万円超	16万5000円
毎　　旬	22万円超	11万円
月の整数倍の期間ごと	（66万円×月の整数）超	33万円×月の整数
毎　　日	2万2000円以上	1万1000円
その他の期間	（2万2000円×期間日数）以上	1万1000円×期間日数

第1章　民事執行制度の概要

(3)　換　価
ア　取立て

　債権差押命令は，債務者に対し債権の取立てその他の処分を禁止し，及び第三債務者に対し債務者への弁済を禁止する効力を有します（民執145Ⅰ）。しかし，差押債権者が差押命令を得ただけでは自己の債権の満足を得ることはできません。そこで，被差押債権を強制的に換価する方法として，金銭の支払を目的とする債権を差し押さえた債権者は，債務者に対して差押命令が送達された日から1週間を経過したときは，その債権を取り立てることができるとしています（民執155Ⅰ）。差押えと同時に取立機能が発生し，直ちに取立てに着手できるわけではありません。債務者には，差押命令に対する，執行抗告（83頁参照）の申立てが認められており（同145Ⅴ，10），その抗告期間が1週間とされています（同10Ⅱ）。ただ，執行抗告が申し立てられても，当然に差押命令の効力を停止するものではなく（同145Ⅳ），たとえ執行抗告の申立てがあっても，債権者の取立機能には何らの影響はありませんから，債務者に差押命令が送達された日から1週間経過すれば，債権者は取立行為をすることができることになります。そこで，債務者が債権者の取立行為を阻止しようとするならば，差押命令の執行の停止決定等（同10Ⅳ，39Ⅰ⑦・⑧，「Q17」参照）を得て，その裁判の正本を執行裁判所に提出しなければなりません。

　既に債権差押えの対象となっている被差押債権について，他の債権者の差押命令の申立てが禁止されているわけではないので，同じ被差押債権について差押命令が複数発令されることがあります。そして，差押命令が競合した場合で，差押債権者が一般債権者であるときは，相互に優先する地位がないので，差押命令を得た各債権者は取立てができず，執行裁判所による配当等の手続（民執166）によって自己の債権の満足を得ることになります。したがって，被差押債権の取立てができるのは，他に競合する差押債権者がいない場合に限られます。

　取立てにより第三債務者から支払がされた場合，支払を受けた限度で，支払のときに弁済されたものとみなされます（民執155Ⅱ）。

129

第Ⅰ編　各制度の概要

　差押債権者は，第三債務者から支払を受けたときは，直ちに，取立届を執行裁判所に提出しなければなりません（民執155Ⅲ）。

　第三債務者が取立てに対し任意に支払わない場合には，差押債権者は，取立権に基づき，第三債務者に対し，差し押さえた債権に係る給付の訴え（取立訴訟）を提起することができます（民執157）。

Ⓠ26　取立訴訟とは？

　Ⓐ　金銭債権を差し押さえた債権者は，取立権（民執155）を行使して，第三債務者から弁済を受けることができるが，第三債務者が任意に支払をしない場合に，差押債権者が第三債務者に対して，差し押さえた債権の支払又は供託を求める訴訟である。

　差押えが単発で競合する債権者がいない場合は，差押債権者が支払を命じる確定判決を得ることとなり，差押債権者は第三債務者の差押債権に対して強制執行をすることができる。差押えが競合する場合は，裁判所は，第三債務者に対して供託の方法により支払うべきことを命ずる判決が出されることとなる（民執157Ⅳ，Ⅴ）。なお，第三債務者がこの判決を受けたとして供託する場合であっても，供託の根拠法令は民事執行法156条2項であることに変わりはない（平成8年度全国供託課長会同決議・先例集(8)［40-3］276頁，民事月報52巻4号7頁（1997））。取立訴訟提起後，訴訟継続中であっても民事執行法156条の供託（後記イ(ア)及び(イ)参照）をすることができる。

イ　第三債務者の供託の概要

　差押えの効力は，第三債務者に差押命令が送達された時に生じ（民執145Ⅳ），第三債務者は，債務者に対して，当該差押債権を弁済することが禁止されることになります（弁済禁止効　同145Ⅰ）。

　しかし，差押債権者が取立権を行使しない限り（民執155Ⅰ），第三債務者は早期に自己の債務を消滅させることができず，履行遅滞などの不利益を被

第1章　民事執行制度の概要

ることになってしまいます。そこで，第三債務者のこのような不利益を回避
するため，民事執行法において，権利供託（同156Ⅰ）や義務供託（同156Ⅱ）
といった執行供託が認められています。

　　㋐　権利供託（301頁参照）

　民事執行法施行前の旧民事訴訟法においては，第三債務者が供託できるの
は債権者が競合した場合に限られており（旧民訴621Ⅰ。これは直接には配当
要求があった場合の規定ですが，差押え又は仮差押えの競合の場合も含まれると
解されていました。），差押えが単発の場合については何ら規定はなく，差押
えが競合するかのような外観がある場合に，例外的に供託の権利が認められ
ているにすぎませんでした（最高裁判決昭45.12.15民集24巻13号2043頁参照）。

　この点につき，民事執行法156条1項において，単発の差押えの場合にも
供託の権利を認め，また，債権の一部の差押えの場合でも債権全額の供託の
権利を認め，他人間の執行手続に巻き込まれた第三債務者の地位を保護する
ために，第三債務者の権利の供託を拡大しました。

　例えば，第三債務者に差押命令が送達された時（受け取った時）から，債
権差押えの効力が発生し，会社から従業員に対して支払われるときは給与の
うち，差押命令の及ぶ範囲の額については，従業員に支払うことが禁止され
ることになります。

　この結果，送達された差押命令が1通の場合には，第三債務者である会社
は，差し押さえられた範囲の給与の額を，差押債権者からの取立権の行使に
応じて支払うか，もしくは供託をすることになります。なお，差押えの効力
は，第三債務者に差押通知書が送達された時に生じますので，差押通知書が
送達される前に支払った給与には差押えの効力は及ばず，有効な履行となり
ます。

　以下は，権利供託の例とその根拠条文です。

①　単発の差押えの執行（民執156Ⅰ）

②　単発の仮差押えの執行（民保50Ⅴ，民執156Ⅰ）

③　2つ以上の差押え等がされたが，差押額の合計が金銭債権額以下であ
　　る場合（同156Ⅰ）

131

④　仮差押えの執行が競合した場合（民保50Ⅴ，民執156Ⅰ）
⑤　「滞納処分による差押え」と「強制執行による差押え」が競合した場合（「滞納処分による差押え」が先行）（滞調法20の6Ⅰ）
⑥　「滞納処分による差押え」と「仮差押え」が競合した場合（「滞納処分による差押え」と「仮差押え」の先後を問わない。）（滞調法20の6Ⅰ，20の9Ⅰ，36の12Ⅰ）

 民事執行法施行前の旧民事訴訟法における権利供託は，どのように取り扱われていたのか？

　　過去の先例においては，金銭債権が差し押さえられたとき，第三債務者は，債権者の受領不能として民法494条によって弁済供託をすることができるとされていたが（昭3.4.21民甲5137号回答・先例集［275］200頁，昭9.8.3民甲1059号回答・先例集［353］279頁），これらの先例は，いずれも，国が第三債務者として差押命令又は仮差押命令の送達を受けた事案に関するものであった。その後，先例は，単に第三債務者が差押命令又は仮差押命令の送達を受けただけでは受領不能にはならないとして，第三債務者が弁済供託をすることを否定するに至った（昭27.7.9民甲988号回答・先例集［537］530頁）。

　上記のように先例が変更された理由としては以下のことが考えられる。
　差押えによって，第三債務者は，債務者に対して，当該差押債権を弁済することが禁止されることになるが（弁済禁止効　民執145Ⅰ），前記イ「第三債務者の供託の概要」（130頁）で述べたように，弁済をしてもその効果を差押債権者に対して対抗できないという相対的な効力が生ずるにすぎず，第三債務者と債権者（執行債務者）との間では，当該弁済は依然有効と解されている。とすると，差押えの弁済禁止効が相対的なものにすぎないため，差押えが当該債権について，そもそも債権者の受領不能を来す理由にはならないことを一つの根拠にしていると考えられる。また，この場合に，第三債務者に債務の目的物たる金銭を供託させ

ても，供託金の上に差押えの効力を及ぼす根拠となる明文の規定がな
かったことも，実質的な理由としてあげることができる。

（以上，別冊ジュリスト「供託先例判例百選」26巻2号100頁（1990））

(イ)　義務供託（314頁参照）

　旧民事訴訟法においては，債権者が競合する場合に1人の債権者から要求
があったときに，初めて供託の義務が生じたのに対し（旧民訴621Ⅱ），民事
執行法156条2項においては，債権者が競合する場合につき，第三債務者は
無条件で供託の義務を負うものとして，第三債務者の手続への協力義務を強
化しました。

　民事執行法156条2項によって，第三債務者は，取立訴訟の訴状の送達を
受ける時までに，競合する差押命令，仮差押命令，又は配当要求があった旨
を記載した文書の送達を受けたときに，供託すべき義務を負うことになりま
す。もっとも，実体法上，被差押債権の弁済期が未到来の場合や，反対給付
と同時履行の関係にある場合には，供託義務は生じません。

　以下に義務供託の例とその根拠条文です。

①　2つ以上の差押え等が競合した場合（民執156Ⅱ）

②　差押えと仮差押えの執行が競合した場合（民保50Ⅴ，民執156Ⅱ）

③　単発の差押えに配当要求があった場合（民執156Ⅱ）

④　「強制執行による差押え」と「滞納処分による差押え」が競合した場
　合（「強制執行による差押え」が先行）（滞調法36の6Ⅰ）

⑤　平成16年3月31日までに申し立てられた差押えと同年4月1日以降に
　申し立てられた一般債権者からの差押えが競合した場合

　　ⅰ　競合しない部分も供託する場合（民執156Ⅰ・Ⅱ）

　　ⅱ　競合する部分のみ供託する場合（同156Ⅱ）

⑥　平成16年3月31日までに申し立てられた差押えと同年4月1日以降に
　申し立てられた扶養料債権者からの差押えが競合した場合

　　ⅰ　競合しない部分も供託する場合（民執156Ⅰ・Ⅱ）

　　ⅱ　競合する部分のみ供託する場合（同156Ⅱ）

⑦　平成16年4月1日以降に申し立てられた一般債権者からの差押えと扶養料債権者からの差押えが競合した場合
　ⅰ　競合しない部分も供託する場合（民執156Ⅰ・Ⅱ）
　ⅱ　競合する部分のみ供託する場合（同156Ⅱ）
⑧　平成16年3月31日までに申し立てられた差押えと平成16年4月1日以降に申し立てられた一般債権者からの差押え及び扶養料債権者からの差押えが競合した場合
　ⅰ　競合しない部分も供託する場合（民執156Ⅰ・Ⅱ）
　ⅱ　競合する部分のみ供託する場合（同156Ⅱ）

Q28　差押え等の競合とは？

(1) 差押え等の競合が生ずる場合

　差押え等の競合とは，金銭債権について，既に差押え又は仮差押えの執行がされている場合に，更に差押え又は仮差押えの執行がされ，各差押金額の合計額が被差押債権の額を超えている場合をいう。

　例えば，①被差押債権（200万円）につき，Aが120万円を差し押さえ，その後，Bが100万円を差し押さえた場合や，②被差押債権（200万円）につき，Aが200万円を差し押さえ，その後，Cが50万円を差し押さえた場合に競合が生じていることになる。したがって，差押え等の競合が生じているか否かは，（仮）差押金額の合計額と被差押債権額との関係によって決まることから，同一の債権者から異なる債権に基づく複数の差押え等がされた場合であっても，各（仮）差押金額の合計額が被差押債権の額を超える場合には競合が生ずることになる。

(2) 差押え等の競合が生ずる時期

　差押え等の競合が生ずる時期について，主な例を挙げると以下のようになる。

　ア　目的債権の存在との関係

第1章　民事執行制度の概要

　差押え又は仮差押えの執行の効力が生ずるには，その目的債権（被差押債権）が存在することが前提となる。例えば，差押えの執行時までに目的債権が消滅していれば，その差押え等の効力は生じないことになる。したがって，差押え又は仮差押えの競合が生ずるのは，この目的債権について，債権者に対する支払や供託がされるまでに，他の差押え又は仮差押えの執行がされた場合であるといえる。

　イ　配当要求の終期との関係

　差押え又は仮差押えの執行は，配当加入遮断効の生ずる配当要求の終期までにしないと配当要求としての効力（配当要求効）が生じないことから（民執165），それ以降にされた差押え又は仮差押えの執行は，先行の差押え等とは競合しないことになる。

　すなわち，後行の差押え又は仮差押えの執行には，配当要求としての効力があることから，競合が生ずるには，少なくとも配当要求の終期までに差押え又は仮差押えの執行がされ，その（仮）差押命令又は差押処分が第三債務者に送達されることにより，有効に差押えの効力が生じていることが必要となる（民執145Ⅳ。同167の5Ⅱにより差押処分に，民保50Ⅴにより仮差押えの執行に準用）。「配当要求の終期」の具体的な時期については，後記「Q31」を参照願います。

　なお，配当要求の終期までに，後行の差押え等の申立てをしたが，いまだ有効に差押え等の効力が生じてない場合であっても，先行差押えの手続に配当要求をすることは可能であるので，この後行差押え等の申立てを配当要求として取り扱うことができるかという問題がある。

　この点につき，後行差押えの申立てに配当要求効を認める見解もあるが（田中康久『新民事執行法の解説（増補改訂版）』311頁（金融財政事情研究会，1990），吉戒修一編著『供託制度をめぐる諸問題』〔竹田盛之輔〕438頁（テイハン，1991）），最高裁判所は，これを否定し，「債権の差押えの申立てをしただけでは，他の特定の差押事件において配当を求める意思が手続上明確になっているとはいえないのであるから，他の債権者の差押事件の配当要求の終期までに，右差押えに係る債権につき差押えの申立

135

第 I 編　各制度の概要

てをしたにすぎない債権者は，同法165条にいう差押えをした債権者にも配当要求をした債権者にも該当しないというべきである。」と判示している（最高裁判決平 5 . 3 . 30民集47巻 4 号3300頁）。

　ウ　目的債権の譲渡の関係

　同一債権について複数の差押えがされた場合でも，先行の差押え後に被差押債権の譲渡・弁済がなされ，その後に更に後行差押えがされたような場合には，先行の差押えによる処分制限の効力は当該先行差押債権者の申立てに基づく債権執行手続に対する関係のみで生ずることになるので（手続相対効），後行の差押えは，目的債権を欠くことになり，差押えの効力が生じないことになる。

　しかし，後行差押えは，債権譲渡後であっても，先行差押えの手続に配当要求することは可能であるので，後行差押えの申立てを先行差押えについての配当要求としての配当要求として取り扱うことができるかが問題となる（すなわち，この配当要求効が認められれば，差押えの競合を生ずることになる。）。

　この点については，上記イのとおり，肯定する見解もあるが，上記最高裁判例において否定されている。

Q29　なぜ，民事執行法156条 2 項において，供託義務の規定が設けられたのか？

A　旧民事訴訟法においては，金銭債権について差押えが競合し（旧民訴法上，債権の二重差押えを認める規定はなかったが，実務はこれを認め，後の差押えに配当要求効を認めて処理していた。）又は配当要求がされた場合の第三債務者の供託については，旧民事訴訟法612条で規定されていた。同条によれば，差押えが競合した場合（配当要求の場合も含む。）においては，第三債務者は供託の権利を有し，また，差押債権者又は配当要求債権者の請求があれば供託の義務を負うものとされていた。もっとも，具体的にどのような範囲で差押えが競合するのかは

136

必ずしも明確ではなく，また，どのような範囲で供託をすることができ，供託の義務を負うのかも明確ではなかった。

この点につき，例えば，YのAに対する金100万円の金銭債権のうち，Yの債権者Xが金50万円について，同じく甲が金60万円についてそれぞれ差押えをした事案について，当初の先例では，差押えが競合するのは金10万円の範囲であり，第三債務者の供託額も10万円に限られるとされていたが（大4.11.19民1753号法務局長回答・先例集［37］36頁），後の先例において，競合の生ずる範囲については特に触れることなく，第三債務者は100万円全額を供託することができるとした（昭52.4.28民四甲2589号・先例集(6)［41］135頁）。

ただし，全額の供託を認めるとしても，差押命令を発した裁判所が異なる場合，事情届（旧民訴621Ⅲ）を受けた執行裁判所（この裁判所も金100万円の債権の一部についてしか差押命令を発していない。）が，金100万円全額について配当等の実施をすることのできる根拠が明らかではないという問題点もあった。

また，旧民事訴訟法621条においては，差押えが競合した場合であっても，第三債務者は当然には供託義務を負うことはなかったので，第三債務者は，取立命令を得た差押債権者の取立請求に応じて弁済することができ，第三債務者は，これによって，すべての差押債権者に対する関係で免責を受けるとされていたが（最高裁判決昭40.7.9民集19巻5号1178頁），取立てをした差押債権者が，他の差押債権者に対して，配当として受けるべき金銭を任意に分配することが期待できない以上，この考え方は，平等主義の観点から問題視されていた。

そこで，民事執行法は，149条において，債権の一部が差し押さえられ，又は仮差押えの執行がされた場合において，その残余の部分を超えて差押命令又は仮差押命令が発せられたときの各差押え又は仮差押えの執行の効力は，その債権全額に及び，また，債権の全部が差し押さえられ，又は仮差押えの執行がされた場合において，その債権の一部について差押命令又は仮差押命令が発せられたときの各差押え又は仮差押えの

第Ⅰ編　各制度の概要

執行の効力も，その債権全額に及ぶこととして差押えの競合の範囲を明確にした。

　そして，156条2項において，差押えが競合して配当等を受けるべき債権者が2人以上いる場合には，第三債務者は当然に供託義務を負うことになり，差押債権者は，抜けがけをして，自分1人が取立てをすることができず，第三債務者も，差押債権者に対して支払ったからといって供託義務を免れることはできなくなったのである。

（以上，立花宣男監『実務解説　供託の知識167問』412～415頁（日本加除出版，2006））

　　㋒　事情届

　前記㋐又は㋑の供託をした第三債務者は，その事情を執行裁判所に届け出なければなりません（民執156Ⅲ，執行規則138）。

　事情届は最初に送達された差押命令書とともに同封されている書面で作成し，供託金を納めた後に供託書正本とともに，最初の差押命令を発した裁判所に提出します。これは，法務局で供託手続が終わっても，法務局から裁判所又は滞納処分庁への連絡は行いませんので，裁判所は第三債務者から事情届の提出がないと供託されたことを確認できず，差押債権者に対する配当手続も実施されないこととなります。また，滞納処分庁は第三債務者からの事情届の提出がないと，法務局に対する供託金の取立手続ができません。

　差し押さえられている給与について供託手続を行った都度，供託したことを裁判所等に届け出る必要があります。

　裁判所は，第三債務者から事情届が提出されると，事情届ごとに立件し，事件番号を付します。事情届による立件の事件番号は「リ」です。

事　　情　　届

1　　○○地方裁判所○○支部　　御　　中
　　　　　　平成　　年　　月　　日
　　　　　　　第三債務者　　　住所

第1章　民事執行制度の概要

		氏名　　　　　　　　　　　　　　　　　　　　　　㊞
		（電話）
		（担当者）
2 事件の表示	事件番号	○○地方裁判所　　平成　　年（　　）第　　　　　号
	当事者名	債権者　　　　　　　　　　　　　　　　　　外　　　名 債務者　　　　　　　　　　　　　　　　　　外　　　名
3	差押命令の送達日	平成　　　　年　　　　月　　　　　日
4	供託した金額	金　　　　　　　　　　　　　　　円　也
5	供託の日時	平成　　年　　月　　日　前/後　　時

6 供託の事由	供　託　所	法務局		
	供　託　番　号	平成　　年度　金第　　　　　号		
	上記に競合する差押命令，差押処分，仮差押命令，配当要求，滞納処分による差押えは下記のとおり			
	裁　判　所　名 事　件　番　号	債　権　者　名	命　令　送　達　日	請　求　債　権　額

Q30　給与債権に対して執行裁判所から差押命令が送達されたとき，どうしたらよいか？

A　第三債務者に差押命令が送達された時（受け取った時）から，債権差押えの効力が発生し，会社から従業員に対して支払われるときは給与のうち，差押命令の及ぶ範囲の額については，従業員に支払うことが禁止されることになる。この結果，送達された差押命令が1通の場合には，第三債務者である会社は，差し押さえられた範囲の給与の額を，差押債権者からの取立権の行使に応じて支払うか，もしくは民事執行法156条1項を法令条項として供託をすることになる。その際，

139

第 I 編　各制度の概要

差押禁止額に注意を要する（民執152，後記エ142頁参照）。

　さらに，新たな差押命令が送達されたときはどうすればよいか？

　これについては，以下のパターンが考えられる。

①　差押債権者に対して直接支払っていた場合

　差押が競合する範囲の額について，民事執行法156条2項を法令条項として供託しなければならない。なお，差押えの及ぶ範囲の額が異なり差押えが競合しない範囲の額がある場合には，差押えが競合しない範囲の額を引き続き差押債権者に直接支払うか，供託することもできる。

②　民事執行法156条1項を法令条項として供託手続をしていた場合

　供託書には新たに送達された差押命令の表示を追加し，差押えが競合する範囲の額について，民事執行法156条2項を法令条項として供託しなければならない。なお，差押えの及ぶ範囲の額が異なり差押えが競合しない範囲の額がある場合には，差押えが競合しない範囲の額を引き続き差押債権者に直接支払うか，供託することもできる。

③　民事執行法156条2項を法令条項として供託手続をしていた場合

　供託書には新たに送達された差押命令の表示を追加して供託しなければならない。

　では，供託後，差押命令が取り下げられたときはどうすればよいか。

①　複数の差押命令のうち一部の差押命令が取り下げられた場合

　それまで供託書に記載されていた差押命令の表示から，取り下げられた差押命令の表示を削除することとなる。差押命令の表示を削除した結果，残った差押命令が1通になるときは，「法令条項」欄の条文を「民事執行法第156条第1項」として供託することもできるし，供託せずに残った差押命令の差押債権者に直接支払うこともできる。

②　もともと1通の差押命令しか送達されておらず，その差押命令が取り下げられた場合

　従業員に支払われる給与等に対する差押命令はなくなるので，従業員に支払うことになる。

（以上，《パターン事例IV−3，IV−3①，IV−4》参照）

ウ　転付命令

(ア)　目　的

　転付命令とは，被差押債権（被転付債権）が金銭債権である場合，差押債権者（転付債権）の申立てにより，支払に代えて券面額で差し押さえられた金銭債権を差押債権者に転付する旨の転付命令を，決定により執行裁判所は発することができます（民執159 I）。これは，執行債権と被差押債権の目的の同質を基礎に代物弁済的決済を図る方法で，民事執行法上の基本理念である平等主義（差押え・執行参加の時の前後を問わず，配当にあずかる各債権者額に応じて按分の配当を与えるというもの）に背いて独占的に満足（ただし，第三債務者が無資力の場合，債権の回収が困難になるなどの危険負担は転付債権が負担する。）を得ようとするものです。そのため，第三債務者の資力に不安のない種類の債権（銀行預金債権，供託金取戻請求権など）に，転付命令は多用されます。

(イ)　要　件

①　有効な差押命令が存在すること

　転付命令の発令には有効な差押命令が存在することが必要ですが，先立って又は同時に差押命令の発令があれば足り，第三債務者への差押命令送達前でも，転付命令の申立て・発令を妨げるものではありません。ただし，強制執行手続の停止中は，転付命令を発令できません。

②　被転付債権が券面額を有すること（民執159 I）

　非金銭債権は転付命令の対象とはなりません。また，将来債権及び条件付債権も券面額はないとされ，転付命令の対象とはなりません（大審院判決大14. 7 .10民集 4 巻629頁，大審院判決昭12. 10. 18民集16巻1525頁，及び最高裁判決昭48. 2 . 2 民集27巻 1 号80頁）。金額が未確定の債権で，係争中の損害賠償請求権（札幌高裁判決昭55. 6 . 2 判タ421号112頁）は，転付命令の対象となりますが，委任者の受任者に対する委任前払費用返還請求権は，委任事務終了前は転付命令の対象とならないとしています（最高裁判決平18. 4 .14民集60巻 4 号1535頁）。

第Ⅰ編　各制度の概要

③　転付債権が譲渡可能であること

　法律上又は性質上譲渡が許されない債権（例えば一身専属権）は，原則，差押えができないから転付ができませんが，債務者・第三債務者間の譲渡禁止特約のある債権譲渡は，差押債権者の善意・悪意を問わず，転付命令により移転することができます（最高裁判決昭45.4.10民集24巻4号240頁）。また，転付命令を得ることが，民法509条の相殺規定を潜脱することになる場合は転付ができません。

④　転付債権について他に競合する債権者がいないこと（民執159Ⅲ）（山本和彦ほか編『新基本法コンメンタール　民事執行法』382頁〔渡部美由紀〕（日本評論社，2014））

　　㈡　効　力

　転付命令は，確定しなければその効力を生じないとされています（民執159Ⅴ）。旧民事訴訟法下では，債務者及び第三債務者に送達されることにより効力が生ずるとされていましたが（旧民訴601参照），民事執行法施行後においては，確定しなければその効力を生じないとされたものです。すなわち，転付命令の申立てに対しては，執行抗告（85頁参照）をすることが認められていますので（民執159Ⅳ・Ⅵ），その申立期間内に執行抗告の申立てがされなかったり，執行抗告の却下や取下げ等によって転付命令が確定した場合には，差押債権者の債権及び執行費用は，転付命令が第三債務者に送達された時に，その券面額をもって弁済されたものとみなされます（同160）。このことから，転付命令の効力は，確定の時にではなく，第三債務者への送達の時に遡って生ずるものと解されています。

　これは，あたかも被転付債権の債権者たる執行債務者が，第三債務者に対する債権を差押・転付命令を得た差押債権者に対して債権譲渡（415頁参照）をしたのと同一の効力を有するものであるといえます。したがって，転付命令が第三債務者へ送達された後に，いまだ転付命令が確定する前に他の債権者による差押えや配当要求があっても，転付命令が確定すれば，これらの他の差押えや配当要求によってその効力の発生は妨げられない（これらの差押え等は無視される。）と解されます。

第1章　民事執行制度の概要

　しかし，転付命令が第三債務者に送達される時までに，転付命令に係る債権について，他の債権者が差押えや仮差押えの執行若しくは滞納処分による差押えがされ競合するとき，又は配当要求をしたときは，他の債権者に優先する権利でない限り当該転付命令は，その効力は生じないとされています（民執159Ⅲ）。

　ただし，この場合において，仮に転付命令がその効力を生じなかったとしても，その前提となっている差押命令までも効力がなくなるというものではなく，差押命令が有効なものとして存する以上，転付命令を得た者は他の差押債権者と同様に執行裁判所の配当によって弁済を受けることになります（法務省民事局第四課職員編『供託実務相談』93・94頁（商事法務研究会，1990））。

　以下の事例で考えてみましょう。

パターン事例　Ⅳ－2

　蛯名さん（債務者）が，佐久間さん（第三債務者）に対して100万円の売買代金債権を有してましたが，大地信販会社からの借入は300万円にも膨らんでいました。この場合，差押債権者である大地信販会社が，蛯名さんが佐久間さんに有している売買代金債権に，差押・転付命令を申し立てた場合どのようになるのでしょうか。

解　説

　転付命令により，大地信販会社は売買代金債権を譲り受け，直接，佐久間さんに対して請求をすることが可能になる一方，蛯名さんは貸金債権のうちの券面額100万円については既に支払ったものとされます。よって，大地信販会社は佐久間さんに対して100万円の債権を取得し，蛯名さんに対しては200万円の債権のみが残り，100万円以上の請求をすることはできないことになります。特に注意が必要なのは，転付命令は，差押債権の券面額で債務者が弁済したことにするため，請求債権額以上の金額の債権の差押えはできない点にあります。

　例えば，債務者である蛯名さんに500万円の債権があった場合，300万円の請求債権のために蛯名さんの有する500万円につき差押・転付命令

143

第Ⅰ編　各制度の概要

を申し立てる場合，500万円全額の差し押さえはできず，そのうち，300万円についてのみ差押・転付命令を申し立てることになります。500万円全額につき転付命令がなされると，請求債権が300万円であるにもかかわらず，500万円を弁済したことになってしまうからです。

　また，差押債権については券面額が必要となるため，券面額のわからない将来の給料債権や将来の賃料債権の差押えはできないこととなります。

　転付命令による取立てについては，転付命令が債務者から転付債権者に移転するのは債権の法定譲渡であり，転付命令の確定によって転付債権は同一性を保って債務者から転付債権者に移転しますので，この取立てに第三債務者が応じないときは，転付債権者は給付訴訟を提起することになります。

　転付命令は一種の優先弁済効を有しますが，転付債権が存在する限り代物弁済されて執行債権は消滅しますから，第三債務者に資力がない場合や，回収が困難な場合等の危険は転付債権者が負担することになります。

　なお，転付命令の決定又は転付命令の申立てを却下する決定に対しては，執行抗告をすることができます（民執159Ⅳ）。

（転付命令と執行供託の関係については，353頁参照）

【差押命令による取立てと転付命令との比較表】

差押命令による取立て	転付命令
債務者への送達から1週間経過後取立て可能（民執155Ⅰ本文）	差押・転付命令確定後，送達時に遡って効力発生，転付権者に債権帰属，他の債権者を排除　→　支払請求可能
債権者は第三債務者が無資力であっても，債務者の他の財産から取立て可能であり，危険を負わない。	「支払に代えて」転付するものである（民執159Ⅰ）。から，債権者は第三債務者が無資力の場合，債務者に請求することができず，危険を負う。
特に制限はない。	債権を移転させるため，転付される債権は，譲渡可能な債権でなければならない。また，

144

	債権は一定の金額で表示されるものでなければならない（券面額：民執159Ⅰ，160）。
取立時までに他に競合する差押え，仮差押え執行若しくは滞納処分による差押え又は配当要求がある場合は取立て不可，配当等の手続で金銭の分配　→　供託義務発生（民執156Ⅱ）	第三債務者への送達時までに，他に競合する差押え，仮差押えの執行若しくは滞納処分による差押え又は配当要求がある場合は効力を生じない（民執159Ⅲ）。
執行を妨げる方法　→　執行停止又は執行取消文書の提出（民執39，40）	執行を妨げる方法　→　執行抗告（民執159Ⅳ）→　確定を遮断
執行抗告があっても，執行停止又は取消文書の提出がない限り，効力を妨げられない。	執行停止又は取消文書の提出があっても，執行抗告がない限り，確定を妨げることはできない。
債権取立権限のみ　→　取立後，裁判所への取立届が必要（民執155Ⅲ）	転付命令の効力発生により，債権は転付権者に帰属（民執160）

エ　特別換価

　差し押さえられた債権が，条件付若しくは期限付であるとき，又は反対給付に係ることその他の事由で取立てが困難（他人の優先権の目的たる債権，第三債務者が無資力・外国居住の場合など）であるときは，多くの場合前述した転付命令も不可又は不適当となることから，裁判所は差押債権者の申立てにより，以下の特別換価の命令を発することができます。

　　㋐　譲渡命令（東京地方裁判所民事執行センター実務研究会『民事執行の実務（下）』75～78頁（金融財政事情研究会，2012））

　譲渡命令は，差押債権等を執行裁判所が定めた価額で請求債権及び執行費用の支払に代えて差押債権者に譲渡する命令で，転付命令の債権の券面額で譲渡されるのに対し，譲渡命令は，券面額がないか，又はこれを券面額で転付するのが相当でない場合に，執行裁判所の定めた価格（差し押さえられた債権等の実質価格）で譲渡します。両者とも差押債権者が被差押債権をいわば代物弁済として取得して，独占的満足を得る点で共通しているため，譲渡命令には転付命令に関する規定（民執159Ⅱ・Ⅲ，160）が準用されています（同161Ⅵ）。電話加入権，ゴルフ会員権，株券未発行の株式，賃借権等がその代表例です。

　譲渡命令を発するには，差押債権者の申立てが必要です（民執161Ⅰ）。

裁判所は原則として，債務者の審尋が必要です（民執161Ⅱ）。また，特に規定にはありませんが，無剰余換価は許されないとしています。

　譲渡命令は確定が必要（民執161Ⅳ）であり，譲渡命令が確定すると，対象となった差押債権等が存在することを条件に，第三債務者への送達時に遡って効力を生じます。譲渡命令を発令しても，第三債務者に送達される前に他の債権者の差押え等があると，譲渡命令は効力を生じません（同161Ⅵ，159Ⅲ）。譲渡命令の効力が生じると，請求債権及び執行費用がその譲渡価額で弁済されたものとみなされ（同161Ⅵ，160），差押債権者は譲渡命令の対象になった差押債権等を取得します。差押債権等が担保権付であれば，その効力はその担保権にも及ぶので，執行裁判所の裁判所書記官は，差押債権者の申立てにより，抵当権等の移転登記，差押登記（同150）の抹消登記等を嘱託します（同164）。

　　　(イ)　売却命令

　売却命令とは，差し押さえられた債権又はその他の財産権の取立てに代えて，執行裁判所の定める方法により被差押債権の売却を執行官に命ずる命令です（民執161Ⅰ）。執行抗告することができる（同161Ⅲ）ため，転付命令や譲渡命令のように確定が必要です（同161Ⅳ）。申立て・債務者の審尋については，譲渡命令と同様です。

　債権を売却しても差押債権者に取り分がないなど，いわゆる無剰余の場合は，執行裁判所は売却命令を発してはならないし，執行官も債権を売却することはできません（執行規則141Ⅰ・Ⅱ）。

　売却手続終了後，執行官は第三債務者に対し確定日付のある証書によって譲渡通知をしなければなりません。また，売却代金と手続の調書を執行裁判所に提出（執行規則141Ⅳ）し，配当等の手続は裁判所において行われることとなります（同166Ⅰ②）。

　　　(ウ)　管理命令

　執行裁判所において管理人を選任して被差押債権の管理を命じ，その収益をもって執行債権の満足を得る命令です。実務上はほとんど利用されていないようです。

第1章　民事執行制度の概要

　この場合，管理人が取り立てた金銭の配当等については，不動産の強制管理に類似するため，その規定が多く準用されています（民執161Ⅵ，執行規則145）。

　譲渡命令と同じく，執行抗告の対象となり（民執161Ⅲ），確定しなければ効力を生じません（同161Ⅳ）。また，申立て・債務者の審尋についても，譲渡命令と同様です。

(4)　配当等の手続（104頁参照）

　不動産執行における配当手続の規定が，債権執行の配当等の手続にも準用されます（民執166→同84，85，88〜92）。配当異議の申出，配当異議訴え等について，強制競売の規定が準用されています（同142Ⅱ）。

ア　配当期日

　配当期日については，以下の①〜④のときから約1か月後を目安に期日を指定し，配当期日を開いて配当表に基づいて実施（民執84Ⅲ）されます。

①　管理命令による管理において民事執行法161条6項で準用する109条により管理人が執行裁判所に事情を届け出たとき（民執166Ⅰ本文）

②　民事執行法156条1項又は2項の供託がされた場合（同166Ⅰ①）

③　売却命令による売却がされた場合（同166Ⅰ②）

④　民事執行法163条2項により売得金が提出された場合（同166Ⅰ③）

イ　配当金及び弁済金の交付

　配当等手続は裁判所で行いますが，供託金の配当等は，供託所で行われます。供託所へ支払委託書を送付し，債権者には支払証明書を交付します（「Q66」参照）。受領は直接供託所に出向いて供託金払渡請求書等を提出し，小切手で受け取るか，又は郵送で同請求書等を送付し，口座に振り込んでもらうなどの方法があります。その際，裁判所から交付された支払証明書以外にも必要な書類があります（225頁参照）。

147

第Ⅰ編　各制度の概要

Q 31　債権執行における配当等を受けるべき債権者とは誰か？

A　債権執行における配当要求の終期は，被差押債権が執行債務者の支配できる一般財産から形式的に独立したと認められたときに，配当加入遮断効が発生し，原則，配当等が受けることができなくなる。

したがって，以下①〜⑤の時までに，差押え，仮差押えの執行，配当要求又は配当交付をした債権者が配当等を受けられる（民執165）。

①　第三債務者の民事執行法156条１項又は２項の供託をしたとき（民執165①）

第三債務者が供託をしたとき（民執156Ⅰ・Ⅱ），当該供託金は，配当等（同84Ⅲ）の原資として確定され，執行裁判所の管理下に入ることになることから，供託以降の配当要求はできないものとされた（最高裁判決　昭38.6.4民集17巻５号659頁参照）。

滞納調整法20条の６又は36条の６の供託についても，配当等の実施において，民事執行法156条１項・２項の供託とみなされ，供託により配当要求遮断効が生じる（滞調法20の７Ⅱ，36の９）。

②　取立訴訟の訴状が第三債務者に送達されたとき（民執165②）

取立訴訟（同157）の訴状が送達されただけでは，配当等の原資が確定するわけではないが，取立訴訟の判決確定時まで配当要求を許すと，申立債権者にとって著しく不利になることから，第三債務者の行為が介在する余地のない訴状送達時までとされている。なお，差押債権者が被差押債権を第三債務者から取り立てたとき（同155Ⅰ），弁済があったものとみなされ，以降の配当要求は空振りになる。

③　売却命令により執行官が売得金の交付を受けた時（同165③）

④　動産引渡請求権の差押えの場合，執行官が動産の引渡しを受けた時（同165④）

⑤　上記①〜④の時までに交付要求した租税官庁等

148

Q32 みなし交付要求とは？

 滞納処分による差押えをしただけでは，強制執行の手続において配当にあずかることはできないが，以下の国税等については，例外的に滞納処分による差押えのときに交付要求があったものとみなされ（滞調法36の10Ⅰ）配当を受けることができる。
① 強制執行による差押え後に滞納処分による差押えがされた場合
・配当期日又は弁済金交付の日までに滞納調整法36条の3第2項本文の規定により執行裁判所に滞納処分による差押えの通知をした国税等
・滞納調整法36条の6第1項の供託に伴う事情届に係る国税等
② 滞納処分による差押えが強制執行による差押えより先行する場合
・強制執行続行決定がされたときの滞納処分による差押えに係る国税等（滞調法20の8Ⅱ→36の3Ⅱ）

(5) **動産引渡請求権の差押え（東京地方裁判所民事執行センター実務研究会『民事執行の実務（下）（第3版）』151～155頁（金融財政事情研究会，2012））**

動産引渡請求権の差押えには，金銭債権執行として，債務者が第三債務者に対して有する動産引渡請求権を差し押さえるもの（民執143，163）と，金銭の支払を目的としない債務者に対して有する動産引渡請求権の債務名義の執行のためのもの（同169，170Ⅰ）とがあります。前者は，配当等のための換価手続がある点で後者と異なります。ここでいう「動産引渡請求権の差押え」は，前者の手続をいいます。

この動産引渡請求権に対する強制執行は，執行裁判所が執行機関として差押え，換価，配当の全段階を主催し，債権執行手続の例によるものとして完結するもので，執行官は執行裁判所の補助機関として売却手続を行うにすぎず，動産執行手続が途中で介在するものではないことに注意を要します。

第Ⅰ編　各制度の概要

ア　目的となる動産引渡請求権

動産引渡請求権の目的となるものは，占有のみの移転を目的とするもの（債務者の所有者に対する返還請求権等），所有者の移転を目的とするもの（売買目的商品の引渡請求権等）を問わず，また，債権的請求権（契約に基づく引渡請求権等）であると，物権的請求権（所有権に基づく返還請求権等）であることを問いません。ただし，第三債務者から引渡しを受けた動産が，債務者の責任財産となるものでなければなりません。

金銭債権執行として，債務者の所有する動産を差し押さえる際，第三者が占有している場合は，その第三者が執行官に対してその動産の提出を拒まないときに限り，動産に対する強制執行を行うことができます（民執124，123Ⅰ）。

ここにいう動産とは，民事執行法122条の動産執行の対象となる動産と同義であり，裏書禁止有価証券以外の有価証券，すなわち，株券，手形・小切手，国債等も含まれます。ただし，株券等の保管及び振替に関する法律により保管振替機関に預託された株券その他の有価証券については，規則に特別の定めがあり，預託株券等の共有持分に対する特別の強制執行として行われ（執行規則150の２以下）ますので，動産引渡請求権に対する執行の対象とはなりません。

第三者が提出を拒む場合は，執行官はその動産を差し押さえることができません。その場合は，差押債権者は占有している第三者を被告として取立訴訟（民執157）を提起し，その勝訴判決（執行官に対する動産引渡しを命じる判決）を債務名義として，執行官に対する動産引渡執行の申立てをすることになります（同169）。

イ　申立て及び差押え

動産の引渡請求権の差押えは，債権者の申立てにより，執行裁判所が差押命令を発令することで開始（民執143条）し，申立書においては，差押債権として差し押さえるべき動産引渡請求権に関し，その目的となっている動産及び当該引渡請求権を基礎づける原因関係について，他の動産引渡請求権と識別できる程度に特定して記載する必要があります。当事者のうち，第三債務

第1章　民事執行制度の概要

者は，動産の占有者であって，債務者に対して当該動産の引渡義務を負う者です。その他は，債権執行の申立てとほぼ同じです（120頁参照）。

　ウ　差押えの効力

　執行裁判所は動産引渡請求権の差押命令により動産引渡請求権を差し押さえ，債務者に対してその動産引渡請求権の処分を禁止し，第三債務者に対し債務者への当該動産の引渡しが禁止されます。

　差押えの効力は，差押命令が第三債務者に送達された時に生じます。動産引渡請求権の差押えは動産自体に対するものではなく，動産引渡請求権に対するものですから，動産引渡請求権の目的動産そのものに対しては効力が及びません。したがって，目的動産に他から動産執行としての差押えがあっても，引渡請求権の差押債権者は異議をいえず，債務者の権利を代位して第三者異議（81頁参照）を主張できるにすぎません。また，目的動産が存在しても，動産引渡請求権が存在しないときは，執行はその対象を欠き不能となります。さらに，債務者と第三債務者との間における，動産引渡請求権の発生原因たる法律関係の処分を禁止するものではないから，正当な原因がある以上，差押え後の事情の変更（売買契約の解除）等により引渡請求権が消滅することもあり得ます。

　動産引渡請求権の差押命令が，債務者に送達された日から1週間を経過したときは，差押債権者は第三債務者に対し，差押債権者の申立てを受けた執行官にその動産を引き渡すべきことを請求することができます（民執163Ⅰ）。

Q33 金銭債権執行としての動産引渡請求権の差押債権者が競合した場合はどうなるのか？

A 　二重差押え又は配当要求が可能なのは，差押命令に基づき執行官が第三債務者から動産の引渡しを受けたとき（民執163Ⅱ）あるいは取立訴訟（引渡請求訴訟）の訴状が第三債務者に送達された時までに（同165②・④），金銭債権執行としての動産引渡請求権の差押債権者が競合した場合，第三債務者はいずれの債権者の申立てを受けた執

151

第Ⅰ編　各制度の概要

行官に引き渡してもよい。

　不動産執行手続のように，差押債権者が競合した場合，登記登録から他の差押債権者の存在を知り得るが，この動産引渡請求権手続では，執行裁判所は差押債権者の競合を直ちには知り得ることができないので，差押債権者の競合を執行官の受領調書や第三債務者の陳述書などから把握して，後の配当に備え，特に事件簿や事件記録上に他の競合債権者の存在を明らかにしている。また，執行裁判所が異なる場合は，競合を知った執行裁判所は，他の裁判所に通知するなどして，相互に周知を図っている。

　なお，同一の引渡請求権について金銭債権執行としての差押命令と引渡請求権に基づく民事執行法170条による差押命令が競合する場合がある。この場合，まず，債権者が債務者の引渡請求権につき同条による差押命令を得た後は，他の債権者は債務者に対する金銭債権の執行として同引渡請求権を差し押さえることはできず，たとえ後者の差押命令が発せられたとしても，効力を生じない。同様に，先に金銭債権のための差押命令が発せられたときは，これを尊重し，後にされた同条による差押命令は効力を生じない。

（東京地方裁判所民事執行センター実務研究会『民事執行の実務（下）（第3版）』154・155頁（金融財政事情研究会，2012））

エ　換価方法

　金銭債権執行における換価手続は，原則として，差押債権者による金銭債権の取立て（民執155），あるいは第三債務者から供託がされた場合の配当等の実施（同156，166Ⅰ①），又は転付命令によって行われます（同159，160）が，差押え債権が条件・期限付などで，債権を取り立てることは困難である場合に，直ちに執行債権の満足を受けることができないには，特別な換価方法として，譲渡命令，売却命令，管理命令（145頁参照），その他相当な方法による換価を発することができるとしています（同161）。

　また，民事執行法は目的動産自体を換価して債権の満足に充てることを認

めました。

すなわち，差押債権者の第三債務者に対する権利として，執行官への動産引渡しの請求権を認め，執行官は引渡しを受けた動産を動産執行の売却手続（114頁参照）により売却し，債権の弁済に充てるためその売得金を執行裁判所に提出しなければならないこととしています（民執163Ⅱ）。

執行裁判所は，執行官から，動産の受領及び売却に要する費用の見込額，動産の受領に際して新たに判明した競合する差押え，保全処分の失効，滞納処分の内容の通知・報告を受けた上で，目的動産の評価額，優先債権額，手続費用及び配当等を受けるべき債権者の債権額等を考慮し，余剰を生ずる見込みがないと判断した場合には，執行官に対し，売却実施の留保を指示し（民執129，執行規則141），差押債権者に対し，差押命令の取下げを促します。それ以外の場合には，執行官は，動産執行の売却の手続により受領した目的動産を売却し（民執134，執行規則112～126），その売得金を執行裁判所に提出しなければなりません（民執163Ⅱ）。ただし，受領した数個の動産をすべて売却すると超過売却となるときには，超過となる部分の動産の売却を留保します（執行規則116Ⅱ）。

オ　執行裁判所による売得金の配当等

執行官は，動産執行の売却手続が終了したときは，売得金及び売却に係る調書を執行裁判所に提出します（民執163Ⅱ，執行規則145，141Ⅳ）。執行裁判所は，売得金の提出を受けると，配当等を実施します（民執166Ⅰ③）。

配当等を受けるべき債権者は，取立訴訟（この場合，引渡請求訴訟）の訴状が第三債務者に送達された時又は執行官が目的動産の引渡しを受けた時までに，差押え，仮差押えの執行又は配当要求をした債権者となります（民執165②・④）。

■ 3　少額訴訟債権執行 ■

(1)　意義・趣旨

少額訴訟は，訴訟の目的の価額が金60万円以下の金銭の支払請求を目的とする訴えについて，簡易裁判所において，原則として最初の口頭弁論の期日

第Ⅰ編　各制度の概要

で審理を完了し，直ちに判決を言い渡すという民事訴訟手続の特則たる制度
です（民訴368）。

これに見合った制度として少額訴訟に係る債務名義について，地方裁判所
での通常の金銭執行手続のほかに，少額訴訟が行われた簡易裁判所において
も金銭債権に対する強制執行（債権執行）を行うことができることとされた
ものです（民執167の２）。

(2)　手　続

差押債権者は，少額訴訟の判決等の債務名義（民執167の２Ⅰ各号）（確定判
決，仮執行宣言付判決，訴訟費用又は和解の費用の負担の額を定める裁判所書記
官の処分，和解又は認諾の調書，和解に代わる決定）に基づき，当該債務名義
を作成した簡易裁判所の裁判所書記官に対し，金銭債権に対する強制執行の
申立てをすることができます（民執167の２Ⅲ）。

少額訴訟の債権執行については，ほとんど，通常の債権執行の規定が準用
され（民執167の14），以下のような規定が適用されるので，基本的には，通
常の債権執行と変わりがありません。

①　差押えが一部競合した場合の効力（民執149）

②　差押禁止債権（同152）

この場合，民事執行法152条１項の「政令で定める額」についても，準用
されています（民事執行法施行令２Ⅰ）。

③　金銭債権の取立て（民執155）

④　第三債務者の供託（同156）

⑤　配当等を受けるべき債権者の範囲（同165）

ただし，「差押命令」が「差押処分」となり，差押禁止債権の範囲の変更
はできません（同153の不準用）。

執行機関は裁判所書記官であり，少額訴訟債権執行は裁判所書記官の差押
処分（事件番号符合は「少ル」）により開始します（民執167の２Ⅱ）。）。執行方
法としては債権執行のみが認められています。

差押処分が債務者に送達されてから１週間が経過したときは，差押債権者
は差し押さえた債権について第三債務者から取り立てることができます（民

執167の14，155Ⅰ）。

第三債務者が供託をした場合で配当をする必要がないときは，裁判所書記官が弁済金交付を行います（民執167の11Ⅲ）。

他方，転付命令等の方法による換価の申立てがあったときや配当手続が必要な場合には，執行裁判所（裁判所書記官が所属する簡易裁判所。民執167の3）は，その所在地を管轄する地方裁判所における債権執行手続に事件を移行させなければなりません（同167の10Ⅰ，167の11Ⅰ）。これらの場合には複雑な法律判断や利害関係者の調整等を必要とすることから，簡易迅速な少額訴訟債権執行手続にはなじまないと考えられたことによるものです。

▌ 4　その他の財産権に対する強制執行 ▌

民事執行法は，金銭債権のうち，不動産，船舶，動産及び債権に対する強制執行については格別に項目を設けて執行方法を定めていますが，これらに該当しない財産権に対する強制執行については，特に定めがないものについては，原則として債権執行の例による（民執167）とされています。

第5 担保権の実行としての競売等

▌ 1　不動産担保権の実行 ▌

競売による不動産担保権の実行をいい，不動産に対する強制執行でいう強制競売に対応するものです。不動産を目的とする担保権の実行の方法にも，担保不動産競売と担保不動産収益執行の2種類があります（民執180①・②）。

（1）　担保不動産競売の概要（《パターン事例Ⅰ−2》参照）

　ア　要　件

担保不動産競売の要件は，①担保権の存在（法定文書の存在）（民執181Ⅰ），②弁済期の到来です。債務名義は不要です。

　イ　担保権の承継

担保権の譲受人・相続人等の承継人が競売を申し立てる場合，又は所有権の譲受人・相続人等の承継人に対して競売を申し立てる場合，　前記アの書

155

第Ⅰ編　各制度の概要

面のほかに承継を証する書面を提出しなければなりません（民執181Ⅲ）。

承継を証する書面，

①　一般承継（相続）

　公文書・私文書を問わない。戸籍謄本・遺産分割協議書

②　特定承継（譲渡・転付命令）

　公文書に限る。抵当権付債権の譲渡契約公正証書・転付命令

承継執行文は不要です。担保権実行のための競売では，一般に執行文という制度はとられておらず，承継人に該当するか否かの審査が，裁判所書記官や公証人ではなく，執行開始の要件として執行裁判所に行わせるためです。

ウ　二重開始決定

担保権の実行でも二重開始決定が可とされ，原則的に強制競売の規定が準用されます（民執188，47Ⅰ）。

⑵　**担保不動産競売の手続**

ア　**代金納付による不動産取得**（民執184）

競売制度の安定を目的とするため，担保権が不存在又は消滅していても，買受人の権利取得は妨げられません。これは，所有者には手続阻止の機会として，実体上の理由に基づく執行異議を簡易な手続で担保権の存否を争うことを認め（民執182），開始文書に対応する反対文書を法定して手続の取消しを容易にできるようにする（同183）といった所有者に一定の手続保障を置いたためです。

イ　**担保不動産競売の開始決定前の保全処分**（民執187）

執行裁判所は，担保不動産競売の開始決定前であっても，債務者又は不動産の占有者が価格減少行為をする場合に，特に必要があるときは，担保不動産競売を申し立てようとする者の申立てにより，売却のための保全処分とほぼ同様の行為命令・執行官保管命令・公示保全命令を命じることができます（民執187Ⅰ）。同申立人が保全処分の決定の告知から3か月以内に競売申立てを証する文書を提出しないときには，保全処分の相手方又は所有者の申立てにより，保全処分は取り消されます（同187Ⅳ）。

156

第1章　民事執行制度の概要

① 申立人　→　担保権実行者（抵当権者等）

② 時期　→　競売開始決定がされる前から代金納付までの間

③ 対象

　i　不動産の価格減少行為

　ii　そのおそれがある行為

④ 処置　→　民事執行法55条1項各号の保全処分又は公示保全処分

⑶ **不服申立て等**

　ア　開始決定に対する執行異議（民執182）

　実体上の異議（担保権の不存在・消滅）を主張するには，執行異議（88頁参照）によります。

　請求異議の訴えではありません。

　民事執行法181条1項1号から4号までの書面は，債務名義に比べれば信用性は低いので，その分，異議申立てについても請求異議の訴えより簡易な執行異議を認めました。

　被担保債権の履行期の未到来（期限の未到来・停止条件の未成就等）又は承継の不存在等も主張できます。

　イ　担保権の実行の第三者異議の訴え

　担保権の実行にも第三者異議の訴え（81頁参照）は可能です。第三者所有の不動産に対する不当執行を排除するための救済は，強制競売でも担保権の実行でも異ならないからです。

　ウ　強制執行停止文書

　民事執行法183条1項3号の担保権の実行をしない旨，その実行の申立てを取下げる旨又は債権者が担保権によって担保される債権の弁済を受け又はその債権の弁済の猶予をした旨を記載した文書は，裁判上の和解調書等の公文書でなければなりません。

　弁済受領又は弁済猶予等の内容を持つ単なる私文書は，ここでの執行停止文書になりません。弁済受領の私文書を有する債務者又は所有者は担保権の実行の手続開始決定に対する執行異議（民執182）により，担保権の消滅という実体的瑕疵を主張すればよく，弁済猶予の私文書を有する債務者又は所

157

第Ⅰ編　各制度の概要

有者も同様に執行異議（同182）により，弁済期未到来という実体的瑕疵を主張すればよいからです。

担保権の登記抹消に関する登記事項証明書が提出された場合，担保権実行手続は停止されます（民執183Ⅰ④）。担保権の登記の登記事項証明書は，実行の手続においては手続開始文書とされている（同181Ⅰ③）こととの対応上，当該抹消登記の登記事項証明書は，担保権不存在を証する法定証拠として，手続停止文書とされたものです。

⑷　担保不動産収益執行

担保不動産収益執行は，不動産から生ずる収益を被担保債権の弁済に充てる方法による不動産担保権の実行をいい，強制管理に対応するものです。平成15年の民法改正により，強制管理類似の手続として，担保不動産収益執行制度が認められました。手続的には，強制管理と同様の手続となります。

この制度は，賃料等の収益が継続的に見込まれる大規模なテナントビル等は，売却に時間がかかってしまうため，実務上は，賃料に対する物上代位による賃料の差押えが定着していたため，民法改正に合わせて設けられたものです。

担保権者は，担保不動産競売と担保不動産収益執行のいずれか又は双方を選択して申し立てることができます。実務における担保権の実行の「担保権」は，そのほとんどが抵当権（根抵当権）です。

① 　担保不動産の競売によるか不動産収益執行によるかは，債権者の選択（民執180）

② 　手続は，不動産の強制管理と同じ（同188）

③ 　執行抗告（85頁参照）可

▌ 2　準不動産競売 ▐

船舶を目的とする担保権の実行としての競売は，船舶執行の規定（民執112）及び担保不動産競売の規定が準用されます（同189，執行規則174Ⅴ）。

航空機の担保競売は航空機に対する強制執行の規定，既登録自動車・既登記建設機械の担保競売は自動車・建設機械に対する強制執行の規定と，船舶

158

第1章　民事執行制度の概要

競売の規定の例により，船舶担保執行の規定及び担保不動産競売の規定が準用されます。

■ 3　動産競売 ■

(1)　動産競売の概要

平成15年法律第134号の改正により，目的動産の任意提出などがない場合であっても，執行裁判所の許可がされることにより動産競売を開始することができることとし，その場合には執行官が目的動産の捜索を行うことができるとこととしました（民執190Ⅰ③・Ⅱ，192，123Ⅱ）。動産競売には動産執行に関する規定が原則として準用されます。

(2)　申立権者

一般先取特権，動産先取特権等の担保権（動産質権：民352）を有する債権者です。

(3)　要　件（民執190Ⅰ）

① 　債権者が執行官に対し目的動産を任意に提出したとき（民執190Ⅰ①）

② 　債権者が執行官に対し「目的動産の占有者が差押えを承諾したことを証する文書」を提出したとき（同190Ⅰ②）

③ 　債権者が，担保権の存在を証する文書を執行裁判所に提出して申立て，執行裁判所がその担保権についての動産競売の開始を許可した上で，債権者が執行官に許可の決定書の謄本を提出し，民事執行法123条2項の捜索に先立って又はこれと同時に動産競売開始許可決定が債務者に送達されたとき（同190Ⅰ③）

(4)　不服申立方法

前記(3)①②について　→　実体上の事由を理由とする執行異議

③について　→　執行抗告

この場合は，債務者の居住等への強制立入り又は強制捜査等が行われるという重大な効果を伴うので，手続保障として執行抗告を認めたものです。

159

第Ⅰ編　各制度の概要

4　債権及びその他の財産権についての担保権の実行

　債権及びその他の財産権に対する担保権の実行又は物上代位権の行使については，原則として，債権執行の規定が準用されます（民執193）。

　債権及びその他の財産権についての担保権の実行は，債権執行に相当するもので，債務者が第三債務者に対して有する被担保不動産又は動産について生じた債権を差し押さえる手続です。つまり，「金銭」の回収を目的とし，「債務者が担保権に係る物件についての第三債務者に対して有する金銭債権」を換価して，債務の弁済に充てる手続で，手続的には通常の債権執行と同じように進みます。

　担保権の存在を証する文書が提出された場合に開始されます（民執193Ⅰ前段）。権利の移転について登記等を要するその他の財産権の場合には，不動産担保権の実行の場合と同様の文書が必要です（同193Ⅰ前段括弧書）。また，物上代位権の行使についても同様です（同193Ⅰ後段）。

　例えば，債権者が債務者に対し500万円の債権を担保するため債務者所有の家屋に抵当権を設定したとします。債務者は，債権者に500万円の返済をしないまま，同家屋を賃借人に貸し，毎月10万円の賃料を得ているとします。この場合，債権者はこの賃料債権（月額10万円）を差し押さえ，500万円の返済として充当することができます。通常の債権執行と担保権の実行としての債権執行の関係は，ちょうど，強制競売と担保不動産競売との関係に似ています。担保権の実行としての債権執行の場合も，担保不動産競売と同じく，債務名義は不要です。判決などの債務名義を得ることなく，担保権の存在を証明する書面（不動産登記事項証明書等）の提出のみで，債権を差し押さえることができます。

160

第2章
民事保全制度の概要

第1 民事保全とは

　債権者が，民事の本案訴訟において得た権利を実現すべく，あらかじめその権利を保全するために取られる仮救済の手段です。つまり，債権者が債権の回収を行うためには強制執行をする必要があり，そのためには，訴えを提起し，確定判決等により債務名義を取得する必要があり一定の期間がかかります。その間に債務者が自己の責任財産を処分してしまうと債務名義を取得しても強制執行が事実上できないこととなってしまいます。債務名義の取得が無意味なものとならないための措置を講じることが民事保全の主要な役割ということになります。

　例えば，金銭給付訴訟では，訴訟継続中に債務者が自己の責任財産を隠匿したり，第三者に処分してしまうなどのおそれがあります。このような事態を防止するために，暫定的に現状の維持その他必要な措置を，裁判所の決定の下に行う手続です。

　民事保全手続に関しては，民事訴訟法の規定が準用されます（民保7）。

第2 民事保全手続の特色

1 迅速性

　民事保全は，債務名義を取得するのに一定の時間がかかるため必要とされたものであることから，民事保全手続には，迅速性が要求されています。

　保全命令手続の発令段階では，原則として債務者審尋を経ないで決定手続が取られ（民保3），発令の審査も疎明で足り（同13Ⅱ），保全執行手続では，原則として執行文の付与は不要（同43Ⅰ）とし，執行期間は2週間（同43Ⅱ）

161

第Ⅰ編　各制度の概要

の制限を設け，債務者に対する保全命令の送達前であっても執行することができます（同43Ⅲ）。

【 2　密行性 】

保全命令の申立てが債務者に知れると，執行前に責任財産の隠匿などがされ，保全命令の意味がなくなるおそれがあります。保全執行が終わるまで，債務者に対して秘密裡に行う必要があります。

保全命令手続では，原則として債務者審尋を行わないし，債務者に対する保全命令の送達があるまでは，債権者以外の者に対する閲覧を認めていません（民保5ただし書）。また，債務者に対する決定正本の送達は，執行終了後に発送するのが通常となっています（同43Ⅲ）。

【 3　暫定性 】

民事保全手続は，暫定的，仮定的なものにすぎません。権利関係の終局的な確定までのものであり，債権者が終局的に満足を得られるかどうかは，本案の判断によって決められることとなります。

【 4　付随性 】

民事保全手続は，権利関係の終局的な確定までのものであり，本案の権利の確定やその訴訟手続に付随します。

したがって，保全命令手続の管轄裁判所は本案の管轄裁判所又は仮に差し押えるべき物若しくは係争物の所在地を管轄する地方裁判所（民保12Ⅰ）とし，本案の訴訟が提起されないときは，保全命令は取り消されることになります（同37）。

第3　民事保全の種類

民事保全の種類は，以下の図のとおりその目的と方法によって，仮差押えと仮処分とがあり，このうち仮差押えは，金銭に対してのものであり，仮処

分は金銭以外のものです。仮処分はさらに，係争物に関する仮処分と仮の地位を定める仮処分に分かれます（民保1）。

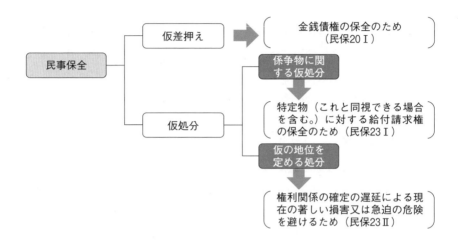

1 仮差押え

　仮差押えは，金銭債権者がその将来の強制執行を保全するために，債務者の責任財産を仮に差し押さえてその処分権を奪うことと，債務者の財産の現状を維持し，不当に散逸することを防ぐ趣旨から，迅速な手続によって仮差押えがされます。

　仮差押えの要件としては，金銭の支払を目的とする請求で，すぐに，仮差押えをしなければ将来の強制執行をすることができなくなるおそれがあり，又は強制執行をするのに著しい困難を生じるおそれがあることが必要で，仮差押えの被保全権利は金銭債権に限られます（民保20Ⅰ）。民事訴訟手続によって訴求できる金銭債権ということになります。民事訴訟手続で訴求し得ないものについては，特殊保全手続（「Q34」参照）によることになります。

　金銭債権であれば発生原因を問わず，不法行為や債務不履行に基づく損害賠償請求権や売買代金債権，請負代金債権，貸金債権など財産上の請求はもちろん，財産分与請求権や扶養請求権としての金銭債権も含まれます。

　また，仮差押えは，将来の強制執行を保全するためのものですから，支払期限が到来していない金銭債権（将来債権）を保全する場合でも発すること

第Ⅰ編　各制度の概要

ができ，条件付の債権，期限付の債権を被保全債権とすることもできます（民保20Ⅱ）。なお，非金銭債権のための保全措置は仮処分になります。

　仮差押えしようとする財産が不動産を対象とするものを不動産仮差押え，動産を対象とするものを動産仮差押え，債権を対象とするものを債権仮差押えといいます。動産については，差押禁止財産の関係や高価換金が難しいことからあまり利用されておらず，不動産，債権に対するものが多いようです。

　不動産仮差押えの場合について，次の事例で見てみましょう。

パターン事例　Ⅰ－1．①

　金3000万円の借金を返済しない青空さんには，所有する土地（以下「甲土地」という。）のみで他に財産がない場合，海山銀行は当然に金3000万円を回収するために，貸金返還請求を提起し確定判決を経て，この甲土地に対して強制執行の手続で差押え，強制競売により金3000万円の配当を受けようと考えました。しかし，確定判決前に，青空さんがこの甲土地を第三者（山川さん）へ譲渡する可能性があります。

　海山銀行は，これを防ぐにはどうすればよいでしょうか。

解説

　確定判決前（口頭弁論終結時前）に，青空さんがこの甲土地を山川さん（第三者）へ譲渡し，移転登記も済ませてしまった場合，海山銀行は，青空さんと山川さんの間の譲渡が海山銀行を害するものとして，山川さんに対して詐害行為取消しの訴え（民424）を提起することとなります。そして，勝訴判決を得られれば，山川さん名義の甲土地の登記を青空さん名義に戻した上で，青空さんに対する確定判決をもって，その甲土地を差し押さえることができることとなります。

　しかし，山川さんが海山銀行を害することについて善意であった場合，海山銀行が詐害行為取消しの訴えを提起しても，敗訴する可能性もあります。また，山川さんが第三者へ更に譲渡や売買をすることも考えられます。結局，海山銀行は青空さんに対する勝訴の確定判決を受けても，海山銀行は，既に青空さんの所有でない土地を差し押さえることはでき

164

第2章 民事保全制度の概要

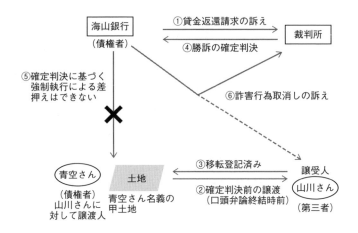

なくなってしまいます。

そこで、海山銀行は、青空さんに対する訴訟を提起する前に（訴訟後でも可）、仮差押えという民事保全の措置により、山川さんへの移転登記に対抗することができます。

裁判所からこの仮差押命令が発せられると（民保20Ⅰ）、仮差押命令を発した裁判所が執行裁判所となり（民保47Ⅱ）、青空さん所有のその土地に対して、裁判所書記官の嘱託により仮差押えの登記がされます（民保47Ⅲ、不登法16）。その後、海山銀行が青空さんに対する勝訴の確定判決を受けると、仮差押え後に青空さんが山川さんへ譲渡し登記を済ませたとしても、その登記は、仮差押えの登記に対抗できず効力を失います（民保59Ⅱ）。したがって、たとえ、確定判決が出る前に青空さんが山川さんに甲土地を売却し、所有権移転登記を済ませたとしても、仮差押登記には対抗できないことになります。

165

Q 34　特殊保全とはどういうものか？

　民事保全は，一般の民事事件，商事事件（非訟事件手続法の対象は除く。），特許事件（審決取消訴訟は除く。），労働事件，人事訴訟事件（人事訴訟法に定める特例以外は民事訴訟法の適用がある。）を民事訴訟の本案とし，その権利又は権利関係を保全する仮差押え及び仮処分を対象とするものである。

　これに対して，特殊保全とは，民事保全法の適用を受けない保全処分である。

　例えば，破産法28条による保全処分，会社更生法40条による保全処分，民事執行法55条「売却のための保全処分」（101頁参照）及び77条による「買受人等のための保全処分」（102頁参照），同法68条の2による「買受けの申出をした差押債権者のための保全処分」（103頁参照），同法187条による「担保不動産競売の開始決定前の保全処分」（156頁参照），家事事件105条による審判開始前の保全処分，不動産登記法108条による仮登記仮処分などの特別に定められている保全処分をいう。

　特殊保全が認められている場合には，原則として民事保全は認められない。また，民事保全に民事保全法が適用されるが，特殊保全に対しては，原則，民事保全法の適用はない。

（東京地裁保全研究会『民事保全の実務（上）』7頁（金融財政事情研究会，2005））

2　仮処分

(1)　係争物に関する仮処分

　債務者に対して特定物についての給付請求権を有する者が，その目的物の将来の強制執行を保全するために，その係争物に関する権利関係や占有の状況等の変更を制限し，現状を維持するために命ずる仮処分です（民保23Ⅰ）。将来の強制執行を確実にするためのものである点で仮差押えと共通の性質を

有します。

　仮処分の対象となる係争物とは，当事者間で争いのある物又は権利をいいます。不動産，動産のような有体物はもちろん，債権，知的財産権等の権利も含まれます。

　金銭は，仮差押えの対象となるので，仮処分の対象とはなりません。しかし，個性が着目される場合のような特定物，古銭や特定の記番号の紙幣等は，係争物となります。

　係争物に関する仮処分は，処分禁止の仮処分と占有移転禁止の仮処分の2種類があります。

　　ア　処分禁止の仮処分

　例えば，不動産を買ったのに売主が所有権移転登記に協力してくれない場合には，買主は，所有権又は売買契約に基づき，売主に対して，当該不動産の処分の禁止を求めることができます（不動産に関する登記請求権保全のための処分禁止の仮処分）。

　これは売主が他の者に，売却をすることを禁止し，買主の所有権移転登記手続請求権を保全するために行うものです。

　ただし，買主が既に売買契約を解除している場合には，登記移転や引渡しを求めることはできないから，損害賠償請求権という金銭債権を被保全権利として，仮差押えをすることとなります。

　また，自分の所有する不動産の登記が他人名義になっているため，抹消登記を求める訴訟を提起する場合に，相手方（債務者）が訴訟係属中に第三者に移転登記をさせないようにするなど，所有権に関する登記請求権を保全するために不動産の処分を禁止するための仮処分をいいます（後記《パターン事例I-4.②》参照）。

　その他，建物収去土地明渡請求権を保全するために，建物を所有することで係争地を占有する者に対して，建物についての処分を禁止する仮処分（民保55 I），また，地上権，抵当権といった所有権以外の権利の登記請求権を保全するために，登記名義人に対して不動産についての処分を禁止するものがあります。

第 I 編　各制度の概要

パターン事例　I－4.　②

　青空さんの所有している土地（以下「甲土地」という。）と思っていた
ものは，実は山川さん所有の土地で，土地を管理している不動産会社が
委任状等を偽造し，山川さんに無断で青空さんに売却し，青空さん名義
に所有権移転登記がされたものでした。そこで，山川さんが，青空さん
に対して所有権抹消登記の請求の訴えを起こそうと考えていました。し
かし，青空さんが，その土地を確定判決前に，第三者に譲渡して所有権
移転登記をするのを防ぐには，どうすればよいでしょうか？

解　説

　山川さんの訴訟の確定判決が出る前（訴訟においては口頭弁論終結時前
となる。）に，青空さんが，その土地について第三者へ譲渡し，所有権
移転登記をしていた場合，山川さんは青空さんに対する勝訴の確定判決
を受けても，第三者への登記を抹消することができないこととなります。

　第三者に対する承継執行文の利用はどうかというと，承継執行文が付
与されるには，基準時後の承継人でなければならない（民保27 II，23 I
③）としていますから，口頭弁論終結時前（以下「基準時前」という。）
の承継人の第三者には承継執行文は使えないことになります。

　この場合，山川さんは基準時前に第三者にも訴訟を引受けさせる手続
（民訴50）を行う必要がありますが，それでは山川さんは常に登記名義
の変更の有無を確認しなければならず，山川さんが気がつかないまま口
頭弁論が終結して確定判決を受けてしまうことになると，山川さんは，
改めて第三者に対して，青空さんと第三者との所有権移転の抹消登記請
求の訴えを起こさなければならないこととなります。しかし，また，訴
訟中に更に他の者へ移転してしまうかもしれません。そこで，山川さん
は青空さんに対する抹消登記請求の訴え提起前に，登記請求権保全のた
めの処分禁止の仮処分という民事保全の措置を執ることとなります。

　裁判所から仮処分命令（民保23 I）がされ，裁判所書記官から甲土地
に処分禁止の仮処分登記の嘱託（同53）がされます。これにより，山川

168

さんは勝訴判決が確定するまで，甲土地の現状維持を図ることができることとなります。

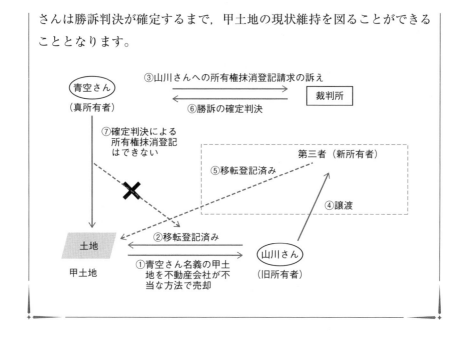

イ　占有移転禁止の仮処分

　占有移転禁止の仮処分は，債権者の債務者に対する引渡請求権の実現を確保するために行うものです（民保62）。

　例えば，債務者が係争物の占有を第三者に移転することを禁止するため建物賃貸借契約が終了したのに，借主に対し不動産の明渡しを求める訴訟を提起する場合に，債務者が訴訟係属中に第三者に住まわせるなど占有を移してしまい，明渡しの強制執行ができなくなるおそれがあるとき，占有の移転を禁止するために行うものです。

　処分禁止の仮処分は，所有権や抵当権などの権利の譲渡や新たな設定など，権利の変更を禁止するものに対して，占有移転禁止の仮処分は現にある物の状態の変更を禁止するものということができます。

　次の事例で考えてみます。

第Ⅰ編　各制度の概要

パターン事例　Ⅱ-2.　①

　《パターン事例Ⅱ-2》のように，民事訴訟の基準時前に，等々力さんが，その建物の使用を第三者の多治見さんに勝手に譲ってしまう場合が考えられますが，多治見さんへの建物の占有を防ぐには，金田さんはどうすればよいのでしょうか。

解 説

　基準時前に，等々力さんがその建物の使用を第三者である多治見さんに勝手に譲っていて，その建物を占有していた場合，金田さんは，等々力さんに対する勝訴の確定判決を受けても，多治見さんに対して建物明渡しの強制執行をすることができないことになります。判決の効力は，等々力さんに対してはその効力を及ぼしますが，民事訴訟法115条1項は，確定判決は①当事者，②当事者が他人のために原告又は被告となった場合のその他の人，③口頭弁論終結後の承継人，又は④その者のために請求の目的物を所持する者に対してその効力を有するとしています。したがって，多治見さんのように判決前の賃借人に対しては効力が及ばないことになります。多治見さんに対して別に訴訟を提起する必要があります。また，第三者に対する承継執行文の利用（民保27Ⅱ，23Ⅰ③）については，前記アの《パターン事例Ⅰ-4.　②》の場合と同様，「義務承継人の訴訟引受け」（民訴50）が必要となります。

　そこで，第三者への占有移転の対応策として，金田さんは等々力さんに対する建物明渡請求の訴え前（第三者への占有時前であれば訴え後でも可）に，占有移転禁止の仮処分という民事保全の措置を執ることができます。これにより，基準時前に，等々力さんが，その建物の使用を第三者に勝手に譲ってしまったとしても，そのまま訴訟を継続して勝訴判決が確定すれば強制執行ができ，強制的に第三者を排除することができるということになります。

170

第2章　民事保全制度の概要

Q35　相手方を特定しないで仮処分はできるのか？

A　平成15年法律第134号（15頁参照）により，占有移転禁止の仮処分命令であって，係争物が不動産であるものについては，その執行前に債務者を特定することを困難とする特別の事情があるときは，裁判所は，債務者を特定しないで，これを発することができるようになった（民保25の2Ⅰ）。

ただし，執行官は，占有を解く際にその占有者を特定することができない場合は，執行することができない（同54の2）。

なお，裁判所の決定を得るため担保を立てなければならないときは，供託する方法によることができる（同14，4，民執55Ⅳ，68の2Ⅰ，77Ⅱ，187Ⅴ，15Ⅰ，平16．3．19民商782号・先例集(8)〔79〕487頁，**巻末供託記載例6参照**）。

(2) 仮の地位を定める仮処分

債権者と債務者との間の権利関係に争いがあるため，債権者に著しい損害又は急迫の危険が生じるおそれがある場合に，民事訴訟手続による解決が図られるまでの間，債権者を保護するためになされる仮処分です。物の現状を維持するだけでは争われている権利を保全したことにはならないような種類の権利などに，その権利があるものと仮定してそれに応じた行為を命じ，又は法律関係を形成するものです。

仮差押えや係争物に関する仮処分との大きな違いは，保全の必要性の内容において，前者は債務者側の行為により強制執行が困難になることを防止する（民保20Ⅰ，23Ⅰ）ためのものであるのに対して，後者では債権者に著しい損害又は急迫の危険を回避するという債権者側の事情を重視しているものです。しかし，仮の地位を定める仮処分が発せられると，債務者に与える影響も大きく，甚大な被害につながることが多いことから，さし迫った事情がなければ許されず，原則として，債務者が立ち会う口頭弁論又は審尋を経る

第Ⅰ編　各制度の概要

ことが必要とされています（民保23Ⅱ）。

　例えば，従業員が勤めていた会社から理由もなく解雇されたので，当該会社を被告として，現在も従業員であることの確認と雇用契約上の賃金の支払を訴求しようとしていたが，賃金の支払が受けられず，生活に困窮していた場合，当該従業員は，会社に対して，前述の訴えを提起する前に，雇用契約上の賃金支払請求権に基づき，仮の地位を定める仮処分の申立てができ，この申立てを裁判所が民事保全法23条2項の「争いがある権利関係について債権者に生ずる著しい損害又は急迫の危険」に当たると認められると，当該従業員は，この仮の地位を定める仮処分を裁判所に発してもらうことができます。この仮処分命令が発せられると，賃金を支払えという給付を命じる部分（民保24）は，債務名義とみなされるので（民保52Ⅱ），会社が賃金を支払わない場合には，従業員は仮処分だけで，会社に対して強制執行をすることができることになります。

　この仮処分は，金員仮払の仮処分といい，同様なものとしては，交通事故による損害賠償金の仮の支払を命じる仮処分があります。

　そのほか，仮処分が用いられた例として以下があります。

　①　不動産明渡断行の仮処分

　民事訴訟での勝訴判決を待たず，土地所有者が不法占拠者に対して，所有権に基づいて，不動産等の仮の引渡し（明渡し）を命じる仮処分（建物明渡断行の仮処分，建物収去土地明渡断行の仮処分）

　②　不作為を命じる仮処分

　隣接地に建物が建築されると日照が阻害されるとして人格権に基づきその建築続行禁止を求める建築工事禁止の仮処分，建築物への立入禁止を命じる仮処分，通行妨害禁止の仮処分，出版禁止の仮処分，街頭宣伝活動禁止の仮処分，ストーカー行為禁止の仮処分，インターネットのホームページへの掲載禁止の仮処分

　③　手形金支払禁止の仮処分

　④　抵当権実行禁止（競売手続停止）の仮処分

　⑤　取締役の職務執行停止・代行者選任の仮処分

第2章　民事保全制度の概要

⑥　子どもの引渡しを命じる仮処分，帳簿書類等の引渡しを命じる仮処分

第4　民事保全の手続

1　手続の概要

　民事保全の手続は，保全命令手続と保全執行手続の2つの段階からなります。

　保全命令手続と保全執行手続は，判決手続ではなく，保全「命令」とあっても，裁判所が行うものですから（民保2Ⅰ），決定手続です（同3，民訴87Ⅰただし書）。また，迅速化の見地から，口頭弁論を経ないですることができます（民保3）。

　保全命令手続は，保全命令を発するまでの手続で，申立てにより，保全命令を発するかどうかを審理・判断をし，裁判所が発令します（民保2Ⅰ）。また，保全命令手続は，特別の定め（同5，13，17等）がある場合を除き，民事訴訟法及び民事訴訟規則の規定が準用されます（同7，保全規則6）。

　保全執行手続は，発令された保全命令を具体的に実現するための手続で，出された命令を執行するものです。原則，保全命令正本に基づいて，申立てにより裁判所又は執行官が執行します（民保2Ⅱ，43Ⅰ本文）。また，保全執行手続は，特別の定めがある場合を除き，民事執行法及び民事執行規則の規定が準用されます（同46，保全規則31）。

　ただし，不動産執行の登記嘱託や債権執行については，保全命令裁判所と保全執行裁判所が同一であり，改めて保全執行の申立てを要せず（保全規則31ただし書），執行裁判所が職権で嘱託又は送達を行います。なお，民事保全手続は，本案訴訟による権利の確定を予定していることから，本案の訴えが提起されないときは保全命令は取り消されます（民保37）。

2　保全命令手続

　保全命令手続は，保全命令の申立てについて，裁判所が審理・判断を行う手続であることから，民事訴訟手続に対応しています。

173

第Ⅰ編　各制度の概要

(1)　裁判所管轄

ア　仮差押え

　仮差押命令手続の管轄は，仮に差し押さえる物の所在地の地方裁判所又は本案の管轄裁判所に専属します（民保12Ⅰ，6）。有体物ならばその物のある土地，債権ならばその債務者の普通裁判籍所在地等が該当します。

　では，次の事例の場合，管轄はどのようになるでしょうか。

パターン事例　Ⅲ－2

　大地信販会社は，堀北さんにビデオカメラの購入資金として，金50万円を貸付し，金20万円が期限が来ても返済されていませんでした。大地信販会社は堀北さんに対して貸金返還請求を提起しようと考えていましたが，堀北さんにはビデオカメラ以外に預金や不動産などの財産がありません。このビデオカメラも第三者である竹下さんが占有していて，返してもらえないので，竹下さんが買い取ることとなっていました。大地信販会社が訴訟を提起する前にこのビデオカメラが，他の第三者へ所有権が移転しないように，仮差押えをしようと考えましたが，どこの裁判所に申立てをすることができるのでしょうか？

解説

　民事保全法12条1項によりビデオカメラが東京都墨田区（「基本事例Ⅲ」参照）にあるので，東京地方裁判所でよいかですが，本事例の場合，請求債権額が140万円以下であるため，裁判所の管轄は事物管轄であると定められている（裁判所法33）ことから，簡易裁判所に対して申立てをすることとなります。しかし，地方裁判所に対して仮差押命令の申立てもすることができるでしょうか。これについては，次の2点の場合は可能としています。①本案訴訟を地方裁判所に提訴する旨の管轄の合意がある場合，②本案が地方裁判所に継続している場合です（民保12Ⅲ）。なお，本案係属前，あるいは，土地管轄，事物管轄のない裁判について，本来簡易裁判所に申し立てるべき保全命令事件を地方裁判所に申し立てることは，許されるとする見解が有力です（裁判所職員総合研修所監「民

174

第2章　民事保全制度の概要

事保全実務講義案」14頁（司法協会，2007），山本和彦ほか編「新基本コンメ
ンタール　民事保全法」32頁（日本評論社，2014））。

イ　仮処分

仮処分命令手続の管轄は，本案の管轄裁判所若しくは係争物の所在地を管
轄する地方裁判所が専属管轄を持ちます（民保12Ⅰ・Ⅱ）。その他，仮差押命
令手続の管轄裁判所（同12，6）に準じます。

(2)　申立て

保全命令手続の申立ては書面で行い（保全規則1Ⅰ，6，20，23，訴訟規則
2Ⅰ③），申立ての理由は，保全すべき権利又は権利関係と保全の必要性を
具体的に記載しなければなりません（民保13Ⅰ，保全規則13Ⅱ）。訴えの提起
の前でも後でもかまいません。申立てによる効果として，①時効中断，②前
に申し立てた仮差押えや仮処分と被保全権利，保全の必要性を同じくする申
立ては許されないこととなります（二重申立ての禁止）。

仮差押命令の申立てにおいて，どの動産を仮差押えするのかを特定する必
要はなく（民保21），具体的にどの動産を差し押さえるかは執行官の裁量で
あるとしていますが，特定の動産についての申立てを禁止しているものでは
ありません。

Q36　保全命令の申立てが却下された後，同一の被保全権利について再度申立てをすることができるか？

A　保全命令申立てに対する判断は決定で行われるが，却下決定に
既判力はない。また，再度申立てを禁止する規定もないのである。
被保全権利が同一であっても保全の必要性が異なれば，同一事項の申
立てとはならないと考えられていることから，保全の必要性の主張が同
一であっても，新たな疎明方法を付加してする再度の申立ては，できる
とする考え方が有力であると解されている。

（以上，裁判所職員総合研修所監『民事保全実務講義案』「被保全権利に関す

175

第Ⅰ編　各制度の概要

る留意点」9頁（司法協会，2007））

(3)　審　理

ア　疎　明

保全すべき権利又は権利関係及び保全の必要性は，疎明しなければなりません（民保13Ⅱ）。民事保全は暫定的な決定手続であり，証明ではなく，疎明（同7，民訴188が準用）でよいとされています。実務上は，疎明するために，債権者その他の者が作成した事実関係等の事情を記した陳述書が提出されます。

Q37　民事訴訟でいう「証明」と民事保全の「疎明」とどこが違うのか？

A　民事訴訟の立証のための「証明」とは，通常の人に対して，合理的な疑いをいれない程度の心証を得させる程度の証拠の提出を必要とするのに対して，民事保全での「疎明」は，即時に確認できる証拠によって，一応真実と思われる程度の立証方法で，民事保全の特質である迅速性，緊急性の要請から，「疎明」で足りるとしている。

イ　口頭弁論等

民事保全の手続に関する裁判は決定手続であり，口頭弁論を開くか否かは裁判所の裁量（民訴87Ⅰ，民保3）であり，ほとんど書面審理により行われています。口頭弁論を開かない場合，当事者を審尋することができます（民訴87Ⅱ）。

仮の地位を定める仮処分命令については，口頭弁論又は債務者が立ち会うことができる審尋の期日を経なければ，これを発することができません。ただし，その期日を経ることにより仮処分命令の申立ての目的を達することができない事情があるときは，この限りではありません（民保23Ⅳただし書）。

(4)　裁　判（決定）

保全命令の裁判は，決定で行われます。この決定は，保全執行の債務名義

176

となります。

ア　保全命令の申立てに対する決定

保全命令の申立てについて，訴訟要件又は仮差押えの要件が欠けるときは，申立ては却下されます（保全規則16Ⅰ）。裁判所は，相手方に生ずる損害のために，一定額の担保を立てさせた上で，又は相当と認める一定の期間内に担保を立てることを仮差押え又は仮処分の執行の実施条件として，保全命令を発するのが通例です（民保14）。なお，解放金（179頁参照）の提供の場合は金銭の提供のみが許され，有価証券は許されません（大審院判決昭７．７．26・民集(11)1649頁）。

イ　保全命令の申立てを却下する決定

保全命令の申立てを却下する決定（民訴137の準用による裁判長の命令）に対しては，２週間内に即時抗告（18頁「Q16」参照）によって不服を申し立てることができます（民保19Ⅰ）。この即時抗告を却下する裁判に対しては更に抗告することができません（同Ⅱ）。これは，保全事件を早期に結着させるためです。また，保全異議（180頁参照）により申立てが却下された場合も即時抗告はできず，保全抗告（182頁参照）によることになります（同41）。

(5)　担　保

保全命令の発令に際しては，担保が立てられます。担保の方法としては，供託による方法（249頁参照）と支払保証委託契約による方法があります。

支払保証委託契約による方法とは，銀行等（銀行（長期信用金庫，外国為替専門銀行，銀行法47による免許を受けた外国銀行の支店も含む。），損害保険会社，農林中央金庫，商工組合中央金庫，全国を地区とする信用金庫連合会，信用金庫，労働金庫）との間で，法定の要件（保全規則２Ⅰ～Ⅳ）を満たす支払保証委託契約を締結し，債権者が債務者に対して，損害を被らせたときは，銀行等がその債権者に代わって金銭を支払うことを約束する方法により担保を立てることができる制度です。

(6)　担保取消し

担保を立てる必要がなくなった場合に，担保提供者は供託物を取り戻すため，民事訴訟法79条１項から３項の事由を証明して裁判所に担保の取消決定

第Ⅰ編　各制度の概要

を求めることができます（264頁参照）。民事訴訟法が適用される根拠は，民事保全法7条の「特別の定めがある場合を除き，民事保全の手続に関しては，民事訴訟法の規定を準用する。」としていることからです。

ア　担保事由の消滅（民訴79Ⅰ）

担保の事由が消滅した場合とは，債務者の被担保債権の不存在が確定し，保全命令の担保の提供をする根拠がなくなった場合をいいます。つまり，被担保債権となる損害賠償請求権が発生しないこと又は発生の可能性がなくなったことをいいます（「相手方のために損害賠償請求権が発生する可能性が絶無であるか，少なくとも稀有と認められる場合をいう」仙台高裁判決昭33．4．22下民9巻4号721頁）。

以下がその主な具体例です。

① 担保を提供したものの，保全命令の決定前に申立てを取り下げた場合

② 債権者（担保提供者）から債務者（担保権利者）に対して提起された被保全権利についての民事訴訟において，債権者の全面勝訴により確定した場合や債務者が請求を認諾した場合

③ 債務者から債権者に対して提起された保全命令申立ての違法を理由とする損害賠償請求訴訟において，債務者が全部敗訴の判決が確定した場合

④ 債務者が債権者の承継人となった場合

イ　担保権利者の同意（民訴79Ⅱ）

担保権利者である債務者が担保の取消しに同意したときは，担保権利者がその担保物に対して有する権利を放棄したことになります。担保は，債務者の損害賠償請求を担保し債務者の利益保護を目的とするものですから，債務者がその担保の取消しに同意する以上，担保物に対する権利を放棄するものとして，事件終了を待たずに，担保取消しの決定をすることができるとしたものです。

ウ　権利行使催告に伴う同意擬制（民訴79Ⅲ）

訴訟完結後，債務者の損害賠償請求権の存否及び額が客観的に確定し，これを行使することができる状態であるにもかかわらず，債務者がその権利を

行使しない場合，担保をそのままの状態にしておいたのでは債権者が提供した担保の利用を妨げることとなります。このような状態を除去するため，債権者の申立てにより裁判所が債務者に一定の期間を定めて権利行使を催告し，この期間中に権利行使がされない場合，担保の取消しについて債務者の同意があったものとみなして担保取消決定を行い，債権者が担保物の取り戻しができるようにしたものです。

(7) **担保取戻し**

保全命令が発令されなかった若しくは発令されたがその執行に着手しなかった場合に，債務者に損害が生じないことが発令裁判所に明らかな場合，あるいは債務者が担保物取戻請求権について差押・転付命令を得た場合，債務者が債権者の権利を承継した場合など，債務者に担保取消決定に対する不服申立てをする機会を与える意味がない場合に担保提供者又はその承継人に対し，発令裁判所の許可という簡易な手続で担保の取戻しを認める手続をいいます（保全規則17，264頁参照）。

(8) **解放金**

解放金とは，裁判所が保全執行の停止又は既にされた保全執行の取消しを得るために債務者が供託する金銭の額を保全命令において定めるものであり，債権者が執行の停止又は取消しにより債務者が被る損害を担保するものではありません。

ア **仮差押解放金**（359頁参照）

仮差押解放金（民保22）とは，債務者が仮差押えの執行の停止又は既にされた執行の取消しを得るために供託すべき金銭のことをいい，仮差押えの対象物は不動産ないし動産の場合です。仮差押えの対象物が債権の場合で，その債権の支払義務を負う第三債務者が供託した金銭を，みなし解放金（367頁参照）といいます。

供託がされた場合は，その供託金は仮差押執行の目的物の代替物としての性質を有します。仮差押解放金については，仮差押えが金銭債権の執行保全のためのものですから，仮差押命令において必ず定めなければならないとされています。

第Ⅰ編　各制度の概要

イ　仮処分解放金（379頁参照）

金銭の支払をもってその行使の目的を達成することができる権利を保全するための仮処分命令において，債権者が仮処分の執行の停止又は既にされた執行の取消しを得るために供託すべき金銭のことをいいます。供託された場合，その供託金は仮処分の目的物の代替物としての性質を有します。

仮処分は金銭債権を保全するものではないですが，被保全権利の性質によっては金銭の支払で実質的に満足を受け得るものも存在します。例えば，譲渡担保の実行のために目的物の引渡しを求める請求権などですが，このような係争物に関する仮処分について，保全すべき権利が金銭の支払を受けることをもってその行使の目的を達することができるものであるときに限り，裁判所は，債権者の意見を聴いた上，仮差押解放金と同趣旨の仮処分解放金の額を仮処分命令において定めることができるとしています（民保25，57）。

(9)　不服申立て

保全命令に対する不服申立てには，保全異議（民保26〜29，31，32，41）と保全取消し（同37〜39）があり，その決定に対する不服申立てとして保全抗告があります。また，保全命令の申立てを却下する決定に対しては，債権者は，即時抗告をすることができます。

ア　保全異議

保全命令に対しては，債務者は，その命令を発した裁判所に保全異議を申し立てることができます（民保26）。

保全異議は，保全命令の発令の直前の状態に戻って再審理し，既にされた保全命令を取り消すよう求める手続です。

異議の申立ては書面でしなければなりません（保全規則1③）。この保全異議の事由としては，被保全権利が存在しないこと，担保の額が低いこと，命令の内容が不当であること等が考えられます。申立期間には制限はありません。保全命令が有効に存在している限り，いつでも申し立てができます。

管轄裁判所は，保全命令を発した裁判所です。なお，保全異議の申立てのみで保全執行が止まるわけではありません。執行を止めるには，保全執行の停止の裁判（民保27Ⅰ）が必要となります。

イ 保全取消し

保全取消しとは，保全命令の発令当時の存在の当否を争うものではなく，発令後に生じた事情変更，特別事情等の事由により命令の取消しを求めるものです。これは，保全命令が債権者の主張のみで発令され債権者に有利な手続であるため，これを債務者にも是正させる機会を与えた債務者のための救済制度です。

この取消事由には，以下記載の「(ア)本案不提起等による保全取消し」，「(イ)事情変更による保全取消し」，「(ウ)特別事情による保全取消し」の3種類があります。

(ア) 本案不提起等による保全取消し

債権者が保全命令（仮差押命令又は仮処分命令）を得たにもかかわらず，本案の訴え（ここでいう「本案の訴え」とは主に給付訴訟であるが，被保全債権が弁済期未到来あるいは条件付きであるような場合には，確認訴訟であってもよい（大判大14.5.30民集4巻288頁）を提起しないときは，債務者の申立てにより，保全命令の取消しをすることができます。そこで，本案の訴えが未提起のときは，債務者は保全命令を発した裁判所に申し立て，裁判所は債務者の申立てにより，債権者に対して，2週間以上の一定期間（民保37Ⅱ）内に本案の訴えを提起するとともに，その提起を証する書面を提出するように命じ，債権者がその期間内にその書面を提出しないと，債務者の保全命令の取消申立て（同37Ⅲ）により裁判所が保全命令を取り消す旨の決定をします。もし既に債権者が本案の訴えを提起しているときは，一定期間内のいずれかの時点で同訴えが係属することを証する書面を提出すべきことを債権者に命じてもらえます（同37Ⅰ）。

(イ) 事情変更による保全取消し

被保全権利が消滅（弁済，免除，相殺など）したり，保全の必要性がなくなったとき（債務者の財産が豊かになった場合，債権者の被保全債権に担保物権が設定された場合，あるいは債権者が債務名義を取得し，直ちに強制執行をできるようになった場合）又はその他の事情の変更があるときは，保全命令を発した裁判所又は本案裁判所は，債務者の申立てにより，保全命令を取り消す

第Ⅰ編　各制度の概要

ことができます（民保38Ⅰ）。その場合，事情の変更は疎明しなければなりません（同38Ⅱ）。

　例えば，《パターン事例Ⅰ-1．①（海山銀行による仮差押えの保全措置を行った場合）》で，青空さんが海山銀行に金3000万円を弁済して債務が消滅した場合や海山銀行が民事訴訟で敗訴しその判決が確定した場合（最高裁判決昭27.11.20民集6巻10号1008頁），あるいは，海山銀行が勝訴し債務名義を取得し直ちに強制執行が可能となった場合などが事情変更による保全取消しとなります。

　　㈦　特別事情による保全取消し

　債務者の事業の継続が不可能又は著しく困難となるような場合，債務者が仮処分命令により償うことができない損害を生じるおそれがあるとき，その他，特別の事情（被保全権利が金銭的補償により目的を達することができる場合など実質的には，金銭債権の保全のための仮処分，例えば，被保全権利が詐害行為取消権や遺留分減殺請求権などの場合）があるときは，仮処分を発した裁判所又は本案裁判所は，債務者の申立てにより，担保を立てることを条件として仮処分命令を取り消すことができます（民保39Ⅰ）。なお，特別な事情については，疎明しなければなりません（同39Ⅱ）。被保全権利が金銭債権とする仮差押命令には本制度の適用はないこととなります（仮処分命令固有の不服申立方法）。

　　ウ　保全抗告

　保全抗告は，保全異議又は保全取消しの裁判について，それを不服とする債権者又は債務者が，上級審に再審理するよう求める不服申立方法です。保全異議又は保全取消しの申立てについての裁判に対しては，その送達を受けた日から2週間の不変期間内に，保全抗告をすることができます（民保41Ⅰ）。

　保全抗告の裁判については，更に抗告することはできません（民保41Ⅲ）。ただし，高等裁判所のした保全抗告の決定に対して，許可抗告（民訴337）の申立てをすることは可能です（最高裁決定平11.3.12民集53巻3号505頁）。

　　エ　即時抗告（「Q16」参照）

　保全命令の申立てを却下された債権者のための救済方法として，債権者は，

却下決定の告知を受けた日から2週間の不変期間内に上級審に対して継続審理を求め即時抗告をすることができるとしています（民保19Ⅰ）。申立ては書面（保全規則1②）により，抗告状を裁判所に提出しなければなりません（民保7，民訴331，286Ⅰ）。抗告審裁判所は，即時抗告の申立てを理由があると認めるときは，決定で原決定を取消し，更に，保全命令を発し，又は原裁判所に差し戻し，あるいは管轄裁判所に移送する旨の決定をします（民保7，民訴331，305〜309）。申立てが不適法であるとき又は理由がないと認めるときは，決定でこれを却下します。なお，即時抗告を却下する決定に対しては，再抗告することがでません（民保19Ⅱ）（東京地裁保全研究会『民事保全の実務（上)』165頁（金融財政事情研究会，2005))。

⑽　**取下げ**

民事保全手続は，被保全権利の行使ができることを保全するためにとられている仮救済の手段であるため，その目的である被保全権利が解決すれば，民事保全手続を残しておく必要はなくなります。例えば，《パターン事例Ⅰ-1．①（海山銀行による仮差押えの保全措置を行った場合)》の場合，貸金返還請求訴訟において，青空さんが海山銀行に分割により払い渡す和解が成立した場合に，併せて，仮差押命令の申立てを取り下げることが考えられます。

保全命令の申立ての取下げについては，債権者がこれをすれば，債務者が不服申立てをして反論したりした後においても，債務者は特別に不利益を受けるわけではないことから，債務者の同意を得る必要がないとされています（民保18）。

取下げは原則として，書面で行うものですが，口頭弁論又は審尋の期日において，口頭で取下げをすることもできます（保全規則4Ⅰ）。この場合は，調書を作成しなければなりません（同8Ⅰ）。また，書記官は審尋等の期日の呼出し又は保全命令の送達を受けた債務者に対し，取り下げられた旨を通知する必要があります（同4Ⅱ）。

Q38 仮差押えを申し立てた目的不動産の価額が請求債権額を大きく上回る場合,仮差押えは禁止されるか?

A　目的不動産の価額が請求債権額に比べて過大な場合,これを仮差押えすると債務者に無用な不利益を強いることになる。しかし,これをまったく許さないとすると,債務者に当該不動産以外に責任財産がない場合,債権者の債権の保全がされないことになる。そこで,いかに両者の利益の調和を図るかが問題となる。

まず,目的不動産が複数（可分）の場合には,請求債権を満足させるのに必要と認められる物件のみに限定して仮差押えをすべきであり,過大となる部分については申立ての取下げを促すべきである。目的不動産が1個の場合には,他の適当な価額の財産の有無を確認し,これがない場合には請求債権額を上回る不動産を仮差押えすることもやむを得ない。

実際には,仮差押解放金が定められおり,債務者が請求債権額を供託することで執行を取り消すことができることから,債務者に過大な負担を強いるとまではならない。

（裁判所職員総合研修所監『民事保全実務講義案』「申立ての趣旨に関する留意点③」8頁（司法協会,2007））

3　保全執行手続

保全執行手続は,保全命令手続の裁判の内容を具体的に実現する手続であることから,民事執行手続に対応しています。

(1) 申立てと要件

保全執行手続は,申立てによって開始されます（民保2Ⅱ）。民事執行とは違い迅速性,緊急性という民事保全の観点から,承継執行文を除き執行文は不要です（同43Ⅰ）。また,保全命令が債務者に送達される前であっても,保全執行することができます（同43Ⅲ）。ただし,保全命令送達の日から2週間経つと,保全執行をすることができなくなります（同43Ⅱ）。

(2) 仮差押えの執行とその効力

　仮差押えは，金銭債権の強制執行の保全を目的としていることから，仮差押えの執行については，差押えの執行に関する民事執行法の規定がほぼ準用されています（民保47以下）が，債権者による取立て（民執155Ⅰ），転付命令（同160），譲渡命令（同161）といった換価手続は準用されていません。換価手続のうち，第三債務者の保護と執行債権の保全を図るため，供託の規定については準用されています（民保50Ⅴ，民執156）。

　なお，債権者の申立てに基づき，第三債務者に対する陳述催告（124頁参照）も仮差押命令の告知の際に行われます（民保50Ⅴ，民執147）。

　仮差押えが執行されると，債務者は目的物について処分してはならないとの効果が生じ，これに違反する債務者の処分行為（譲渡，抵当権設定等）は仮差押債権者に対する関係で相対的に無効です。仮差押えは仮差押債権者にいわゆる優先権を与えるものではありませんので，他の債権者が仮差押物に対し強制執行を実施することを妨げるものではありません。その場合，仮差押債権者へ配当すべき金額は供託されます（民執91Ⅰ②，111，121，142Ⅱ，166Ⅱ，281頁参照）。

　また，仮差押えの必要性がないのに仮差押えをして債務者に損害を与えれば，債務者は債権者が担保として供託した金銭や有価証券から優先弁済を受けられます（民保4Ⅱ，民訴77）。

ア　不動産に対する仮差押えの執行

　民事執行法43条1項に規定する不動産（同43Ⅱの規定により不動産とみなされるものを含む。）に対する仮差押えの執行は，裁判所書記官の嘱託による仮差押えの登記をする方法と強制管理の方法及び両者を併用することも認められています（民保47Ⅰ）。

(ア)　仮差押えの登記による方法

　仮差押命令を発した裁判所が保全執行裁判所となります（民保47Ⅱ）。仮差押命令が発せられると書記官は嘱託書に，不動産登記法61条の登記原因を証する情報を提供し，仮差押えの登記嘱託をします（同47Ⅲ）。登記官は，仮差押えの登記をしたときは，保全執行裁判所に対して，その旨の記載がさ

れた登記事項証明書及び登記完了証を送付しなければなりません（民保47Ⅴ，民執48Ⅱ，不登規則181，182）。仮差押えの効力は，仮差押えの登記がされた時に生じ，債務者に対して仮差押命令正本の送達が先にされても効力は生じないこととなります。実務では，仮差押えの登記がなされてから債務者に仮差押命令正本を送達する取扱いです。

仮差押えの登記がされると債務者は処分が制限されますが，債務者は通常の用法に従って使用又は収益をすることはできます（民保47Ⅴ，民執46Ⅱ）。仮差押えの登記に遅れる登記は，仮差押えが本執行に移行し，強制執行により強制競売によって売却されれば効力を失うことになります（民執59Ⅰ〜Ⅲ，《パターン事例Ⅰ-1．①（海山銀行による仮差押えの保全措置を行った場合)》参照))。

　(イ)　強制管理による方法

管轄は，不動産の所在地を管轄する地方裁判所が保全執行裁判所になります（民保47，民執44）。したがって，仮差押命令を発した裁判所とは異なる裁判所が執行機関となることがあります。申立ては書面で行い（保全規則1⑥），強制管理の方法である旨を明示したことを証する書面を添付します（同32Ⅱ）。これは，仮差押えの登記による方法と強制管理の方法では，仮差押えの担保額に差異が生じるため，あらかじめ，強制管理の方法である旨を明示した場合にのみ，執行を許すとする趣旨からです。強制管理の執行は，開始決定をし，不動産を差し押さえる旨を宣言し，これを債務者に送達し（民保47Ⅴ，民執93），これを公示するために開始決定を原因として仮差押えの登記を嘱託することになります（民保47Ⅴ，民執48）。開始決定においては，債務者に対し収益の処分を禁止し，収益の給付義務を負う給付義務者があるときは，その給付義務者に対し裁判所が選任する管理人に収益を給付すべき旨を命じます（民保47Ⅴ，民執93，94）。この命令は書記官により給付義務者に陳述書とともに送達されます（民保47Ⅴ，民執93の3）。管理人は，不動産の収益を収集し，その代金から不動産の公租公課や自らの報酬等必要な費用を控除して配当等に充てる金銭は供託し，その事情を裁判所に届けます（民保47Ⅳ・Ⅴ，民執106，107）。

イ　動産に対する仮差押えの執行

申立ては，目的物を管轄する地方裁判所に所属する執行官（執行官法4）に対してします。動産に対する仮差押えの執行は，執行官が目的物を占有する方法により行います（民保49Ⅰ）が，執行官が相当と認めるときは，債務者，債権者あるいはこれを提出した第三者に保管，使用を許すことができます（同49Ⅳ，民執123Ⅲ・Ⅳ，124，保全規則40，執行規則104）。また，仮差押えの執行に係る金銭及び仮差押えの執行に係る手形，小切手その他の金銭を目的とする有価証券でその権利の行使のため定められた期間内に引受け若しくは支払のための提示又は支払の請求を要するものについて，執行官が支払を受けた金銭を供託しなければなりません（民保49Ⅱ，「仮差押金銭等の供託」365頁参照）。

差押えの対象となるのは，債務者の占有する動産（民執123Ⅰ）及び債権者若しくは第三者が債務者の財産として任意に提出した動産です（同124，49Ⅳ）。動産の仮差押命令は目的物を特定しないで発することができます（同21ただし書）。

仮差押執行では原則として換価手続に進みませんが，放置すると著しい価格の減少を生ずるおそれがあるとき，貯蔵のために不相応な費用を生ずる物については，執行官はその物を売却し，その売得金を供託しなければなりません（民保49Ⅲ，執行官法15Ⅲ，「仮差押動産の売得金の供託」365頁参照）。

なお，動産に対する仮差押執行については，動産に関する民事執行法（民執123～129，131，132，136）の規定が準用されます（民保49Ⅳ）。

Q39　動産の仮差押命令は目的物を特定しないで発することができるとあるが，この場合，仮差押えの執行をすべき目的物をどのように特定するのか？

A　執行官が債権者の申立ての範囲内において，仮差押えの執行をすべき動産を選択することになる。動産の選択に当たり，債権者の利益を考慮しなければらない。執行官は，差押禁止動産を除外し

た上で，できるだけ換価しやすい動産を仮差押債権者の債権及び執行費用の弁済に必要な限度内において仮差押えを行い，限度を超えることが明らかな場合は，執行官は，その超える限度において仮差押えを取り消さなければならない（民保49Ⅳ，民執128Ⅰ）。また，債権者の利益を害しない限り，債務者の利益を考慮し，債務者に無用の苦痛を与えないように配慮しなければならない（保全規則40，執行規則100）。
（裁判所職員総合研修所監『民事保全実務講義案』「イ　執行の対象物（注3）」45頁（司法協会，2007））

ウ　債権に対する仮差押えの執行

民事執行法143条に規定する債権に対する仮差押えの執行は，第三債務者に対し債務者への弁済を禁止する命令により行われます（民保50Ⅰ）。保全執行裁判所は，執行の迅速性を図るため仮差押命令を発した裁判所とされています（同50Ⅱ）。

例えば　従業員に対する給与について仮差押えが送達された場合には，第三債務者は仮差押えの及ぶ範囲の額を従業員（仮差押債務者）へ支払うことが禁止されます。一方で，仮差押債権者は，仮差押えの状態で取立てをすることはできない状況ですので，第三債務者は仮差押債権者に対する支払を強制されることはないので供託義務は生じませんが，供託することもできます（民保50Ⅴ，民執156Ⅰ，「Q38」参照）。ただし，仮差押執行がなされた後に他の債権者がその債権を差し押さえたときは，第三債権者は供託義務が生じます（民保50Ⅴ，民執156Ⅱの準用）。

　裁判所から仮差押命令が送達されたとき，どうしたらよいか。また，複数の仮差押命令が送達されてきたときはどうか？

　仮差押命令は，金銭の支払を目的とする債権について，将来の強制執行の保全を図るために行うことができるもので，差押

命令と同様に，第三債務者に送達された時（受け取った時）に効力が発生する。

　ただし，差押命令の場合には，差押債権者は取立権を行使し債権の回収を図ることができるが，仮差押命令の場合には，将来の強制執行の保全を図る効果はあるが，取立権を行使し債権の回収を図ることはできない。第三債務者に仮差押命令が送達されると，第三債務者は，仮に差し押さえられた範囲の債権額について処分の制限を受けることになる。この場合，第三債務者は，仮に差し押さえられた範囲の債権額を保管管理しておくか，もしくは供託（民執156Ⅰ，民保50Ⅴ）することができる。

　複数の仮差押えが執行され仮差押えが競合する場合であっても，1通の仮差押命令が送達された場合と同様に供託義務は生じない。供託の義務が生じないこの場合でも，仮差押えの及ぶ範囲の金額を債務の履行地（給与の場合は支払場所）の供託所に供託することができる（民執156Ⅰ，民保50Ⅴ，367頁参照）。

(3)　仮差押えから本執行への移行

　仮差押執行後，債権者が債務名義を取得し又は執行の条件，期限が満たされるなどして本執行をなし得るようになったときは，本執行が行われます。この場合，目的財産についての処分禁止の効力は，本執行の差押えに承継されます。本執行の開始手続は，不動産の場合は，強制競売開始決定や強制管理開始決定により，動産は，仮執行により既に執行官が金銭を供託しているときは，配当等の手続が行われ，執行官が動産を占有しているときは，動産執行としての売却や配当等の手続を進めることになります。債権に対する仮差押えからの移行は，債権者が差押命令を申し立て，換価・配当等の手続に進むことになります。仮差押執行から本執行への移行の時期は，本執行申立時点が，仮差押えから本執行への移転がなされたと解されています。また，本執行が開始されると，仮差押えの執行の効力について，特に債権に対する仮差押えからの本執行の場合，仮差押執行による第三債務者に対する弁済禁止の効力については，本執行がされても，その効力はなお存続するとし，本

執行が取り消されたり，取り下げられても，仮差押えの執行が取り消され，又は取り下げられない限り，仮差押えの効力は存続するとしていると解されています。しかし，本執行が開始され，終了するまでに債権者が仮差押えを取り下げると，仮差押えの効力が遡って消滅し（民保7，民訴262Ⅰ），本執行による差押えの効力が生ずるまでの間に目的財産が処分されたときには，その目的財産は，有効に処分されたことになり，本執行により行った差押えは空振りとなります（最高裁判所判決平14．6．7判時1795号108頁）。つまり，本執行による差押えの効力が生ずるまでの間に第三債務者が被差押債権を弁済した場合，債権者が仮差押えを取り下げたときは，第三債務者に生じていた弁済禁止の効力は遡って消滅し，第三債務者は被差押債権の弁済をもって債権者に対抗することができることになります。

(4) 仮処分の執行

仮処分の執行は，個別の定めがない限り（民保53〜56）強制執行の例によることになります（同52Ⅰ）。

執行開始の要件についても，仮処分命令（決定）は告知によって直ちに執行力を生じ，確定や仮執行宣言の必要がないこと，承継執行文以外の執行文を必要としないこと（同43Ⅰ），命令の送達前でも執行できること（同43Ⅲ），執行期間の制限があること（同43Ⅱ）など，仮差押えの場合と同様です。

　ア　係争物に関する仮処分

　　㋐　処分禁止の仮処分

　　①　不動産についての処分禁止の仮処分の執行

この処分禁止の仮処分命令がされると，登記簿に処分禁止の登記がされます（民保53）。もし処分禁止の登記の後に債務者から第三者に登記が移転されても，債権者が後日，本案訴訟で勝訴した場合は，仮処分に後れる第三者への移転登記等は抹消することができます（同58Ⅰ・Ⅱ，不登法111）。

その代表的なものとして，不動産を買って代金の支払も終わっているのに，売主が所有権移転登記手続に協力しない場合，所有権移転登記手続請求訴訟を提起する前段として，第三者への処分を禁止するために，売買契約に基づく所有権移転登記請求権を被保全権利として不動産処分禁止の仮処分（民保

53Ⅰ）の申立てを行うものと，《パターン事例Ⅰ－4．②》のように，所有権に基づく所有権移転登記抹消登記請求を被保全権利として不動産処分禁止の仮処分（同53Ⅰ）を申し立てるものがあります。《パターン事例Ⅰ－4．②》で，青空さんがその土地を確定判決が出る前に，第三者に譲渡して所有権移転登記を行ったとしても，仮処分に後れる登記として，抹消されることとなります。

　また，不動産の所有権以外の権利の保存，設定又は変更についてのものとして，例えば，所有する不動産を担保に入れる約束で金銭を貸したのに，抵当権設定登記に協力しない場合など，抵当権設定契約に基づく抵当権設定登記請求権を被保全権利として不動産処分禁止の仮処分（民保53Ⅱ）の申立てを行い，仮処分が執行されると，処分禁止の登記を行うとともに，仮処分による仮登記（保全仮登記）を行います（同53Ⅱ）。保全仮登記は，処分禁止の仮処分の効力を正しく登記に反映し，処分禁止の登記後にされた実体法上併存すべき登記を抹消しないで済むようにするためにこれに必要となる登記の順位を確保する目的で用いられる補助的な登記です。必ず「処分禁止の登記」と併せて行われます。仮処分債権者は，本案訴訟で債務名義を得たら，本登記を申請することができます（同58Ⅲ）。この本登記の順位は，保全仮登記の順位によるものとなります。したがって，本登記によって保全仮登記後の第三者の登記に対抗することができ，原則として，保全仮登記に後れる登記を抹消せずに債権者が仮処分の効力を得ることができることになります。

　仮処分債権者が本登記を行う場合，この債務名義により単独で申請もでき，債務者との共同申請のいずれでもかまいません。

　その他，土地の賃借人が賃料を払わないため賃貸借契約を解除してその土地上の建物を収去して土地を明け渡してもらいたいというような場合，建物収去土地明渡請求権を保全するために，その建物について処分禁止の仮処分の申立てをしておくこともあります（民保55）。この仮処分は，処分禁止の登記による方法で行います（同55Ⅰ）。建物収去土地明渡しの強制執行をするための当事者を恒定する効力を有するのみで，処分禁止の登記に後れる第三者の登記を抹消することはできません。

第Ⅰ編　各制度の概要

　債権者は，処分禁止の登記後に建物を譲り受けた者に対して，本案の債務名義の民事執行法27条2項に基づくいわゆる承継執行文を受けて，建物収去土地明渡しの強制執行をすることができます（民保64）。

　不動産に関する権利以外の権利についての登記，登録（自動車・船舶・建設機械など）の請求権保全のための処分禁止の仮処分も不動産の場合と同様に仮処分により，対抗要件と効力が発生します（民保54）。

　このように，この仮処分には，民事紛争の当事者を恒定するための処分，後順位登記の抹消と順位保全の効力があります（民保58Ⅰ・Ⅱ・Ⅳ）。

　②　債権についての処分禁止の仮処分の執行

　債権者の帰属に争いがある場合，例えば，債権譲渡（413頁参照）の効力が争われている場合や債権の二重譲渡の場合などに，帰属が争われている債権を保全するために，紛争の相手方に対して，債権の取立てを禁止するとともに，譲渡，質権の設定等の処分も禁止し，併せて，第三債務者に対しても弁済を禁止する仮処分も行われます。第三債務者に対する弁済禁止は，債務者に対する取立禁止という仮処分の執行の方法を明らかにするとともに，併せて第三債務者が弁済しても債権者に対抗できないことを第三債務者に特に明らかにした趣旨にすぎないと解されています（山本和彦ほか編『新基本法コンメンタール　民事保全法』83頁（日本評論社，2014））。

　㈠　占有移転禁止の仮処分

　①　不動産についての占有移転禁止の仮処分の執行

　債権者は，目的物の所在地を管轄する地方裁判所に所属する執行官に対し，書面で仮処分命令に基づく執行申立てを行います（民保52Ⅰ）。申立てにより，執行官が目的物に対する債務者の占有を解いてこれを保管し，債務者がその物の占有の移転を禁止されている旨及び執行官がその不動産を保管中であることを示す公示書を掲示します（民保25の2Ⅰ，保全規則44Ⅰ）。もし仮処分に違反して占有が第三者に移転されても，債権者が後日，債務者に対する本案訴訟で勝訴した場合は，第三者に対して改めて訴訟を提起しなくても，原則として第三者に対して明渡しの強制執行をすることができます（民保62Ⅰ）。《パターン事例Ⅱ-2．①》の事例の場合，等々力さんが，その建物を第三

者に勝手に譲ってしまったとしても，強制的に第三者を排除することができるということになります。典型的な事例としては，賃貸人が賃貸借契約を解除して，賃借人に対し土地，建物の明渡しを求める場合などがあります。

なお，執行前に債務者を特定することを困難とする場合については，「Q35」を参照願います。

 占有移転禁止の仮処分の効力の及ぶ者の範囲は？

 占有移転禁止の仮処分の効力の及ぶ者の範囲は次のとおりである。
① 仮処分執行後に債務者の占有と関係なく，執行がされたことを知って目的物の占有を取得した者（以下「占有取得者」という。民保62Ⅰ①）としている。ただし，執行がされたことを知らない場合について，仮処分執行後に占有取得者は，その執行がされたことを知って目的物を占有したものと推定される（悪意の推定：同62Ⅱ）。この場合，善意の証明責任は占有取得者に課せられる。
② 仮処分執行後に債務者の占有を承継した者（民保62Ⅰ②），仮処分の執行がされたことについての善意，悪意を問わない。

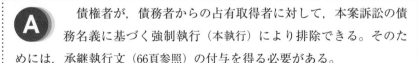 仮処分の執行後に占有を取得した者はどのように排除できるのか？

債権者が，債務者からの占有取得者に対して，本案訴訟の債務名義に基づく強制執行（本執行）により排除できる。そのためには，承継執行文（66頁参照）の付与を得る必要がある。

承継執行文は，占有取得者が民事保全法62条1項の要件を満たすことを証する文書を債権者が提出すれば付与される（民執27Ⅱ）。

具体的には，①第三者が目的物を占有している事実，②その第三者が

193

目的物の占有を取得したのは仮処分執行後であることを証明できる文書を提出すればよい。

　①についての証明文書としては，仮処分の点検調書及び本案判決に基づく強制執行不能調書の謄本，現時点での目的物の状況に関する調査報告書等によって証明できる。②については，執行官の執行調書謄本により，仮処分の執行時に目的物を占有していたことが明らかとなる。

　民事保全法62条2項の「悪意の推定」を覆すための手続としては，執行文付与に対する異議の申立て（民保63，民執32）のほか，同一の事由をもって執行文付与に対する異議の訴え（民執34）を起こすこともできると考えられる（裁判所職員総合研修所監『民事保全実務講義案（改訂版）』「(ア)執行分の付与（注1）（注2）」59〜60頁（司法協会，2005））。

　　②　動産についての処分禁止の仮処分，占有移転禁止の仮処分の執行

　動産についても処分禁止の仮処分や占有移転禁止の仮処分を行えますが，登記，登録という公示制度がない動産については，処分禁止の仮処分や占有移転禁止の仮処分が行われた後であっても，善意取得（民192）が成立する余地があります。善意取得が成立しないようにするためには，債務者から目的物の占有を奪うことが効果的です。そこで，処分禁止の仮処分と合わせて，執行官保管型の又は債権者使用型の占有移転禁止の仮処分をすることとなります（山本和彦ほか編『新基本法コンメンタール　民事保全法』83頁（日本評論社，2014））。

(5)　仮差押えと仮処分の競合

　仮差押えと仮処分が競合したときは，執行の時間的前後によって優劣が決まります。後行する仮処分でも仮差押えが取り消されれば完全な効力を取得します。

第2章　民事保全制度の概要

　　　仮差押えが以下のような他の執行手続と競合した場合は，どうしたらよいか。
① 仮差押命令の送達があった後に，更に差押命令が送達されたとき
② 差押命令の送達があった後に，更に仮差押命令が送達されたとき
③ 仮差押命令と滞納処分による差押通知が送達されたとき

　① 仮差押命令の送達があった後に，更に差押命令が送達された場合には，差押え等が競合することとなるので，差押えの及ぶ範囲の金額を債務の履行地の供託所に供託しなければならない（民執156Ⅱ・Ⅴ）。なお，供託手続完了後，差押命令を発した裁判所に対して，供託書正本の原本を添えて事情届を提出する必要がある（《パターン事例Ⅰ－6①》参照）。
② 差押命令が送達された後に仮差押命令が送達された場合には，差押え等が競合することとなるので，差押えの及ぶ範囲の金額を債務の履行地の供託所に供託しなければならない（民執156Ⅱ）。差押命令が1通のみであれば第三債務者の判断により差押債権者に直接支払うことも可能であるが，仮差押命令が送達された日以降については，差押えの及ぶ範囲の金額は差押債権者に直接支払うことができなくなる。なお，供託手続完了後，差押命令を発した裁判所に対して，供託書正本の原本を添えて事情届を提出する必要がある（《パターン事例Ⅰ－6①》参照）。
③ 滞納処分による差押えは，仮差押えの執行があってもその執行は妨げられない（国徴法140）。したがって，第三債務者は，滞納処分による差押えと仮差押えの執行が競合した場合でも，その先後に関係なく，滞納処分による差押えをしている徴収職員等の取立て（同67Ⅰ）に応じて支払をすることができる。あるいは，滞納処分による差押えの及ぶ範囲の金額を債務の履行地の供託所に供託することもできる（滞調法20の9Ⅰ及び同36の12Ⅰで各準用する同20の6Ⅰ）。
　前記の供託をしたときは，供託手続完了後，滞納処分による差押え

195

第Ⅰ編　各制度の概要

を発した滞納処分庁に対して，供託書正本の原本を添えて事情届を提出する必要がある（滞調法20の９Ⅰ及び同36の12Ⅰで各準用する同20の６Ⅱ。《パターン事例Ⅴ−５②》参照）。

第3章
供託制度の概要

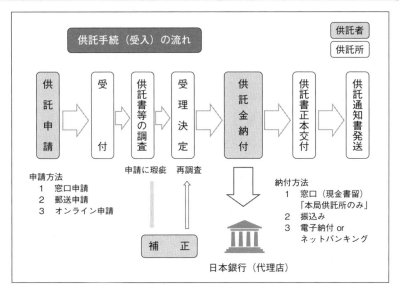

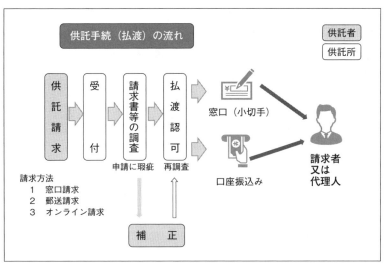

第Ⅰ編　各制度の概要

第1 総 説

1 供託とは

　供託とは，金銭，有価証券その他の物を国家機関である供託所又は国家機関の指定する倉庫営業者等に提出して，その財産の管理を委ね，その供託所又は倉庫営業者等を通じて，それらの物をある人に取得させることにより，債務の弁済，裁判上の保証等一定の法律上の目的を達しようとする手続をいいます。

　一言で言いますと，国が関与して紛争を解決する一方策といえます。

　供託をその機能で大別すると，「弁済供託」，「担保（保証）供託」，「執行供託」，「没取供託」，「保管供託」等に分けられます（巻末資料5「供託の種類・当事者・管轄別一覧表」参照）。

2 供託が有効に行われるための3つの要件

　供託が有効に行われるためには，次の要件が必要とされています。

　①　供託が根拠法令に基づくものであること

　供託は，民法，商法，民事訴訟法，民事執行法，民事保全法等，その他の法令において，「供託することができる」（民494，民執156Ⅰ）のように供託を許容する規定，又は「供託しなければならない」（民執156Ⅱ）のように供託を義務づける規定が存在しなければ，供託することができません。

　②　供託の目的物が供託可能な物であること

　供託の目的物を供託物といい，供託物は，金銭，有価証券，振替国債等又はその他の物（動産・不動産）でなければなりません。ただし，その他の物は供託所には供託できません（201頁参照）。

　③　適法な供託所に対する供託であること

　適法な供託所とは，供託の管轄（204頁参照）をいいます。

3 供託の仕組み

　供託の目的物である財産を「供託物」，供託物を預ける所を「供託所」，供

託所に供託物を提出する者（供託の申請をする者）を「供託者」，供託所を通じて供託物を受領する者（供託の相手方）を「被供託者」といいます。

(1) 供託所

供託物が金銭又は有価証券及び振替国債等については，法務局若しくは地方法務局又はその支局若しくは法務大臣の指定する出張所（現在は全国の法務局の出張所で供託事務を扱っていません。）が供託所として，その事務を取り扱っています（供1）。

ただし，有価証券及び振替国債等については，どの供託所でも供託受理手続のみを行い，直接の受入事務は行っていません。なお，供託所には，現金の受入事務を取り扱う供託所（法務局及び地方法務局の本局，東京法務局八王子支局及び福岡法務局北九州支局の52庁の供託所，以下「現金取扱庁」という。），現金の受入事務を取り扱わない供託所（東京法務局八王子支局及び福岡法務局北九州支局を除く法務局及び地方法務局の支局の供託所，以下「非現金取扱庁」という。）があります。

(2) 供託官

供託所における供託に関する事務は，法務局若しくは地方法務局又はその支局若しくは出張所に勤務する法務事務官で，法務局長又は地方法務局長の指定した者が，「供託官」として取り扱います（供1ノ2）。

供託官の主な権限は，供託の申請及び供託物の払渡しの請求等に対する受理，認可及び却下等の処分，供託物払渡請求権に対する譲渡通知書及び差押命令書等の接受です。供託官は，供託に関する法令に基づき供託事務を取扱う権限を有しますが，現金の出納保管，保管金又は保管有価証券の日本銀行に対する払込み又は寄託の権限を有していません。しかし，それらの権限をも有しないと，一連の供託事務を円滑に処理することができないこととなるので，供託官は，歳入歳出外現金出納官吏（金銭の供託物），保管物取扱主任官（有価証券及び振替国債等の供託物）を兼ね得ることとされています（なお，供託振替国債に関する出納管理については，昭24．5．31会甲第3567号法務総裁訓令により保管物取扱主任官が取り扱うこととされています（供託振替国債取扱規程1条）。法務局及び地方法務局会計事務章程6ただし書）。

Q44　供託官の審査権限はどこまであるのか？

　　供託官の審査権限は，供託書及び添付書類等のみに基づいてするいわゆる形式的審査（書面審査）の範囲にとどまるが（最高裁判決昭36.10.12集民55号125頁），その審査の範囲は，提出された供託書に記載された事項及び添付（提示）書類から判断し得る限りにおいて，供託原因が存するか否か等，当該供託が実体法上有効か否かという実質的要件審査を行う（最高裁判決昭59.11.26判時1149号87頁，別冊ジュリスト「供託先例判例百選（第2版）」37巻3号22頁（2001））。供託物払渡請求についても，供託申請の場合の審査と同じである。請求書が所定の様式に従って作成され，かつ，必要な書面の添付又は提示があるか否かだけでなく，それらの書面の記載から，当該請求者が実体上供託物の還付を受ける権利を有するか否かの判断にまで及ぶ。すなわち，還付請求権の譲渡，差押えその他の処分の制限，消滅時効の完成等還付請求を妨げる事由の有無を調査し，当該還付請求を認可すべきか否かを決定することとなる。そして，供託官は，還付請求を理由があると認めるときは，払渡しを認可しなければならない（法務省民事局第四課監『実務　供託法入門』37頁（民事法情報センター，1997））。

Q45　供託官の処分に不服がある場合はどうすればよいのか？

　　「供託官ノ処分ニ不服アル者又ハ供託官ノ不作為ニ係ル処分ノ申請ヲ為シタル者ハ監督法務局又ハ地方法務局ノ長ニ審査請求ヲ為スコトヲ得」（供1ノ4）とされており，審査請求をすることが認められている（供1ノ5）。
　審査請求は，処分をした供託所に審査請求書2通を提出してすることとされており，供託官は，その請求に理由があると認めるときは処分を

変更して審査請求人に通知し，請求に理由がないと認めるときは，審査請求書に意見を付して審査請求の日から5日以内に監督法務局又は地方法務局の長に送付することとされている（供1ノ6）。審査請求書の送付を受けた法務局又は地方法務局の長は，その内容を審理して裁決することになるが，その請求に理由があると認める場合は供託官に処分の変更を命じ（供1ノ7），理由がないと認める場合は棄却の決定をすることになる。また，申請人は，供託官の処分に対して，前記審査請求を経ることなく，直ちに処分庁である当該供託官の所属する行政主体たる国を被告として，その取消しを求める行政訴訟を提起することもできる（平28.3.29民商51号通達「行政不服審査法等の施行に伴う供託事務の取扱い」）。

(3) 供託物

ア 金 銭

金銭とは，我が国の通貨であって，外国通貨は含まれないが，外国通貨は「その他の物品」として供託することができます。また，現金取扱庁に供託する場合は，供託官が相当と認めるときは，日本銀行を支払人として，政府，地方公共団体，公団，公庫，公社若しくは銀行が振り出した小切手（日銀小切手）又は払込委託銀行の自己あて小切手（預金小切手）を，金銭の代用として領収することができます（準則39）。

なお，弁済供託において，債務額に1円未満の端数がある場合，通貨の単位及び発行等に関する法律3条の規定により，50銭未満の端数は切り捨て，50銭以上1円未満の端数は1円として計算した金額を供託しなければならないとされています（昭28.12.24民事甲2466号・先例集［573］597頁）。国等の場合については，国等の債権債務等の金額の端数計算に関する法律2条の規定によって算定することとなります。

イ 有価証券

「有価証券」とは，財産権を表彰する証券で，当該財産権の行使にその占有を必要とするものをいいます。有価証券による供託は，営業保証供託や裁

判上の保証供託等，各保証根拠法令において，有価証券による供託を認める旨定められている場合に限ってすることができます。国債（外貨債を含む），地方債，株券及び社債券，特殊法人の発行する債券等ですが，供託することができる有価証券の種類には，供託の根拠法令に別段の定めがない限り（例えば，宅建法施行規則15の2には定めがあり，株券は認められていない。宅建法25Ⅲ，公職選挙法92等），一般的な制限はありません。

　ウ　振替国債等

「振替国債」とは，社債・株式等の振替に関する法律（平成13年法律第75号）の規定の適用を受けるものとして財務大臣が指定した国債で，振替機関が取り扱う振替口座簿の記載又は記録によって定まるものとされています（社振法88）。

　振替国債による供託が認められるのは，担保（保証）供託及び選挙供託に限られます。また，担保供託であっても，当該供託の根拠法令によって振替国債による供託が認められている場合に限って振替国債による供託が認められます（社振法278Ⅰ）。

　エ　金銭・有価証券及び振替国債以外の物品

　金銭・有価証券及び振替国債以外でも，動産，不動産を問わず供託の目的物となり得ます（土地収用法95Ｖ，道路法94Ⅲ）。その場合，法務大臣によって指定された倉庫営業者又は銀行が供託事務を取り扱うこととなります（供5）が，倉庫営業者は三菱倉庫株式会社外，わずかに17社が指定されているだけであり，銀行は指定されていません。その他，弁済供託の場合における裁判所による供託所又は供託物保管者の指定又は選任（民495Ⅱ，非訟事件手続法94Ⅰ）があります。

⑷　**供託の当事者**（巻末資料5「供託の種類・当事者・管轄別一覧表」参照）
　供託の当事者を供託者又は被供託者といいます。

　ア　供託の当事者能力

　供託の当事者能力とは，供託者又は被供託者となり得る一般的な能力のことをいいます。実体上の権利能力に対応する概念と考えるとよいでしょう。

①　供託の当事者能力については，供託法令上は別段の定めがないため，

民法その他の法令の定めるところに従うこととなります（民訴28）。

② 自然人及び法人は当事者能力を有します。

③ 法人でない社団又は財団であっても，代表者又は管理人の定めのあるものについては当事者能力が認められます（規則13Ⅱ①，14Ⅲ，民訴29）。

④ 法人格のない民法上の任意組合等は，契約書，規約，委任状等により組合長の代理権が認められれば，供託申請は受理されるものとされています（昭26.10.30民甲2105号回答・先例集(1)［520］482頁）。

　イ　供託の行為能力

供託の行為能力とは，供託手続上の行為を有効になし得る能力のことで，供託法令上は別段の定めがないため，民法その他の法令の定めるところに従うこととなります（大11.3.3民事局長回答・先例集［67］58頁）。

つまり，民法上の行為能力に対応するもので，効果の点では民事訴訟における訴訟能力に準じて考えるとよいでしょう。なお，供託上の行為無能力者のした供託手続は無効です。供託の公法的関係及び手続の安定の要請から取り消すことができるものとされるのではなく，無効とされているので注意が必要です。

行為能力が認められていない者は以下のとおりです。

① 未成年者及び成年被後見人には供託行為能力は認められず，必ず親権者，未成年後見人及び成年後見人が供託手続を代理しなければなりません。また，被保佐人は，行為能力を制限されているので，供託の申請，弁済供託の受託などの重要な行為については，保佐人の同意を要します。

② 意思能力を有する未成年者であっても，供託行為能力は認められないことから，法定代理人が供託手続上の行為を代理しなければなりませんが，営業許可を受けた未成年者は，その営業に関し成年者と同一の能力を有するので，その営業に関しては自ら供託することができます（民6）。

　ウ　供託の当事者適格

供託手続上，供託者又は被供託者として供託手続を行うために必要な適格をいいます。

その供託の根拠法令によって定まります。実体上の関係によって決定され，

203

第Ⅰ編　各制度の概要

供託の実質的要件の一つとされています。当事者適格において，第三者による供託が可能であるかが問題となります。

エ　第三者による供託

供託の種類によっては，第三者供託が認められるものがあります。利害関係のない者が他人の債務につき弁済供託をする場合，現実に供託する第三者の住所，氏名を記載し，備考欄に第三者供託である旨を記載すれば足ります（昭41.12.15民甲3367号認可・先例集(4)［93－8］237頁）。

その他，当事者以外の第三者が本人に代わって裁判上の担保供託をする場合も，裁判所が相当と認める場合に限り，第三者も供託者に代わって供託することができるものとされています。この場合は，第三者の住所・氏名を供託者として表示し，本人との関係を備考欄に記載して明らかにする（昭18.8.13民甲511号通達・先例集［408］333頁）ときは，債務者の同意がなくても供託ができるとしています（昭35年度全国供託課長会同決議・先例集(3)［1－3］1頁参照，259頁参照）。

しかし，営業保証供託については，担保官庁の承認がある場合であっても第三者は供託することはできません（昭38.5.27民甲1569号認可・先例集(3)［88－2］288頁，昭39年度全国供託課長会同決議・先例集(3)［135－10］413頁）。

その他，仮差押解放金・仮処分解放金，没収供託も第三者がすることはできません。

(5)　供託の管轄（巻末資料5「供託の種類・当事者・管轄別一覧表」参照）

全国の供託所のうち，どこの供託所に供託すべきかですが，供託法には，管轄についての一般的規定はありません。供託の根拠法令にも，供託の管轄に関する規定を設けているものと，供託すべき旨の規定だけを設けて，管轄に関する規定を設けていないものがあります。

根拠法令に供託すべき供託所が定められていない場合は，どこの供託所に供託しても差し支えなく，例えば，配当留保供託については，管轄の定めはなく，どこの供託所に供託しても差し支えありません（民執91条Ⅰ）。ただし，不出頭供託（286頁以下参照）は，民法494条の受領拒絶に当たると解されている（民事月報35巻11号88頁（1980））ことから，弁済供託と同様，債務の履

第3章 供託制度の概要

行地の供託所となります。したがって，配当を行う裁判所の所在地の管轄区域内の供託所となります。根拠法令に供託すべき供託所が定められている場合として，執行供託における第三債務者による供託（295頁参照）は，債務履行地の供託所（民執156Ⅰ・Ⅱ）となります。その他，滞納処分に関する執行供託（国徴法133Ⅱ・Ⅲ，同施行令50）においては，国税通則法121条の規定による金銭供託の場合を除き，税務署の所在地の供託所（昭44.12.23民甲2619号・先例集(5)[41-2(2)イ(ロ)]116頁），仮差押解放金及び仮処分解放金は命令を発した裁判所又は保全執行裁判所の所在地を管轄する地方裁判所の管轄区域内の供託所（民保22Ⅱ，25Ⅱ）となっています。

もし，管轄違いの供託所に申請したときは，供託官は却下処分にしなければならず（規則21の7），誤って受理されたとしても無効です。

したがって，供託者は錯誤を理由に取戻しをした後，正しい供託所に改めて供託し直すこととなります。ただし，管轄違いの供託所であっても，弁済供託においては供託者が取り戻す前に被供託者が供託を受諾し，又は還付請求をしたときは，当初から有効な供託があったものとして取り扱われます（昭39.7.20民甲2594号・先例集(3)[138]429頁）。

弁済供託において以下の場合の供託所はどこになるのか？
① 債務履行地に供託所がないとき
② 持参債務で債権者の住所が不明である場合
③ 地代，家賃の債権者が数名おり支払場所が債権者の住所と定められている場合
④ 債権者不確知の弁済供託をするとき

① 金銭の弁済供託をする場合において，債務履行地に供託所がないときは，債務履行地の属する都道府県内（最小行政区画）の最寄りの供託所に供託すれば足りる（昭23.8.20民甲2378号通達・先例集[430]367頁）。この最寄りの供託所の選定に当たっては，

205

第Ⅰ編　各制度の概要

債権者（被供託者）の利便（距離，交通，時間，経済等）を考慮しなければならないものとされている（昭25．3．17民甲759号・先例集［465］408頁）。

② 持参債務につき，弁済の場所の契約がなく，債権者の住所が不明である場合には，債権者の最後の住所地の供託所に供託すればよい（昭39年全国供託課長会同決議・先例集(3)［135-12］414頁）。

③ 地代，家賃の債権者が数名おり，支払場所が債権者の住所と定められている場合には，可分債権については，各人別にその住所地の供託所に，不可分債権については，そのうちの1人の住所地の供託所に供託すべきである（昭36．4．8民甲816号認可・先例集(3)［4-22］26頁）。

④ 債務履行地を債権者住所地とする売掛代金債権につき，甲又は乙のいずれに支払うべきか不明のため，債権者不確知を事由として弁済供託するときは，甲又は乙のいずれか一方の住所地の供託所に供託すればよい（昭38．6．22民甲1794号認可・先例集(3)［94-1］304頁）。

第2　供託手続

1　供託物の受入申請手続

供託の手続は，①供託者から供託申請書の提出，②供託官が供託を受理，③供託物の供託所への提出，④供託書正本を供託者へ交付，⑤供託通知書を被供託者へ通知します（197頁の図参照）。

⑴　供託が受理できる要件

以下の2要件が必要となります。

　ア　形式的要件

　　㋐　供託の申請が供託規則所定の様式に従って作成されていること

供託所には，供託規則所定の様式に従って印刷されたOCR用紙（後記⑵参照）が備え付けられているので，供託をしようとする者は，必要な用紙を供託所から受け取り（無料），これに所要の事項を記載し，供託物（金銭，有価

証券又は振替国債等）を添え，供託申請に必要な書類を添付（又は提示）して
提出することとなります（供2，規則13）。

　　㈑　供託者が実在し，当事者能力を有すること

　供託書中の供託者の記載及び添付（提示）書類等から判断して供託者が実
在していて，その当事者能力が認められる者であることが必要です（202頁
参照）。

　　㈔　供託を義務付け又は許容する根拠法令が存在すること（198頁参
　　　照）

　　㈕　供託所が当該供託につき管轄権を有していること（198頁参照）

　　㈖　供託の目的物が適格を有すること（198頁参照）

　イ　実質的要件

　　㈎　当事者が当事者適格を有すること

　例えば，弁済供託の申請において，供託書の記載から供託者が債務者で，
被供託者が債権者であること，営業保証供託の申請においては，供託者が当
該営業者であること，裁判上の担保供託の申請においては，供託者が裁判所
から担保を立てることを命ぜられた者であると認められることが必要です
（203頁参照）。

　　㈑　供託の原因が存在すること

　弁済供託の申請において民法494条，営業保証供託の申請において当該営
業の根拠法令，裁判上の担保供託において民事訴訟法等所定の立担保の供託
原因が存するかなどが必要です。

⑵　供託書の様式

　平成20年2月25日から，全ての供託所において，ペーパーレス化が導入さ
れ原則として，三連複写式の供託書用紙は使用できず，OCR用の供託書の
みの使用となっています。OCR用紙は供託所に備え付けてあります。その
様式については，供託規則に1号から12号まで定められています。

207

【供託書（OCR）の様式（供託規則1号～12号様式）】

供託の種類＼供託物	金　銭（継続用紙）	有価証券（継続用紙）	振替国債（継続用紙）	共通継続用紙
地代・家賃弁済	1号様式			8号様式（供託者複数の場合の継続用紙） 9号様式（被供託者複数の場合の継続用紙） 11号様式（空白） （その他の継続用紙）
裁判上の保証	2号様式	5号様式（10号様式）	5号様式（12号様式）	
仮差押・仮処分解放金	2号様式			
営業保証	3号様式	6号様式（10号様式）	6号様式（12号様式）	
執　行	4号様式（附録2号～8号）			
その他	4号様式	7号様式（10号様式）	7号様式（12号様式）	

　執行供託の附録2号～8号の様式は，平成15年9月18日民商2804号通達に示されています。

供託書を記載する上で注意をする事項等は？

(1)　一般的な注意事項
　　ア　記載の文字等（規則6Ⅰ・Ⅱ・Ⅲ）
　供託書に記載するときは，黒色又は青色のボールペンを使用し，金銭その他の数量，年月日等を記載する場合は，「1，2，3，10」等のアラビア数字で記載する。
　　イ　記載事項の訂正等（同6Ⅵ）
　供託書，供託通知書の供託金額，有価証券の枚数及び総額面，振替国債の金額の訂正，加入又は削除は認められていない。
　　ウ　継続記載（同7Ⅰ・Ⅱ，13Ⅴ）
　該当欄に記載事項の全部を記載することができないときは，備考欄に記載するか，又は継続用紙に記載する。

第3章　供託制度の概要

(2)　各様式共通の供託書各欄の記載

ア　申請年月日（規則13Ⅱ⑫）

イ　供託所の表示（同13Ⅱ⑪）

ウ　供託者の氏名及び住所（同13Ⅱ①）

　(ｱ)　供託者が自然人であるときは「その氏名及び住所」

　(ｲ)　供託者が法人であるときは「その名称（又は商号），主たる事務所（又は本店）及び代表者の氏名」

　(ｳ)　供託者が法人でない社団又は財団であって，代表者又は管理人の定めのあるときは「その名称，主たる事務所及び代表者又は管理人の氏名」を記載する。

　(ｴ)　本人に代わって第三者が供託する場合には，現実に供託する第三者の氏名，住所を記載し，備考欄に第三者供託である旨を記載

エ　代理人の氏名及び住所（同13Ⅱ②）

　(ｱ)　代理人が供託申請する場合には，供託者を記載した後，その下に代理人の氏名及び住所を記載する。代理人は法定代理人あるいは任意代理人を問わない。

　　例えば，供託者が未成年者であるときは，その者の氏名及び住所を記載した上で，「親権者父何某，母何某」の振合いで併記し，司法書士等の任意代理人が供託手続を代理するときは，本人の氏名及び住所を記載した上で，任意代理人の氏名及び住所を記載する。

　(ｲ)　復代理人による供託は，代理人の氏名及び住所と復代理人の氏名及び住所を併記するか，「供託者の住所氏名」欄に復代理人の氏名及び住所を記載して，「備考」欄に代理人の氏名及び住所を記載し，復代理人との関係を明らかにする。

　(ｳ)　会社の支配人が供託する場合には，当該会社の代表者の資格氏名は記載する必要がなく，会社の本店商号と支配人の氏名及び住所を記載すれば足りる（昭39.11.21民甲第3752号認可・先例集(4)〔13-4〕37頁）。

209

オ　供託金額又は供託有価証券の名称（同13Ⅱ③）

供託物が金銭の場合には，供託金額をアラビア数字で記載し（規則6Ⅱ），金額の表示の冒頭に¥記号を記載する必要がある。供託物が有価証券の場合には，当該有価証券の名称，枚数，総額面，券面額，回記号及び番号，附属利賦札及び最終の渡期を記載する必要がある。

カ　法令条項（同13Ⅱ⑤）

あらかじめ法令条項が印刷されている第1号様式の地代・家賃弁済供託を除き，供託を義務付け又は許容した法令の条項を，例えば，通常の弁済供託であれば「民法第494条」と，仮処分の担保供託であれば「民事保全法第14条第1項」と，第三債務者がする執行供託であれば「民事執行法第156条第1項又は第2項」等とそれぞれ記載する。

キ　供託の原因たる事実（同13Ⅱ④）

供託は，根拠法令に基づくことを要するので，その要件を具備していること及び供託原因が存在することを記載しなければならない。この供託原因は，供託の種類によって異なるが，どの種類の供託であっても必ず記載することを要し，また，その内容は，供託官において当該供託の供託原因の存否が判断できる程度に，具体的かつ簡潔に記載しなければならない。ただし，地代・家賃弁済供託（第1号様式），裁判上の担保供託及び仮差押・仮処分解放金の供託（第2号様式）については，供託原因事実の記載事項が定型化・簡略化されている。

ク　備考欄

備考欄には，継続記載や第三者供託の際に記載することがあるが，その他必要に応じて記載して差し支えない。

(3)　各様式特有の供託書各欄の記載

ア　被供託者の氏名住所（規則13Ⅱ⑥）

営業保証供託を除き，供託物の還付を請求することができる者が特定できるときに記載する。

㋐　その者が自然人であるときは「その氏名及び住所」

㋑　法人であるときは「その名称（又は商号）及び主たる事務所

第3章　供託制度の概要

（又は本店）」

　　　㈦　法人でない社団又は財団であって，代表者又は管理人の定めの
　　　　　あるものであるときは「その名称及び主たる事務所」を記載する。
　　　　　なお，上記㈢及び㈦については，供託者の記載と異なり，代表者
　　　　　又は管理人の氏名の記載は要しない。

　イ　供託により消滅すべき質権又は抵当権（同13Ⅱ⑦）

　地代・家賃の弁済供託やその他の弁済供託において，当該供託によっ
て消滅すべき質権又は抵当権がある場合には，供託官がその質権又は抵
当権の内容が確認し得る程度に記載する。なお，この質権又は抵当権の
内容を供託の原因たる事実欄に記載した場合には，「供託の原因たる事
実欄記載のとおり」と記載すれば足りる。

　ウ　反対給付を条件とする供託における「反対給付の内容」（同13Ⅱ⑧）

　弁済供託において反対給付を条件として供託する場合には，その内容
を記載する。

　この反対給付の内容は，基本的に地代や家賃の給付と同時履行の関係
にあるものでなければならない。

　エ　供託物の還付等に官庁の承認等を要する場合における「官庁の名
　　　称及び件名等」（同13Ⅱ⑨）

　営業保証供託において，供託物の還付又は取戻しをする際に所管する
官庁の承認や証明が必要な場合には記載する。

　オ　裁判上の手続に関する供託における「裁判所の名称，件名及び事
　　　件番号」（同13Ⅱ⑩）

　裁判上の担保供託や仮差押・仮処分解放金の供託をする場合には，当
該事件の係属裁判所名，事件名及び事件番号を記載する必要がある。

⑶　供託書正本

　供託官は，金銭又は有価証券の供託を受理すべきものと認めるときは，供
託書正本に所定の事項を記載して記名押印し，供託者に交付します（規則18
Ⅰ，20Ⅱ前段）。

211

第Ⅰ編　各制度の概要

振替国債の供託を受理すべきものと認めるときは，供託者に供託を受理する旨その他の事項を告知し（規則19Ⅰ），所定の要件が満たされたときは，供託書正本に供託振替国債を受け入れた旨を記載して記名押印し，供託者に交付します（同19Ⅲ）。

供託書正本は，紛失しても再交付すべき性質のものではないから，担保官庁に提出前に紛失したような場合には，供託所に対して，供託に関する事項についての証明を請求（規則49Ⅰ）し，供託した事実を立証するほかありません。

Q48　供託書の訂正はできるのか？

A　供託官は，供託書の記載事項につき，供託者から明白な誤記を訂正する申請がされた場合には，供託の同一性を害しない限り，これを受理することができる（準則55Ⅰ）。なお，供託書の訂正申請の受否の判断は，供託官に委ねられている（同55Ⅲ）。

【供託書の記載事項の訂正が一般的に認められる要件又は許容範囲】

①　供託書の記載事項に明白な誤記があること

②　訂正が本来の供託の同一性を害しない範囲のものであること

③　訂正すべき事項が訂正禁止事項（規則6Ⅵ）でないこと

④　誤りが供託受理前のものであり，受理された後に発見したものであること

【供託書の訂正方法】

①　供託者からの訂正申請書により訂正する（ただし，訂正を証する書面の添付を要する。　→　供託原因となった差押命令等。資格証明書・印鑑証明書添付）。供託準則附録10号様式による（供託所に用紙備付けあり）。

②　裁判所からの更正決定に基づき訂正する。

212

第3章　供託制度の概要

【供託準則附録第10号様式】

供託書訂正申請書

供 託 番 号　　　平成○○年度金第○○○号
供 託 者 の 氏 名　　○　○　○　○
被供託者の氏名　　○　○　○　○
訂正すべき事項　　　　被供託者の住所「東京都○○市中町○○番○
　　　　　　　　　号」とあるを「東京都○○市仲町○○番○号」と
　　　　　　　　　訂正する。

　　　　　　上記のとおり訂正いたしたく，申請する。
　　　　　　　　　　平成　　　年　　　月　　　日
　　　　　　　　　　申請人
　　　　　　　　　　住所　　東京都○○市○○町○○番地
　　　　　　　　　　氏名　○　○　○　○　　　　㊞
　　　東京法務局八王子支局　御中

　　　　　　上記訂正を受理する。

　　　　　　　　　　平成○○年○○月○○日
　　　　　　　　　　東京法務局○○支局
　　　　　　　　　　供託官　○　○　○　○　　㊞

　供託書訂正申請書は，供託準則附録10号様式による申請書の同一のも
のを2通を提出する（準則55Ⅱ）。供託官は，訂正申請を受理すべきも
のと認めるときは，供託訂正申請書の1通に，これを受理する旨を記載
して記名押印し，申請者に交付する。申請に必要な書類は閲覧請求等の
申請と同様である（「Q59」参照）。手数料は無料である。

⑷　供託通知書

　供託通知が必要とされる供託をする場合において，供託者が供託官に対し
て，被供託者に供託通知書を発送することを請求する場合であっても，供託
通知書を添付する必要がありません（規則16Ⅳ）。供託通知書の発送を請求
することができる供託は，民法494条及び国税徴収法134条「弁済期未到来の

213

第Ⅰ編　各制度の概要

換価代金の供託」の規定による供託のほか，土地収用法95条2項「権利取得裁決に係る補償金等の供託」，土地改良法123条1項「補償金又は清算金の供託」，漁業法施行法14条「漁業権消滅時に権利を有する者に対する補償金の供託」，農地法12条若しくは51条，土地区画整理法78条5項又は特定多目的ダム法28条2項の供託，その他弁済供託に準ずる供託とされており（準則33Ⅰ），民法398条の22第1項，会社法141条3項及び142条3項の「株券の供託」，仮登記担保契約に関する法律7条1項，民事執行法156条1項（民保50Ⅴで準用する場合を含む。）等の規定に基づく供託も含まれます。

また，供託物について担保権を行うことができる者があるときは，当該供託はその担保権者の物上代位権に対する弁済供託の性質も有するので，その担保権者に対しても供託通知書の発送を請求することができるとされています（準則33Ⅱ）。

通知方法としては，

①　自ら供託通知書を発送する方法

②　供託官に供託通知書の発送を請求する方法

のいずれかを選択することになっています。

なお，供託者が供託官に供託通知書の発送請求をするときは，供託者は，供託書に，郵券（切手）と封筒を，被供託者の数だけ添付すべきこととされています（規則16Ⅱ）。

⑸　**供託カード**

地代・家賃に係る弁済供託・給料債権及び建物賃貸借等に基づく賃料債権の差押えに係る執行供託の金銭の供託をする場合（当分の間，3種類のみ），供託カードの交付申出をすることができます（平15.9.18民商2804号通達・先例集(8)［75-5⑴ア］477頁，規則13の4Ⅰ）。

2回目以降の供託をするときは，カードを提示し，供託カードの番号等を記載すれば，供託書の記載事項のうち一部については，その記載を省略することができます（規則13の4Ⅳ）。なお，供託カードを提示して供託した最後の日から2年を経過したとき，供託者又は代理人の表示等2回目以降に記載を要しない事項につき変更があった場合（執行供託で差押えの数が増えた場合

214

を含む。)，この場合，供託規則13条の4第1項の規定により，新たな供託カードの交付の申出をすることができます。また，継続的給付に係る給与の執行供託において，賞与のときは，供託の原因たる事実欄の内容が「給与」から「賞与」に代わるので，供託カードを掲示して供託を申請することはできなくなります。

供託カードが毀損，汚損し，又は滅失の際には，供託カードの再交付ができます。ただし，供託カードを再交付したときは，旧カードを使用することはできません。

(6) 供託申請の添付又は提示書類

供託受入申請においては，供託の要件が具備されており，供託意思は供託者が供託物を提出することによって担保されることから，供託受入申請においては，供託原因の発生を証する書面の添付は不要とされています。

ア 資格証明書

（巻末資料6「代表者の資格を証する書面（及び支配人の代理権限証書）一覧」及び「代表者の資格を証する書面一覧」参照）

自然人以外の場合には，資格証明書を要することになります。

資格証明書の添付を要するか，それとも提示で足りるかについては，それが登記された法人であるときは登記事項証明書を供託の際に提示（準則31，規則14I前段），登記されていない法人の場合は添付（関係官庁作成のもの，準則31，規則14II）しなければなりません。なお，この資格証明書の有効期間は，官庁又は公署が作成したものか否かに関係なく，その作成後3か月以内です（規則9）。

また，供託書に添付する資格証明書は，供託者は，原本と相違がない旨（「これは，原本と相違ありません。氏名○○」）を記載した当該書類の謄本を添付して原本の還付を請求することができます（規則9の2I・II）。委任による代理人によって資格証明書の還付を請求する場合には，その委任状に原本還付を請求する権限が記載されていることが必要です（同9の2IV）。

同一の供託所に対して同時に数個の供託をする場合において，供託書に添付する資格証明書に内容について同一のものがあるときは，1個の供託書に

1通を添付すれば足ります。この場合には他の供託書の備考欄に，この資格証明書を援用する旨を記載します（規則15）。ただし，この援用には，既に提出されている供託書の添付書類を援用することはできません（昭53．2．1民四602号通達，先例集(6)〔46-2(4)5〕144頁）。

 添付又は提示書類省略の簡易確認手続とは？

A　全供託所（ただし，東京，名古屋，大阪の各法務局の本局は除く（平成30．4．1現在，昭53．2．20法務省告示第53号）において，昭和43年6月14日付民事甲2003号民事局長通達「供託規則等の一部改正に伴う供託事務の取扱いについて」により，供託所と代表者の資格又は印鑑の証明をすべき登記所が同一の法務局若しくはこれらの支局又はこれらの出張所（法務大臣が指定したものを除く。）であるときは，供託申請者又は払渡請求者は，供託書又は供託物払渡請求書を供託所の窓口に提出する際に，簡易確認手続の申し出を行うと，供託官から依頼書が交付され，それを申請者等が登記事項証明書等の交付窓口に提出し，窓口担当者は「公用」で証明書等を作成し，「供託手続用」のスタンプを押印して，申請者等に交付する。申請者等は，交付を受けた証明書等とともに供託書等を供託官に提出することで，資格証明書又は印鑑証明書の提示又は添付を省略することができる（規則14Ⅰ後段・Ⅳ後段，26Ⅰ，27Ⅱ・Ⅲ，35Ⅳ，平14．6．21民商1524号通知・先例集(8)〔65〕402頁，平20．2．18民商631号通達「登記事務における登記簿等の公開に関する事務の民間委託実施庁における簡易確認手続の取扱いについて」，平20．6．12民商1667号通達「法務局及び地方法務局における商業・法人登記事務の集中化の実施に伴う簡易確認手続の取扱いについて」）。なお，現在は全国の法務局の出張所で供託事務を扱っていません。

第3章　供託制度の概要

> | 代 理 権 限 証 書 |
> | 資 格 証 明 書 |
> | 確 認 済 |

※　提示された書面によって代表者の資格を確認したときは，供託書裏面の適宜の箇所に供託事務取扱手続準則32条１項により附録８号の２様式による左の印判を押す。

イ　代理権限証書

（巻末資料６参照）

供託をしようとする者が代理人によって供託をする場合には，代理人の権限を証する書面（代理権限証書）を提示することを要します（規則14Ⅳ前段）。

なお，この代理権限証書の有効期間は，任意代理の委任状については制限はありませんが，官庁又は公署の作成したものについては，その作成後３か月以内のものに限られます（規則９）。

Ｑ50　公正証書遺言により遺言執行者に指定された者が，その職務に基づき供託をするときは，代理人の権限を証する書面として，公正証書遺言の正本でよいのか。この場合の公正証書遺言の正本は作成後３か月以内のものでなければならないか？

A　代理人の権限を証する書面は，公正証書遺言の正本となる。また，代理人の権限を証する書面が遺言執行者が家庭裁判所の選任によるものであれば，官庁又は公署の作成に係るものに該当し，その作成後３か月以内の選任を証する書面が必要になる（規則９）が，遺言執行者の指定が公正証書遺言による場合は，官庁又は公署の作成に係るものに該当しないため，公正証書遺言の正本は，その作成後３か月以内のものでなくとも差し支えない（登記情報586号69頁（2010））。

第Ⅰ編　各制度の概要

Q51　供託時確認請求手続とは？

　　委任による代理人の権限を証する書面を提示（規則14Ⅳ）した際に，供託者から確認請求の申出があったときには，供託官は，その書面の適宜の箇所に附録8号の2様式による印判を押し，かつ職印を押さなければならない（準則32の2）。これは，供託物の取戻しを請求するときに，供託官による確認済の印判等が押されたものを添付し，当該確認請求済の委任状と同一の印鑑を押印した委任状を払渡請求書に添付すれば，供託者の真正な意思を確認できるため印鑑証明書を省略することができる（規則26Ⅲ③）。

なお，実務では，供託者の代理人から確認の請求がされた場合は，供託事務取扱手続準則32条の2の手続をし，印判の近接箇所に供託年度及び供託番号を記載し，供託官印を押印している。

```
┌─────────────────┐
│  代 理 権 限 証 書  │
│  資 格 証 明 書    │
│     確 認 済      │
│         ┌─────────┐
└─────────│平 成 29 年 度│
          │金 第○○○号 │   ←　供託官印
          └─────────┘
```

ウ　供託振替国債に関する資料の提供

供託所において，その銘柄，償還期限や利息の支払期を管理する必要があります。

そこで，供託者は，供託しようとする振替国債の銘柄，利息の支払期及び償還期限を確認するための資料を提供（オンラインによる供託の場合には，資料をファクシミリで供託所に送信するか又は電話での読み上げ等により提供することになりますが，オンラインによる供託以外の場合には，従来どおり提示すれば足りることになっています（平17．3．1民商第544号通達・先例集(8)［83-第3・1(2)］539頁）。

具体的には，供託者が当該振替国債を購入した際に口座管理機関が発行し

第3章　供託制度の概要

た取引内容に関する報告書がこれに該当します。このほか，供託者が当該口座管理機関に照会，確認を受けた事項を記載した供託者作成の書面（通帳の写し等）でも差し支えないとしています（平15.1.6民商第2号通達第2の3・先例集(8)［69−第2・3］424頁）。

(7)　**供託物の受入れ**

供託物が「金銭」であるときは，現金取扱庁又は非現金取扱庁に供託する場合，現金取扱庁・非現金取扱庁の別に関係なく「振込方式」又は「電子納付」を利用して供託する場合とで，その受入方法が異なります。

供託物	受入方法等
ア　金　銭	①　現金取扱庁に申請する場合，供託金額に相当する金銭を供託所に直接提出 ②　非現金取扱庁に申請する場合，供託金額に相当する金銭を日本銀行（支店又は代理店）に払込み ③　振込方式を利用される場合，①，②のいずれの供託所に申請する場合においても，供託官が銀行等に開設している当座預金口座に振込み ④　電子納付を利用される場合，①，②のいずれの供託所に申請する場合においても，供託官が告知した納付情報に基づき納付
イ　有価証券	日本銀行（支店又は代理店）に提出
ウ　振替国債	口座管理機関（銀行，証券会社等）において，振替機関たる日本銀行の供託所の口座への振替申請
エ　上記以外の物品	法務大臣の指定した倉庫営業者等に直接提出

(8)　**オンライン申請**

オンライン申請には，供託かんたん申請，申請用総合ソフトを利用した申請の2つの方法があります。

供託かんたん申請は，インターネットができるパソコンがあれば，法務省ホームページの「供託ねっと」から面倒な環境設定（ただし，申請用総合ソフト同様に申請者情報登録は必要です。）をせずに申請ができ，供託金の納付はインターネットバンキングやマルチペイメントネットワークに対応したATMを利用し，供託の受理が決定されてから7日以内に供託金を納付することとなります。また，添付書面（委任状など）がある場合や，書面で供託

219

書正本を受け取る場合（供託書電子正本の受領は不可）は，窓口又は郵送によることになります。申請時に作成した申請書の再利用ができる（3か月前のものまで，8時30分から21時まで申請書の作成・送信が可能）ので，継続的な供託申請や電子署名が不要な供託申請には便利です。

申請用総合ソフトは，法務省ホームページの「登記・供託オンライン申請システム」から無料でダウンロードでき，供託所で取り扱う全ての供託手続に対応することができます。

また，オンラインで添付書面情報の送信ができ，供託申請の供託書電子正本の受領も可能です。供託申請においては，申請情報に電子署名をする必要はありません（24時間申請書作成は可能。申請書の送信は8時30分から21時まで）。供託金払渡請求の申請の際に使用します（「申請用総合ソフト」のみ可）。環境設定，申請者情報登録が必要になります。なお，オンラインにより供託できる供託物は金銭又は振替国債であり，有価証券はオンラインでの供託申請はできません。

（URL：http://www.touki-kyoutaku-online.moj.go.jp/kyoutakunet/top.html参照）

▌ 2 供託物の払渡請求手続 ▌

供託官により供託の受理決定がされて供託が手続上有効に成立すると，供託物は供託所が保管するという状態（いわゆる供託関係）に入り，供託物還付請求権又は供託物取戻請求権が発生します。そして，これらの請求に基づき，供託関係を終了させる手続が供託物の払渡手続です。供託物の払渡しには，「還付」と「取戻し」の2種類があります。

取戻請求権と還付請求権とは，別個独立したものですから，一方の処分又は処分の制限は他方には原則として何ら影響を及ぼしません。取戻請求権が第三者に譲渡されたり，差し押さえられても，被供託者は還付請求をすることができるし，還付請求権が差し押さえられても，取戻請求はできることになります。

供託の受入申請は，受入時には供託原因の発生を証する書面の添付を必要とせず，それほど厳格な手続を必要としていませんが，払渡手続を行うと供

託関係が消滅することとなりますので，取戻しの場合，供託原因消滅証書の添付を要する場合や，還付においては，債権者（被供託者）及び供託物に対する実体上の請求者が確定していることを証明する必要があるなど，厳格な手続が要求されることとなります。

(1) 還　付

還付とは，供託関係に基づく権利者たる被供託者からの供託物払渡請求に基づき，被供託者に供託物を払い渡し，供託関係は本来の目的を達して終了します。

(2) 取戻し

取戻しとは，供託の目的が錯誤その他の理由によって初めから存在しなかったり，また，供託後における供託原因の消滅等，供託関係がその目的を達成しないで供託物を供託者に払い渡すことをいいます（民496Ⅰ）。

Q52　供託受諾による取戻請求権の消滅とは？

A　民法496条の弁済供託の供託物の取戻しにおいて，被供託者が供託を受諾せず，又は供託を有効と宣告した判決が確定していない間は，弁済者は，供託物を取り戻すことができると規定し，同条2項は，たとえ1項に該当する場合でも，供託によって質権又は抵当権が消滅した場合には，取戻しができない旨を規定している。また，還付請求権が債権譲渡されたときは，被供託者において供託を受諾した上で当該債権を譲渡したものと解されるので，債権譲渡の通知に供託受諾の意思表示が含まれるとして（昭33. 5. 1民事甲917号回答・先例集［707］873頁），債権譲渡の通知書が供託所に送達されたとき取戻請求権は認められなくなる。

しかし，被供託者から供託受諾書の提出があった後であっても，錯誤を理由とする供託の取戻しは認められている。また，弁済供託の還付請求権に対し，債権差押え，転付命令の送達があった後も，供託者から錯

第Ⅰ編　各制度の概要

誤を理由とし，これを証する書面を添付して取戻しの請求があったときは，認可して差し支えない（昭31．5．7民甲973号回答・先例集［662］751頁）。

(3)　**還付請求及び取戻請求が認められる要件**

　ア　還付請求の要件

次のような要件を全て満たしていることが必要となります。

　　(ｱ)　被供託者が確定していること

　　(ｲ)　被供託者の供託物に対する実体上の請求権が確定していること

　　(ｳ)　被供託者の権利が条件付の権利であるときは，その条件が成就していること

　イ　取戻請求の要件

次のいずれかに該当する場合に請求できます。

　　(ｱ)　供託が錯誤の供託であって，無効であるとき

　　(ｲ)　供託後に供託原因が消滅したとき

　　(ｳ)　弁済供託において，被供託者が供託を受諾せず，又は供託を有効と宣告した判決が確定していないとき

(4)　**供託物払渡請求書の書式等**

　ア　供託物が金銭の場合は供託金払渡請求書（規則25号書式）

　イ　有価証券の場合には供託有価証券払渡請求書（規則26号書式）

　ウ　供託物が振替国債の場合には供託振替国債払渡請求書

　平成28年1月1日に施行された債券税制の見直しに伴い，振替国債の口座区分が変更されたため，「供託振替国債払渡請求書」（規則26号の2書式）の「口座区分（コード）」欄が改正されています。用紙は供託所に備え付けられています。

払渡請求書を記載する上で注意する事項等は？

(1) 一般的注意事項

「Q47」の供託書の記載上の注意事項(1)と同じ。

供託金額の訂正等については，供託金払渡請求書及び供託金利息払渡請求書に記載した金額は訂正することができるが，供託有価証券払渡請求書及び供託有価証券利札請求書に記載した有価証券の枚数及び総額面又は請求利札の枚数については訂正，加入又は削除は認められていない（規則6Ⅵ）。

(2) 払渡請求書各欄の記載事項

　ア　供託番号（規則22Ⅱ①）

　イ　払渡しを請求する供託金の額等（同22Ⅱ②）

　ウ　払渡請求の事由及び還付又は取戻しの別（同22Ⅱ③・④）

　エ　隔地払，預貯金振込，国庫金振替の方法を希望するときは，その旨の記載（同22Ⅱ⑤・⑥）

　オ　供託振替国債の払渡しを請求するときは，請求者の口座（同22Ⅱ⑦）

　カ　請求者の氏名及び住所（同22Ⅱ⑧）

　キ　請求者が供託者又は被供託者の権利承継者であるときは，その旨（同22Ⅱ⑨）

　ク　代理人の氏名及び住所（同22Ⅱ⑩）

　ケ　供託所の表示及び払渡請求の年月日（同22Ⅲ⑪・⑫）

(3) 払渡請求書記載上で特に注意を要する点

　ア　請求者（代表者・代理人の記載に注意）

　　㈠　未成年者の法定代理人　→　原則として親権者父母（民818）

　　㈡　国の代表者　→　原則として各省庁の長

　　㈢　国の訴訟代理人　→　指定代理人（国の利害に関係のある訴訟についての法務大臣の権限等に関する法律2条，昭25．4．26民甲1132号通達・先例集［470］415頁，昭53．3．1民四1216号・先例集(6)［48］

第Ⅰ編　各制度の概要

156頁）

(エ)　地方公共団体の代表

① 都道府県，市町村　→　都道府県知事又は市町村長（地方自治法139，147）

② 東京都特別区　→　特別区の区長（地方自治法281）

③ 政令指定都市の区　→　市長（政令指定都市の区は地方公共団体ではないので，代表者は市長）

イ　受取人（受領権限に注意）

(ア)　国の場合

① 金銭供託　→　原則として国庫金振替小切手受領の場合は出納官吏（会計法7）のうち

……歳入金は収入官吏（出納官吏事務規程1Ⅲ）

……歳入歳出外現金は歳入歳出外現金出納官吏（同Ⅴ）

② 有価証券供託　→　国の代表者又はその代理人

(イ)　地方公共団体の場合

都道府県は，金融機関を指定して公金の収納又は支出事務を取り扱わなければならない。市町村は指定して取り扱うことができる（地方自治法235）。

① 金銭供託　→　都道府県，市町村，東京都特別区は会計管理者（地方自治法168Ⅰ，170，283，出納員：171）

② 有価証券供託　→　都道府県知事又は市町村長（昭和47年度全国供託課長会同決議・先例集(5)［75-20］250頁）

ウ　供託物

(ア)　金銭供託の場合

① 請求金額　→　供託の一部の請求の場合，内渡し，分割払渡し

② 利息放棄→　請求人本人の意思確認のため，請求書又は委任状にその旨記載を要する。

③ 預貯金振込口座　→　請求人本人の口座又は代理人口座も可

(イ)　有価証券供託の場合（供託者，払渡請求者の商号・氏名に注意）

224

① 請求者が供託者と異なる場合（債権譲渡等）
② 請求者の商号又は氏名が供託書の供託者の表示と異なる場合（日本銀行に提出した寄託書と氏名・商号等に変更が生じている。），払渡請求書の備考欄に，供託書副本に記載された氏名・商号等を記載（昭和42年度全国供託課長会同決議・先例集(4)［125-22・32］339頁・342頁，昭和48年度全国供託課長会同決議・先例集(5)［89-20］289頁）

(5) **供託物払渡請求の添付又は提示書類**

　ア　還付・取戻請求に共通に添付・提示すべき書類

（巻末資料7「還付・取戻請求に共通に添付・提示すべき一般的書類一覧」参照）

　　(ア)　印鑑証明書

　印鑑証明書は，市区町村長又は登記所が作成したもので作成後3か月以内のものに限ります（規則9）。

払渡請求者	添付証明書
①　個人の場合	市区町村長の印鑑証明書（規則26Ⅰ）
②　登記された法人の代表者，支配人その他登記のある代理人，更生会社の管財人	登記所の印鑑証明書（規則26Ⅰ・Ⅱ）
③　登記されていない法人の代表者，法人格のない社団又は財団の代表者，管理人	市区町村長の印鑑証明書（規則26Ⅱ）
④　破産管財人，財産管理人，選定当事者，会社更生法による管財人又は保全管財人，船主責任制限法及び船舶油濁損害賠償保障法等による管理人	
⑤　法定代理人	

印鑑証明書の添付の有無についてはどうなっているのか？

①　供託者たる会社が会社解散前になした供託金について，清算結了後に供託物を取り戻す場合，旧清算人個人の印鑑証

第Ⅰ編　各制度の概要

明書を添付する（昭41．9．22民甲2586号認可・先例集(4)［77−13］203頁）。

②　裁判所の配当事件による支払委託の場合，支払委託書及び支払証明書に払渡請求者の代理人として代理人の表示（住所・氏名）が記載されているときは，代理人の印鑑証明書を添付して払渡しできる（昭和35年度全国供託課長会同決議・先例集(3)［1−72］13頁）。

③　刑務所に服役中の者は，本人の印鑑又は拇印である旨の刑務所長の奥書証明をもって印鑑証明に代えることができる（昭34．10．23民四発244号・先例集(2)［60］242頁）。

④　日本に営業所を有しない外国法人の場合は，本国官憲の証明書，又は資格を証明できる日本に駐在する領事又はこれに相当する者の証明，その国の利益を代表する外交機関の証明書等（昭27．8．19民事甲21号・先例集［538−2］532頁）を添付する。

　　なお，在外邦人の場合は在外公館の証明等を添付する。

⑤　添付を省略できる場合

　ⅰ　払渡請求権者が官庁又は公署である場合（規則26Ⅲ①）

　ⅱ　本人確認制度（同26Ⅲ②）

　　払渡請求権者が提示した運転免許証，個人番号カード，在留カード，その他官公署（身体障害者手帳，宅地建物取引士証等）から交付を受けた書類等（氏名，住所及び生年月日の記載があり，本人の写真が貼付されているものに限る。以下「本人確認資料」という。）により，その者が本人であることが確認できるとき，印鑑証明書の添付が省略できるとされている。この場合，提示した本人確認資料の写しを添付することを要する（「供託規則等の一部を改正する省令」（平成29年法務省令第3号）平成29年3月13日施行（以下「平成29年改正省令」という。），規則26Ⅲ②により明示された。）。

⑥　取戻請求者が添付を要しない場合

　ⅰ　供託時に規則14条4項前段の規定により供託官に提示した委任による代理権限証書（委任状）に押した印鑑と，請求者又は規則26条2項に掲げる者（法定代理人，支配人，法人等の代表者等）が取戻請

226

求書又は取戻請求時の委任による代理権限証書（委任状）に押した印
鑑とが同じであるときに，供託時の代理権限証書（委任状）を取戻請
求書に添付した場合，印鑑証明書の添付は要しない（規則26Ⅲ③）。た
だし，供託時の代理権限証書の適宜な箇所に準則附録8号の2様式に
よる印判を押し，かつ職印（準則32の2）の措置がされた代理権限証
書（委任状）でなければ印鑑証明書の添付の省略が認められない（準
則63Ⅱ）。当該措置については，供託に際して供託官に請求する（「Q
51」参照）。

ⅱ　取戻請求権者が法令の規定に基づき印鑑を登記所に提出すること
ができる者以外の者である場合において，官庁又は公署から交付を
受けた供託原因が消滅したことを証する書面を添付した場合（規則
26Ⅲ④）

⑦　簡易確認（「Q49」参照）

⑧　添付を要しない場合

会社代表者等の印鑑を登記所に提出することができる者以外の者が，
供託規則30条1項の証明書（配当額の証明書等）を添付して供託金の
還付を請求する場合であって，供託金の額が10万円未満である場合
（規則26Ⅲ⑤，平14.7.9民商1657号・先例集(8)［66-1］403頁）。

この場合，同規則23条により数個の供託について同時に供託物の払
渡しを請求する場合には，それらの元本合計額が10万円未満であるこ
とを要する。

なお，裁判所の配当事件による支払委託の場合，支払委託書及び支
払証明書に払渡請求者の代理人として代理人の住所・氏名が記載され，
元本合計額が10万円未満のときには代理人の印鑑証明書の添付も要し
ない（平15.12.12民商3673号回答・先例集(8)［76］482頁）。

※注　委任による代理人に対する預貯金振込みの方法（229頁及び「Q
56」参照）による供託金の払渡しを行うためには，上述⑥ⅱ及び⑧
の場合であっても，払渡請求者の意思確認のため，供託金払渡請求

書に添付された代理人の権限を証する書面（委任状）に押印された
払渡請求者の印鑑につき市区町村長の作成した証明書（印鑑証明書）
の添付を要することとされている（規則26Ⅲ④・⑤）。

　また，平成15年10月1日前までにされた供託について，供託物を取
り戻す場合において，払渡請求者が供託者である場合，「供託書に押
した印鑑」と「払渡請求書又は委任による代理人の権限を証する書面
に押した印鑑」とが同一である場合（「供託規則の一部を改正する省令」
（平成15年8月5日法務省令第60号，平成15年10月1日施行）附則3）に
印鑑証明書の添付を省略することが認められていたが，平成29年改正
省令により，この経過措置は廃止されている（平29.3.13民商37号通
達「供託規則等の一部改正に伴う供託事務の取扱いについて」）。

　　㈑　資格証明書

基本的には受入時の供託者の資格証明書の提示又は添付と同様です（規則
27Ⅲ）（巻末資料6参照）。

添付・提示が省略できる場合は以下のとおりです。

①　簡易確認手続（「Q49」参照）

②　裁判所からの支払委託書に法人の代表の資格及び氏名が記載されてい
　る場合（昭38.5.25民甲1570号認可・先例集(3)［87−2］286頁）

　　㈒　代理権限証書

受入時の供託者代理人の代理権限証書と同様です（規則27Ⅰ・Ⅱ）が，す
べて添付となります（巻末資料6参照）。

添付を要しない場合は以下のとおりです。

①　支配人その他登記のある代理人についての簡易確認手続

②　裁判所からの支払委託書に代理人が記載されている場合（昭30.9.28
　民甲2087号・先例集［644］720頁）

③　官公署の代理人で，法令等により代理権のあることが供託所に顕著な
　事実である場合。顕著な事実であるとはいえない場合は，代理権限を証
　する書面を添付（昭29.2.23民甲第385号・先例集［578］603頁）

㈓　還付又は取戻しを受ける権利を有することを証する書面の一部

①　承継を証する書面

ⅰ　相　続……相続を証する書面（戸籍謄本・法定相続情報一覧図等）

ⅱ　遺　贈……遺言証書（公正証書，私署証書）

ⅲ　会社合併……合併を証する登記事項証明書

②　利害関係人の承諾書

承諾書に押した印鑑につき市町村長又は登記所の作成した印鑑証明書，資格証明書添付，承諾書作成前３か月以内又は承諾書作成後に作成されたものに限ります（規則24Ⅱ①）。

③　同一人であることを証する書面

払渡請求時における被供託者の氏名・住所が供託書副本の記載又は副本ファイルの記録と異なる場合には，同一人であることを証する書面を添付する必要があります（昭35．３．４民甲555号認可・先例集⑵〔70－２〕273頁）が，理由によって，下表のとおり添付書類が異なります。

例）

婚姻等による氏名変更の場合	戸籍事項証明書（謄抄本）等
住所移転	住民票の写し等
誤記による場合	不在住証明書，戸籍事項証明書（謄抄本），住民票の写し，申述書等

イ　還付を受ける権利を有することを証する書面（規則24Ⅰ①本文）

通常の弁済供託の場合，供託書副本の記載又は副本ファイルの記録自体から，被供託者が還付請求権を有することが明らかであるから，特に証明書を必要としませんが（規則24Ⅰ①ただし書），その他の各種供託においては，個々の還付請求の場合に応じて，確定判決，和解調書，公正証書等のほか，各種の私署証書があり，添付すべき種類は多様です。

ウ　取戻しを受ける権利を有することを証する書面（規則25Ⅰ）

供託書の記載から払渡請求者が取戻しを受ける権利を有することが明らかである場合（規則25Ⅰただし書）は不要です。

第Ⅰ編　各制度の概要

(ア)　錯誤であることを証する書面

供託申請が錯誤（無効）の場合，供託が錯誤であることを証する書面が必要となります。ただし，供託が錯誤であることが供託所において明らかな場合は不要です。以下，錯誤であることを証する書面の添付の可否一覧表のとおりです。なお，裁判上の担保供託の場合，裁判所の不受理証明書が錯誤を証する書面となります（執行供託の場合は，「Q71」の(2)参照）。

	錯誤原因	先例等	可・否
1	誤記により債務額より多額の供託をした場合に，その超過額についての錯誤を証する書面を添付して，一部取戻請求できる。	昭36．4．8民四816号認可・先例集(3)［5-19］25頁	可
2	解雇予告手当又は賃金の弁済供託で，源泉徴収すべき税額を誤って控除せずに全額を供託した場合，その控除すべき税額のみ一部取戻請求できる。	昭和42年度全国供託課長会同決議・先例集(4)［125-15］336頁	可
3	明渡し請求され受領拒否を理由とする地代家賃弁済供託において，供託者が任意に賃料増額部分を加算して供託している場合，増額分は錯誤を理由として取戻請求できる。	昭54．5．22民四3160号認可・先例集(6)［58-3］187頁	可
4	既に死亡している者の名義でされた弁済供託について，供託時に死亡していたことを証する書面及び相続を証する書面を添付して相続人全員から錯誤を理由として取戻請求がされた場合，便宜，認可して差し支えない。	昭和47年度全国供託課長会同決議・先例集(5)［75-15］248頁	可
5	保証供託金を納入期日経過後に日本銀行代理店が誤って受け入れ，担保官庁においてそのまま受理された場合，異議を述べる者がなくとも無効であり，錯誤に準じて取戻請求ができる。	昭36．5．10民甲1092号認可・先例集(3)［6-6］28頁	可
6	供託所を誤った弁済供託は無効であり取戻請求できるが，被供託者が供託を受諾又は還付請求したときは，有効な供託として取り扱う。	規則21の7，昭39．7．20民甲2594号回答	原則否
7	不動産登記法142条3項後段の規定により抵当権等の登記を抹消するためにされた弁済供託において債権額につき過小の供託をした場合，錯誤を証する書面として登記官の却下決定書を添付した取戻請求に応じることはできない。その場合，同一供託者が同一抵当権のため，再度正	昭和63年度全国供託課長会同決議4，5・先例集(7)［58-4，5］170頁	否

第3章　供託制度の概要

	当な金額を供託し，当該抵当権等の登記を抹消したことが添付書面等によって認定できるときは，取戻しを認めて差し支えない。		
8	利息の計算を誤って多額の遅延損害金を付して供託した場合，誤った分の一部取戻請求はできない。	昭35．3．4民甲555号認可・先例集(2)［70—2］273頁，昭50．3．17民四1448号認可・先例集(6)［9−8］22頁	否

　　(イ)　供託後原因が消滅したことを証する書面

　民事訴訟法80条（担保の変換），宅地建物取引業法30条（免許の取消し又は失効），旅行業法15条の2（登録の失効又は取消し），同法53（旅行業協会の保証社員の営業保証金の供託の免除）等により官公署からの供託原因消滅証明書の添付が必要です（以下整理表）。

	供託の種類	添付書面
1	営業上の保証供託	担保官庁の証明書
2	裁判上の担保供託	担保取消決定書（民訴79）の正本及び確定証明書（ただし，これらの書面に代えて供託原因の消滅を証する裁判の証明書を添付する又は供託正本に供託原因が消滅したことを証する旨を裁判所書記官が付記（奥書）する方法によることができる。
3	選挙供託	選挙長（又は選挙管理委員会）の供託原因消滅証書

（※2の裁判上の担保供託は266頁参照）

▌3　供託物の交付方法 ▌

(1)　供託物が金銭の場合の交付方法

　供託金の払渡請求者が「小切手の振出し」，「隔地払」，「預貯金振込み」又は「国庫金振替」を請求するときは，供託金払渡請求書（規則25号書式）に所定の事項を記載した上，「隔地払，国庫金振替，預貯金振込を希望するときはその旨」欄中の該当の数字に〇印をして請求します（規則22Ⅱ⑤・⑥）。

ア　小切手の振出しの方法

　供託物が金銭の場合，供託金払渡請求が認可されると，供託官は供託金払

231

第Ⅰ編　各制度の概要

渡請求書に払渡しを認可する旨を記載して押印し，請求金額（元本のほか利息を付すべきときはその合計額）について小切手を振り出します。小切手が振り出されると，請求者に払渡請求書の「受取人氏名印」欄に氏名を記載させ，押印（この印は，請求書に押してある印と同一であることを要する。）してもらい，受領を証明させ，小切手を交付します（規則28Ⅰ）。また，受取人が代理人である場合は，受取人の氏名のほか，代理人の氏名を記載させ，代理人の印を押させることになります（当該「受取人氏名印」欄には，本人及び代理人の住所の記載はいずれも不要です。）。

　なお，交付される小切手は，日本銀行あての記名式持参人払式の小切手であり，その振出日付から1年以内であれば日本銀行に提示して現金化することができます（会計法28Ⅰ）。

Q55　小切手振出し後1年を経過した場合はどうするのか？

> **A**　小切手の振出日付から1年を経過した小切手は，日本銀行に呈示してもその支払を拒絶される（日本銀行国庫金取扱規程23Ⅱ，37Ⅱ・Ⅲ，42の6）。そこで，供託所は，その振り出した小切手が振出日付後支払を受けることなく1年を経過したときは，出納官吏事務規程44条及び45条の規定により歳入納付の手続を取ることになるので，当該小切手の所持人は，当該小切手の振出人である供託官に対し，小切手の相当額を利得償還請求することができる（出納官吏事務規程46，47）。なお，この利得償還請求権は5年間の消滅時効にかかるので注意を要する。

イ　隔地払の方法

　隔地払の手続は，払渡請求者が遠隔地にいて供託所に出頭できないため，払渡請求者の利便を考慮してその住所地又は最寄りの銀行で支払を受けることを認める制度です。しかし，日本銀行が指定した銀行その他の金融機関（日本銀行との取引銀行で国庫金送金の特約のあるもの）でなければ，隔地払の

手続をすることができません（出納官吏事務規程48，49，支出官事務規程15Ⅰ，16）。その金融機関が国庫金送金取扱店であるかどうかを確認する必要があります（もし，請求書に送金先が記載されていない場合は，供託官は，請求者の最も便利と思われる送金先を指定金融機関のうちから選定することになります（出納官吏事務規程49Ⅲ，支出官事務規程16）。）。

　隔地払の請求があった場合，供託官は，日本銀行に対し，支払指示書の情報を送信するとともに，請求者に国庫金送金通知書を交付します（規則28Ⅱ，準則58，特例省令11，15）。通知書の交付を受けた請求者は，通知書に記載された金融機関に当該通知書を提出して，現金化することができます。

　なお，その際，印鑑証明書，身分証明書又は預貯金通帳等，正当な受取人又はその代理人であることを証する書面を持参したほうがよいでしょう。

　　ウ　預貯金振込みの方法

　預貯金振込みの手続も，隔地払と同様に，払渡請求者の利便を考慮して設けられた制度であり，日本銀行が指定した銀行その他の金融機関における請求者の預金又は貯金の口座に振り込む方法により，請求者に供託金及びその利息を支払うものです。

　振込みを受ける預貯金口座は，隔地払の場合と異なり，供託官が振り出す小切手の支払店である日本銀行の所在する市区町村と同一の市区町村内にある金融機関におけるものであっても差し支えありません。ただし，その金融機関は日本銀行が指定した金融機関でなければなりません。なお，請求者本人の口座に限られるとしていましたが，当該請求者の代理人の預金又は貯金に振り込む方法が認められています（規則22Ⅱ⑤後段）。預貯金振込みの請求があった場合，供託官は，日本銀行に対し，支払指示書の情報を送信するとともに，請求者に国庫金振込通知書を交付します（規則28Ⅱ，準則58，特例省令11，15）。

第Ⅰ編　各制度の概要

Q 56　預貯金振込みの代理人の範囲は？

A　代理人の範囲は，供託規則22条2項5号で規定する代理人は，委任による代理人に限定されていないことから，法定代理人や支配人その他登記のある代理人個人の口座へ振り込むことも認められる。ただし，法人若しくは法人でない社団若しくは財団の代表者又は管理人等は，規則における代理人に該当しない（規則26Ⅱ）ことから，これらの者個人の預貯金に振り込むことは認められないと考えられる。

　なお，従前どおり，小切手，隔地払で支払う場合も，代理人を宛名人として交付することは認められていない。

　　エ　国庫金振替の方法

　供託金払渡請求者が官庁又は出納官吏であって，払渡しを受ける供託金を当該官庁又は出納官吏の歳出金・歳入金等として受け入れるときは，原則として国庫金振替の方法によることになります。この手続は，歳出金の支出又はその支払にあたって，現金の移動を生ぜず，単に国庫内部の移換を来すにすぎない場合に用いられるもので，これにより日本銀行をして国庫内部で振替整理させるものです。

　国庫金振替の請求があった場合，供託官は，日本銀行に対し，国庫金振替書の情報を送信します（特例省令14）。請求者には，日本銀行を通じて，振替済通知書が送付されます（特例省令23，日本銀行国庫金取扱規程38）。

(2)　供託物が有価証券の場合の交付手続

　供託物が有価証券の場合は，金銭の場合と異なり，供託有価証券払渡請求書を2通提出することとされています。この提出を受けた供託官は，同請求書2通にそれぞれ払渡しを認可する旨の記載をし，その1通に供託官が自ら記名押印して請求者に交付し，他の1通は，請求者をして「払渡しの認可の記載のある請求書を受領した」旨を証させます（規則29）。

　供託官が請求者に払渡しを認可した旨の記載をした供託有価証券払渡請求

234

書を交付するときは，請求者に対して，その末尾に日本銀行あて領収の旨を記載の上，日本銀行に提出して有価証券の払渡しを受けるよう指示することになります（準則60Ⅰ）。

　有価証券は，日本銀行で保管しているので，払渡請求者は，供託官が有価証券を寄託している日本銀行に供託所で認可して交付された払渡請求書を呈示します。日本銀行においては，請求書と有価証券を照合し，保管している有価証券と払渡請求書の有価証券の記載が符合しているか，受領印が押印されているか等を確認し，請求が適正であれば有価証券を交付することとなります。

(3)　供託物が振替国債の場合の交付手続

　法令の規定により担保又は保証として，又は公職選挙法の規定により供託しようとする場合に限り，振替国債を供託の目的物にすることができると規定しています（社振法278）。そして，供託振替国債の払渡しを受けようとする者は，供託所に振替国債払渡請求書2通を提出し，この提出を受けた供託官は，同請求書2通に払渡しを認可する旨の記載をし，その1通に供託官が自ら記名押印して請求者に交付する（規則29Ⅱ）とともに，振替機関である日本銀行に対し，請求者が払渡請求書に記載した口座管理機関の同人の口座への振替申請を行います（準則61，供託振替国債取扱規程4Ⅰ）。日本銀行は，この申請を受けて，請求者口座への振替の手続をし，請求者は，同口座に増額の記録がされることにより当該振替国債の払渡しを受けることになります。

　なお，これまで，日本銀行における振替国債の振替禁止期間を踏まえ，供託された振替国債の払渡請求については，その償還期限の8日前を経過しているときは，することができないとされていました（改正前の規則23の2Ⅰ）が，日本銀行が振替禁止期間を廃止したため，供託された振替国債の払渡請求については，その償還期間の3日前を経過しているときは，することができないとする（規則23の2Ⅰ）供託規則の一部改正が行われ，平成27年10月13日から施行されています。

(4)　供託物の内渡し

　配当手続によることなく，供託物の一部についての供託原因消滅その他の

235

第Ⅰ編　各制度の概要

事由により供託物の一部を払い渡すことをいい，主として次のような場合に行われます。

① 弁済供託金について債権者である共有者の1人から自己の持分について還付請求があった場合（昭40.2.22民甲357号認可・先例集(4)［24−2］67頁）

② 供託物の一部について担保権を実行する場合（還付請求：民366）

③ 供託物の一部について供託原因が消滅し取戻請求があった場合（取戻請求：民訴79）

④ 供託物の一部について差押命令又は転付命令があり，これに基づき還付又は取戻しの請求をする場合（民執155，159，160）

なお，払渡手続については，基本的には通常の場合と異ならない。供託物払渡請求書は，通常の払渡請求書を使用する（規則25号書式，26号書式又は26号の2書式）。

⑸　**供託物の分割払渡し**

還付又は取戻請求にあたり，配当等の手続により請求者に供託物を分割して払い渡すことをいいます（規則30）。

執行供託又は一部の営業保証供託において，配当等を決定した官庁又は公署は，供託物の種類に従い，供託所に供託規則27号から28号の2までの書式の支払委託書を送付し，分割払渡しを受ける者は，当該官公署から交付された供託規則29号書式の証明書（配当額支払証）を供託物払渡請求書に添付して供託所に提出します。この証明書は「還付を受ける権利を有することを証する書面」（規則24Ⅰ①）となります。

【 4　オンラインによる払渡請求手続 】

平成17年3月7日施行の供託規則の一部を改正する省令（平成17年法務省令第13号）により，供託金，供託金利息又は供託振替国債の払渡しを請求する場合には，電子情報処理組織を使用してする（インターネットを利用して申請書情報を供託所に送信する方法。申請情報に電子署名をする必要がある。）ことが可能になっています（規則38，39）。なお，供託金又は供託金利息について，

オンラインによる払渡請求をした場合の供託物の交付は，預貯金振込みの方法又は国庫金振替の方法に限られます（同43Ⅰ，(8)「オンライン申請」219頁参照）。

■ 5 供託金利息の払渡し ■

(1) 供託金の利息

供託金には供託の継続した期間に応じて，一定の利率による利息を付すことになっています（供3，規則33Ⅰ）。ただし，供託金受入れの月及び払渡しの月には利息は付さず，また，供託金の金額が1万円未満のとき及び1万円未満の端数には利息は付きません（同33Ⅱ）。

(2) 払渡請求権者

ア　供託金利息の払渡請求権者は，原則として，供託金の払渡請求権者です。すなわち，取戻しの場合は供託者であり，還付の場合は被供託者です。

イ　供託中に供託物払渡請求権につき，譲渡又は差押え等がされ，その効力が発生した場合は，その権利移転の日（供託所に譲渡通知又は転付命令が送達された日）を基準として，日割計算により新旧権利者に利息を分けて払い渡すことになります（民89Ⅱ，昭33.3.18民甲592号通達・先例集［698-1］850頁）。すなわち，債権譲渡があったときは，譲渡前の利息は譲渡人に，譲渡後の利息は譲受人に帰属します。

(3) 払渡時期

ア　担保供託以外の供託の場合

供託の利息は，原則として，元金と同時に払い渡します（規則34Ⅰ）。ただし，元金の受取人と利息の受取人とが異なるときは，元金を先に払い渡し，その後に利息を払い渡すものとしています（同34Ⅰただし書）。

第Ⅰ編　各制度の概要

 元金の受取人と利息の受取人とが異なるときとはどのような場合か？

　① 供託金払渡請求権が譲渡された場合において，旧権利者が譲渡通知書が供託所に送付される前までの供託金利息の払渡しを請求する場合
② 供託金払渡請求権に対して転付命令が発せられた場合において，旧権利者が転付命令が供託所に送達される前までの供託金利息の払渡しを請求する場合
③ 元金のみ又は利息債権のみが債権譲渡された場合

イ　担保供託の場合

　無条件に担保供託の利息のみの払渡しを認めると計算が煩雑となるため，毎年，供託した月に応当する月の末日後に，その日までの利息を供託者の請求に応じて払い渡すことができるものとされています（規則34Ⅱ）。なお，保証として金銭が供託されている場合には，担保の効力はその目的物である供託金の元金のみに及び，供託金の利息には及びません。

(4)　払渡手続

　ア　元金と同時に払渡しを受ける場合

　供託金払渡請求書を提出すれば足り，供託金利息請求書を提出する必要はありません。また，供託金払渡請求書に利息の払渡しを請求する旨の記載も不要です。

　イ　元金とは別に供託金利息のみの払渡しを受ける場合

　供託金利息のみの払渡しを請求しようとする者は，供託金利息請求書１通を作成して供託所に提出しなければなりません（規則35Ⅰ）。

6　有価証券利札の払渡し

　有価証券は利札付で発行されるのが普通です。利札（クーポン）とは，当該有価証券の各利払期に利息の支払を約束する有価証券であって，有価証券

第3章　供託制度の概要

を有する者は，利払期に利札と引替えに利息の支払を請求することができます。また，利札は有価証券と切り離して譲渡することもできます。供託有価証券の利札の払渡しを請求しようとする者は，供託有価証券利札請求書2通を供託所に提出しなければなりません（規則36Ⅰ）。これは，供託有価証券払渡請求書（同22Ⅰ）と同様に，供託有価証券及びその利札は日本銀行において交付されるからです。

▌ 7　供託金払渡請求権の消滅時効の期間とその起算点 ▌

　民法167条1項において，「債権は，10年間行使しないときは，消滅する。」と規定し，通常の債権の消滅時効の期間は10年間とされています。供託金払渡請求権の消滅時効の期間について裁判例が分かれていましたが，現在は，最高裁判決昭和45年7月15日（民集24巻7号771頁）を契機として，民法で定める一般原則どおり10年とする解釈が定着しています。

　現在の実務の取扱いでは，上記最高裁判決を契機として，供託事由の背景事情として供託当事者間に何等紛争等が存しない供託について，従来の「供託の日」をもって消滅時効の起算点と解する取扱いを変更し，債権者不確知又は受領不能を原因とする弁済供託のように，供託の時点では供託の基礎となった事実関係をめぐる紛争が存在することを前提としない弁済供託にあっても，供託の基礎となった債務について消滅時効が完成するなど，供託者が供託による免責の効果を受ける必要が消滅した時をもって，供託金の取戻請求権の消滅時効の起算点とすることとされました（平14. 3.29民商802号通達・先例集(8)［63-1・2］399頁，平14. 3.29民商803号依命通知・先例集(8)［64-1・2・3］400頁，民事月報57巻8号269頁（2002））。

　したがって，時効が完成すると，供託所は供託金を払い渡すことはできず，供託金は国庫に帰属したものとして，供託所において歳入納付の手続が取られます。

　なお，供託有価証券については，民法において所有権について消滅時効を認めていないことから，当該所有権は時効によって消滅しないと解されています（昭4. 7. 3民事5618号回答・先例集［287］212頁）。執行供託の消滅時効

239

第Ⅰ編　各制度の概要

は，支払委託の日の翌日から起算して10年が中断事由なく経過した時に，執行供託の還付請求権の消滅時効が完成するものとして扱うこととしています（時効処理等取扱要領の制定について〔平25. 1. 11民商 7 号民事局長・会計課長通達〕改正平28. 7. 14民商114号通達）。

Q58　営業保証供託の取戻請求権の消滅時効の起算点は？

A　供託根拠法令に営業上の保証供託に係る供託金の取戻請求をするにあたって，取戻請求の前提手続として，取戻請求者又は関係官公署等が当該営業保証金につき権利を有する者に対し，一定期間（以下この期間を「権利申出期間」という。）内に権利の申出をすべき公告又は告示をする（以下「権利申出公告」という。）の定めがある場合には，供託原因消滅事由の発生後，権利申出をするために必要な最低限の期間が経過した日から進行するものとされていた（昭52. 8. 31民四4448号・先例集(6)〔45〕140頁及び平25. 1. 11民商 7 号通達「時効処理等取扱要領の制定について」）。しかし，最高裁判決平成28年 3 月31日（民集70巻 3 号969頁）において，供託根拠法令に権利申出公告手続の定めがあり，かつ，営業保証金を取り戻すことができる事由が発生した日から10年（以下この期間を「公告免除期間」という。）を経過したときは権利申出公告手続を要しない旨の定めがある場合において，権利申出期間に権利申出公告がされなかったときは，取戻請求権の消滅時効は，供託原因消滅事由が発生した日から10年を経過した時から進行すると解するのが相当である旨の判決があった。

この判決を踏まえ，供託官は，前項の営業上の保証供託の取戻請求があった場合には，供託書（副本ファイル等の記録），供託金払渡請求書及びその添付書類等の供託法令所定の書類により，権利申出公告がされていることが明らかであり，供託原因消滅事由の発生後，権利申出期間が経過した日等を時効の起算点とすべきと認められるものを除き，供託原

240

第3章　供託制度の概要

因消滅事由の発生後，公告免除期間を経過した日を消滅時効の起算点として，消滅時効の完成の有無について審査するものとされている。なお，平成28年3月31日以降に行う供託事務の処理において適用されている（平28.7.14民商114号通達「時効処理等取扱要領の一部改正について」，同民商115号通達「営業上の保証供託における払渡請求権の消滅時効の起算点に関する取り扱いについて」，同116号商事課長依命通知）。

◤ 8　時効の中断事由 ◢

　供託金払渡請求権の時効の中断事由は，還付請求権又は取戻請求権のそれぞれについて各別に生じるので，一方の供託金払渡請求権について時効の中断事由が生じても他方の消滅時効はそのまま進行します。

　中断事由となるものとして，①供託関係書類の閲覧は，債務の承認として中断事由に当たります（昭39.10.3民事甲3198号回答・先例集(4)〔8〕22頁）。②供託証明書の交付は，債務承認として中断事由に当たります（昭10.7.8民事甲675号回答・先例集〔363〕290頁）が，被供託者が複数いる場合，1人の被供託者に交付しても他の被供託者の時効は中断されません（昭39.3.27民事甲769号認可・先例集(3)〔123-4〕387頁）。③供託当事者からの供託金の有無に関する照会に対し，供託官が払渡しができる旨の口頭説明をした場合は，消滅時効は中断します（昭38.5.18民事甲1504号・先例集(3)〔84-7〕277頁）。また，時効完成後に閲覧申請又は証明申請に応ずることは，消滅時効が完成しているものであっても，時効の利益を放棄したものとして，払渡請求に応じざるを得ないことになるという問題が生じることになります。そのため，請求者に「消滅時効の効果に影響を与えるものではない。」旨を伝え，又は付書きした上で供託官は応じることとされています。

◤ 9　供託金利息請求権の時効消滅 ◢

　担保（保証）供託以外の供託における供託金利息は，一般的に元金（供託金）の払渡請求と同時に払い渡すこととされているので（規則34 I），元金の

241

第Ⅰ編　各制度の概要

支払がない限り，利息について単独に時効が進行することはありません。元金と利息の請求権者が異なる場合等には，元金を払い渡した日の翌日から利息請求権の消滅時効が進行し，10年をもって時効が完成します（規則34Ⅰ）。

　保証として金銭を供託した場合における利息は，供託者が毎年，供託した月に応当する月の末日後に（平成28年3月に供託の場合，翌29年4月1日以降），同日までの1年間の利息のみを請求することができます（規則34Ⅱ）。この場合に毎年発生する利息請求権は，民法169条に規定する定期給付債権と解されるので，利息債権発生後5年間経過することによって消滅時効が完成します。なお，国を請求者とする供託金利息の取扱いについては，当該利息が特別会計に帰属する場合を除き，その支払をしないこととされています（昭33．2．4経甲（主）292号通知・先例集［694］846頁）。なお，時効完成後に閲覧申請又は証明申請に応ずることは，消滅時効が完成しているものであっても，時効の利益を放棄したものとして，払渡請求に応じざるを得ないことになるという問題が生じます。

▌10　供託に関する書類の閲覧と事項証明書の請求 ▌

　供託に関する書類の閲覧と事項証明書を請求（以下「閲覧請求等」という。）することができるのは，供託について利害関係を有する者だけです（規則48Ⅰ，49Ⅰ）。

　この「利害関係を有する者」とは，その供託について利害関係のある者全てを含むものではありません。すなわち，供託物についての取戻請求権者・還付請求権者及びそれらの一般承継人並びにそれらの権利についての譲受人，質権者，差押債権者等であって，しかも，それらの通知が供託所に送付されている者に限られます。また，執行供託における供託の原因たる事実欄中に記載されている差押債権者，仮差押債権者及び滞納処分による差押債権者並びに支払委託書に記載されている還付請求権者も利害関係人に含まれます。

　なお，利害関係人であるか否かは，包括承継人の場合を除き，供託関係書類上明らかであるので，閲覧請求等の申請には利害関係人であることの証明書は必ずしも必要ではない（昭35.11.9本省会同決議99）とされています。

242

第3章　供託制度の概要

　閲覧請求等の対象となる供託に関する書類とは，供託書副本，供託書の添付書類，供託物払渡請求書及びその添付書類，供託金保管替請求書，供託金利息請求書及びその添付書類，供託有価証券利札請求書及びその添付書類，供託物払渡請求権の譲渡通知書等です。また，供託に関する帳簿についても，供託の権利状態を知り，供託の事実を立証する限りにおいては閲覧の対象になると考えられることから，前記の各つづり込帳も利害関係を有する部分に限り認められますが，現金出納簿，供託有価証券受払日計簿，金銭供託元帳，有価証券供託元帳，供託金払渡請求受付帳等は，供託の権利状態を知り，供託の事実を立証する上で必要とは認められないので，閲覧の対象にはなりません（昭40．1．7民事甲67号認可・先例集(4)［20−8］47頁，民事月報33巻2号63頁（1978））。

Q59 供託に関する書類等の閲覧の申請はどのようにするのか。また，閲覧の際に複写機や写真撮影はできるのか？

A　（閲覧の申請）
　供託規則33号書式による申請書及び印鑑証明書等を添付して行う（規則48Ⅱ）。閲覧を請求する上で，供託の特定ができる「供託年月日」，「供託番号」（平成○○年度金第○○○号），「供託金額」，「供託の種類」，「供託者」，「被供託者」が判明していないと閲覧の請求ができないこととなる。

供託規則33号書式

```
            閲　覧　申　請　書

閲覧の目的
（利害関係）
　申請人は，下記供託の被供託者であるが，この供託が供託者によって取
戻しされていないことを確認するため
```

243

第Ⅰ編　各制度の概要

閲覧しようとする関係書類及びその部分

　　　　下記供託書副本

　供 託 年 月 日　　　　平成○○年○月○日

　供 託 番 号　　　　　平成○○年度金第○○○号

　供 託 金 額　　　　　金○○，○○○円

　供 託 の 種 類　　　　地代・家賃弁済供託

　供 託 者　　　　　東京都○○市○○町○○番地　○　○　○　○

　被 供 託 者　　　　東京都○○市○○町○○番地　○　○　○　○

　上記のとおり閲覧を申請する。

　　　　平成　　年　　月　　日

　　　　申請人　被供託者

　　　　　住　所　東京都○○市○○町○○番地

　　　　　氏　名　○　○　○　○　㊞

　東京法務局　　○○支局　御中

【閲覧申請に必要な書類】

① 印鑑証明書の添付が必要であるが，本人であることを確認することができるときは，印鑑証明書の添付を省略することができる（規則48Ⅲ，26）。

　※ 「Q49」「Q51」「Q54」の取扱い参照

② 申請人が会社等の法人であるときは，代表者の資格を証する書面を提示又は添付しなければならない（同48Ⅲ，27Ⅲ，14）。

③ 代理人によって閲覧をしようとする場合には，代理権限を証する書面を添付しなければならない（同48Ⅲ，27Ⅰ・Ⅱ，14Ⅰ）。

④ 簡易確認手続によることができ，この場合には印鑑証明書，資格証明書及び代理権限を証する書面の添付を要しない（同48Ⅲ，26Ⅰ，27Ⅱ，14Ⅰ）。

第3章　供託制度の概要

【閲覧の方法】

　閲覧は，供託所内の指定された場所において行わなければならなず，閲覧書類を供託所外に持ち出してはならない（準則85Ⅰ）とされており，申請者が直接確認する方法のみを予定しているものであるため，複写機等による複写は認められていないが，利害関係人から供託書副本の写真撮影の申請があった場合は，閲覧申請として認めて差し支えない（昭37.1.24民事甲132号認可・先例集(3)［24−23問］67頁）。

> ※　証明の申請は，供託規則34号書式による証明申請書を提出（33号書式と異なる部分は「閲覧しようとする関係書類及びその部分」が，「証明を請求する事項」となる。）し，証明申請書と同一のもの（証明文を記載するため下に余白を設ける。）を証明の請求数に応じて添付しなければならない（規則49Ⅱ・Ⅲ）。申請に必要な書類は閲覧申請と同様である。閲覧請求等の申請は手数料は無料である。

245

第 **II** 編

民事執行法，
民事保全法における
裁判上の供託

第1章　裁判上の担保供託……………………… 249

第2章　民事執行法上の供託
　　　　（担保供託以外）……………………… 281

第3章　民事保全法上の供託
　　　　（担保供託以外）……………………… 359

第1章
裁判上の担保供託

第1 総 説

　裁判上の担保供託は，訴えの提起，仮執行，強制執行の停止若しくは続行，仮差押え若しくは仮処分又はそれらの取消し等の訴訟行為又は裁判上の処分に関連して，当事者は，自己の負担に帰すべき訴訟費用の支払を担保し，又は自己の訴訟行為により相手方に生ずべき損害の賠償等を担保するためのものです。

　また，保全命令の申立手続では，暫定性，迅速性などの特質から債権者に優位な手続ですが，債務者審尋を経ずに判断されることが多く，立証も疎明で足りることから，後に結果として保全命令又は保全執行が違法・不当なものであったとされることがあり得ます。そこで，債権者に担保を立てさせて経済的な負担を与えることにより，債権者が容易に濫用的な申立てをすることを防止する機能も有しています。

1 法の規定に基づく裁判上の担保のための供託の種類と供託法令条項

（巻末資料8参照）

(1) 民事訴訟法の場合

①　訴訟費用の担保（75Ⅰ）

②　他の法令により訴えの提起について立てるべき担保への準用（81）

③　仮執行の担保（259Ⅰ・Ⅱ，297，310，313，376）

④　仮執行免脱の担保（259Ⅲ，297，313）

⑤　強制執行の停止等の担保（403Ⅰ①〜⑥）

第Ⅱ編　民事執行法，民事保全法における裁判上の供託

(2)　**民事執行法の場合**（「強制執行の不服申立て」75頁，「不動産執行」の「(2)　換価」101頁参照）

①　執行抗告に係る執行停止等の担保（10Ⅵ，「執行抗告」85頁参照）

②　執行異議に係る執行処分停止等の担保（11Ⅱ，「執行異議」88頁参照）

③　不服申立て，異議の訴えに係る強制執行停止等の担保（32Ⅱ，36Ⅰ，38Ⅳ，132Ⅲ，192後段，「執行文について不服申立て」67頁以下，「第三者異議の訴え」81頁参照）

④　売却のための保全処分等の担保（55Ⅳ，121，187Ⅴ，188，189）

⑤　買受けの申出をした差押債権者のための保全処分（68の2Ⅰ，102頁参照）

⑥　買受人等の申立てによる保全処分等の担保（77Ⅰ，121，188，189，103頁）

⑦　強制競売手続を取り消すための担保（117Ⅰ，189）

⑧　差押禁止債権の範囲の変更の裁判が効力を生ずるまでの間，第三債務者に対して支払その他の給付の禁止を命ずるための担保（153Ⅲ，193Ⅱ）

(3)　**民事保全法の場合**（民保通達第一・一・(1)・(2)・**先例集**(8)［10］54頁）

ア　保全命令に関する担保（「保全命令手続」173頁以下参照）

①　保全命令の担保（14Ⅰ，177頁参照）

②　保全異議の申立てに係る保全執行停止・既執行処分の取消しの担保（27Ⅰ，「保全異議」180頁参照）

③　保全異議の申立てに係る保全執行の続行等の担保（32Ⅱ）

④　保全異議の申立てに係る保全命令取消しの担保（32Ⅲ）

⑤　事情の変更による保全命令取消しの担保（38Ⅲ，32Ⅱ・Ⅲ準用，181頁参照）

⑥　特別の事情による仮処分取消しの担保（39Ⅰ，182頁参照）

⑦　保全取消しの担保（40Ⅰ，27Ⅰ準用，「保全取消し」181頁参照）

⑧　保全抗告の担保（41Ⅳ，27Ⅰ，32Ⅱ・Ⅲ準用，「保全抗告」182頁参照）

第1章　裁判上の担保供託

⑨　保全抗告があった場合の保全命令取消決定の効力の停止の担保
（42Ⅰ）

イ　保全執行に関する担保（「保全執行手続」184頁以下参照）

①　仮差押え及び仮処分の執行について準用される民事執行法の規定
による担保（民保46，民執10Ⅵ，11Ⅱ，32Ⅱ，36Ⅰ，38Ⅰ・Ⅳ）

②　動産又は債権に対する仮差押えの執行について準用される民事執
行法の規定による担保（民保49Ⅳ，民執132Ⅲ及び民保50Ⅴ，民執153
Ⅲ）

(4)　その他

①　調停の目的となった権利に関する民事執行の手続の停止の担保（民
事調停規則5）

②　特別抗告に係る担保（家事手続95Ⅰ）

③　審判以外の裁判に対する即時抗告に係る担保（家事手続101Ⅱ）

④　再審の申立てに係る担保（家事手続104Ⅰ）

（そのほか，非訟事件手続法72Ⅰ，84Ⅰ，88Ⅰ，会社法836Ⅰ，846の5等にも担保
提供の規定が設けられています。）。

Q60　**違法・不当な保全命令又は保全執行による裁判上の担
保の場合，債務者が被るであろう損害とはどういうもの
をいうのか？**

A　　債務者の損害には，保全執行により債務者の権利行使や管理
処分が妨げられたことによる損害のほか，債務者が違法な保全
執行を避けるために仮差押解放金を供託したり，保全異議・取消し等の
手続を取ったために生じた費用も含まれる。さらに，違法・不当な保全
命令が発令されたことにより債務者がその信用を毀損されたり，精神的
苦痛を受けたりしたことによる損害も含まれる。担保額の設定は，裁判
所の裁量により決定されるが，①保全命令の種類，②保全命令の目的の
種類・価額，③被保全権利の種類・価額，④債務者の職業・財産・信用

251

状態等の具体的事情に即した債務者の予想損害，⑤被保全権利や保全の必要性の疎明の程度によって，その担保額が変わってくる。

① 保全命令の種類

　　仮差押え，処分禁止仮処分よりも，仮の地位を定める仮処分のほうが，債務者が被る損害が大きくなると考えられるので，担保額が高額となる。仮の地位を定める仮処分においても，その仮処分の内容により，例えば賃金仮払いの仮処分などの債権者の生活に直接影響があるような場合は，高額な担保を要求するのは酷であり，例外的に低い担保額あるいは無担保で発令されることがある。

② 保全命令の目的の種類・価額

　　目的物が営業用動産や給与債権，取引上の債権などの場合，保全命令によって，解雇や取引の中止といった深刻な不利益を債務者は受けることが考えられることから，不動産を対象とする場合と比べると担保額も高額となる。

③ 被保全権利の種類・価額

　　疎明が容易なものである小切手・小切手債権等のように，その存在の蓋然性が高い権利を被保全権利とする物と比べ，特殊不法行為による損害賠償請求権のようなその存在の確実性に劣る権利を被保全権利とする民事保全命令の担保額は，高額となる。

④ 債務者の職業・財産・信用状態等の具体的事情に即した債務者の予想損害

　　同じ債権及び動産に対しての仮差押えであっても，債務者が営業主などである場合，取引先や金融機関に対して信用を失墜し致命的な打撃を受けるため，担保額は高額となる。

　　しかし，既に債務者が信用悪化な状態にあり，営業状態にない場合は，担保額は低くなる。

⑤ 被保全権利や保全の必要性の疎明の程度

　　被保全権利の疎明の程度が高い場合は，担保額は低くなる。

（東京地裁保全研究会編著『民事保全の実務（下）』２頁（金融財政事情研究会，2005））

第1章　裁判上の担保供託

第2 担保供託の申請

1 担保供託の管轄供託所

（「供託の管轄」204頁以下参照）

(1) 民事訴訟法の場合

　強制執行の停止等の担保供託の場合は，担保を立てるべきことを命じた裁判所（以下「発令裁判所」という。）又は執行裁判所の所在地を管轄する地方裁判所の管轄区域内の供託所となります（民訴405Ⅰ）。

　訴訟費用の担保及び他の法令により訴えの提起について立てるべき担保，仮執行，仮執行免脱等の担保供託の場合は，発令裁判所の所在地を管轄する地方裁判所の管轄区域内の供託所となります（民訴76，81，259Ⅵ，297，313，376Ⅱ）。

　この「発令裁判所又は執行裁判所の所在地を管轄する地方裁判所の管轄区域内の供託所」とは，例えば，さいたま地方裁判所越谷支部が発令裁判所又は執行裁判所である場合には，さいたま地方法務局越谷支局に供託することができます。また，その支部の所在地を管轄するさいたま地方裁判所の管轄区域内の供託所である，さいたま地方法務局の本局，支局のいずれの供託所にも供託することができることになります。

(2) 民事執行法の場合

　民事執行法及び民事執行規則に定める担保について，発令裁判所又は執行裁判所の所在地を管轄する地方裁判所の管轄区域内の供託所としています（民執15Ⅰ）。

　なお，強制執行停止・強制執行取消し・強制執行続行等の各担保供託において，発令裁判所と執行裁判所のそれぞれを管轄する地方裁判所が異なる場合，例えば，債権者が東京地方裁判所でされた確定判決に基づき，横浜市にある債務者所有の不動産を差し押さえた場合（執行裁判所は横浜地方裁判所）において，債務者が東京地方裁判所に請求異議の訴え（民執35）を提起し，担保の提供を条件とする強制執行停止決定（民執36Ⅰ）を得たときは，債務者は発令裁判所である東京地方裁判所の管轄区域内の供託所である東京法務

253

局の本局，支局又は執行裁判所である横浜地方裁判所の管轄区域内の供託所である横浜地方法務局の本局，支局のいずれかに供託することとなります。

この場合において，東京法務局に供託をするときは，供託書上の「裁判所の名称及び件名」からは執行裁判所は判明しないことになるので，管轄原因を明らかにさせるために，供託書の備考欄に執行裁判所としてその名称，事件記号・番号及び件名を記載します（民事月報35巻11号79〜81頁（1980））。

（供託書の備考欄の記載例）
　「執行裁判所　横浜地方裁判所平成○年(ヌ)第○号不動産強制競売申立事件」

(3)　**民事保全法の場合**

原則，発令裁判所又は保全執行裁判所の所在地を管轄する地方裁判所の管轄区域内の供託所に供託します（民保4Ⅰ，発令裁判所と執行裁判所のそれぞれを管轄する地方裁判所が異なる場合は，前記(1)民事執行法の場合の例と同じ）。

しかし，保全命令の発令についての担保に関して，遅滞なく民事保全法4条1項の供託所に供託することが困難な事情があるときは，裁判所の許可を得て，債権者の住所地又は事務所の所在地その他裁判所が相当と認める地を管轄する地方裁判所の管轄区域内の供託所に供託することができます（民保14Ⅱ）。管轄区域外に供託する場合には，供託に際し，適法な供託であることを明らかにするため，供託書の備考欄に「民事保全法第14条第2項の許可による供託」の記載をするものとされています。記載がされていない場合は，受理することはできません（民保通達第一・二・(2)及び(3)・先例集(8)［10］56頁）。なお，この場合，供託所に対し，裁判所の許可があったことを証する書面の提出又は提示は不要です。

 担保を立てるべきことを命じた裁判所が高等裁判所であるときは，どこの供託所に供託できるのか？

 担保を立てるべきことを命じた発令裁判所が，高等裁判所や簡易裁判所の場合，供託所を高等裁判所の管轄区域内の供託所

では広すぎて債務者の権利行使に不便であり，簡易裁判所の管轄区域内では狭すぎて債権者による担保の提供に支障を来すことがあり得るため，その裁判所の所在地を管轄する地方裁判所の管轄区域内の供託所であればどこでもよいものとした（山本和彦ほか編『新基本法コンメンタール 民事保全法』23頁（日本評論社，2014））。

つまり，発令裁判所が高等裁判所であるときは，当該高等裁判所（以下「甲高裁」という。）の所在地を管轄する地方裁判所（以下「乙地裁」という。）の管轄区域内の供託所に申請しなければならない。甲高裁の管轄区域内であっても，乙地裁の管轄区域外の供託所では，供託することができないということとなる。

したがって，発令裁判所が東京高等裁判所である場合は，東京地方裁判所の管轄区域内の供託所ということになり，東京法務局の本局，支局のいずれかの供託所ということになる。

■ 2　担保の提供期間と提供方法 ■

(1)　担保の提供期間とその延長

裁判所が定めた期間（担保決定の翌日から起算します。）内に，供託する必要があります。保全命令手続などは，迅速性，暫定性から，長期の担保提供期間を定めることは相当でないとし，実務上は，3日から5日，長くても7日程度の期間を定めているようです。また，期間満了前に期間延長の申請があり，かつ，延長が相当と認められれば，延長も認めているようです。

なお，期間延長の申請がなく，担保提供期間が徒過した場合，裁判所は，債権者に申立ての取下げを促し，取下げがされないときは，裁判所は，口頭弁論を経ないで，判決で申立ては却下されます（民保7，民訴78，裁判所職員総合研修所監『民事保全実務講義案（改訂版）』21頁（司法協会，2007））。

(2)　担保の提供方法とその額

担保の提供方法としては，民事訴訟規則29条や民事保全規則2条で定める支払保証委託契約を締結する方法もありますが，供託による方法が一般的で

す。

　供託で行う場合，金銭又は発令裁判所が相当と認める有価証券又は振替国債を供託しなければならないとしています（民執15Ⅰ，民保4Ⅰ，民訴76）。裁判所が相当と認める有価証券又は振替国債とは，換金が容易で，元金の支払が確実であり，時価の変動が少ない有価証券が相当とされています。

　また，あらかじめ裁判所に，有価証券の種類，額面，名称等を具体的に特定して申し出ることが必要です。国債の場合，回数，償還期限の特定も必要です。なお，担保物変換の基準にする必要があるので，この場合にも担保金額を定める必要があります。

（保全命令の担保決定上の記載例）
　「金○○万円又は第○○回利付国庫債券（○年）金○○万円等○枚額面合計○○万円」

　なお，供託金額は，一般的には，例えば，その保全命令又は保全執行が違法ないし不当であった場合に債務者が被るであろう予想損害等に基づいて決定されます。具体的には，どのような保全命令及び保全執行がされるのか，保全命令の種類，保全命令の目的物の種類と価格等，被保全権利の性質，債務者の財産，信用状況等を検討して裁判官が決定します（裁判所職員総合研修所監『民事保全実務講義案（改訂版）』20頁（司法協会，2007），「Q60」参照）。

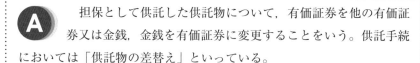

Q62　担保変換とはどのようなものか？

A　担保として供託した供託物について，有価証券を他の有価証券又は金銭，金銭を有価証券に変更することをいう。供託手続においては「供託物の差替え」といっている。

　民事訴訟法80条は「裁判所は，担保を立てた者の申立てにより，決定で，その担保の変換を命ずることができる。」と規定し，民事執行法15条2項，民事保全法4条2項を準用している。担保変換決定がされても

第1章　裁判上の担保供託

変換すべき担保が提供されないという事態を防止するために，裁判所では，担保変換決定に先立ち，変換すべき担保の提供を先行させる取扱いがされている。

　手続の流れとしては，①申立人（供託者）による担保変換の申立て，②裁判所による変換すべき担保の提供命令，③申立人による変換すべき担保を新たな供託物として供託，なお，供託は，発令裁判所又は執行裁判所の所在地を管轄区域内の供託所としているため，いずれかの裁判所において供託ができることになるため，従前と異なる供託所でもできると解されている（別冊ジュリスト「供託先例判例百選（第2版）」37巻3号120頁（2001））。

　なお，担保変換決定は，裁判所の裁量によって決するものであることから，これに対して不服申立てはできないと解されている（八木洋一ほか編著『民事保全の実務（下）』33頁（金融財政事情研究会，第3版増補版，2015））。

　これにより，一時的に従前の供託と重複した状態となる。担保変換決定（民訴80）により新たに供託をする場合に，従前の供託との関係をこの供託書の備考欄で明らかにする（準則30）。

（供託書の備考欄の記載例）供託規則第7号書式を使用
　「年月日何裁判所の担保変換決定により供託番号○○年度金（証）第○○号を変換のため」

---

　④申立人による変換すべき担保を提供したことの証明として裁判所に供託書正本の提示又はその写しを提出，⑤裁判所による担保変換決定及び申立人に対する変換決定正本の交付，⑥供託者（申立人）による決定前の担保の取戻手続となる。

　供託物の取戻手続は，原則，一般の払渡しの場合と同じであるが，新たな供託をした供託所が従前の供託所と同じ場合は，新たな供託書正本の添付を要しないが，異なる場合は，新たな供託書正本又は供託証明書の添付が必要である（昭37.10.16民事甲2957号回答・先例集(3)[64] 188頁）。

257

第Ⅱ編　民事執行法，民事保全法における裁判上の供託

なお，裁判所の担保変換決定により差替えによる取戻請求を行う場合は，変換決定正本の添付が必要となる（昭39.11.21民事甲3753号認可・先例集⑷［14−3］40頁）。

【担保物変換決定正本（例）】

平成○年㈢第○○号

担　保　物　変　換　決　定

　当事者の表示　　別紙当事者目録記載のとおり

　上記当事者間の平成○年㈢第○○号不動産仮処分命令申立事件について，申立人は，担保として供託した担保物の変換を申し立てた。当裁判所は，その申立てを相当と認め，次のとおり決定する。

主　　　文
　申立人が，平成○○年○月○日○○地方法務局○○支局に供託した金銭○○円（平成○年度金第○○号）を，別紙目録記載の支払保証委託契約による担保と変換することを命じる。

平成○○年○月○日
○○地方裁判所民事○○部
裁　判　官　　○　○　○　○　㊞

　これは正本である。
平成○○年○月○日
○○地方裁判所民事○○部
裁判所書記官　　○　○　○　○　㊞

当　事　者　目　録

〒○○○−○○○○　○○○○区○○一丁目○番○号
　　　　　申立人（債権者）　　　　○○　○○
〒○○○−○○○○　○○○○区○○三丁目○番○○号（送達場所）
　　　　　上記申立人（債権者）代理人弁護士　　○○　○○

258

第1章　裁判上の担保供託

```
〒○○○－○○○○　　○○○○区○○五丁目○番○○号
　　　　被申立人（債務者）　　　　　○○　○○

　　　　　　　　　　第１　担　保　目　録

供託法務局　　　○○○○地方法務局○○支局
供 託 番 号　　　平成○○年度国第○○号
供託年月日　　　平成○○年○○月○○日
総 額 面　　　○○○○万円
名 　 称　　　割引国庫債券（○年）
回 記 号　　　第○回

　　　　　　　　　　第２　担　保　目　録

供託法務局　　　○○○○地方法務局○○支局
供 託 番 号　　　平成○○年金第○○○○号
供託年月日　　　平成○○年○○月○○日
供 託 金 額　　　金○○○○万円
```

3　第三者による供託

　裁判上の担保供託においては，裁判所の担保命令等によって担保提供を命ぜられた当事者が供託者となるのが原則ですが，裁判所が相当と認める場合に限り，第三者も供託者に代わって供託することができるものとされています（204頁参照）。

　第三者による担保の提供は，特に，これを認めても債務者の権利行使に各別の不利益を与えるわけでもなく，法文上にも禁ずる規定はないことから認められています。ただし，債務者の担保権取得又はその行使につき特段の不便又は不利益を生ぜしめないことを確保する必要があるため，裁判所が相当と認める場合に限っています。裁判所では，担保決定前に申出があるときは担保決定において第三者を特定して供託を命じ，担保決定後にその必要が生じたときは第三者を特定した許可申請書を提出させて許可を与えるという方法がとられているようです。

　第三者としては，債権者の代理人，親族，財団法人法律扶助協会等が，認

259

第Ⅱ編　民事執行法，民事保全法における裁判上の供託

められています。第三者が供託する場合の供託書に記載する際には，「供託者の住所氏名印」欄に，第三者自身の住所氏名を記載し供託しますが，その際には「備考」欄に第三者供託である旨及び債権者の住所を記載します（昭18.8.13民事甲511号・先例集［408］333頁，**巻末供託申請書記載例4－②参照**）。

　第三者が供託する場合には，その旨を供託書に記載すれば，相手方の同意書は要しません（昭和35年度全国供託課長会同決議5・先例集(3)［1－3］1頁）。

（供託書の備考欄の記載例）
　　第三者供託
　　債権者　東京都○○○区○○町○番○号

▌ 4　供託書正本の訂正と不受理証明書 ▌

　供託後，供託者は，供託書正本とその写し1通を裁判所に提出することとなりますが，裁判所は，供託書正本とその写しを照合，点検をした上，供託書正本を債権者に返還します。その際に，不備等があるときは，裁判所は当該供託書を受理できず，裁判所から供託書の訂正（「Q48」参照）を求められることとなります。場合によっては，錯誤により供託金を取り戻して再度供託し直すことになります。

　しかし，この方法では取戻手続に時間と手間がかかるため，保全命令手続においては，その緊急性の要請に応えられない場合があることから，裁判所では，供託したその日のうちに供託書を訂正する場合に限って，供託書の不受理証明申請書2通（印紙150円が必要）を提出させ，その1通に証明文言を付して交付し，供託所において誤記部分を訂正する方法を行っている実務例も多いようです。なお，供託書正本等の文書の提出は，担保提供者が裁判所に直接持参して提出するほか，郵便により提出する方法も考えられますが，裁判所では，供託書正本等の郵便又はファクシミリによる提出は認めていないとのことです（裁判所職員総合研修所監『民事保全実務講義案（改訂版）』26頁（司法協会，2007））。

第 1 章 裁判上の担保供託

Q63 裁判上の担保供託において，供託書の訂正申請が認められる場合は具体的にどんな場合か？

A 仮処分の保証金に係る供託申請において，被供託者の住所氏名を誤って供託したが，供託書正本は裁判所で受理された。債務者（被供託者）の住所氏名に対する「更正決定」がなされた場合，一旦裁判所が供託書を受理し，それに対し更正決定が出されているため，供託所としては，供託訂正申請により供託書を訂正する方法による。この場合，供託者が取戻しの上，再度供託し直すと，裁判所には受理されない。また，仮執行の担保供託において，被供託者を「甲株式会社　代表取締役乙」と記載すべきところ誤って，丙を代表取締役として記載した場合の訂正等の申請も認められている（昭和35年度全国供託課長会同決議89・先例集(3)［１］15頁）。

5　裁判上の担保供託における主な供託申請書の記載上の注意事項とその記載例

（「供託書の様式」207頁参照）

※以下，枠内の①～⑧は，後記(1)ウ記載時の注意事項①～⑧に対応しています。

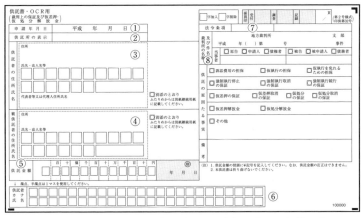

※　裁判上の担保供託は，裁判所が相当と認める有価証券及び振替国債によることもできます。この場合，別途専用の供託書用紙を使用します。

第Ⅱ編　民事執行法，民事保全法における裁判上の供託

(1)　供託書作成の注意事項（「Q47」参照）

ア　供託の申請は，供託者本人又は代理人が，供託規則2号，5号様式による供託書を供託所に提出します（規則13）。

イ　光学読取装置で読み込むため，供託書を折り曲げたり，汚したりしないようにします。

ウ　記載時の注意事項

①　「申請年月日」欄

供託所（法務局）に申請する年月日を記載します（規則13Ⅱ⑫）。なお，郵送による申請の場合は，供託所到達日を職員が供託書副本の表面上部欄外等に記載します。したがって，郵送の場合，申請年月日の記載がない場合であってもそのまま受理しています。

②　「供託所の表示」欄

担保供託の管轄供託所（253頁参照）

③　「供託者の住所氏名」欄

供託者が自然人の場合，住民票又は在留カード（平成24年7月9日外国人登録法廃止のため，外国登録記載事項証明書は交付されない。）による住所・氏名を記載し，氏名の文字が住民票の記載と戸籍の記載とが異なるときは戸籍の記載によることになります。また，在留カードに通称名（本名以外）が括弧書して登録されている者については，「○○○（本名）」のみの記載であっても，「○○○（本名）こと△△△（通称名）」の併記の記載であっても差し支えありません。

供託者が法人である場合，又は法人格のない社団又は財団であって，代表者若しくは管理人の定めのあるものである場合には，その名称（商号），主たる事務所の所在地（地番まで）を記載します。

※　代表者又は代理人住所氏名

代理人による供託の場合，本人の住所・氏名並びに代理人の住所及び資格・氏名を記載します。弁護士等が代理人として供託するに際し，供託書にその住所と事務所を併記し，又は事務所のみを表示している場合でも受理して差し支えありません（昭41.12.22総10555号，昭42.6.7民事甲1833号認可（一部変更指示）大阪法務局長報告，大阪法務局管内供託課長会同協議問題決議・先例集(4)［118］315頁，**巻末供託申請書記載例1参照**）。この場合，委任状が必要となります。

会社などの場合は「代表取締役　○○○○」と記載し，発行後3か月以内の代表事項証明書が必要です。その他として「親権者　父○○○○，母○○○○」（共同親権の例），「供託者未成年につき後見人○○○○」，「不在者財産管理人○○○○」，「支配人○○○○」となります（巻末資料6参照）。

④　「被供託者の住所氏名」欄

会社の場合は，本店所在地・会社名のみ記載し，代表者資格名は不要です。

なお，相手方を特定しない占有権移転禁止の仮処分及び売却のための保全処分等のための供託については，「裁判所の名称及び件名等」欄記載の事件の決定の執行の時において「備考」欄記載の「不動産を占有する者」の例により記載します。

また，「備考」欄に不動産の表示を記載します（**巻末供託申請書記載例6参照**）。

⑤　「供託金額」欄

金額の冒頭に¥記号を記載します。金額の訂正はできません（押印をもって代えることはできない。）。

⑥　「供託者カナ氏名」欄

濁点，半濁点は1マスを使用し，空白で区切らず続けて記載します。

⑦　「法令条項」欄

欄に書ききれない場合は，「備考欄のとおり」と記載し，「備考」欄に「民事訴訟法第403条第1項1号」と記載します（巻末資料8参照）。

⑧　「裁判所の名称及び件名等」欄

（巻末資料4参照）

「当事者」欄

供託者及び被供託者の別又は債権者名を記載します（巻末資料8参照）。

第Ⅱ編　民事執行法，民事保全法における裁判上の供託

(2)　記載例（巻末資料 8 参照）

　　ア　被告又は債務者に生じるおそれのある損害を担保するための供託

① 訴訟費用の担保供託………………………………… **巻末供託申請書記載例 1**

② 仮執行の担保供託…………………………………… **巻末供託申請書記載例 2**

③ 強制執行続行の保証供託 ………………………… **巻末供託申請書記載例 3**

④ 仮差押えの保証供託………………………… **巻末供託申請書記載例 4 −①**

　仮差押えの担保供託（第三者による場合）

………………………………… **巻末供託申請書記載例 4 −②**

⑤ 仮処分の保証供託…………………………………… **巻末供託申請書記載例 5**

⑥ 相手方を特定しないでする仮処分，保全処分等の保証供託

………………………………………… **巻末供託申請書記載例 6**

　　イ　原告又は債権者に生じるおそれのある損害を担保するための供託

① 仮執行を免れるための担保供託 ……………… **巻末供託申請書記載例 7**

② 強制執行停止の担保供託 ………………………… **巻末供託申請書記載例 8**

③ 強制執行取消しの担保供託……………………… **巻末供託申請書記載例 9**

④ 仮差押取消しの担保供託 ………………………… **巻末供託申請書記載例10**

⑤ 仮処分取消しの担保供託 ………………………… **巻末供託申請書記載例11**

第 3 　担保供託の払渡請求

「供託物の払渡請求手続」（220頁以下参照）

▌ 1 　取戻し・還付請求に共通の書面 ▌

　一般的に取戻し・還付請求に共通の必要書面（巻末資料 7 参照）としては，供託物払渡請求書（規則22）及び印鑑証明書（同26）が必要となります（「Q 54」参照）。請求者が個人であって，直接窓口で請求する場合，本人確認を証明するものを提示すれば印鑑証明書の添付の省略ができます。その他，必要に応じて代表者等の資格又は代理人の権限を証する書面（同27）等を添付する必要があります（巻末資料 7 ）。なお，代理人からの取戻請求の場合，供託時に確認請求手続（「Q51」参照）を行った委任状を添付し，当該確認請求

264

済みの委任状と同一の印鑑を押印した委任状を払渡請求書に添付すれば，印鑑証明書を省略することができます（同26Ⅲ③）。

【 2　担保供託の取戻し 】

　「取戻しをする権利を有することを証する書面」（規則25Ⅰ，229頁参照）として，「供託原因の消滅を証する書面」又は「錯誤を証する書面」を添付して供託物を取り戻すことができます。

(1)　供託原因の消滅を証する書面

ア　担保取消決定正本及び確定証明書

　担保提供者は，担保取消し（177〜178頁参照）が認められる場合，具体的には，民事訴訟法79条1項から3項までの事由が生じた場合に，供託物を取り戻すために，担保を立てることを命じた裁判所に担保の取消しの申立てを行うことにより，担保取消決定を得ることができます。この決定は，即時抗告（民訴79Ⅳ，民執15Ⅱ，民保4Ⅱ）をすることができますので，確定していることが必要です（民保通達・先例集(8)［10−第1・3(1)及び4(1)］57頁）。ただし，高等裁判所の担保取消決定については，確定後の不服申立てである特別抗告を除き，高等裁判所が最終審の裁判所であるので，確定証明書は必要ありません（民訴336Ⅰ）。

【担保取消決定正本（例）】

平成〇年㈲第〇〇号

担　保　取　消　決　定

申　立　人　〇　〇　〇　〇

被申立人　〇　〇　〇　〇

　当庁平成〇年㈰第〇〇号債権仮差押命令申立事件について，申立人が平成〇〇年〇月〇日〇〇地方法務局〇〇支局に〇〇万円を供託して立てた担保（供託番号平成〇年度金第〇〇号）は，担保の事由が消滅した（又は「担保権者の同意がある」，「担保権利者の同意があるとみなした」）ので，これを取り消す。

265

第Ⅱ編　民事執行法，民事保全法における裁判上の供託

　　　　　　　　　　平成○○年○月○日
　　　　　　　　　　　○○地方裁判所民事○○部
　　　　　　　　　　　裁　判　官　　　○○　○○　　　㊞

　　　　　　　　　　これは正本である。
　　　　　　　　　　平成○○年○月○日
　　　　　　　　　　　○○地方裁判所民事○○部
　　　　　　　　　　　裁判所書記官　　○○　○○　　　㊞

Q64　裁判上の担保供託において，供託者が死亡し，訴訟承継人（相続人）である旨の記載のある担保取消決定正本を添付して取戻請求をすることができるか？

A　訴訟手続受継申立ての際，相続関係を証する書面を裁判所に提出し，裁判所の審査を経ていても，担保供託金の取戻請求に当たっては，権利の承継を証する書面（229頁参照）の添付を省略することはできず，供託規則25条2号の「取戻しをする権利を有することを証する書面」の一部として，添付が必要となる（昭39. 6. 16民事甲2104号認可・先例集(3)［134］407頁）。

　なお，担保供託後，住所を変更した者から新住所を記載して取戻請求があった場合，担保取消決定に新旧住所が併記されているときは，住所の変更を証する書面の添付は要しない（昭41.12.27民事甲3683号認可・先例集(4)［95－2］52頁）。

イ　供託原因消滅証明書

　供託実務上において，担保取消決定正本とその確定証明書に代わる裁判所の証明書として，供託書正本に供託原因が消滅したことを証する裁判所の証明書を添付することができます。この場合，裁判所書記官の奥書であっても差し支えありません（昭和35年度全国供託課長会同決議46・先例集(3)［1］9頁，昭41.12. 8民事甲3302号決議7・先例集(4)［90］230頁，昭41.12.15民事甲3620号認可・先例集(4)［94］240頁，民保通達第一・四・(1)・先例集(8)［10］57頁）。

266

【供託原因消滅証明書（例）】

平成○○年(モ)第○○○○○号

供託原因が消滅したことの証明申請書

申 立 人（債権者）　○○　○○
被申立人（債務者）　○○　○○

○○○○地方裁判所平成○○年(ヨ)・(モ)第○○○号○○○○○○○申立事件について，申立人が担保として供託した別紙記載の供託物は，供託原因が消滅したことを証明してください。

平成○○年○○月○○日

申立人代理人　○○　○○　㊞

○○地方裁判所第○民事部　御中

上記のとおり証明する。
平成　　年　　月　　日
○○地方裁判所第○民事部
裁判所書記官　○○　○○　㊞

ウ　担保取戻しの許可書

(ア)　債権者からの取戻し

保全執行としてする登記若しくは登録又は第三債務者に対する保全命令の送達ができなかった場合，その他保全命令により債務者に損害が生じていないことが発令裁判所に明らかである場合において，担保提供者（債権者）に対して保全命令が送達された日から２週間（民保43Ⅱ）が経過し，又は保全命令の申立てが取り下げられたときは，債権者は，保全命令を発した裁判所に担保取戻しの許可の申立てを行い，許可の決定を受けた後，民事保全法14条１項により立てた担保を取り戻すことができます（保全規則17Ⅰ）。なお，担保取戻しの申立てに対する許可又は不許可の決定については，不服申立て

第Ⅱ編　民事執行法，民事保全法における裁判上の供託

をすることができないと解されていますので，確定証明書は不要です。

　債権者は，裁判所の許可書正本を添付し，供託金の取戻しができることとなります（民保通達第一・三・(2)・先例集(8)［10］57頁）。

【担保取戻許可書正本（例）】

平成○○年(ヨ)第○○○号

担保取戻許可申立書

平成○○年○○月○○日

　　○○地方裁判所第○民事部　御中

　　　　　　　　　　　　　申立人代理人　○○　○○　　㊞

　　　　　　　　　　　　　住　　　所
　　　　　　　　　　　　　申　立　人　○○　○○
　　　　　　　　　　　　　住　　　所
　　　　　　　　　　　　　被申立人　○○　○○

　○○○地方裁判所平成○○年(ヨ)第○○○号○○○○仮差押命令申立事件につき，申立人が平成○○年○○月○○日供託書額面金○○○万円を平成○○年度金第○○○○号をもって，○○地方法務局○○支局に供託する方法により担保を立てたところ，このたび（取戻事由を具体的に記載する）によって債務者に損害が生じないことが明らかであるので，資料を添えて担保取戻許可の申立てをいたします。

　　　　　　　　　　　　申立を許可する
　　　　　　　　　　　　平成○○年○○月○○日
　　　　　　　　　　　　　　○○○地方裁判所第○民事部
　　　　　　　　　　　　　裁判官　○○　○○　　㊞

　　　　　　　　　　　　これは正本である。
　　　　　　　　　　　　平成○○年○○月○○日
　　　　　　　　　　　　○○○地方裁判所第○民事部
　　　　　　　　　　　　　裁判所書記官　○○　○○　　㊞

第1章　裁判上の担保供託

　　㈠　債務者からの取戻し

　債務者に担保取消決定に対する不服申立ての機会を与える意味がない場合（債務者（被供託者）が，取戻請求権について差押・転付命令を得た場合や担保に関する債権者の権利を承継した場合など）に，民事訴訟法79条による担保取消しの手続によらずに，発令裁判所の許可という簡易な取戻手続により，債務者が，供託金の取戻しが可能となります。

　なお，債権者の有する供託物取戻請求権を承継した者で，包括承継（相続，合併等）では承継を証する書面（229頁参照）の添付が必要となりますが，裁判所の許可書（保全規則17Ⅳ）に承継事由として包括承継である旨が記載されているときには，包括承継を証する書面の添付は要しないとされています。特定承継の場合は，対抗要件（供託所に対する債権譲渡の通知又は転付命令を得て確定した場合など）を具備していることを要します（民保通達第一・三・(2)・イ，四・(2)・イ・㈠・先例集(8)［10］57・58頁）。

　また，被供託者であっても，一般債権者として取戻請求権に差押命令又は差押・転付命令を得て，担保取消決定等を添付して取戻請求は可能です（昭和46年度全国供託課長会同決議・先例集(5)［65］217頁）

　　エ　担保変換決定正本
（「Q62」参照，昭39.11.21民事甲3753号認可・先例集(4)［14］40頁）

　支払保証委託契約による担保に変更する場合，支払保証委託契約の成立を証する書面の添付をも要します（昭和55年度全国供託課長会同決議1，2・先例集(6)［71］350頁）。

　また，代理人により供託物の差替えを行う場合，差替えにより担保額が減少しないときは，新たな供託書に押された代理人の印鑑と従前の供託物取戻請求書に押した代理人の印鑑とが同一で，かつ，その印鑑について市区町村長又は登記所作成の印鑑証明書を添付したときは，代理人の権限を証する書面に押された供託者本人の印鑑について市区町村長又は登記所作成の印鑑証明書の添付を要しないとされています（昭54.3.9民四1264号・先例集(6)［55］176頁）。

第Ⅱ編　民事執行法，民事保全法における裁判上の供託

(2)　錯誤を証する書面

不受理を記載した裁判所の不受理証明書等です（230頁参照）。

【 3　担保供託の還付 】

(1)　裁判上の担保供託の被担保債権

　裁判上の担保供託でいう「被担保債権」とは，訴訟行為又は裁判上の処分に関連して，訴訟当事者の一方が，相手方に対して取得する訴訟費用の償還請求権，又は相手方に対して取得する損害賠償請求権をいいます。

　　ア　強制執行の停止又は取消しの担保の場合

　強制執行の停止又は取消しの担保のための供託における被担保債権は，その執行停止又は取消しの間に執行債務者らによってされた執行目的物の毀損，隠匿等の不法行為に起因する執行債権者の損害賠償請求権であり，強制執行の執行債権そのものが被担保債権に含まれないことはもちろん，本案訴訟の訴訟費用もこれに含まれないとするのが，供託実務の取扱いです（昭10. 6. 12民事甲633号・先例集［361］287頁）。

　被担保債権は，一般的には，供託の原因となった裁判とは別に損害賠償請求の裁判を提起して確定することが必要ですが，家屋の明渡し及び家屋の不法占拠による明渡しまでの損害金の支払を命じた判決が原告勝訴で確定したときは，執行停止により生じた損害賠償債権は，債務名義上の執行債権と同一であるので，別に訴訟を提起して執行停止により生じた損害賠償債権を確定する必要がなく，右確定判決により直ちに担保権を実行できるとされています（大審院判決昭10. 3.14民集14巻351頁，昭55. 4. 9民四2282号・先例集(6)［63］274頁）。

　　イ　保全命令の担保の場合

　仮差押え・仮処分のための担保供託（民保14Ⅰ）においては，被保全権利又は保全の必要性が存在しない保全命令が発せられた場合，又は，保全命令に問題はないがその執行が違法である場合に，債権者に故意又は過失があれば不法行為が成立するとして，保全命令の債務者（被供託者）はそれによって生じる損害の賠償を保全命令の債権者（供託者）に対して請求することが

270

できます。この場合，被担保債権者は仮差押え・仮処分の執行によって生じた損害賠償請求権であり，本案の請求債権ではありません。

なお，仮差押えによる損害賠償金として完済までの支払を命じる判決により仮差押えの担保供託について還付請求する場合，払渡請求する金額（損害賠償金）の算出は，払渡認可の日まで計算して行われるとされています（昭和51年度全国供託課長会同決議6・先例集(6)［39］131頁）。

(2)　担保権利者の権利の実行

担保物に対する債務者の権利について，旧民事訴訟法においては，担保物の上に質権者と同一の権利を有する（旧民訴113）となっていたため，債務者が債権者の供託物取戻請求権の上に法定質権を有することを定めたものと解する見解（法定質権説）と，債務者に損害賠償請求権が発生した場合に供託物の還付を受けることによって優先的満足を受ける権利を有することを定めたものと解する見解（還付請求権説）の対立がありました。供託実務上は，前者の取戻請求権に対する質権実行による方法（民193）及び後者の供託所に対して直接還付を請求する方法の両方が認められていました。

しかし，現行民事訴訟法77条によって，担保権利者（債務者）は供託物の還付を受けることにより優先弁済を受けることができる法的地位にあると解され，還付請求権説が採用されたことによって，担保権利者（債務者）が権利行使をする場合には，供託所に直接還付請求する方法によることとなりました（平9.12.19民四2257号通達第二・先例集(8)［47］301頁）。したがって，強制執行の停止等によって，相手方の一方が損害を被ったときは，被供託者（担保権利者である債務者）は，「還付を受ける権利を有することを証する書面」（規則24Ⅰ①）を添付し，供託所に対して直接還付請求をする方法により権利を行使しなければならないということになります。第三者がした供託についても同様に，被供託者は権利を実行することができます（明45.5.23民事582号・先例集［18］17頁）。

なお，民事訴訟法77条の規定は，他の民事訴訟法259条6項，376条2項，405条2項，民事執行法15条2項及び民事保全法4条2項の担保の規定に準用されています。

第Ⅱ編　民事執行法，民事保全法における裁判上の供託

⑶　還付請求

裁判上の担保供託において，「還付を受ける権利を有することを証する書面」（規則24Ⅰ①）とは，供託書に記載されている裁判あるいは訴訟行為によって生じた損害又は費用の存在を証する書面をいいます。具体的には，被担保債権について給付を命じ，又は被担保債権の存在を確認する確定判決又は裁判上の和解を記載した調書等，確定した仮執行宣言付支払命令，供託者の同意書，被担保債権の存在を認めた公正証書等があります。

ア　供託者の同意がある場合

供託者が，債務者の損害賠償請求権の発生と，その金額及び供託物の還付を受けることについて同意している場合（単に被供託者が還付請求することを同意しているものではなく，被担保債権の存在の記載も必要です。），債務者は，供託物払渡請求書に同意を証する書面（真正を担保するため印鑑証明書及び資格証明書等も必要）を添付し，供託所に直接供託物の還付を請求し，その還付を受けることができます（供8，規則22，24）。

イ　供託者の同意がない場合

債務者は債権者に対し，損害賠償請求訴訟を提起し，勝訴の判決又はこれと同一の効力を有する和解，調停，認諾調書，確定した仮執行宣言付支払命令等により，自己の権利を証明して供託物の還付請求の手続を取ることとなります。自己の権利を証明できるものであればよいから，給付判決のほか，確認判決でもよいとされています。

例えば，強制執行（差押え）停止の抗告につき担保として供託されたもの（民執10Ⅵ）に対し，執行抗告申立てが棄却されたため，当該供託の被供託者である差押債権者が，執行停止により損害を被ったとして，当該供託の還付請求権につき担保権実行を目的として払渡請求する場合，損害額を認定された確定判決又は和解調書等が添付されることを要します。

また，家屋明渡しの仮執行免脱のための担保供託がされた場合において，家屋の明渡し及び明渡しまでの損害金の請求について原告勝訴の判決が確定したときは，その確定判決及び供託書還付証明書をもって，原告が供託金の還付を受ける権利を証する書面とすることができます。この場合に，家屋明

渡しの仮執行免脱のため2名が共同して保証供託をしていた場合は，仮執行の免脱によるその1名に対する損害賠償請求権が供託金によって担保される範囲は，供託金の2分の1の額までとされています（昭40.2.8民事甲256号回答・先例集(4)〔23〕57頁）。

　また，訴訟費用償還請求者である被供託者が，還付請求をするためには，訴訟費用額を確定させる必要があります（民訴71〜74）。被担保債権の存在を証する書面として，訴訟費用額確定処分決定正本及びその確定証明書となります。

ウ　公正証書の場合

　公証人の作成した公正証書は，証明力があり信ぴょう性が高く，真正な公文書として推定され（民訴228Ⅱ），執行証書であれば，債務名義となることから（民執22⑤，59頁参照），担保権利者の損害賠償権について認めた公正証書も「還付を受ける権利を有することを証する書面」となります（規則24Ⅰ①）。

【4　執行停止中の船舶に対する強制競売手続の取消しの保証供託】

（浦野雄幸『基本法コンメンタール　民事執行法（第4版）』326頁（日本評論社，1999））

　債務者が船舶の差押えにより積荷等の輸送ができず，荷主等の債権者から債務不履行による損害賠償を負う等の著しい不利益を受ける債務者の救済と執行債権者の利益の調整を図るために，保証の提供による強制競売手続の取消しを認めています（民執117）。

　供託後，執行停止の効力を失ったときは，執行裁判所は供託金については配当等を実施することになります（民執117Ⅱ前段）。供託有価証券については，取戻しの上，換価した後配当等を実施します。

ア　供　託

　差押えを受けた債務者は，執行停止文書（民執39Ⅰ⑦・⑧）を提出し，差押債権者及び保証の提供のときまでに配当要求をした債権者の債権及び執行

第Ⅱ編　民事執行法，民事保全法における裁判上の供託

費用の総額に相当する保証を提供して，船舶に対する強制競売手続の取消しをすることができるとしています。

供託書の記載において，被供託者の記載は要しません。

　イ　払渡請求

供託後は，執行債権等について配当異議の訴え等により争い，裁判が確定し，債務者が勝訴した場合にその範囲内において，供託金を取り戻すことができるとしたものです。添付書類としては，保証取消決定正本及び確定証明書の添付を要します。

債務者が敗訴したことにより，執行停止がその効力を失ったときは，差押債権者，配当要求の債権者に対し，配当を実施することとなり，供託金については支払委託の手続を行うこととなります。供託有価証券の場合は，執行裁判所がそれを取り戻す場合，「取戻しをする権利を有することを証する書面」の添付を要する（規則25Ⅱ）が，執行裁判所自身の証明であることから，払渡請求書に「執行停止の効力が失われた」旨の記載があれば，添付を要しないとされています（民執通達第二・二・1・(一)・(4)・先例集(6)［68］316頁）。

［ 5　供託金還付請求払渡請求書の記載例 ］

（「Q53」，「供託物の交付方法」（231～236頁参照）

　(1)　還　付

　ア　本人申請

①　預貯金口座振込み（233頁参照）……「巻末払渡請求書記載例1」

　　原則，市町村が発行した印鑑証明書（発行後3か月以内）が必要です。この場合，印鑑は実印となります。本人確認のための運転免許証等の身分証明書で印鑑証明書の添付を省略することができる場合があります（「Q54」参照）。

②　小切手（「Q55」参照）……「巻末払渡請求書記載例2」

　　預貯金口座振込みの記載は不要となり，受取人氏名に本人の氏名記載・請求書押印と同じ印が必要となります。小切手の場合は郵送での請求はできません。窓口交付になります。

274

③　その他

「隔地払」(232頁),「国庫金振替」(234頁)を参照願います。後記「イ法人の場合」,「ウ代理人の場合」も同様です。添付書面等については,「担保供託の還付」(270頁以下)を参照願います。

イ　法人の場合

① 　預貯金口座振込み

「請求者の住所氏名印」欄の記載は,請求者である法人の所在地,会社名及び代表取締役の氏名で記載し,代表者印を押印します。

【記載例】

東京都港区〇町〇番〇号

海山銀行株式会社

代表取締役　乙田一郎　

原則,代表者事項証明書(巻末資料6参照),代表者の印鑑証明書(すべて3か月以内)が必要となり,請求書に同印鑑を押印します。振込先の金融機関口座は,請求者である法人(会社等)名義以外の口座を指定することはできません。

② 　小切手

「請求者の住所氏名印」欄はイ①と同様です。預貯金口座振込みの記載は不要となり,受取人氏名に法人(会社)名及び代表者氏名を記載,請求書印と同じ印を押印します(前記ア②と同様)。

【記載例】

海山銀行株式会社

代表取締役　乙田一郎　

ウ　代理人の場合

① 　預貯金口座振込み

「請求者の住所氏名印」欄の記載は,請求者である本人又は法人(会社)の名の記載と「上記代理人」として代理人の住所氏名を記載し代理

人の実印を押印します。

【記載例】

東京都港区○町○番○号

海山銀行株式会社

代表取締役　乙田一郎

東京都中央区○町○番○号

上記代理人　丙山五郎　

　原則，請求者本人又は本人・法人（会社）の実印が押印された委任状と印鑑証明書が必要です。簡易確認（「Q51」参照）の手続を受けている場合は，その委任状が必要となり印鑑証明書は省略できます。

　代理人の印鑑証明書については，3か月以内のものが必要となります。請求書に同印鑑を押印します。振込先の金融機関口座は，代理人口座を指定することもできますが，この場合は委任状にその旨の記載が必要です（「Q56」参照）。

② 小切手

　預貯金口座振込みの記載は不要となり，受取人氏名に本人又は法人（会社）名の記載と「上記代理人」として代理人の氏名を記載し，請求書印と同じ印を押印します。

【記載例】

海山銀行株式会社

　代表取締役　乙田一郎

　上記代理人　丙山五郎　

(2) 取　戻

「払渡請求事由及び還付取戻の別」欄の取戻の「2．供託原因消滅」又は「3．」を選択して，「供託錯誤」あるいは「転付」，「譲渡」，「取立」を記載します（**巻末払渡請求書記載例3**）。

　添付書面等については，「担保供託の取戻し」（264頁以下）を参照願います。

第1章　裁判上の担保供託

「請求者の住所氏名印」欄，小切手受取人の記載は前記(1)と同様となります。

6　裁判上の保証供託の消滅時効

(1)　取戻請求権の消滅時効の完成時

　ア　民事訴訟法79条1項に基づく担保取消決定が確定した場合

（民訴79，民執15Ⅱ及び民保4Ⅱにおいて準用する場合を含む。以下同じ。）

　次の①から⑤までに掲げるときは，当該①から⑤までに定める期間が中断事由なく経過したときに，裁判上の保証供託の取戻請求権の消滅時効が完成するものとして扱うこととしています。

①　供託者が提起した民事保全に係る本案訴訟において請求の全部認容判決があるなど供託者が全部勝訴した判決があったとき当該判決が確定した日（上訴権放棄による確定等確定した時が午前零時でない場合には，確定した日の翌日。以下この①において同じ。）から起算して10年

②　①の供託者の全部勝訴判決と同視することができる裁判上の和解が成立したとき当該和解が成立した日の翌日から起算して10年

③　被供託者が①と同様の裁判上の効果が生ずる請求の認諾をしたとき当該認諾があった日の翌日から起算して10年

④　被供託者が供託者を相手として提起した担保の被担保債権に係る損害賠償請求訴訟において被供託者が全部敗訴した判決があったとき当該判決が確定した日から起算して10年

⑤　①から④までに掲げるときのほか，担保の事由が消滅したとき当該担保の事由が消滅した日の翌日（起算時が午前零時である場合には，当該消滅した日）から起算して10年

　ただし，担保取消の決定がなされないまま，訴えの取下げの日から10年経過後に取戻請求があった場合，払渡しを認可して差し支えないとしています。これは，担保のために供託した供託金の取戻請求権は，担保取消決定がない限り発生せず，消滅時効は完成しないものと解されているためです（昭和49年度全国供託課長会同決議13・先例集(6)13頁）。

　イ　民事訴訟法79条2項又は3項に基づく担保取消決定が確定した場

277

第Ⅱ編　民事執行法，民事保全法における裁判上の供託

　　　合

　担保取消決定が確定した日から起算して10年が中断事由なく経過したとき
に，裁判上の担保供託の取戻請求権の消滅時効が完成するものとして扱って
います。

　　ウ　民事保全規則17条１項又は４項に基づく担保取戻許可がされた場
　　　合

　次の①又は②に掲げるときは，当該①又は②に定める期間が中断事由なく
経過したときに，裁判上の担保供託の取戻請求権の消滅時効が完成するもの
として扱うこととしています。

　①　民事保全法43条２項の期間が経過し，又は保全命令申立てが取り下げ
　　られたとき同項の期間が経過した日又は保全命令申立てが取り下げられ
　　た日の翌日から起算して10年

　②　債務者（被供託者）が債権者（供託者）の権利を承継したとき債務者
　　（被供託者）が債権者（供託者）の権利を承継した日の翌日から起算して
　　10年

(2)　還付請求権の消滅時効の完成時

　次の①又は②に掲げる場合には，当該①又は②に定める期間が中断事由な
く経過したときに，裁判上の保証供託の還付請求権の消滅時効が完成するも
のとして扱うこととしています。

　①　被供託者が被担保債権につき給付等を命じた判決（これと同一の効力
　　を有するものを含む。）を受けた場合，当該判決が確定した日又はこれに
　　準ずる日の翌日から起算して10年

　②　供託者が被担保債権につき被供託者に債権があることの債務承認をし
　　た場合，当該債務承認の日の翌日から起算して10年

（以上，時効処理等取扱要領の制度について〔平25.１.11民商７号通達〕改正平28.
７.14民商24号通達）

第1章　裁判上の担保供託

Q65
裁判上の担保供託において，供託日から14年目に供託原因消滅証明書により払渡請求があった場合，供託原因消滅証明書の証明日が直近の日付であれば，払渡請求に応じてよいか？

A　供託原因消滅証明書の証明日については，担保事由消滅年月日とは何ら関係なく，取戻請求権の消滅時効の起算日とはならないため，副本ファイル等により起算日を確認することができないときは，関係裁判所に担保事由消滅年月日等を時効処理等取扱要領2号様式により照会し，消滅時効が完成していないと判断したときは，回答年月日，回答の相手方及び回答内容（担保事由消滅年月日及びその事由）を副本ファイルの裏面記載情報に記録するとともに，時効処理確認表の「年月日」欄，「時効起算（中断）事由」欄及び「備考」欄に記録をした上で，当該取戻請求を認可し，消滅時効が完成していると判断したときは，副本ファイルの裏面記載情報及び時効処理確認表の「備考」欄に回答結果等を記録した上で，当該取戻請求を認可しない。

　なお，供託官は，関係裁判所に照会しても記録廃棄等により担保事由消滅年月日等を確認することができない場合において，担保取消決定が確定した日又は担保取戻許可がされた日を確認することができるときは，当該確定した日（担保取戻許可がされた場合には，その日の翌日）を起算日として消滅時効の完成の有無を判断して差し支えない（平25.1.11民商7号通達〔改正平28.7.14民商24号通達〕）。

279

第2章
民事執行法上の供託（担保供託以外）

第1 不動産執行等の供託

1 強制競売における供託

（「強制競売」94頁参照）

(1) 配当留保供託

差押債権者の債権に一定の不確定要素（法律的な障害）がある場合には，直ちに配当等（104頁参照）を実施することができないため，裁判所書記官は，配当等の額に相当する金額を供託することとされています（民執91Ⅰ，民執通達第二・一・1・㈠・(1)・先例集(6)［68］313頁）。

なお，これと同様の配当留保供託は，不動産に対する強制競売に限らず，強制執行において広く行われています（巻末資料9参照）。

ア 供託申請

この供託については，供託所の管轄についての定めはありませんが，執行供託であることから，実務上は，執行裁判所の所在地にある供託所に供託しています。また，被供託者の住所氏名の記載は要しません。

なお，複数の債権者のために供託するときは，一括して供託することができます。

イ 供託事由

配当受領権者の債権について，以下に掲げる事由があるときは，裁判所書記官は，その配当等の額に相当する金銭を供託しなければなりません。

① 停止条件付又は不確定期限付であるとき（民執91Ⅰ①）

停止条件付又は不確定期限付債権が，不動産の売却により消滅する抵当権（同87Ⅰ④）などの被担保債権である場合をいいます。

② 仮差押債権者の債権であるとき（同91Ⅰ②）

281

第Ⅱ編　民事執行法，民事保全法における裁判上の供託

仮差押え（民保20）の被保全債権について，配当期日又は弁済金交付期日までに本案訴訟において，権利関係が確定されないときをいいます（**巻末申請書記載例12**）。

③　民事執行法39条1項7号又は183条1項6号（強制執行の一時の停止を命ずる旨を記載した裁判の正本又は不動産担保権の実行の手続の一時の停止を命ずる旨を記載した裁判の謄本）が提出されているとき（同91Ⅰ③）

④　その債権に係る先取特権，質権又は抵当権の実行を一時禁止する裁判の正本が提出されているとき（同91Ⅰ④）

⑤　その債権に係る先取特権等につき仮登記又は民事保全法53条2項に規定する仮処分による仮登記がされたものであるとき（同91Ⅰ⑤）

―――（供託の原因たる事実欄の記載例）―――

　債権者海山銀行，債務者兼所有者青空広大の平成29年(ケ)第○○号担保不動産競売事件について，平成29年10月31日に配当手続を実施したところ，債権者大地信販株式会社の債権は仮登記された根抵当権に係るものであるので，同債権者が受けるべき配当の額に相当する金500万円を供託する。

⑥　仮差押え又は執行停止に係る差押えの登記後に登記された先取特権等があるため配当額が定まらないとき（同91Ⅰ⑥）

⑦　配当異議（108頁参照）の訴えが提起されたとき（同91Ⅰ⑦）

　　配当異議の申出をした者は，配当期日から1週間以内に，執行裁判所に対し，配当の訴えを提起した証明をしなければならない（同90Ⅵ）ので，この証明がされたときに異議に係る配当額を供託することとなります。

―――（供託の原因たる事実欄の記載例）―――

　債権者海山銀行株式会社，債務者兼所有者青空広大間の東京地方裁判所平成29年(ケ)第○○号担保不動産競売事件について，平成29年10月31日に配当手続を実施したところ，債権者大地信販株式会社の債権について債権者海山銀行株式会社から配当異議の申し出があり，所定の期間内に配当異議の訴えが提起されたので，債権者大地信販株式会社が受けるべき配当の額に相当する金500万円を供託する。

　以上の理由がある場合，裁判所書記官はその配当等の額に相当する金額を

282

第2章　民事執行法上の供託（担保供託以外）

供託します。これを配当留保供託といいます。

　　ウ　払渡手続

　この配当留保供託がされた後において配当留保が解消され，供託の事由が消滅したとき，例えば，停止条件付債権の停止条件の成否が確定したとき等は，供託金の払渡しは，執行裁判所の配当等の実施としての支払委託に基づいて行われ，被供託者である債権者の還付請求によって供託金の払渡しがされることになります（民執92Ⅰ，民執通達第二・一・1・㈠・(2)・先例集(6)［68］313頁）。同様に債権者の債権が仮差押債権者の債権であって，まだ，本執行の要件を満たしていないという場合も配当等を直ちに実施することはできません。後日，仮差押債権者が本案訴訟で勝訴し，本執行の要件が具備すると，執行裁判所から配当がされることになります。この場合において，仮差押債権者が本案訴訟で敗訴した場合には，他の債権者に残債権があれば配当し，更に残金があれば債務者に交付されることになります。いずれも執行裁判所の支払委託の手続（「Q66」参照）で行われることになります。

　支払委託に基づく払渡しの場合に必要な，提示・添付書面については，支払証明書を添付するので権利を有することを証する書面等（規則24①，25①）の添付は必要ありませんが，一般的な供託物払渡請求時の書面は必要となります。この場合の払渡請求事由は「3．」に○をし，「配当金受領」とします（274頁及び巻末請求書記載例1・2参照）。

　なお，権利の確定等に伴い追加配当が行われる場合，執行裁判所は供託所から供託金を取り戻して債権者又は債務者に交付する方法はとらず，裁判所書記官（執行規則61）からの支払委託の方法によることとなります（規則30Ⅰ）。以下の場合に配当を実施しなければならないとしています（浦野雄幸『基本法コンメンタール　民事執行法（第4版）』〔生熊長幸〕283頁（日本評論社，1999））。

　①　前記イ①から⑤までに掲げる事由による供託に係る債権者に対して配当を実施することができなくなった場合（民執92Ⅱ）

　　　この場合，他に追加配当を受けるべき債権者がいるときは，配当表を変更し，供託金を他の債権者に追加配当し，余剰金が出ればこれを債務

283

第Ⅱ編　民事執行法，民事保全法における裁判上の供託

者に交付します。

② 前記イ⑥に掲げる事由による供託に係る仮差押債権者若しくは執行を
停止された差押債権者に対して配当を実施することができなくなった場
合（同92Ⅱ）

　この場合も追加配当を受けるべき債権者がいるときは，配当表を変更
する必要がありますが，実務上は，仮差押債権者等が勝訴する場合と敗
訴する場合とを想定し，あらかじめ二重配当表を作成し，判決結果にし
たがって，支払委託を行います。しかし，一部勝訴のような場合は，改
めて配当表を変更することとなります。

③ 前記イ⑦に掲げる事由による供託に係る債権者が債務者の提起した配
当異議の訴えに敗訴したとき（同92Ⅱ）

　執行裁判所による新たな配当表の調整のために配当表が取り消される
ことになります（同90Ⅳ）。

Q66　支払委託の手続とはどういうものか？

A　執行供託については，執行機関である執行裁判所によりその
供託金をもって配当等の実施がなされる。また，配当留保供託
等の場合においても供託事由が消滅したときに当該供託金について改め
て追加配当が，第三債務者のする供託については，その事情届を受理し
た後に配当等が，執行裁判所によって実施される。

　例えば，強制競売の配当異議の訴えが提起されたとき，配当留保供託
がされるが，当事者が配当表の配当受領権の一部を譲渡することで合意
し和解を行うような場合，執行裁判所はその和解に沿った支払委託書
（27号書式，規則30Ⅰ関係）と支払委託証明書（29号書式，規則30Ⅰ関係）
を作成し，供託所に支払委託書を送付し，各配当受領者又は剰余金を生
じたときの債務者（以下「配当受領者等」という。）に支払委託証明書が
交付される（同30Ⅰ，執行規則61）。民事執行規則61条は，執行裁判所が
支払委託をする全ての場合に準用されている（執行規則73，83，84，97，

第2章　民事執行法上の供託（担保供託以外）

98，98の2，132，145，173Ⅰ，174Ⅴ，175，176Ⅱ，177，177の2，179Ⅱ）。各配当受領者等は，この証明書を供託金払渡請求書に添付し，供託所に還付請求をすることとなる。

　支払委託による払渡しは，執行供託に限らず，官公署の決定によって供託金の払渡しにも行われている。例えば，税務署長，土地収用委員会，経済産業局長，都道府県知事等である。

① 　国税徴収法133条，同法施行令50条（「換価代金等の供託」392頁参照）

② 　許可割賦販売業者等の営業保証金等に関する規則11条

③ 　水洗炭業者保証金規則15条

④ 　土地収用法83条4項，同法施行規則22条2項

⑤ 　鉱業法117条，鉱害賠償供託金配当令施行規則9条1項

⑥ 　資金決裁に関する法律47条，資金移動業履行保証金規則1条2項

　支払委託による払渡請求において，委託証明書を紛失している場合は，当該裁判所の証明，裁判所からの委託に関する証明が発行できない場合，できない理由を裁判所が証明した書面を添付し，払渡請求者の上申書（印鑑証明書付）を添付させ，当該払渡請求を認可することになる（当方に支払委託書があり，委託書に記載されている本人からの払渡請求であれば，払渡しは可能と考える。）。

（27号書式，規則30Ⅰ関係）

<table>
<tr><td colspan="5" align="center">支 払 委 託 書</td></tr>
<tr><td>供 託 番 号</td><td colspan="4">平成〇年度金第〇〇〇号</td></tr>
<tr><td>供 託 金 額</td><td colspan="4">￥1，000，000-</td></tr>
<tr><td colspan="2" align="center">払い渡しを受ける者</td><td colspan="3" align="center">左の者の受け取る供託金及び利息</td></tr>
<tr><td align="center">氏 名</td><td align="center">住 所</td><td colspan="2" align="center">供 託 金</td><td align="center">利 息</td></tr>
<tr><td>青 空 広 大</td><td>埼玉県さいたま市岩槻区〇丁目〇番〇号</td><td colspan="2">￥1，000，000-</td><td></td></tr>
</table>

285

第Ⅱ編　民事執行法，民事保全法における裁判上の供託

> 　上記供託金は当庁平成○年(リ)第○○号配当等手続事件により上記のとおり払渡しを必要とするので供託書正本を添えて委託する。（事件完結）
>
> 　　　　平成○○年○月○日
> 　　　　　　　　さいたま地方裁判所
> 　　　　　　　　　　裁判所書記官　○　○　○　○　㊞
> 　　　さいたま地方法務局　御中

（29号書式，規則30Ⅰ関係）

証　　明　　書	
受取人氏名住所	青空広大 埼玉県さいたま市岩槻区○丁目○番○号
供　託　番　号	平成○年度金（証）（国）第○○○号
払渡しを受けるべき供託金及び供託金利息の表示	
供　託　金　　￥1,000,000- 利　　息　　￥0-	
上記のとおり証明する。 　平成○○年○月○日 　　　さいたま地方裁判所 　　　　裁判所書記官　○　○　○　○　㊞	

(2)　不出頭供託

　債権者（知れていない抵当証券の所持人も含む）が配当期日において配当の受領のために執行裁判所に出頭しない場合，あるいは，弁済金の交付日に債権者が出頭しないときには，供託によってその債権者に対する配当等の実施の手続を終了させるために，裁判所書記官はその債権者に対する配当等の額に相当する金銭を供託することとされています（民執91Ⅱ）。この供託の法

第2章　民事執行法上の供託（担保供託以外）

的性質については，民法494条（弁済供託）の受領拒絶又は知れていない抵当証券の所持人については債権者不確知に当たると解されています（民事月報35巻11号88頁（1980））。

　　ア　供託手続

　不出頭者が複数いる場合は，各人別に供託をすることとなります。被供託者を記載し，供託書には被供託者あてに通知するために要する費用の郵便切手等を付した封筒を添付することとなります（民495Ⅲ，規則16，民執通達第二・一・1・㈡・⑵，同第二・一・2・㈢・⑵・先例集⑹〔68〕314・315頁）。なお，被供託者欄に知れない抵当証券の所持人を記載する場合は，所持人を特定できる記載を要します（民事月報35巻11号90頁（1980））。

　管轄供託所の定めはありませんが，弁済供託の性質を有するので，民法495条1項の原則により，債務の履行地，つまり，執行機関の所在地の供託所になります（巻末申請書記載例13参照）。

　　イ　払渡手続

　弁済供託の性質を有する供託ですから，被供託者（債権者）あてに通知書があります（民495Ⅲ，規則16）。

　被供託者は供託を受諾し，印鑑証明書を添付して，還付請求をすることができます（規則24，26，民執通達第二・一・2・㈡・⑵・先例集⑹〔68〕314頁）。その他，必要に応じて添付・提示する証明書等については，一般原則どおりとなります（215，225頁，巻末払渡請求書記載例4参照）。

Q67　債務者が不出頭の場合に，民事執行法91条2項の供託申請は受理できるか？

A　民事執行法84条2項の剰余金について，債務者が弁済金交付日に出頭しない場合に，同法91条2項を法令条項として供託申請は受理できるかであるが，民事執行法には債務者が剰余金の受領のために執行裁判所に出頭しなかった場合の措置に関しては何らの規定もされていない。この点に関する供託実務の取扱いは，剰余金の不出頭供託

第Ⅱ編　民事執行法，民事保全法における裁判上の供託

が民事執行法91条2項に基づいてされた場合には受理すべきでないとされている。その理由としては，供託をすることができるのは，供託を義務付け，あるいは，許容する法令がある場合に限られるとする供託の有効要件を欠くからである（民事月報44巻12号66頁（1989））。

　ただし，債務者に対する剰余金交付の債務は取立債務と解されているから，債務者が受領のために執行裁判所に出頭しないときは，民法494条の要件が満たされるとして，民法494条に基づいて裁判所書記官から供託申請があった場合にはこれを受理して差し支えないとされている（平元.12.22民四5516号通知・先例集(8)［4］3頁，**巻末申請書記載例14**）。

　受領遅滞の遅延損害金の発生については，原則，取立債務において，債務者が支払期日に取立てに来ない場合，供託の前提として，債務者に対する受領の催告（口頭の提供）が必要とされており，履行遅滞の期間（支払期日から口頭の提供日まで）の遅延損害金を元金に付して供託する必要がある。しかし，給与債権のように，履行の時期，場所があらかじめ確定しているものについては，支払期日の経過のみでは債務者の履行遅滞にはならないとされている（昭57.5.22民四3609号認可・先例集(7)［9−二］18頁）。また，裁判所書記官による債務者不出頭の剰余金の供託において，剰余金の支払債務は，原則，取立債務と解されているが，民事執行規則59条3項により，債務者に対して事前に剰余金の交付日時及び場所が通知されていることをもって，裁判所による口頭の提供がされているものとして，供託の要件を満たすとする意見もある（別冊ジュリスト「供託先例判例百選」26巻2号38頁（1990），民事月報44巻12号66頁（1989））。よって，残余金の交付期日及び支払場所が事前に被供託者へ通知（口頭の提供）がされ弁済の提供をしてることから，履行遅滞には当たらず，遅延損害金を付さずに供託可能である。

　この場合の供託金の払渡しも，不出頭供託と同様に被供託者の還付請求によってすることとなる。なお，裁判所書記官は，供託することなく保管金として処理することができるという見解もある。保管金請求権は5年の除斥期間に服する（保管金規則1，最高裁判決昭56.10.13民集35巻

> 7号1206頁，中野貞一郎ほか著『民事執行法』571頁（青林書院，2016））。

(3) 不動産担保権実行としての競売における供託

（「不動産担保権実行としての競売」155頁以下参照）

　不動産強制競売に関する規定が準用されています（民執188）ので，供託申請・払渡手続（前記(1)(2)参照）も同様です。

■ 2　強制管理における供託 ■

（「強制管理」110頁以下参照）

(1) 強制管理における執行裁判所による配当等

　管理人が第一次的な配当実施機関として配当等を実施しますが，第二次的配当実施機関である執行裁判所が配当等を実施する場合は，①債権者間の協議不調の届出があった場合（民執107Ⅴ），②執行停止中の供託があった場合（同104Ⅰ），③配当留保供託の届出（同108前段）があった場合です。不出頭供託の届出があった場合は，供託された段階で配当等が完了するため，執行裁判所が関与する手続はありません（後記(4)参照）。①の場合は，配当等に充てるべき金銭は執行裁判所の保管金（執行規則72Ⅲ）とされているため，執行裁判所は直ちに配当等の手続を実施します。強制管理における執行裁判所の配当等の手続は，強制競売に関する規定が準用されます（民執111，84Ⅰ・Ⅱ，85，89～92）。

(2) 執行停止中における配当等に充てるべき金銭の供託

　強制管理の開始決定がされた後に民事執行法39条1項7号又は8号に掲げる文書が提出されて強制執行が停止されたときにおいても，管理人は，配当等はできないが，管理行為の継続はできるため，配当等に充てるべき金銭を供託し，その供託書正本と配当計算書が作成されているときは同計算書を添付（執行規則71Ⅰ・Ⅱ）して，その事情を執行裁判所に届け出ることとされています（民執104Ⅰ）。この場合，執行停止事由が消滅し，供託の事由が消滅したときは，支払委託により配当等を実施することとなります。なお，供託すべき供託所は，強制競売の配当留保と同様，執行裁判所の所在地にある

第Ⅱ編　民事執行法，民事保全法における裁判上の供託

供託所となります。

　また，二重開始決定により手続が続行される場合には，その後に満了する配当期間（民執107Ⅰ）に係る収益又は換価代金については，二重開始決定を受けた差押債権者を含めて配当等を実施することができます。他方，申立債権の不存在が確定した場合には，停止中の執行手続は取り消され（同39Ⅰ，40），停止後の収益行為は違法であったことになるので，他に配当要求を行った債権者がいても，配当等の手続は実施されず，供託金は債務者に返還されます。

(3) 配当留保供託

　不動産の強制管理において，管理人が配当を実施する場合，配当等を受けるべき債権者の債権について，民事執行法91条1項各号（第7号を除く。）に掲げる事由があるときは，管理人は，これらの債権者の配当等の額に相当する金銭を供託し，その供託書正本及び配当計算書が作成されているときは同計算書を添付（執行規則71Ⅱ）して，事情を執行裁判所に届け出なければならないとされています（民執108前段）。これが，管理人が配当等を実施する場合の配当留保供託です。

　供託後，仮差押債権が本案訴訟で勝訴し執行力ある確定判決又は仮執行宣言付判決を取得したとき（終局判決），又は執行停止債権につき請求異議の訴え（76頁参照）が排斥されたとき等，未確定債権の存否が確定し，供託の事由が消滅したときは，裁判所書記官による供託金の支払委託の手続により完了することとなります（民執109，民執通達第二・一・2・㈁・⑴及び⑵・先例集(6)［68］314頁参照，執行裁判所に手続は移り，管理人が支払委託に関与することはありません。）。

　他方，仮差押債権者の本案敗訴，執行停止債権につき請求異議の訴えの認容等，未確定債権の不存在が確定したときは，その配当等の手続で配当等を受けることのできる他の債権者のために，更に配当等の手続を実施することになります（山本和彦ほか編『新基本法コンメンタール　民事執行法』307・308頁（日本評論社，2014））。

第2章　民事執行法上の供託（担保供託以外）

(4)　不出頭供託

　管理人が配当等を実施する場合，債権者が配当等の受領のために出頭しなかったときにも管理人は，その配当等の額に相当する金銭を供託しなければならないとされており（民執108後段），これが，管理人が配当等を実施する場合の不出頭供託です。

　また，不出頭供託についても，配当留保供託と同様に，執行裁判所に事情届をすることとなります（民執108後段）。この場合の供託金の払渡しは，被供託者の還付請求によってすることとされ（民執通達第二・一・2・㈢・⑴及び⑵・先例集⑹［68］315頁），供託金の還付を受けようとする債権者は，供託物払渡請求書に印鑑証明書を添付して払渡しを受けることとなります。

(5)　不動産担保権実行としての担保不動産収益執行における供託

　不動産強制管理に関する規定が準用されています（民執188）ので，供託申請・払渡手続（前記⑴～⑷参照）も同様です。

第2　準不動産執行等の供託

（「準不動産執行」113頁以下参照）

■ 1　船舶の強制競売における供託　■

　船舶に対する強制執行については，民事執行法121条において同法91条が準用され，配当等は，執行裁判所が実施し，不動産に対する強制競売の場合と同様の配当留保及び不出頭供託がされます。

　したがって，供託金の払渡しについては，配当留保供託の場合は，支払委託によることとなり，不出頭供託は，債権者から印鑑証明書を添付し供託物払渡請求書により請求することになります。

■ 2　船舶に対する担保権実行における供託　■

　船舶に対する強制競売の供託と同様です（民執189，117，121，91）。

291

第Ⅱ編　民事執行法，民事保全法における裁判上の供託

【 3　航空機，自動車，建設機械又は小型船舶に対する強制執行等（担保権実行を含む）における供託 】

　航空機については，民事執行規則84条において船舶に対する強制執行に関する規定（民執121，91）を準用し，登録自動車（未登録は動産となる。）に対する強制執行等については，民事執行規則97条で，不動産に対する強制競売に関する規定（民執91，執行規則176）が準用されています。建設機械又は小型船舶に対する強制執行については民事執行規則98条，98条の2で，自動車に対する強制執行等の規定が準用（執行規則97）されています。したがって，いずれも，不動産に対する強制競売の供託と同様ということになります。

第3　動産執行の供託

（「動産執行」113頁以下参照）

【 1　動産に対する強制執行等における供託 】

⑴　動産の強制執行における売得金の供託

　ア　配当留保供託

　　㈠　供託手続

　執行官が民事執行法139条1項又は2項により配当等を実施する場合に，配当等を受けるべき債権者の債権について，以下に掲げる事由があるときは，その配当等の額に相当する金銭を供託しなければなりません。

① 停止条件付又は不確定期限付であるとき（民執141Ⅰ①）

　　解除条件付債権ならば単純に配当等を実施，確定期限付債権は弁済期到来擬制の上，中間利息を控除して配当等を実施（同139Ⅳ，88，192）

② 仮差押債権者の債権であるとき（同141Ⅰ②）

③ 執行手続の一時停止命令（同39Ⅰ⑦，183Ⅰ⑥，192）の正本が提出されているとき（同141Ⅰ③）

④ その債権に係る先取特権，質権又は抵当権の実行を一時禁止する裁判の正本が提出されているとき（同141Ⅰ④）

なお，供託後，執行官は，その事情を執行裁判所に届け出なければなりま

第2章　民事執行法上の供託（担保供託以外）

せん（民執141 I）。この届出は，「事件の表示」，「差押債権者及び債務者の氏名又は名称」，「供託の事由及び供託した金額」の記載をした書面で行うこととなります（執行規則131 I）。また，供託書正本及び動産執行事件の記録を添付（同131 II）し，執行裁判所に事情届が執行官によってされます。

　　　(イ)　払渡手続

　事情届の送付を受けた後，供託事由が消滅したときは，執行裁判所において配当等及び供託金の払渡手続が行われ（民執142 I），供託の払渡しは，執行裁判所の支払委託に基づいて行われます。なお，執行裁判所の配当等の手続は，不動産執行における配当等手続に関する規定が準用されます。

　　イ　取立訴訟の判決に基づく供託

　執行官は，配当等を受けるべき債権者への債権が，取立訴訟（「Q26」参照）の判決で供託の方法により支払を命じられたものであるときは，その判決に基づき，その債権者に対して配当等を行う場合には，配当等の額に相当する金銭を供託しなければなりません（民執157 V）。

　供託の払渡しは，執行裁判所の支払委託（「Q66」参照）に基づいて行われます。

　　ウ　債権者等の不出頭供託（286頁）

　執行官は，債権者が配当の受領のために出頭しない場合，その債権者に対する配当等の額に相当する金銭を供託することとされています（民執141 II）。執行裁判所への事情届は必要ありません。この供託の法的性質については，弁済供託であるため，供託金の払渡しは，被供託者（債権者）の還付請求によって行われます。また，債務者が剰余金の受領のため，出頭しない場合も供託（民494）できます（「Q67」参照）。

(2)　差押えが取り消された動産の売得金の供託

　執行官は差押えが取り消された動産を権利者に引き渡すことができないときは，執行裁判所の許可を受けて，動産執行の手続により売却することができます（執行規則127 III）。執行官はその売得金から売却保管に要した費用を控除し，その残金を供託しなければなりません（執行規則127 IV，民執168 VIII）。この供託も性質上，弁済供託であり，不出頭供託と同様の供託申請・払渡手

293

第Ⅱ編　民事執行法，民事保全法における裁判上の供託

続となります（民執通達第二・三・1・㈣・⑴及び⑵・先例集⑹［68］317頁）。

⑶　執行停止中の動産の売却による売得金の供託

ア　供託手続

保管供託の性質を有するもので，執行官が供託するものです（民執137Ⅱ）。

差押え後に執行官に対して，強制執行の一時停止を命ずる旨を記載した裁判の正本又は債権者が，債務名義の成立後に，弁済を受け，又は弁済の猶予を承諾した旨を記載した文書（民執39Ⅰ⑦・⑧）の提出がされたとき，執行官は，差押物について著しく価額の減少を生ずるおそれのあるとき，又は保管のために不相応な費用を要するときは，差押物を売却し（同137Ⅰ），その売得金を供託しなければならないとしています（同137Ⅱ）。動産の一般の売却と同様な方法によって実施され，換価による売得金は，執行停止中，供託の方法で保管することとなります（**巻末申請書記載例15参照**）。

イ　払渡請求

保管供託であるため，被供託者は存在しません。したがって，差押債権者も債務者も供託金に対して，直接権利を有するものではなく，強制執行の停止事由が消滅したときには，執行官が直接取戻請求権を有するものとなり，執行官は供託金の交付を受け，債権者等に配当を行うこととなります（民執139）。この，配当等を受けるべき債権者の範囲（「Q24」参照）は，当該差押債権者と動産執行が続行されることになるまでの間に同一差押物に，動産執行を申し立てた差押債権者又は仮差押債権者（民執125Ⅱ～Ⅳ），及び先取特権又は質権を有する者で配当要求した債権者です（民執33，140）。

また，執行が取り消されたときは，執行官は，供託金を取り戻した上，債務者に交付することとなり，供託金利息も売得金の一部として支払います。

⑷　金銭の支払を目的としない請求権に対する強制執行における供託

金銭の支払を目的としない請求権の不動産（人が居住する船舶などを含む。）の引渡し又は明渡し，動産の引渡しの強制執行の場合，執行官がその目的物以外の動産を取り除き，これを債務者等（代理人，同居の親族等）に引き渡すことになりますが，その引渡しができないときは，執行官は，これを売却することができます（民執168Ⅴ，《パターン事例Ⅱ-1》参照）。執行官は，そ

第2章　民事執行法上の供託（担保供託以外）

の売得金から売却及び保管に要した費用を控除し，その残余を供託すること
となります（民執168Ⅷ，民執通達第二・六・1・㈡・先例集⑹［68］325頁，**巻
末申請書記載例16参照**）。

　この供託は，執行官が所属する執行官室の所在地を管轄する供託所に供託
しなければなりません。なお，被供託者に供託通知書を送付する必要があり
ます。

第4　債権執行の供託

（「債権執行」119頁以下参照）

■ 1　第三債務者の供託 ■

（「第三債務者の供託の概要」130頁参照）

⑴　供託申請

ア　供託すべき供託所

　旧民事訴訟法においては明確な規定がなく，先例（昭12.11.13民甲1570号・
先例集［390］，316頁）において，執行裁判所所在地や義務履行地の供託所に
限らず，第三債務者の最寄りの供託所に供託することができるとされていま
したが，民事執行法において，供託すべき供託所は「債務の履行地」とされ
ました（民執156Ⅰ・Ⅱ）。「債務の履行地」とは，給付が現実になされるべき
場所をいい，特約があればこれに従い，特約がなければ民法484条，商法516
条等の補充規定によって定まることになります（「供託の管轄」204頁参照）。

イ　供託書を記載する上での注意点

　執行供託をする際には，供託書の被供託者欄の記載を要する場合と要しな
い場合とがあるので注意を要します（後記「Q68」参照）。

　なお，第三債務者による供託をするにあたって，供託書の「供託の原因た
る事実」に記載する内容として，供託時までに第三債務者に対して送達され
た差押命令，差押処分又は仮差押命令の全てについて，差押事件の表示（執
行裁判所名，事件番号，事件名），債権者，債務者，第三債務者，債権額，差
押債権額，送達年月日等を具体的に記載する必要があります（後記「⑶民事

295

第Ⅱ編　民事執行法，民事保全法における裁判上の供託

執行法156条１項の供託（権利供託）事例」301頁及び「(4)民事執行法156条２項の供託（義務供託）事例」314頁参照）。

Q68　供託書の被供託者欄の記載を要する場合とは？

A　金銭債権の一部に差押えがされた場合，第三債務者は，差押金額だけを供託することも，金銭債権の全額を供託することもできる（民執156Ⅰ，いわゆる権利供託。民執通達第二・四・１・㈠・⑴・ア及びイ・先例集(6)〔68〕319頁参照）。第三債務者が，金銭債権の全額を供託した場合，差押えの効力が及んでいない部分は弁済供託の性質を有し，当該部分は執行裁判所の配当の対象とはならず，通常の弁済供託の場合と同様に，被供託者が供託を受諾して還付請求をすることができ，また，第三債務者である供託者が不受諾を原因として取戻請求をすることができる（民496Ⅰ）。

したがって，金銭債権の一部に差押えがされた場合に，第三債務者がその全額に相当する金銭を供託するときは，差押えの効力が及んでいない部分については弁済供託の性質を有し，被供託者が特定できることから，供託書の「被供託者の住所氏名」欄には本来の債権者（執行債務者）を記載し，同人に供託通知をする必要がある（前掲民執通達ア・記載例㈡・先例集(6)〔68〕340頁）。

なお，執行（請求）債権額が被差押債権額を超える場合（差押えの競合の場合を含む。）には，被差押債権全額に差押えの効力が及ぶので，弁済供託の性質を有する余地はない。

例えば，金銭債権100万円のうち，40万円に差押えがあって，100万円全額を供託する場合，その差額である60万円の部分については，差押えの効力が及んでおらず，弁済供託の性質を有するため，供託通知をする必要があるが，この関係を図示すると，以下のようになる。

296

第2章　民事執行法上の供託（担保供託以外）

【供託通知を要する権利供託の関係図】

（例）　金銭債権100万円のうち，40万円に差押えがあって，100万円全額を供託する場合

40万円（差押え）	60万円

60万円部分 → 弁済供託の性質を有する部分

ウ　供託の効果

差押命令が送達された第三債務者が，差押えに係る債権について執行供託をしたとき，当該供託金は配当財団を形成し，執行裁判所の配当等の手続に入ることになるので，その事情を執行裁判所に届け出なければなりません（民執156Ⅲ）。この事情届（138頁参照）には，①事件の表示，②差押債権者及び債務者の氏名，法人の場合はその名称，③供託の事由及び供託した金額を書面に記載した上で，「供託書正本」を添付する必要があります（執行規則138Ⅰ・Ⅱ）。

執行裁判所は，第三債務者からの「事情届」及び「供託書正本」の提出により，配当等の手続（104，147頁参照）に入ります（民執166Ⅰ①）。

なお，複数の差押命令が発せられ，その合計額が差押債権の全額に満たない場合に，第三債務者が各債権者の差押命令の差押債権額の満額を供託した場合，一見すると弁済金交付手続になるように思われますが，配当等の手続を配当財団から差し引くと各債権者の差押債権額を満たさなくなるため，配当手続となります。

これら第三債務者の供託によって，換価手続は終了し，第三債務者は供託額の範囲で当該債務の免責を得ることになり，また，当該供託後に，差押え，仮差押えの執行又は配当要求の申立てをしても，当該手続における申立人は，原則として配当等を受けることができなくなる「配当加入遮断効」（後記「Q69」参照）が生ずることになります（民執165Ⅰ①）。

エ　差押債権に係る利息及び遅延損害金

差押命令の効力発生後に利息及び遅延損害金が生じた場合には，元本と併せて利息等を供託する必要があります（吉野衛ほか『注釈民事執行法⑹』499

297

頁〔柳田幸三・立花宜男〕(金融財政事情研究会, 1995), 別冊ジュリスト「供託先例判例百選(第2版)」37巻3号94頁, 96頁, 98頁(2001))。ただし, 差押命令中で既に発生した利息を差押えの対象として明示しない限り, 差押命令の効力発生前に既に発生していた利息は元本とは独立の存在である以上, 元本と分離して譲渡することが可能なことから, 差押えの効力は及ばないことになります(東京地方裁判所民事執行センター実務研究会『民事執行の実務債権執行編(第2版)』44頁(金融財政事情研究会, 2007))。

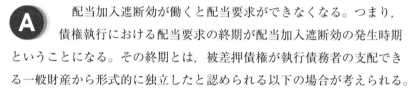

　　配当加入遮断効が働くと配当要求ができなくなる。つまり, 債権執行における配当要求の終期が配当加入遮断効の発生時期ということになる。その終期とは, 被差押債権が執行債務者の支配できる一般財産から形式的に独立したと認められる以下の場合が考えられる。

① 差押債権者が被差押債権を第三債務者から取り立てたとき(民執155Ⅰ。弁済があったものとみなされ, 以降の配当要求は空振りになる。)

② 第三債務者が供託したとき(民執165①)

　第三債務者が供託をしたとき(民執156Ⅰ・Ⅱ), 当該供託金は, 配当等(民執84Ⅲ)の原資として確定され, 執行裁判所の管理下に入ることになることから, 供託以降の配当要求はできないものとされた(最高裁判決昭和38.6.4民集17巻5号659頁参照)。

③ 差押債権者が第三債務者に対して提起した取立訴訟の訴状が第三債務者に送達された時(民執165②)

　取立訴訟(民執157)の訴状が送達されただけでは, 上記②のように, 配当等の原資が確定するわけではないが, 取立訴訟の判決確定時まで配当要求を許すと, 申立債権者にとって著しく不利になることから, 第三債務者の行為が介在する余地のない訴状送達時までとされている。

(山本和彦ほか編『新基本法コンメンタール 民事執行法』459・460頁(日本

評論社，2014））

(2) 執行停止文書の提出と第三債務者の供託（「Q17」参照，『民事執行の実務（上)』17頁，18頁（金融財政事情研究会，2007））

ア　供託前の提出

(ア)　民事執行法39条1項7号（民執183Ⅰ⑥・⑦）の書面の場合

執行停止文書の提出後も差押命令の効力は失われず，第三債務者は供託する権利があり，他に競合する債権者がいる場合には，依然として供託する義務があります。

民事執行法39条1項7号，183条1項6号及び7号の書面が提出された後に第三債務者が供託した場合において，配当加入遮断効が生ずる時期については，民事執行法156条1項の文言どおり，その時点で配当加入遮断効が生ずるとする説（吉野衛ほか『注釈民事執行法(6)』430頁〔富越和厚〕（金融財政事情研究会，1995））や執行停止の効力が失われた時（田中泰久『新民事執行法の解説』354頁（金融財政事情研究会，1980））等，諸説がありますが，明文上，執行停止により配当加入遮断効の生じる時期が変更される旨の規定は特段なく，また，たまたま執行停止文書が提出されたといって，差押え等が後れた他の債権者が利益を得ると解すべき事情もないことから，原則どおり，供託時に配当加入遮断効が発生するとするのが妥当であると考えられます。

配当加入遮断効が生ずるとすると，権利供託の場合には，供託を契機として直ちに配当等手続に進む余地がありますが，債権差押命令が全部又は一部取り消される可能性もあり，また，債権者が1人のときは，弁済金交付手続を実施しても，弁済金の支払が留保され，供託が継続するだけになることから，実務上，弁済金交付手続を見合わせることが多いです。他方，権利供託又は義務供託で他に配当等を受ける債権者がいる場合には，配当等の実施を留保すべき実質的な理由がないから，原則どおり，配当等手続が実施されることになります。ただし，執行停止文書を提出された債権者が受けるべき配当等の額は供託が継続することになります（民執166Ⅱ，91Ⅰ③・④）。

第Ⅱ編　民事執行法，民事保全法における裁判上の供託

(イ)　民事執行法39条1項8号の書面の場合

基本的には，配当等手続が実施される場合には，前記(ア)のとおり，執行停止文書の提出が配当等の留保事由として規定されていないので，執行停止文書を提出された債権者も配当等の額の交付を受けることができます（民執166Ⅱ，91Ⅰ）。

したがって，供託により配当加入遮断効が生ずるとすれば，まず，他に債権者がいる場合には，執行停止文書が供託前（換価前）に提出されたとしても，配当等手続に入り，執行停止文書の提出があった差押債権者を含め，配当等手続が実施され，現実に配当等の額が支払われることになり，また，債権者が1人の場合であっても，弁済金交付手続を実施して，現実に弁済金を交付して差し支えないことになります。すると，第三債務者が供託してしまうと，債務者が民事執行法39条1項8号の書面をどの時期に提出したとしても，結局，執行停止の効果が生じないのと同様の結果になりますが，そもそも，この書面による執行停止は同項7号の書面を取得するまでのいわば「つなぎ」であり，また，その性質上，供託から配当期日等まで一定の期間を要するため，債務者は，第三債務者が供託した場合には，速やかに，配当期日等までの間に，同項7号の書面を取得して，改めてこれを執行裁判所に提出すべきことになります。

イ　供託後の提出

(ア)　民事執行法39条1項7号（民執183Ⅰ⑥・⑦）の書面の場合

供託により既に配当加入遮断効が生じていることから，執行停止文書を提出された債権者以外に競合する債権者がいるか否かに関係なく，その後に執行停止文書が提出されても，配当等手続が実施されます（民執166Ⅱ，84Ⅳ）が，上記アと同様に，執行停止文書を提出された債権者が受けるべき配当等の額は供託が継続します。ただし，実務上は，競合債権者がいない場合には，弁済金交付手続を実施しても，供託が継続するだけであり，また，債権差押命令が全部又は一部取り消される可能性もあるので，配当等手続に入らない取扱いが通常です。

300

（イ） 民事執行法39条1項8号の書面の場合

　基本的には，前記（ア）のとおりですが，民事執行法166条2項が準用する91条1項には，この執行停止文書の規定がされていないので，配当等手続においては，執行停止文書を提出された債権者も配当等の額の交付を受けることができます。

(3) 民事執行法156条1項の供託（権利供託）事例（「権利供託」131頁，「Q27」参照）

　権利供託については，民事執行法156条1項によるものとして，①差押えが単発の場合（《パターン事例Ⅰ-5，Ⅰ-5①》），②差押え（差押えと仮差押えの場合も含む。）が2個以上であるが差押額の合計が債権額以下の場合（《パターン事例Ⅰ-6》），③仮差押えの執行のみ（仮差押えが競合する場合も含む。）の場合（民保50Ⅴによる準用）（「みなし解放金の供託」367頁，《パターン事例Ⅰ-7》），滞納処分と強制執行等との手続の調整に関する法律によるものとして，④滞納処分による差押えと強制執行による差押えとが競合し，滞納処分が先行する場合（同20の6Ⅰ）（《パターン事例Ⅳ-5①》），⑤滞納処分による差押えと仮差押えの執行とが競合する場合（同20の6Ⅰ，20の9Ⅰ等）（《パターン事例Ⅳ-5②》），が考えられます。

　以下，前記①及び②について検討します。

ア　差押えが単発の場合

パターン事例 Ⅰ-5

　判決の確定後も，青空さんから返済する様子がまったく見受けられないので，海山銀行は，青空さんが森林緑子さんに対して有している，工事請負代金請求権（3000万円）を差し押さえる旨を東京地方裁判所に申し立て，同申立てに係る債権差押命令書が森林さんに送達されました。

　その後，森林さんは，青空さんから工事請負代金債務の全額（3000万円）についての支払を求められました。この場合，森林さんは青空さんの申出に応じて支払うべきなのでしょうか。

第Ⅱ編　民事執行法，民事保全法における裁判上の供託

解　説

　差押命令の効力は，差押命令が第三債務者に送達された時から生じることになり（民執145Ⅳ），第三債務者（債務者）は，差押命令の到達時から執行債務者（債権者）に対する弁済が禁じられることになります（民執145Ⅰ）。

　とすると，本事例において，海山銀行の差押命令は，森林さんに送達された日から効力が生じることになり，送達後，第三債務者である森林さんは青空さんに弁済することができなくなります。仮に，森林さんが，執行債務者である青空さんの取立てに応じて3000万円を弁済したとしても，差押債権者である海山銀行に対しては，当該弁済による債務の消滅を対抗することができず（民481Ⅰ），海山銀行からの請求があれば二重払いをせざるを得なくなります（二重払いの危険負担）。

　そこで，本事例において，森林さんがとるべき手段として，①差押債権額3000万円全額を供託して債務の免責を受けるか（民執156Ⅰ），又は，②海山銀行の取立て（民執155Ⅰ）に応じて，3000万円を海山銀行に支払うことによって債務の免責を受けるかを選択することになります。

パターン事例　Ⅰ-5. ①

【事例】

(1) 《パターン事例Ⅰ-5》において，森林さんは，民事執行法156条1項に基づき，差押債権額の全額に当たる3000万円を供託することにした場合，供託の手続はどのようになるでしょうか。

> 3000万円（差押え）
>
> 3000万円（工事請負代金債権）
> 供託金：3000万円

(2) 《パターン事例Ⅰ-5》において，海山銀行が青空さんに対して有

302

する貸金債権を2500万円とした場合に，海山銀行が，青空さんの工事請負代金債権3000万円のうち2500万円を差し押さえたとして，以下の場合，供託の手続はどのようになるでしょうか。

① 森林さんが金2500万円を供託した場合

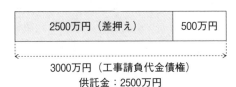

3000万円（工事請負代金債権）
供託金：2500万円

② 森林さんが金3000万円を供託した場合

3000万円（工事請負代金債権）
供託金：3000万円

(3) 上記(1)の供託手続が終了した後，東京地方裁判所において配当等の手続が実施され，海山銀行が3000万円の配当を受けることになりました。この場合において，海山銀行が供託金の払渡しを受けるにはどうすればよいでしょうか。

(4) 上記(2)②の供託手続が終了した後，青空さんは海山銀行に2500万円を弁済したことから，海山銀行は，東京地方裁判所が配当等の手続を実施する前に差押命令を取り下げました。この場合，青空さんが供託金全額の払渡しを受けるにはどうすればよいでしょうか。

解説

1 供託できる金額（渋佐愼吾「金銭債権の一部のみが差し押さえられた場合における供託」別冊ジュリスト「供託先例判例百選（第2版）」37巻3号100頁（2001））

　事例(1)の民事執行法156条1項によって供託できる金額は，「差押え

第Ⅱ編　民事執行法，民事保全法における裁判上の供託

に係る金銭債権の全額に相当する金銭」ですが，これは，残存額のことを意味し，もともと差押金額の一部しか債権がなかった場合や，一部譲渡，第三債務者の相殺等によって，その額が減じている場合はその全額を供託すればよいことになります。しかしながら，第三債務者が差押債権の全額以下の任意の金額で供託することは，執行供託の趣旨からして認められていません。もっとも，供託額を第三債務者で算出しなければならない場合（給与債権の差押え等）で，一部供託がされたときには，当該供託は有効であるものと解し，追加供託をすることも許されています。このとき，配当要求の終期は，最初の供託時に到来するものと解されています（最高裁判所事務総局編『民事執行事件に関する協議要録』163頁（法曹会，1985））。

　事例(2)の金銭債権の一部が差し押さえられた場合については，「差押えに係る金銭債権の全額に相当する金銭」を供託することも，「差押金額に相当する金銭のみを供託すること」もできるとされています（民執通達第二・四・1・㊁・先例集(6)［68］320頁）。

　債権の差押えが行われた場合の第三債務者の不安定な立場を救済しようという権利供託の趣旨からすれば，一部差押えの場合においては，差押えの効力が及ぶ範囲内で供託が認められれば十分であって，残余の部分についてまで併せて供託を認める必要性は必ずしもありません。一方で，民事執行法上，一部差押えの場合において，「差押えに係る金銭債権の全額に相当する金銭」の供託を認めたのは，差押金額に相当する金銭についてのみ執行供託を認め，その残余の部分については別途弁済の方法を講じなければならないとする，分割支払（一部供託，一部支払）の不利益から第三債務者を救済する趣旨であると考えられています。

　とすると，第三債務者が二度に分けて免責行為をするという分割支払の不利益を甘受するならば，一部差押えの場合において，「差押金額に相当する金銭のみを供託すること」を認めても差し支えないと考えられます。

304

第2章　民事執行法上の供託（担保供託以外）

よって，本事例(1)において，森林さんは，「差押えに係る金銭債権の全額に相当する金銭」に当たる3000万円（巻末申請書記載例17-(1)），(2)①については，「差押金額に相当する金銭」に当たる2500万円（巻末申請書記載例17-(2)①），(2)②については，「差押えに係る金銭債権の全額に相当する金銭」に当たる3000万円（巻末申請書記載例17-(2)②）をそれぞれ供託することができます。

2　被供託者の記載の有無

権利供託のうち，金銭債権の全額の差押えを受けて全額を供託する場合（本事例(1)）及び金銭債権の一部の差押えを受けて当該差押債権額のみの供託をする場合（本事例(2)①），被供託者の記載は不要になります。

そもそも，上記の場合における執行供託の供託金は，執行裁判所の管理下に置かれ，差押債権者等は，執行裁判所の配当等が実施されることによって，初めて還付請求権を取得することになります。とすると，執行供託をした時点においては，いまだに「供託物の還付を請求し得べき者」（規則13Ⅱ⑥）である被供託者が特定されていないことになります。

一方，権利供託のうち，金銭債権の一部の差押えを受けて当該金銭債権全額の供託をする場合，被供託者の記載は必要となります（「Q68」参照）。

本事例(2)②で考えてみると，供託金のうち，差押金額に相当する部分（2500万円）は執行供託ですが，差押金額を超える部分（3000万円－2500万円＝500万円）については差押えの効力が及んでいないことから，本来の債権者である青空さんに対する民法494条に基づく弁済供託の性質を有しているといえます。

とすると，差押金額を超える部分（500万円）については，青空さんは，「供託物の還付を請求し得べき者」（規則13Ⅱ⑥）である被供託者として特定されていることから，被供託者欄に青空さんの住所氏名を記載する必要があります。なお，この場合，第三債務者である森林

305

さんは，民法495条３項の類推適用により，被供託者である青空さん
に対して供託通知をする必要があり，供託書に供託通知書及び郵券を
付した封筒を添付する必要があります（準則33）。

３　払渡手続

⑴　事例⑶について

　　ア　配当等の手続

　　　　本事例については，差押債権者が１人の場合を前提しているこ
　　　とから，弁済金交付手続の実施としての支払委託に基づいてなさ
　　　れることになります（民執通達第二・四・１・㈠・⑶・ア・先例集
　　　⑹［68］320頁，民執166Ⅰ①）。そして，弁済金交付手続が実施さ
　　　れると，執行裁判所の書記官は，債権者に配当すべき金額を供託
　　　金から払い渡すべき旨を記載した支払委託書を供託所に送付する
　　　と同時に（執行規則145，61），債権者に対して供託金から払渡し
　　　を受けるべき金額を記載した証明書（支払証明書）を交付するこ
　　　とになります（規則30Ⅰ，「Ｑ66」参照）。

　　イ　払渡しに必要な書面

　　　　裁判所の配当等に基づき供託金の払渡しを受けようとする場合
　　　には，供託金払渡請求書と併せて，「還付を受ける権利を証する
　　　書面」（規則24Ⅰ①）として，支払証明書を添付するとともに，供
　　　託金払渡請求書又は委任による代理人の権限を証する書面に押さ
　　　れた印鑑につき，市町村長又は登記所の作成した印鑑証明書（作
　　　成後３月以内のもの）を添付する必要があります（規則26Ⅰ・Ⅱ，
　　　９）。

　　　　したがって，海山銀行は，供託金払渡請求書と併せて，東京地
　　　方裁判所から送付される支払証明書，海山銀行の資格証明書（登
　　　記事項証明書又は代表者事項証明書）及び印鑑証明書（作成後３月
　　　以内のもの）を添付することになります（**巻末払渡請求書記載例１，
　　　２参照**，なお，請求者を海山銀行，還付請求事由「３.」に○をし，
　　　「配当金受領」と記載します。）。

第2章　民事執行法上の供託（担保供託以外）

(2)　事例(4)について

ア　差押えの効力が及んでいない部分

差押えの効力が及んでいない部分（500万円）の供託金については，弁済供託の性質を有しており，通常の弁済供託がなされた場合の払渡方法と何ら変わることはありません。すなわち，執行債務者が供託を受諾して直接還付を受けることができ（民執通達第二・四・1・㈠・(1)・ア・先例集(6)[68]320頁），第三債務者（供託者）は供託不受諾を原因として取戻請求をすることができます（民496I，民執通達第二・四・1・㈠・(4)・先例集(6)[68]320頁）。

本事例で考えてみると，青空さんは，供託金払渡請求書と併せて，印鑑証明書（市町村長作成に係る作成後3月以内のもの）及び代理人によって払渡請求をする場合には代理権限証書（なお，この場合には，市町村に登録した印鑑を押印することを要する。）を添付することになります（**巻末払渡請求書記載例1，2参照**，なお，還付請求事由「1.」に○をする。）。

イ　差押えの効力が及んでいる部分

差押えの効力が及んでいる部分（2500万円）の供託金については，純粋な執行供託の性質を有しており，第三債務者による供託がなされることで，配当加入遮断効が生じ，当該供託金は配当財団に組み入れられ，執行裁判所の支配下に置かれることになり，執行裁判所において配当等の手続が実施されることになります。

なお，本事例においては，執行裁判所による配当等の手続（弁済金交付手続）の実施前に差押債権者が差押命令を取り下げており，執行裁判所において配当等の手続を実施することができないことから，配当等の手続に準じて，差押えの効力が及んでいた部分については，支払委託の方法により，執行債務者に払い渡すことになります（民執通達第二・四・1・㈠・(3)・イ・先例集(6)[68]320頁）。

ただし，執行裁判所が上記の支払委託の方法をとる前であれば，執行債務者は，供託の原因となった差押えが失効したことを証す

307

る書面を添付して，直接，供託所に対して払渡請求をすることができます（民執通達第二・四・1・㈠・⑶・イただし書・先例集⑹［68］320頁）。

　したがって，青空さんは，「供託金払渡請求書」，「印鑑証明書」及び「代理権限証書」（代理人によって払渡請求をする場合）のほかに，執行裁判所から交付を受けた「支払証明書」，又は，青空さんに送達された「取下通知書」（後記「Q71」参照。なお，裁判所によっては「取下書副本」を送達する場合があるが，この場合には裁判所書記官による事件が取下げによって終了したことの奥書証明が付されていることを要する。）を添付する必要があります（**巻末払渡請求書記載例1，2参照**。なお，「支払証明書」の還付請求事由「3.」に○，「配当金受領」と記載，「取下通知書」の場合は「取下」と記載する。）。

Q70　払渡請求において，弁済供託部分と執行供託部分とは同時に請求できるか？

A　執行債務者（被供託者）は，弁済供託部分と執行供託部分とを同時に還付請求することは可能である（昭和55年度全国供託課長会同決議一，7㉒・先例集⑹［71］356頁）。

Q71　執行供託における供託金の取戻請求はどのような場合に認められるのか？

A　(1)　執行供託の供託金の性質と取戻請求権
　　債権執行における執行供託は，差し押さえられた債権を第三債務者が供託することにより，債務者に対して免責を主張するものであり，当該供託金は，差押債権者に対しては，配当原資となるものである。

第2章　民事執行法上の供託（担保供託以外）

このように，執行供託により，当該供託金の管理は裁判所に移り，配当等の手続による支払委託の方法によってのみ，供託金の支払がなされる。弁済供託の場合と異なり，原則として，執行供託において，供託金の取戻請求は認められておらず，民事執行法156条の規定に基づく執行供託がされた後に，差押命令の申立てが取り下げられた場合又は差押命令を取り消す決定が効力を生じた場合における供託金の払渡しについても，裁判所の支払委託に基づいて払い渡すこととなる。

　ただし，債務者から，供託金払渡請求書に差押命令の申立てが取り下げられたこと又は差押命令を取り消す決定が効力を生じたことを証明する書面を添付して，供託金の払渡請求があったときは，これを認可して差し支えないこととされている（民執通達第二・四・1・㊀・(3)・イただし書・先例集(6)［68］320頁，平成17年3月1日民商544号通達）。

【裁判所書記官が作成する「差押命令の申立てが取り下げられたことを証する書面」の様式】

取下通知書

債務者　○○○○　殿

平成　　年　　月　　日
○○地方裁判所民事第○部
裁判所書記官　　　　　　　印

　下記1の事件について2，3のとおり（□にチェックを入れた者に限る）終了したことを通知します。
記
1　事件番号　　平成　　年(ル)第　　号　債権差押命令申立事件
2　終局事由　（全部終了）□　全部取下
　　　　　　　（一部終了）□　別紙記載の第三債務者についての取下げ
　　　　　　　　　　　　　□　別紙記載の債権の一部についての取下げ
3　終局日　　平成　　年　　月　　日
　□　上記1の事件の差押えに基づいてされた供託の概要は，別紙供託書正本の写しのとおりです。

309

第Ⅱ編　民事執行法，民事保全法における裁判上の供託

（注）
　本通知書作成日の前日までに，上記事件による差押えに基づき，債務者に払い渡すべき供託金について第三債務者から事情届が提出されている場合には，別紙として供託書正本の写しを添付する。

（平28・12・27民商188号通知）

　しかし，これは有効な執行供託がなされていることが前提であって，執行供託においても，供託法8条2項により，錯誤その他の無効な理由がある場合には，供託金の取戻請求が認められている。

(2)　錯誤を生じさせる主な具体的事由

　ア　供託所の管轄違背

　　　供託は，債務の履行地を管轄する供託所に供託すべきものとされ（民495Ⅰ），これは第三債務者による執行供託の場合も例外ではなく（民執156Ⅰ・Ⅱ），管轄違背の供託は無効とされている。

　　　債務の履行地は，当該債務の性質や履行地の特約から第三債務者が判断することになるが，通常は債務の履行地が供託書の供託の原因たる事実欄に記載されるので，供託書の記載から管轄違背が明白な場合もあり得る。

　　　この場合において，供託実務は，弁済供託の場合については，被供託者が供託を受諾し，又は供託金の還付請求をするまでは，錯誤を理由としての取戻請求が可能となる（昭39. 7. 20民事甲2594号回答）。

　　　執行供託が管轄違背の場合において，第三債務者が供託金の取戻しを請求するためには，執行裁判所に当該供託が管轄違背であることを理由に，事情届不受理証明又は不受理決定を求め，錯誤を証する書面として添付する必要がある。

　イ　供託義務が実体的に生じていない場合

　　　そもそも供託原因のない執行供託は無効となる。供託原因の事実がない場合として，以下のような場合が考えられる。

　(ア)　差押命令が供託前に失効していた場合

　　　　第三債務者が執行供託をする直前に，差押命令の取下げ・取消

310

第2章　民事執行法上の供託（担保供託以外）

しがなされ，差押命令が失効したが，これが通知される前に第三
債務者が供託する場合もあり得る。この場合には，そもそも供託
原因がないことから当該供託は無効であり，錯誤を理由とした取
戻請求が可能である。

(イ)　執行供託であることには変わりないが，その前提事実（法令条
項を含む。）を間違えた場合

例えば，先行する滞納処分による差押えと後行する債権差押命
令とが競合した場合に，民事執行法上の執行供託をしてしまった
り（この場合，第三債務者は滞調法20の6による供託となる。），義務
供託をすべきところを権利供託としてしまった場合などが問題と
なる。

供託書の訂正（「Q48」参照）により正しい記載に変更できれば
問題はないが，供託書の同一性がないとして，供託官が訂正を認
めなかった場合，供託金を取り戻した上で再供託を認める必要が
ある。

この場合，正しい権利関係を証する書面を錯誤を証する書面と
して提出し，取戻しを請求することになるが，取戻しの可否は供
託官の判断に委ねられることになる。また，第三債務者は，執行裁
判所に錯誤による供託であることを上申し，事情届の不受理証明
又は不受理決定を得て，供託金の取戻請求をすることも考えられる。

（東京地裁債権執行等手続研究会編著『債権執行の諸問題』284～293頁（判例
タイムズ社，1994））

(3)　供託後，差押命令が失効（取下げ・取消し決定）した場合に，第三
債務者からの取戻請求

第三債務者の供託は，錯誤により無効であればともかくとして，第
三債務者の免責の効果は供託によって確定的に生ずるものと解される
ので，たとえ差押命令が失効したとしても，その効果は失われない以
上，第三債務者が供託した後，差押命令の申立てが取り下げられ，又
は差押命令を取り消す決定が効力を生じた場合には，供託金は執行債

311

務者に対して払渡しがなされるものであって、供託原因消滅（供8Ⅱ）として取戻しを認めるべきではない（金融法務事情930号6頁（1980）、NBL219号8頁（1980）、浦野雄幸『逐条概説　民事執行法（全訂版）』518頁（商事法務研究会，1981））。

イ　差押え（差押えと仮差押えの場合も含む。）が２個以上であるが差押額の合計が債権額以下の場合

パターン事例　Ⅰ-6

青空さんは、海山銀行の他に、大地信用金庫からも金銭の貸付けを受けていることがわかりました。その後、海山銀行及び大地信用金庫から、青空さんが森林さんに対して有している工事請負代金債権（3000万円）に対して、下記の内容の（仮）差押命令が森林さんに送達された場合、森林さんの供託手続はどうなるのでしょうか（なお、①・②の数字は送達された順番で、執行裁判所については、①は東京地方裁判所、②は横浜地方裁判所である。）。

【事　例】
(1)　①海山銀行　　　差押金額：1500万円

　　②大地信用金庫　差押金額：1200万円

(2)　①海山銀行　　　仮差押金額：1500万円

　　②大地信用金庫　差　押　金　額：1200万円

(3) ①海山銀行　　　差押金額：1500万円
　　②大地信用金庫　仮差押金額：1200万円

解説
1　供託の性質

　重複して一部差押えがなされた場合で（差押えと仮差押えの場合を含む。），その差押額の合計が目的債権額以下である場合には，差押えの競合が生じないことから，民事執行法156条1項（差押えと仮差押えの場合は，民保50Ⅴによる準用）の権利供託になります（金融法務事情930号5・6頁(1980)）。これは，当該債権ですべての債権者の債権を弁済をすることが可能であり，差押えが競合した場合のように，執行裁判所の配当手続による必要がないからです。なお，本問は，金銭債権の一部が差し押さえられた場合に当たることから，「差押えに係る金銭債権の全額に相当する金銭」，又は「差押金額に相当する金銭」を供託することができます（民執通達第二・四・1・㈠・先例集(6)[68]319頁）。

　本事例において，森林さんは，事例(1)につき，①と②の差押金額の合計2700万円，又は，債権全額の3000万円に相当する金銭（民執156Ⅰ，**巻末申請書記載例18-(1)**）を，事例(2)につき，①仮差押金額と②差押金額の合計2700万円，又は，金銭債権全額の3000万円に相当する金銭（民保50Ⅴ，民執156Ⅰ，**巻末申請書記載例18-(2)**）を，事例(3)については，①差押金額と②仮差押金額の合計2700万円，又は，金銭債権全額の3000万円に相当する金銭（民保50Ⅴ，民執156Ⅰ，**巻末申請書記載例18-(3)**）を供託することができます。

2　事情届

　第三債務者が，差押えに係る債権について執行供託をしたとき，事

第Ⅱ編　民事執行法，民事保全法における裁判上の供託

> 情届を執行裁判所に提出しなければなりませんが（民執156Ⅲ），重複する差押命令を発した執行裁判所が異なる場合は，先に送達された差押命令を発した執行裁判所に提出することになります（執行規則138Ⅲの類推適用（なお，同項は義務供託の規定である。））。なお，仮差押えの執行が差押えに先行する場合には，差押命令を発した裁判所に提出することになります（保全規則41Ⅰ）。
>
> 　したがって，森林さんの事情届の提出先は，事例⑴は東京地方裁判所，⑵は横浜地方裁判所，⑶は東京地方裁判所となります。

⑷　民事執行法156条２項の供託（義務供託）事例（「義務供託」133頁，「Q 29」参照）

　民事執行法156条２項は，「第三債務者は，次条第１項に規定する訴えの訴状の送達を受ける時までに，差押えに係る金銭債権（差押命令により差し押さえられた金銭債権に限る。）のうち差し押さえられていない部分を超えて発せられた差押命令，差押処分又は仮差押命令の送達を受けたときはその債権の全額に相当する金銭を，配当要求があった旨を記載した文書の送達を受けたときは差し押さえられた部分に相当する金銭を債務の履行地の供託所に供託しなければならない。」と「義務供託」について規定しています。つまり，第三債務者が供託義務を負うのは，取立訴訟（「Q26」参照）の訴状の送達を受けるときまでに後行の差押え等がなされて競合している必要があるということになります。

　金銭債権を差し押さえた債権者は，民事執行法155条１項（同167の14で少額訴訟債権執行に準用）に基づき，差押命令が債務者に送達されてから１週間が経過すると，その債権及び執行費用を取り立てることができますが，第三債務者が任意に支払わない場合，債権者は，民事執行法157条１項（同167の14で少額訴訟債権執行に準用）に基づき，その取立権を行使するために金銭債権の支払を求める訴えを提起することができます。

　第三債務者としては，この取立権を行使するための訴状が差押債権者から送達されるまでに，①更に他の債権者から差押え又は仮差押えが執行され，

314

各差押金額の合計が金銭債権を超えることとなった場合には，第三債務者は債権者に任意に支払うことができず，供託しなければならなくなり，また，②配当要求があった旨を記載した文書の送達（民執154Ⅱ）を受けたときは，差し押さえられた部分（差押金額）に相当する金銭を供託しなければなりません（以上立花宣男監『供託の知識167問』397・398頁（日本加除出版，2006））。

ア　義務供託の根拠

　義務供託といっても，第三債務者が差押債権者に対して供託義務を負うわけではなく，また，差押債権者も第三債務者に供託せよという権利を持っているわけでもありません。供託義務の「義務」というのは，第三債務者が供託の方法によらなければ免責を得ることができないということ，つまり，第三債務者が債務不履行の責任を免れるためには供託しなければならないという意味での「義務」といえます。

　それでは，第三債務者が供託しなければならない場合に，差押債権者の1人又は債務者に弁済をしたときはどうなるのでしょうか。

　民法481条1項は，「支払の差止めを受けた第三債務者が自己の債権者に弁済したときは，差押債権者は，その受けた損害の限度において更に弁済をすべき旨を第三債務者に請求することができる。」と規定しています。つまり，第三債務者が自己の債権者（執行債務者）に弁済したときは，差押債権者に対し，その与えた損害の程度で二重払いをする必要があるのです。

　仮に，差押え等が競合する場合においても，第三債務者に自主的に弁済させることとすると，第三債務者は，弁済にあたって，各債権の優劣，誰が正当な受領権者であるか等について判断する必要がありますが，このように第三債務者の責任において弁済させることは，第三債務者に極めて重大な手続上の負担を負わせるとともに，第三債務者を二重払いの危険にさらす結果となります。また，差押債権者が競合する場合に，その1人に全額が弁済されると，他の債権者が弁済を受けることができなくなる可能性があります。

　そこで，このような場合には，被差押債権者の弁済を第三債務者の自主的な行動に委ねることなく，第三債務者に対して執行債務者に直接弁済することを禁止し，弁済に代えて被差押債権の額に相当する金銭を供託させて，こ

第Ⅱ編　民事執行法，民事保全法における裁判上の供託

れを執行裁判所の支配下においた上で，執行裁判所の配当手続によってこれ
を各債権者に公平に配分することとしました。すなわち，この供託金は，執
行裁判所の配当等の実施としての支払委託に基づいて払渡しがされることに
なります（民執166Ⅰ①）。

　イ　目的，性質及び効果（立花宣男監『供託の知識167問』399頁，400頁
　　（日本加除出版，2006））

　義務供託の目的は，①差押え等が競合する場合の債権者への支払禁止と②
債権者への配当財源の確保にあります。

　ところで，供託義務は，民事執行法上における第三債務者の手続協力義務
であって，第三債務者の実体法上の地位に何ら変更を及ぼすものではありま
せん。すなわち，供託義務は，差押え等が競合した時点で直ちに発生します
が，第三債務者が債務者に対し，同時履行の抗弁権等を有する場合は，たと
え差押え等の競合があっても供託義務を負うものではありません。供託義務
は，被差押債権の弁済期が到来して初めて生じるものです。

　義務供託は，民事執行法156条1項（同167の14で少額訴訟債権執行に準用）
の権利供託の場合と同様に，弁済供託の性質も併せ持ちます。したがって，第
三債務者は，供託によって自己の本来の債権者である執行債務者との間では
債務の弁済の効果が生じるとともに，その効果を差押債権者にも対抗できます。

　第三債務者が義務供託をすると，配当加入遮断効が生じます（民執165①。
同167の14で少額訴訟債権執行に準用）。そこで，第三債務者は，この供託をし
たときは，執行裁判所に事情の届出をする必要があります（民執156Ⅲ。同
167の14で少額訴訟債権執行に準用）。

　これにより，執行裁判所による配当等が実施され，同裁判所から供託所に
支払委託がされるとともに，各債権者は同裁判所から配当額の証明書の交付
を受け，これを添付して供託所に還付請求することになります（民執166Ⅰ①，
規則30）。

　　　㋐　差押えと差押えとが競合する（差押えと仮差押えの執行との競合も
　　　　含む。）場合

　義務供託については，民事執行法156条2項によるものとして，①差押え

第2章 民事執行法上の供託（担保供託以外）

と差押えが競合する場合（後記《パターン事例Ⅰ-6．①》），②差押えと仮差押えの執行とが競合する場合（①と同じ），③差押えと配当要求とが競合する場合（《パターン事例Ⅰ-6．③》），滞納処分と強制執行等との手続の調整に関する法律によるものとして，④強制執行による差押えがなされている債権について，更に滞納処分による差押えがなされ，差押えが競合した場合（36の6Ⅰ等（《パターン事例Ⅳ-5．③》）），が考えられます。

以下，前記①及び②について検討します。

パターン事例 Ⅰ-6．①

青空さんが森林さんに有している工事請負代金債権（金3000万円）に対して，下記の内容の（仮）差押命令が森林さんに送達された場合，森林さんの供託手続はどうなるのでしょうか（なお，○の数字は送達された順番で，執行裁判所については，東京地方裁判所である。）。また，供託手続が終了した後，東京地方裁判所において配当等の手続が実施され，海山銀行が3000万円の配当を受けることになりました。この場合において，海山銀行が供託金の払渡しを受けるにはどうすればよいでしょうか。

【事　例】

(1)　①海山銀行　　　差押金額：1700万円
　　　②大地信用金庫　差押金額：1500万円

3000万円（工事請負代金債権）

(2)　①海山銀行　　　差　押　金　額：1700万円
　　　②大地信用金庫　仮差押金額：1500万円

317

(3) ①海山銀行　　　仮差押金額：1700万円
　　②大地信用金庫　差　押　金　額：1500万円

解説

1　供託申請

(1)　供託すべき金額

　　差押え等（差押えと仮差押えとが競合する場合を含む。）が競合する場合，差押えの効力が差押債権の全額に拡張するので，差押債権の全額に相当する金銭を供託しなければなりません（差押えの拡張効322頁参照，民執149）。なお，差押えの拡張効の規定は，同167の14により少額訴訟債権執行に，民保50Ⅴにより仮差押えの執行に準用）。また，一旦差押え等が競合して差押えの効力が差押債権の全額に拡張した後，一方の差押えが取消し又は取下げによって失効した場合でも，拡張効は縮減せず，やはり差押債権の全額に相当する金銭を供託する必要があります（差押えの拡張効については316頁以下にて詳述する。）。

　　とすると，本事例(1)につき，①と②の差押金額の総額（3200万円）が被差押債権額（3000万円）を超えていることから，競合が生じ①と②の差押えの効力は被差押全額の3000万円に及ぶことになります（差押えの拡張効）。したがって，森林さんは債権の全額である3000

第2章　民事執行法上の供託（担保供託以外）

万円を供託しなければなりません（民執156Ⅱ，**巻末申請書記載例19-(1)**）。

　本事例の上記(2)(3)についても，①と②の（仮）差押金額の総額（3200万円）が被差押債権額（3000万円）を超えていることから，競合が生じ①と②の差押え及び仮差押えの執行の効力は被差押全額の3000万円に及ぶことになり，本事例(1)と同様に森林さんは債権の全額である3000万円を供託しなければなりません（民保50Ⅴ，民執149）（**巻末申請書記載例19-(2)，(3)について法令条項注意**）。

　※　なお，事例(2)の債権の一部に差押えがされその残余の部分を超えて仮差押えの執行がされて競合する場合の供託の法令条項は，民事執行法156条2項，事例(3)の債権の一部に仮差押えがされその残余の部分を超えて差押命令がされて競合する場合は，民事保全法50条5項，民事執行法156条2項となります。

(2)　被供託者の記載の有無

　義務供託は，供託全体が執行供託であり，供託金は全て執行の目的物として執行裁判所の管理下に置かれ，差押債権者等は，執行裁判所の配当等の実施としての支払委託によって初めて還付請求権を取得することになります。したがって，供託時においては供託金の還付を請求すべき者は特定されていないことから，供託所には被供託者の記載は要しません（規則13Ⅱ⑥）。

2　払渡手続

(1)　配当等の手続（立花宜男監『供託の知識167問』730頁（日本加除出版，2006））

　第三債務者は，民事執行法156条2項の供託をしたときは，一定の事項を記載した書面（事情届：執行規則138Ⅰ）を執行裁判所（重複して差押え等がされた場合には，先に送達された差押命令を発した執行裁判所（差押処分が先に送達された場合にあっては，当該差押処分をした裁判所書記官），執行規則138Ⅲ）に届け出なければなりません（民執156Ⅲ）。この事情届を受けた執行裁判所は，第三債務者から事情届（供託書正本の添付を要する。）がなされた段階で配当手続事件を立件し，配当等を実施しなければなりません（民執166Ⅰ①，執

319

第Ⅱ編　民事執行法，民事保全法における裁判上の供託

行規則145，59）。

　執行裁判所は，①債権者が1人である場合又は2人以上であっても供託金で各債権者の債権及び執行費用の全部を弁済することができる場合（すなわち，差押え等の競合が生じない場合）には，「弁済金交付手続」によることになり，②差押え等が競合する場合には，「配当手続」によることになります（民執166Ⅱ，84，85）。

　そして，いずれの場合においても，配当等の実施は，執行裁判所の書記官が（執行規則61），各債権者又は債務者に配当すべき金額を，供託金から払い渡すべき旨を記載した支払委託書（規則27号書式，28号書式，28号の2書式参照）を供託所に送付し，同時に各債権者又は債務者に対して供託金から払渡しを受けるべき金額を記載した支払証明書を交付すべきとされています（規則30Ⅰ，「Q66」参照）。

(2)　払渡しに必要な書面

　民事執行法156条2項の規定に基づく供託金の払渡しは，先に第三債務者に送達された差押命令を発した執行裁判所の配当等の実施として，支払委託に基づいてなされることになります（民執通達第二・四・1・㈡・(1)・ウ・先例集(6)〔68〕319頁）。

　裁判所の配当等に基づき供託金の払渡しを受けようとする場合には，供託金払渡請求書と併せて，「還付を受ける権利を有することを証する書面」（規則24Ⅰ①）として，支払証明書を添付するとともに，供託金払渡請求書又は委任による代理人の権限を証する書面に押された印鑑につき，市町村長又は登記所の作成した印鑑証明書（作成後3月以内のもの）を添付する必要があります（規則26Ⅰ・Ⅱ，9。225頁参照）。

　本事例で考えてみると，海山銀行は，供託金払渡請求書と併せて，東京地方裁判所から送付される支払証明書，海山銀行の資格証明書（登記事項証明書又は代表者事項証明書）及び印鑑証明書（作成後3月以内のもの）を添付することになります。

ウ　差押命令の目的たる債権に対して質権が設定されている場合の第三債務者の供託事例

【事　例】

　A社は，B社に対して，商品代金債権（以下「A債権」という。弁済期：平成27年8月1日）を有しており，そのA債権の担保として，B社のC社に対して有する請負代金債権（以下「B債権」という。弁済期：平成27年7月10日）に質権を設定し，B社からC社に内容証明郵便にて質権設定の通知をしました。平成27年7月10日，B債権の弁済期が到来したが，A債権の弁済期が未到来のため，A社はB債権を取り立てることができません。この場合において，A社及びC社はどう対応すべきでしょうか。

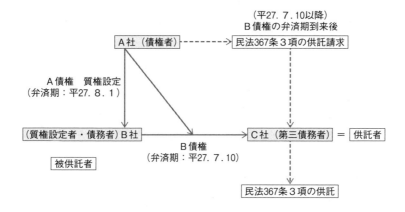

【解　説】

　質権の設定は，譲渡可能なものであれば特に制限はなく（民343），動産や不動産のほか，財産権（債権）にも設定することができます（民362Ⅰ）。そして，動産であれば占有の継続（民352），不動産であれば登記（民177）が第三者対抗要件となりますが，商品代金債権のような指名債権に対する質権の設定を第三債務者その他の第三者に対抗するためには，原則として，債権譲渡（413頁参照）の場合と同様の対抗要件を具備する必要があります（民364Ⅰ）。つまり，債権質に対する質権の設定は，原則として，その旨を質権設定者から第三債務者に通知するか，又は第三債務者が質入れを承諾しなけれ

321

第Ⅱ編　民事執行法，民事保全法における裁判上の供託

ば第三債務者に対抗することができず，さらに，第三債務者以外の第三者に
対抗するためには，確定日付のある証書をもってしなければなりません。こ
の場合，質入債権がその譲渡に証書の交付を要するものであるときは，質権
の設定は，その証書を交付することによって，効力を生じるとされています
（民363）。

　対抗要件を具備した債権質の質権者は，自己の債権額に相当する部分につ
いて，第三債務者から直接取り立てることができますが（民366Ⅰ・Ⅱ），そ
のためには，自己の債権（本件でのA債権）及び質入債権（本件でのB債権）
の双方の弁済期がいずれも到来していなければなりません。

　ところが，質入債権の弁済期のほうが質権者の債権の弁済期よりも前に到
来したときには，質権者としては第三債務者から直接に取り立てることはで
きず，かといって第三債務者が質権設定者に対して弁済することを許せば，
これによって質権者が害されるおそれがあります。また，一方，第三債務者
としては，弁済期が経過したからといって，質権設定者にも質権者にも弁済
することができず，債務不履行の状態が続くことになります。すなわち，質
権設定者に弁済したとしても，それをもって，質権者に対抗することはでき
ず，質権の弁済期が到来していない以上，質権者に弁済することもできません。

　そこで，このような場合，質権者は第三債務者に対して，弁済金を供託す
るよう請求することができるとされています（民366Ⅲ前段）。この供託は，
弁済供託としての性質を有することから，第三債務者（供託者）が，被供託
者を質権設定者として債務履行地の供託所に供託することになります（法務
省民事局第四課職員編『供託実務相談』145頁（商事法務研究会，1990））。

　したがって，A社がC社に対して，民法367条3項による供託を請求する
ことによって，C社はB債権を債務履行地の最寄りの供託所に供託すること
ができるようになります。

　　エ　差押えの取下げと拡張効

　　　㋐　差押えの拡張効の意義（立花宣男監『供託の知識167問』420・421頁
　　　　（日本加除出版，2006））

民事執行法149条（同167の14により少額訴訟債権執行に準用され，「差押命令

が発せられたとき」とあるのは「差押処分がされたとき」と読み替えるものとされている。）は，差押えが一部競合した場合における各差押えの効力について，「債権の一部が差し押さえられ，又は仮差押えの執行を受けた場合において，その残余の部分を超えて差押命令が発せられたときは，各差押え又は仮差押えの執行の効力は，その債権の全部に及ぶ。債権の全部が差し押さえられ，又は仮差押えの執行を受けた場合において，その債権の一部について差押命令が発せられたときのその差押えの効力も，同様とする。」として，債権差押え等が重複した場合の一部差押えの効力がその債権全部に及ぶことを規定しています。

　すなわち，①債権の一部差押え等がされた場合において，その残余の部分を超えて差押えがされて差押え等の競合が生じ，又は②債権の全部が差押え等された場合において，その債権の一部について差押えがされて差押え等の競合が生じたときに，そのいずれの一部差押え等の効力もその債権の全部に拡張することとされています。これを「差押えの拡張効」といいます。

　なお，この差押えの拡張効は，二重差押えによる競合の場合のほか，差押え又は仮差押えの執行で競合した場合にも生じます（民保50Ⅴ，民執149）。

　　(イ)　重複差押え等の解消と差押えの拡張効

　差押え又は仮差押えの執行が競合し差押えの拡張効が生じた後に，競合する差押え又は仮差押えの執行の一方が取り消され，又は取下げによって執行した場合，一度拡張した差押えの効力が縮減するか否かの問題が生じます。

　この点については，①一度拡張した差押えの効力が拡張したままで縮減しないとする説（非縮減説）と，②その効力が元の差押額の範囲まで縮減するという説（縮減説）の考え方に分かれていますが，供託実務においては，現行民事執行法には差押額の縮減の規定が存在しないこと（改正前の旧民訴602には差押額の縮減規定が存在していた。），また，処分制限を維持することによる執行債務者の不利益は民事執行法153条1項を類推適用することで解消が可能であること等を理由に，非縮減説の立場がとられています。先例においても，債権の一部差押えが重複し，競合状態が生じた後に，その一方の差押えが取り下げられたとしても，差押えの効力は差押債権の全部に及んだまま

となり，元の一部差押えの状態には戻らないので，第三債務者が供託する前であれば被差押債権の全額を供託しなければならないとされています（昭和57年度全国供託課長会同決議7問・先例集(7)［15］37頁）。

> **パターン事例　I-6.②**
>
> 　青空さんが森林さんに有している工事請負代金債権（金3000万円）に対して，差押命令等が相次いで送達されました。次の事例(1)，(2)について検討します。
>
> 【事例】
> (1)　下記の内容の差押命令等が森林さんに送達されましたが，後日，②については取り下げられました。この場合，森林さんの供託手続はどうなるのでしょうか。
> 　①海山銀行　　　仮差押命令（差押金額：1700万円）
> 　②大地信用金庫　差　押　命　令（差押金額：3000万円）
> 　③太陽銀行　　　差　押　命　令（差押金額：1000万円）
>
>
>
> (2)　下記の内容の差押命令等が森林さんに送達され，森林さんは民事執行法156条2項を根拠法令として，金3000万円を供託しましたが，後日，②については取り下げられました。この場合において，青空さんは工事請負代金債権の債権者として供託金の還付請求をすることは可能でしょうか。可能な場合，どのような払渡手続となるのでしょうか。
> 　①海山銀行　　　仮差押命令（差押金額：1700万円）
> 　②大地信用金庫　差　押　命　令（差押金額：1500万円）

解説

1 　事例(1)について

　青空さんが森林さんに対して有している工事請負代金債権（3000万円）につき，①海山銀行が1700万円の仮差押えの執行を行い，続いて，②大地信用金庫が工事請負代金債権の全額（3000万円）を差し押さえたことにより，①の仮差押えの執行の効力は，工事請負代金債権の全額（3000万円）に及ぶ（民保50Ⅴ，民執149）ことになり，その後，②大地信用金庫が差押えの申立てを取り下げた場合でも，①海山銀行の仮差押えの執行の効力は，元の1700万円に縮減することなく，工事請負代金債権（金3000万円）の全体に及んだままの状態にあることになります。

　その後，本事例(1)においては，③太陽銀行が工事請負代金債権の一部（1000万円）につき，差押えの申立てをし，差押命令が送達されましたが，差押えの効力は差押の拡張効（前記エ参照）によって，工事請負代金債権の全額（3000万円）に及ぶことになります。

　よって，本事例においては，①海山銀行の仮差押えの執行と③太陽銀行の差押えがそれぞれ工事請負代金債権の全体に及んで競合していることになります。

　重複差押えの解消後に第三債務者が供託する場合，供託すべき金額，法令条項，差押えの表示方法等はどのようにすればよいのかという問題があります。

　事例(1)においては，青空さんが森林さんに対して有している工事請負代金債権（3000万円）につき，①海山銀行の仮差押えの執行と③太陽銀行の差押えが競合していることになるので，森林さんは，被差押

第Ⅱ編　民事執行法，民事保全法における裁判上の供託

債権の全額3000万円につき，民事保全法50条5項及び民事執行法156条2項に基づき，供託しなければならないことになります。

　　しかしながら，本事例においては，「差押命令の表示」に記載された差押え等の差押債権額の合計額2700万円であり，この表示のみでは差押え等が競合しているか否かがわかりません。したがって，②大地信用金庫の差押えがあり，①海山銀行の仮差押えの執行との競合が存した結果，①海山銀行の仮差押えの執行と③太陽銀行の差押えとが競合することになった経緯を供託書上明らかにしなければなりません。そこで，供託書の「備考」（又は「供託の原因たる事実」欄の余白でも可）欄に，②大地信用金庫の差押えに係る差押命令の表示，その送達及び取下げの旨を記載する必要があります（昭和57年度全国供託課長会同決議7問・先例集(7)37頁，**巻末申請書記載例20参照**）。

2　事例(2)について

　　本事例は，金銭債権の一部に対して差押えと仮差押えが競合し，供託後に差押えが取り下げられた場合における供託金の還付請求の手続です（別冊ジュリスト「供託先例判例百選（第2版）」37巻3号164・165頁（2001））。

(1)　差押えと仮差押えの執行が競合する場合，仮差押えの執行が債権の一部についてのものであっても，当該仮差押えの執行の効力は債権全部に及ぶことになりますが（差押えの拡張効），この仮差押えの効力の拡張効は，差押えが取り下げられ，競合状態が解消してもなお存続することになります（非縮減説）。とすると，仮差押えの執行が金銭債権の一部に対するものであっても，競合する他方の差押えの執行が取り下げられたときは，当初から債権全額についての仮差押えの執行を原因とする供託がなされたものと同様に扱われるものと考えることができます。

　　本事例では，青空さんが森林さんに対して有している工事請負代金債権（3000万円）につき，青空さんを債務者とする，①海山銀行による債権一部仮差押え（仮差押債権額1700万円）と②大地信用金

第2章　民事執行法上の供託（担保供託以外）

庫による債権一部差押え（差押債権額1500万円）の執行が競合した
ことから，第三債務者である森林さんは，民事執行法156条2項を
根拠として，債権全額に当たる3000万円を供託し，その後，競合し
た一方の②債権差押命令の申立てが取り下げられたという事案にな
ります。そこで，②の取下げ後の供託の構造を考えると，結局，海
山銀行の青空さんに対する金銭債権（1700万円）を被保全債権とし
て，青空さんの森林さんに対する工事請負代金債権全額（3000万円）
につき，仮差押えの執行がなされ，第三債務者である森林さんが，
民事保全法50条5項及び民事執行法156条1項に基づいて，金3000
万円を供託した場合と同様の構造になるといえます。

　　したがって，本事例の場合，森林さんによる本件供託は，当該仮
差押えに係る仮差押解放金を供託したものとみなされ，森林さんの
供託金還付請求権のうち，仮差押解放金の額の限度（「みなし解放
金」の部分367頁参照）で，仮差押えの執行の効力が及びますが，「み
なし解放金」とされる額を超える部分については，仮差押えの執行
は及ばないことになります。

(2)　本事例において，債務者が払渡しを受けられる「みなし解放金」
とされる額を超える部分の額については，「みなし解放金」とされ
る額がどれだけかによって定まることになりますが，当該解放金の
額については供託書の記載上明らかではなく，債務者が還付請求を
するにあたり，当該解放金の額を証明する書面が必要になります。
そこで，上記で述べたとおり，「みなし解放金」とされる額は仮差
押解放金の額と一致することから，供託実務上，供託金払渡請求書
には，仮差押解放金の額を証する書面の添付が必要とされています
（民保通達第二・三・(1)・イ・(イ)・b・先例集(8)［10］60頁）。

　　したがって，本事例の場合，債務者である青空さんは，差押命令
の申立てが取り下げられたことを証する書面（取下通知書，執行規
則136Ⅰ）及び仮差押解放金の額を証する書面（仮差押命令の正本又
は謄本）を添付して，供託金のうち，「みなし解放金」の額を超え

327

第Ⅱ編 民事執行法，民事保全法における裁判上の供託

る部分，すなわち仮差押えの執行の効力が及んでいない部分について還付請求をすることができます。

なお，「みなし解放金」の額を超える部分の額が具体的にいくらになるかは，前述のとおり，当該仮差押命令で定められた解放金の額によるところですが，仮差押解放金の額は，通常，被保全債権の額と同額であるところ，当該金額が仮差押金額（1700万円）と当然に一致するものではない点は留意すべきです。

(5) 給与債権に対する供託

ア 給与債権における差押禁止債権と供託 （「差押禁止債権」127頁参照）

パターン事例 Ⅳ-3

蛭名さんは，競馬だけでは飽き足らず，競馬の合間にパチンコにも通っていて，大地信販会社からだけでなく，株式会社海空ファイナンスからも多額の借金をしていました。

鈴成不動産株式会社（本店：東京都千代田区，支店：東京都八王子市）の社員である蛭名さん（八王子支店勤務，八王子市在住）の給与債権に対して，下記の差押命令書が相次いで送達されました。蛭名さんの給与は，毎月，その支給日である25日に鈴成不動産株式会社本店のある千代田区の銀行から八王子市所在の青空銀行八王子支店の蛭名さん名義の口座に振り込まれることになっていますが，蛭名さんの平成28年8月分の給与支給総額は24万円（通勤手当を除く。），法定控除額は4万円でした。

鈴成不動産株式会社は，蛭名さんの給与のうち，差押えのあった金額を供託したいと考えています。鈴成不動産株式会社は，どのような供託手続を取ればよいのでしょうか。

記

（差押命令書の内容）

① 東京地方裁判所八王子支部平成28年(ル)第123号，債権者：大地信販会社，債務者：蛭名凡太，第三債務者：鈴成不動産株式会社，請求債

権額：金300万円，差押債権額：金300万円，送達年月日：平成28年
7月13日
② 東京地方裁判所八王子支部平成28年(ル)第456号，債権者：株式会社
海空ファイナンス，債務者：蛭名凡太，第三債務者：鈴成不動産株式
会社，請求債権額：金500万円，差押債権額：金500万円，送達年月
日：平成28年8月13日

解説（立花宣男監『供託の知識167問』425～431頁（日本加除出版，2006））

1 給与債権と義務供託

　　給与支払者である第三債務者（鈴成不動産株式会社）は，給与債権
について差押えが競合した場合，給与債務の免責を得るために，差押
えに係る給与の差押可能額に相当する金銭を供託しなければなりませ
ん（民執156Ⅱ）。

　　仮に，上記の供託をすることなく，執行債務者（蛭名さん）又は差
押債権者（大地信販会社及び株式会社海空ファイナンス）に対し，第三
債務者が支払をした場合には，その者に対する関係では弁済の効力は
認められますが，支払を受けなかった差押債権者に対する関係では，
その支払の効力を対抗できず，二重払いの危険を負担することになり
ます（民481Ⅰ）。

2 供託すべき供託所

(1) 金銭債権に対する差押えにつき，第三債務者がなす執行供託に
あっては，供託は債務履行地（給与の支払場所）に所在する供託所
が管轄供託所となるので（民執156Ⅰ・Ⅱ），給与の支払場所はどこ
であるかが問題となります。

　　一般的に，給与債権は，取立債務の性質を有することから，原則
として，勤務場所を管轄する供託所に供託することになります。と
すると，本事例において，仮に蛭名さんが鈴成不動産株式会社本店
（東京都千代田区）で現金を受領しているとしたならば，東京法務局
（本局）が管轄供託所となります。

(2) しかしながら，本事例のように，銀行口座振込みの場合の債務履

第Ⅱ編　民事執行法，民事保全法における裁判上の供託

行地については，当該給与債権を取立債務と見るか，送付債務（債
権者又は債務者の住所以外の第三地において引き渡す債務）と見るか
によって，考え方が分かれるところであり，いずれと考えるかによっ
て管轄供託所が異なる場合があります。

　なお，送付債務については，債務者が第三地において履行すべき
ときは持参債務と同様に，当該第三地において履行の提供をする必
要があります。

(3)　この点に関し，給与債権が取立債務であるとすれば，一般に，給
与の支払場所（債務履行地）が鈴成不動産株式会社八王子支店と考え
られるので，供託所は東京法務局八王子支局ということになります。

　他方，蛭名さんの口座銀行（八王子市所在の青空銀行八王子支店）
で給与を受領しているという考え方によると，口座振込みという支
払方法及び支払場所についての当事者の特約があり，蛭名さんの上
記銀行の口座に振り込む形の送付債務になったと認められる余地も
あり，上記のような送付債務になったとしても，東京法務局八王子
支局が供託所になることに変わりはありません。

　このように給与債権の性質をどのように考えるのかという問題は，
銀行振込みの合意が債務履行地の特約（送付債務とする特約）と認
められることが明白な場合を除いて，結局，当事者の意思解釈の問
題であって，一般的には，勤務先である会社の所在地を債務履行地
と解すべきであると考えます。

3　供託すべき日と遅延損害金の供託の要否等

(1)　8月分給与の供託すべき日と遅延損害金の供託の要否給与の支払
日の到来により初めて供託義務が生ずることになるので，それ以前
には，差押えが重複したとしても供託することはできません。本事
例においては，給与の支払日である8月25日が供託すべき日となり
ます。

　ところで，8月26日以降は，既に供託義務が生じているので，供
託することは可能ですが，履行期を徒過していることから，遅延損

330

第2章　民事執行法上の供託（担保供託以外）

害金を併せて供託すべきか否かが問題となります。

　この点につき，供託実務においては，給与債権のように，履行の時期・場所があらかじめ確定しているものについては，弁済期の徒過のみでは，履行遅滞とはなりません（昭57．5．22民四3609号認可2問・先例集(7)18頁）。これは，上記2で述べたように，給与債権は定まった日に，定まった場所で支払われるべき取立債務としての性質を有することから，債権者（労働者）は取りに行けばいつでも弁済を受けられる立場にある以上，債務者（雇用者）は，履行期の徒過をもって直ちに履行遅滞の責めを負うものではないと解されていることによるものです（民415）。

　一般論としては，債務者（雇用者）は，給与が遅配しているなど給与債務の履行遅滞が明らかな場合を除き，遅延損害金を付す必要はないものと考えられます（前掲先例認可4問(7)14頁）。

(2)　9月分以降の給与の供託の要否

　本事例における差押債権者（大地信販会社及び株式会社海空ファイナンス）による差押えの効力は，差押命令が第三債務者に送達された時に生じますが（民執145Ⅳ），特に差押命令で差し押さえるべきものが限定されていない限り，被差押債権が給付債権等の継続的収入である場合には，差押債権額に満つるまで，当初の差押えの効力が，当然に継続的に支払われる全額に及ぶことになることから，毎月差押えをする必要はありません。本事例においては，差押命令の差押債権総額に満つるまで，毎月25日以降に，継続して供託しなければなりません。

4　供託すべき金額【記載例：立花宣男監『供託の知識167問』433頁（日本加除出版，2006）】

(1)　蛭名さんの8月分給与の供託すべき金額

　給与債権については，債務者の最低限度の生活を保障するという社会政策的見地から，その一定部分は差押えが禁止されているので，その差押禁止部分を差し引いた額を供託することになります。具体

331

第Ⅱ編　民事執行法，民事保全法における裁判上の供託

的には，供託すべき金額は，給与支給額（通勤手当を除く。）から法定控除額を控除した残額（手取額）の4分の1（ただし，同残額が月額44万円を超えるときは，その残額から33万円を控除した額）となります（民執152Ⅰ②，執行施行令2Ⅰ①，127頁参照）。

　本事例においては，蛭名さんの8月分給与の供託すべき金額は，（(24万円（給付支給額）−4万円（法定控除額))÷4＝5万円（差押可能額）となり，5万円が供託すべき額となります（**巻末申請書記載例21参照**）。

　なお，供託者は，差押えに係る給与債権の手取額全額（24万円−4万円＝20万円）を供託することもできます（民執156Ⅰ・Ⅱ）。この場合，差押可能額を超える供託金は，弁済供託としての性質を持ち，差押債務者が還付請求をすることになります。

(2)　差押えに満つる最終の供託において供託すべき金額について

　差押えに満つる最終の供託において，供託すべき金額を超えた給与の差押可能金額がある場合，雇用者（鈴成不動産株式会社）としては，当該差押可能額全額（あるいは給与手取額全額）を供託してもよく，また，執行（請求）債権額の残額を疎明して残額だけ供託することもできると解されています。

パターン事例　Ⅳ−3．①

　鈴成不動産株式会社が供託の準備を進めていたところ，蛭名さんの給与支給日を過ぎてから，大地信販会社及び株式会社海空ファイナンスの差押命令（《パターン事例Ⅳ−3》）に引き続いて，下記の差押命令書が送達されました。鈴成不動産株式会社は，平成28年8月29日に供託を予定していますが，この場合において，下記の差押命令についても供託書に記載すべきでしょうか。

記

（差押命令書の内容）

③　東京地方裁判所八王子支部平成28年(ル)第789号，債権者：深海銀行，債務者：蛭名凡太，第三債務者：鈴成不動産株式会社，請求債権額：金100万円，差押債権額：金100万円，送達年月日：平成28年8月27日

解説　（立花宣男監『供託の知識167問』431・432頁（日本加除出版，2006））

　本事例は，8月27日に送達された深海銀行の差押命令書の中で，①当該差押命令書中に，「8月27日（本命令送達日）以降支払期が到来する下記債権（注：蛭名さんの給与債権）にして頭書金額（請求債権額）に満つるまで」という限定の記載がある場合には，8月分給与には当該差押えの効力が及ばず，8月分の供託書に当該差押命令を記載する必要はありませんが，②当該差押命令書中に，「8月27日（本命令送達日）以降支払期にある下記債権（注：蛭名さんの給与債権）にして頭書金額（請求債権額）に満つるまで」という記載がある場合には，8月27日に送達された差押命令をも供託書に記載する必要があります。

　そもそも，給与債権等の継続的給付債権に対する差押えの効力は，上記①のような限定をしない限り，差押命令が第三債務者（鈴成不動産株式会社）に送達された時以降，現実に支払われる全ての債権に及び，将来支払期が到来する債権に限らず，支払期が既に到来しているが，いまだ履行がなされていない未払賃金にも差押えの効力が及ぶと解されているからです。

　したがって，差押えの効力発生時期が上記①のように限定されていない場合は，供託日以前に送達された差押命令を全て供託書に記載することになるので，本事例においても，限定がされていない限り，8月分の供託書に当該差押命令を記載することになります。

第Ⅱ編　民事執行法，民事保全法における裁判上の供託

イ　給与債権の第三債務者による権利供託の後，裁判所に事情届を提出
　　する前に当該差押命令の申立てが取り下げられた場合における，債務
　　者に対する払渡手続について

パターン事例　Ⅳ-4

　鈴成不動産株式会社の社員である蛭名さんの給与債権に対して，大地
信販会社から，下記内容の差押命令書が送達されました。平成28年8月
27日，鈴成不動産株式会社は，蛭名さんの給与支給総額24万円（支給
日：平成28年8月25日，法定控除額：4万円）から差押禁止部分を除いた
額に当たる5万円につき，民事執行法156条1項に基づいて供託をしま
したが，後日，蛭名さんに対して，下記差押命令の全部を取り下げる旨
の通知をしました。

　下記の場合において，蛭名さんはどのような払渡手続を取ればよいの
でしょうか。

【事例】

　(1)　差押命令の取下げ前に事情届が裁判所に提出された場合

　(2)　差押命令の取下げ前後に事情届が裁判所に提出されなかった場合

　(3)　差押命令の取下げ後に事情届が裁判所に提出された場合

記

（差押命令書の内容）

　東京地方裁判所八王子支部平成28年㈹第123号，債権者：大地信販会
社，債務者：蛭名凡太，第三債務者：鈴成不動産株式会社，請求債権
額：金300万円，差押債権額：金300万円，送達年月日：平成28年7月
13日

解　説　（登記情報643号78〜80頁（2015））

1　事情届が裁判所に提出された場合における供託金の払渡手続

　　第三債務者による供託がなされると，裁判所は，第三債務者からの
　事情届に基づいて配当等手続事件を立件し，債権者等への配当等を実
　施しなければなりません（民執166Ⅰ①）。

334

第2章　民事執行法上の供託（担保供託以外）

　供託金の払渡しは，裁判所が配当等の実施をして行う支払委託に基づいて行われます。配当等を受ける債権者等は，裁判所から配当等を受ける債権者等に対して支払証明書が交付されるので，当該証明書を供託金払渡請求書に添付して払渡しを請求することになります（**巻末請求書記載例1，2参照**。なお，還付請求事由は「3.」に○をし，「配当金受領」と記載）。

2　差押命令の申立ての取下げについて

　債権者が差押命令の申立て後に，自分よりも優先する債権者等が判明して配当等を受けられる見込みがないと判断したり，債務者から任意の弁済を受けた等の事情により，執行手続を進める必要がなくなった場合，差押債権者は当該申立てを取り下げることができます。

　差押命令の申立ての取下げは，供託実務上，差押債権者が，当該差押命令の申立てをした裁判所に対して書面で行うことになっており，裁判所が当該取下書を受理した時に確定的に取下げの効果が生じるとされています。取下書が裁判所に提出されると，裁判所から債務者及び第三債務者に対してその旨が通知されます。

　なお，取下げの時点までに行われた取立ての効果及び第三債務者の行った供託の効果は失われません。

3　差押命令の取下げ前に事情届が裁判所に提出された場合

　本事例(1)の場合，原則として，供託金の払渡しは，裁判所の支払委託に基づいて行われることになります（民執通達第二・四・1・㈠・⑶・イ・先例集(6)［68］320頁参照）。申立ての全部について取下げがされた場合には，既に供託された金額があったとしても，取下げをした差押債権者が配当等の受領権の放棄をしたものと解され，当該差押債権者は配当等を受けるべき債権者となることができません。取下げをした差押債権者のほかに債権者が存在する場合には，その者に対して配当等手続が行われますが，取下げをした差押債権者のほかに債権者が存在しない場合には，差し押さえられていた金銭債権について本来支払を受けるべき債務者（蛭名さん）に供託金を払い渡すことになり

335

第Ⅱ編　民事執行法，民事保全法における裁判上の供託

ます。

　とすると，裁判所の配当等に基づき供託金の払渡しを受けようとする場合には，供託金払渡請求書のほかに，「還付を受ける権利を証する書面」（規則24Ⅰ①）として，支払証明書を添付し，供託金払渡請求書又は委任による代理人の権限を証する書面に押された印鑑につき，市町村長又は登記所の作成した印鑑証明書（作成後3月以内のもの）を添付する必要があります（規則26Ⅰ・Ⅱ，9，225頁参照）。

　なお，例外的に，債務者から，供託金払渡請求書に差押命令の申立てが取り下げられたこと又は差押命令を取り消す決定が効力を生じたことを証する書面を添付した場合には，供託金の払渡請求を請求することができます（民執通達第二・四・1・㈠・⑶・イただし書き・先例集⑹［68］320頁及び平17.3.1民商544号通達第六・四）。

　本事例⑴で考えてみると，蛭名さんは，供託金払渡請求書，印鑑証明書及び代理権限証書（代理人によって払渡請求をする場合）のほかに，①「執行裁判所から交付を受けた証明書」（支払証明書），又は，②蛭名さんに送達された「取下通知書」（なお，裁判所によっては取下書副本を送達する場合があるが，この場合には裁判所書記官による事件が取下げによって終了したことの奥書証明が付されていることを要する。）を添付する必要があります（**巻末払渡請求書記載例1，2参照**。なお，「支払証明書」の還付請求事由「3.」に○，「配当金受領」と記載，「取下通知書」の場合は「取下」と記載する。）。

4　差押命令の取下げ前後に事情届が裁判所に提出されなかった場合

　本事例⑵の場合，事情届が提出されていないため，裁判所が具体的な配当等の手続に着手することができません。そのため，裁判所が供託所に対して支払委託を行うことはなく，供託金は，債務者が供託所に対して，直接払渡請求をすることになります。事例⑴との違いは，裁判所の配当等の手続が前提とならない点にあります。

　本事例⑵における払渡請求は，債務者（蛭名さん）による還付請求となることから，①「還付を受ける権利を証する書面」（規則24Ⅰ①）

として「事情届がされていないことを証する書面」及び「供託原因となっていた差押えが取り下げられたことを証する書面」を，②供託金払渡請求書又は委任による代理人の権限を証する書面に押された印鑑につき，市町村長又は登記所の作成した印鑑証明書（作成後3月以内のもの）を添付することになります（規則26Ⅰ・Ⅱ，9）。

5　差押命令の取下げ後に事情届が裁判所に提出された場合

　　事例(3)の第三債務者の供託後に差押命令の申立ての取下げがされた場合，この取下げは差押債権者が配当等の受領権の放棄をしたものと解されており，配当手続の実行を阻止するものではないと考えられます。前記2で述べたとおり，第三債務者の供託の効果は失われず，第三債務者による事情届の提出義務が消滅するとはいえないので，仮に第三債務者が事情届を裁判所に提出した場合には，本事例(1)の場合と同様の払渡手続となります。

(6)　取立訴訟における供託（吉戒修一監『民事執行法・民事保全法と供託実務』37・38頁（商事法務研究会，1992））

　第三債務者が供託義務を負う場合（民執156Ⅱ）には，差押債権者は，第三債務者に対して直接取立てをすることができませんが，第三債務者が供託義務を履行しないときは，差押債権者は，第三債務者に対して取立訴訟（「Q26」参照）を提起することができます。

　しかし，この取立訴訟は，差押え等が競合しない場合にする取立訴訟とは機能を異にしており，第三債務者に対して供託することを請求する一種の供託請求訴訟です。

　もっとも，請求の趣旨（民訴280）としては，金何円の支払を求むる旨を掲げているだけで足りますが，裁判所が請求を認容するときは，請求に係る金銭支払は供託の方法によりすべき旨を判決の主文に掲げなければなりません（民執157Ⅳ）。

　第三債務者が上記認容判決に服して供託をすれば，それは，まさに民事執行法156条2項による供託そのものになります。

第Ⅱ編　民事執行法，民事保全法における裁判上の供託

　第三債務者が判決に服して供託しなければ，強制的に，民事執行法156条
2項の供託がなされたのと同一の状態を生じさせることが必要となります。
そこで，供託請求訴訟の原告たる差押債権者が請求認容判決に基づいて第三
債務者に対して強制執行をし，又は既に第三債務者の財産について開始され
ている強制執行若しくは競売に対して配当要求をして，差押債権者が配当等
を受けるときは，配当等を実施する機関が配当等の額に相当する金銭を供託
することとしました（民執157Ⅴ）。なお，執行裁判所が配当等を実施する場
合には，裁判所書記官が供託するべきものになります（民執91）。よって，
供託をする機関は，不動産に対する強制競売の場合においては裁判所書記官，
強制管理の場合においては管理人又は裁判所書記官，動産執行の場合におい
ては執行官又は裁判所書記官ということになります。

　配当等を実施すべき機関が民事執行法157条5項により配当等の額に相当
する金銭を供託した場合，その事情の届出をすべき旨の規定は見当たらない
ですが，民事執行法156条3項及び民事執行規則138条の趣旨により，先に第
三債務者に送達された差押命令を発した債権執行の執行裁判所に対して供託
した旨を連絡するとともに，供託書正本を送付すべきです。これによって，
執行裁判所は配当等を実施することになります（民執166Ⅰ①）。

Q72　差押債権者が取立訴訟の判決に基づいて第三債務者の有する金銭債権を差し押さえた場合，差押債権者は取立権を行使することはできるのか？

A　「差押えが競合した場合には，差押債権者の取立権の行使を
否定する民事執行法156条の制度趣旨からすれば認めるべきで
はないとも考えられるが，一方，第四債務者にとってみれば，あくまで
一つの差押えしかなく，また，債務名義の内容（供託判決）を当然に知
り得ないのであるから，第四債務者に対して供託義務を負わせ，差押債
権者の取立てに応じても免責されないとすることにも問題が残る。

　もっとも，供託所としては，第四債務者から民事執行法156条1項又

第２章　民事執行法上の供託（担保供託以外）

は２項を根拠として供託の申請がされれば，当該申請を受理することは問題はない。また，差押債権者が第四債務者から取立てをし，民事執行法156条２項又は157条５項の類推適用により取立金の供託の申請がなされたときは，これを受理して差し支えない。」

（稲葉威雄「民事執行法における供託㈣」金融法務事情936号20頁（1980））

「第四債務者が民事執行法156条１項により供託した場合，自己に対して差押命令を発した執行裁判所（以下「甲裁判所」という。）に対して事情の届出をすることになり，甲裁判所が一次的に配当等を実施することになる（民執166Ⅰ①）。この場合，甲裁判所は，民事執行法157条５項により供託すべきである。これは供託を持続することを意味するが，具体的には，供託書正本を当初の債権執行の執行裁判所（以下「乙裁判所」という。）に送付し，供託所に対しては，当該供託金については，乙裁判所が配当等を実施する旨通知することになろう。第四債務者に対する差押えが競合し，又は配当要求がされて第四債務者が民事執行法156条２項により供託をした場合においては，まず，甲裁判所が配当等を実施し，取立訴訟の原告たる差押債権者の受くべき配当等の額を除いて支払委託をし（なお，支払委託書には，上記配当等の額に相当する供託金については乙裁判所が配当等を実施する旨を記載する），供託所は，支払委託書に添付された供託書正本について供託規則31条１項の措置をとってこれを甲裁判所に返還し，甲裁判所がこれを乙裁判所に送付すればよいと思われる。」

（吉戒修一監『民事執行法・民事保全法と供託実務』38頁（商事法務研究会，1992））

⑺　扶養義務等に係る金銭債権を請求する場合における特例の供託

パターン事例　Ⅴ－２

　雇用主である乙商事株式会社を第三債務者，債務者を乙商事株式会社の従業員である上田拓海とする次の差押命令が平成28年６月29日に送

339

第Ⅱ編　民事執行法，民事保全法における裁判上の供託

達されました。乙商事株式会社が供託をする場合，供託金額はいくらに
なりますか。

　なお，債務者である上田さんの給与総額は40万円，所得税，住民税，
健康保険等の控除が８万円で，給与の支給日は毎月25日となっています。

　また，債権者は，上田さんの離婚した元配偶者です。

【差押命令抜粋①】

請求債権目録

　横浜家庭裁判所平成○年(家イ)第○○○○号事件の調停調書製本に表示
された下記金員及び執行費用

１　確定期限の到来している債権及び執行費用　　金３０８，５７０円
　⑴　金３００，０００円
　　　ただし，債権者，債務者間の長男拓磨についての養育費についての
　　平成○年○月から平成２８年４月まで１か月金３万円の養育費未払分
　　（支払期　毎月末日）
　⑵　金８，５７０円
　　　ただし，執行費用
　　　（内訳）　以下略
２　確定期限の到来していない定期金債権
　　　平成２８年６月から平成３３年１０月（債権者，債務者間の長男拓磨
　　満２０歳に達する月）まで，毎月末日限り金３万円ずつの養育費

差押債権目録

１　金３０８，５７０円（請求債権目録記載の１）
２　平成２８年６月から平成３３年１０月まで，毎月末日限り金３万円ず
　つ（請求債権目録記載の２）
　　　債務者が第三債務者より支給される，本命令送達日以降支払期の到来
　する下記債権にして，頭書１及び２の金額に満つるまで
　　　ただし頭書２の金額については，その確定期限の到来後に支払期が到
　来する下記債権に限る。

記

340

第2章　民事執行法上の供託（担保供託以外）

(1)　給料（基本給と諸手当，ただし通勤手当を除く。）から所得税，住
　　民税，社会保険料を控除した残額の2分の1（ただし，前記残額が
　　66万円を超えるときは，その残額から33万円を控除した金額）
(2)　賞与から(1)と同じ税金等を控除した残額の2分の1（ただし，前記
　　残額が66万円を超えるときは，その残額から33万円を控除した金
　　額）
　　なお，1，2により弁済しないうちに退職したときには，退職金か
　ら所得税，住民税を控除した残額の2分の1にして1，2と合計して
　頭書記載の金額に満つるまで

解説

1　扶養義務等に係る定期金債権

　夫婦関係が破綻し，夫婦が別居状態となった場合においても，婚姻
が継続中であれば，婚姻費用から生じる費用を分担する義務が発生し，
別居が解消され同居に至るまで，若しくは離婚が成立するまでは，一
方は他方に対し，生活費，養育費等（以下「扶養債権等」といいます。）
を支払う義務が生じます（民752，760，766，877〜880）。

　また，未成熟の子がいる夫婦が離婚した場合，元夫婦の一方は，子
の養育費を請求することが可能です。

　その場合，扶養債権等に当事者の間で争いが生じれば，調停・審判
等で生活費，養育費等の分担額を決定することができます。そして，
一旦，支払額が決定したとしても，何らかの事情で一方に対する支払
が滞れば，強制執行により当該債権を回収する必要が生じてきます。

　通常，弁済期の定めのある債権を請求債権とする場合には，弁済期
が到来していないと当該債権を差し押さえることができませんが（民
執30Ⅰ），上記の扶養債権等を請求する場合には，その債権が確定期
限のある定期金債権であり，かつ，その一部に債務の不履行があれば，
継続的給付債権に係る債権については，弁済期が到来していなくても
差押えをすることが可能となっています。

2　請求債権目録・差押債権目録について

　本事例において，上田拓海さんは，離婚した元配偶者に対して，2

341

第Ⅱ編　民事執行法，民事保全法における裁判上の供託

人の間の子の養育費として月3万円を支払う約束がありましたが，拓海さんは何らかの事由で10か月分（3×10＝30万円）滞納したことから，上記のような差押えが，拓海さんの給与債権に対してなされていることがうかがわれます。

将来債権を差し押さえる場合には，必ずその一部に未払部分がある必要がありますが，その未払部分が上記請求債権目録の「1」となります。

請求債権目録「2」は，毎月末日までに月3万円の養育費を受け取る将来債権があり，差押債権目録2で，その養育費について，その支払期の到来した次の支給日の給料を差し押さえるという意味となります。

また，本事例の場合，差押可能範囲は「2分の1」となり，一般債権よりも拡大され，より多くの債権を回収することが可能となっています（民執151の2）。

債権差押命令が会社に送達されると，差し押さえられた会社は，従業員である拓海さんへの給料の支払が禁止され（民執145①），仮に，債権差押命令の送達後に雇用主である会社が拓海さんへ給料を支払ってしまった場合，会社はその支払を差押債権者に対抗することができません。そして，差押債権者から取立てを受ければ，会社はこれに応じる必要がありますので注意が必要です（民481①）。

3　供託若しくは取立てに応じる金額について

(1)　7月分の給与について

実際に差し押さえられた金額は，次のように考える必要があります。

まず，差押債権目録1記載の金額30万8570円と同目録記載の2の金額のうち5月末日の期限到来分3万円の合計33万8570円と差押可能額とを比較して低い金額が差し押さえられた金額になります。

本事例の場合，債権可能額は16万円となりますので，第三債務者である雇用主は，16万円を直接債権者である元配偶者に支払うか，

342

第2章　民事執行法上の供託（担保供託以外）

16万円を供託することとなります（**巻末申請書記載例22参照**）。

```
42万円 − 2万円（通勤手当）＝40万円
40万円 − 8万円（所得税等）＝32万円
32万円 ÷ 2 ＝16万円
```

⑵　8月分の供託について

　　8月分の給与が前月と同じであれば，差押可能金額は16万円です。債権の残額は，17万8500円と差押債権目録2記載の7月分の期限到来分3万円の合計20万8500円となります。

　　したがって，8月も供託金額は差押可能額の最高額である16万円となります。

⑶　9月分の供託について

　　9月分の給与が7月分と同じであれば，差押可能金額は16万円です。債権の残額は4万8500円と差押債権目録2記載の8月分の期限到来分3万円の合計7万8500円となります。

　　7万8500円は差押可能範囲に収まることから，9月分の供託金額は7万8500円となります。

　　この場合，差押債権目録1記載の債権の残額が4万8500円であること，同目録2記載の期限到来分3万円を加えたものを供託する旨を下記記載例のとおり，記載する必要があります。

```
「供託の原因たる事実」欄の記載例
　差押債権目録1記載の債権の残額である金48500円及び同目録2記載の
うち，8月末日に期限の到来した定期金債権である金30000円の合計金
78500円を供託する。
```

⑷　10月分の給与について

　　10月分の給与が前月と同じであれば，差押可能金額は16万円ですが，差押債権目録1記載の債権は支払済みであることから，10月以降は，差押債権目録2記載の期限到来分の9月分の3万円についてのみ供託することとなります。

343

第Ⅱ編　民事執行法，民事保全法における裁判上の供託

　　この場合，差押債権目録１記載の債権の残額が０円であること，
同目録２記載の期限到来分３万円のみを供託する旨を下記記載例の
とおり，記載する必要があります。

> 「供託の原因たる事実」欄の記載例
> 　差押債権目録１記載の債権については支払済みであるので，同目録２記
> 載のうち，９月末日に期限の到来した定期金債権である金30,000円を供託
> する。

パターン事例　Ｖ−２．①

　《パターン事例Ｖ−２》において，その後，平成28年７月10日，債務
者の一般債権者から強制執行による差押えがされた場合（差押命令抜粋
②参照），どのような供託をする必要がありますか。

【差押命令抜粋②】

請求債権目録

　○○地方裁判所平成○年㈹第○号貸金請求事件の執行力のある判決正本
に表示された下記金員及び執行費用

1　元本　金１，０００，０００円
　　ただし，平成○年○月○日の金銭消費貸借に基づく貸付金
2　利息金　　３７２，３４２円
　　上記１に対する平成○年○月○日から同年○月○日までの年５分の割
　合による利息金
3　損害金　　１２，４００円
　　上記１に対する平成○年○月○日から，同年○月○日までの年１割５
　分の割合による損害金
4　執行費用　　金５，９０８円
　　　　　　　　　　　　　　以下略

344

差押債権目録

金１，３８４，７４２円

債務者が，第三債務者から支給される，本命令送達日以降支払期の到来する下記債権に対して頭書金額に満つるまで

記

(1) 給料（基本給と諸手当，ただし通勤手当を除く。）から所得税，住民税，社会保険料を控除した残額の４分の１（ただし，前記残額が４４万円を超えるときは，その残額から３３万円を控除した金額）
(2) 賞与から１と同じ税金等を控除した残額の４分の１（ただし，前記残額が４４万円を超えるときは，その残額から３３万円を控除した金額）
　なお，１，２により弁済しないうちに退職したときには，退職金から所得税，住民税を控除した残額の４分の１にして１，２と合計して頭書記載の金額に満つるまで

解説

上田拓海さんは他に金融業者からも金銭を借り入れ，返済ができなくなっているようです。

給与，賃金，俸給，退職金等の債権（民執152Ⅰ・Ⅱ）について，一般債権に基づく差押えと，扶養債権に基づく差押えが競合した場合，どのような供託をすればよいでしょうか。

一般債権に基づく差押えの禁止範囲は４分の３，扶養義務等に係る定期債権に基づく差押え禁止範囲は２分の１であり（民執152Ⅲ），その差押えの範囲が異なってきます。この場合，一般債権よる差押えの範囲は，差押えの競合により，その立法趣旨から手取額の２分の１の範囲までは拡張しないと考えられます。

第Ⅱ編　民事執行法，民事保全法における裁判上の供託

> ※　給与の手取部分の8万円部分についてのみ競合し，②の差押えは手取額の4分の1以上拡張しない。
>
> 　したがって，供託をする場合には，手取額の2分の1である金16万円を供託するか，手取額の4分の1である8万円を供託し，同8万円を扶養債権の債権者に直接支払うこととなります。16万円を供託する場合の供託の根拠法令は民事執行法156条1項及び2項，8万円を供託する場合には民事執行法156条2項のみとなります（平成16.3.19民商782号通達）。なお，8万円については（aの部分）供託は義務となりますので必ず供託をする必要があります（民執156Ⅱ）。

⑻　預金債権の供託

【事例紹介1】

　大山剛山さんは，森林銀行株式会社に平成29年9月1日付け定期預金契約に基づく金100万円の預金債権を有しています。この大山剛山さんに対する預金債権に対して下記の差押命令が送達されました。第三債務者である森林銀行株式会社の供託手続はどのようになるでしょうか。

記

（差押命令の表示）
東京地方裁判所平成30年㈹第987号，債権者：東京都豊島区△△町△丁目△番△号大地信販株式会社，債務者：大山剛山，第三債務者：森林銀行株式会社
請求債権額：金100万円，差押債権額：金100万円，送達年月日：平成30年8月27日送達

【解　説】

　預金債権全部に対しての差押えがされた場合は，民事執行法156条1項（権利供託）の執行供託となりますので，森林銀行株式会社が供託するか否かは任意となります。

　供託の時期は，債務の履行期と解されていますので，定期預金であれば満期日となります。ただし，期限の利益を放棄して供託することもできます。この場合は，満期日までの利息を付す必要があります。

執行供託であるので，裁判所からの支払委託に基づいて供託金の払渡しがされるため，供託書には被供託者の記載は不要となります。なお，差押送達後の利息にはその効力が及ぶため元本と合わせて供託することとなります（**巻末申請書記載例23参照**）。

ただし，既発生利息についても併せて供託する場合は，既発生利息には差押えの効力は及ばないので，この部分については弁済供託となります。また，預金債権の一部に対して差押えがされている場合は，預金債権の全額又は差押金額のみの供託も可能ですが，預金債権の全額を供託する場合は，差押えの効力の及んでいない部分は，既発生利息の供託の場合と同様に弁済供託であるので，被供託者に供託通知書を送付するため，供託申請書の「供託通知発送を請求する。」に○をし，通知書送付用の封筒と郵券が必要となります。

【事例紹介2】

① 森林銀行株式会社の預金者の1人である大山剛山さんに対する複数の債権者から，森林銀行株式会社を第三債務者として，下記の内容の差押命令書が相次いで送達されました。森林銀行株式会社は，供託手続を行いたいと考えていますが，その際の供託すべき金額と利息の範囲はどうなるでしょうか。なお，下記の差押え1が送達された時点において，大山さんの普通預金の預金額は，1000万円でした。

② 下記の差押命令1が森林銀行株式会社に送達された後，平成28年11月1日に大山さんの口座に300万円の入金があり，その後，差押命令2が送達された場合，供託すべき金額と利息の範囲はどうなるでしょうか。

記

（差押命令の表示）
1 東京地方裁判所平成28年(ル)第987号，債権者：大地信販会社，債務者：大山剛山，第三債務者：森林銀行株式会社，請求債権額：金800万円，差押債権額：金800万円，送達年月日：平成28年10月1日
2 東京地方裁判所平成28年(ル)第654号，債権者：株式会社海空ファイナンス，債務者：大山剛山，第三債務者：森林銀行株式会社，請求債権額：金600万円，差押債権額：金600万円，送達年月日：平成28年12月1日

第Ⅱ編　民事執行法，民事保全法における裁判上の供託

【解　説】（登記情報607号71〜74頁（2012））

　　ア　差押えの効力が及ぶ預金元金の範囲

　債権の一部が差し押さえられ，その残余の部分を超えて差押命令が発せられたときは，各差押えの効力はその債権の全部に及ぶとされています（民執149）。ただし，預金債権の場合は，差押命令送達時に口座に存在する預金にのみ差押えの効力が及び，差押命令送達後に入金された預金には差押えの効力は及びません。

　事例①を検討してみると，差押え1の効力は，1000万円の預金債権のうち，800万円に及び，その後，差押え2により，当該預金債権の残余の部分を超える600万円の差押えがされたことにより，差押金額の合計が1400万円となり，差押えの競合が生じます。この差押えの競合によって，森林銀行は，「民事執行法156条2項」の供託義務を負うことになります。この場合，差押え1及び2の効力は，それぞれ当該預金債権の全額である1000万円に及ぶこととになります（民執149）。したがって，供託すべき預金元金は，1000万円ということになります。

　事例②について検討してみると，差押え1の効力は，その送達時（平成28年10月1日）の1000万円の預金債権のうち，800万円に及びます。その後，300万円の入金がありましたが，差押え1の効力は，300万円には及びません。差押え2が送達されることによって，差押え1と差押え2が競合しますが，その範囲は，当初の預金額である1000万円であり，供託義務が生じているのは，この1000万円ということになります。300万円については，差押え2の効力しか及んでいないため，債権者からの取立てに応じることも可能であり，権利供託をすることも可能です。その場合の供託書の法令条項は「民事執行法156条第1項及び第2項」となります。

　　イ　差押えの効力が及ぶ預金利息の範囲

　民事執行法126条では，動産に対する差押えの効力は差押物から生ずる天然果実に及ぶとされていますが，金銭債権に対する差押えの効力がその法定果実たる利息に及ぶかどうかについての明文の規定はありません（国徴法52Ⅱただし書は，債権に対する滞納処分による差押えの効力が差押え後の利息に及

348

ぶことを規定している。）。この点については，一般に，権利についても主物・従物の規定（民87Ⅱ）の趣旨を及ぼし，差押えの効力は従たる権利に及ぶと解されていることから，元本債権に対する差押えの効力は差押え後に生ずる利息にも及ぶことになります。これに対して，既発生の利息は，元本とは独立の利息債権であり，元本に対する差押えの効力は既発生の利息に対しては及ばないとされています（大判大正5.3.8民録22輯537頁）。

　事例①を検討してみると（図1参照），差押え1と差押え2の競合時以降に発生する「利息③」について供託義務を負うことについては問題ありません。問題となるのは，差押え1送達時以降差押え2の送達時までに発生した「利息②」の取扱いです。この点につき，先行の差押えがあり，競合した場合には，民事執行法149条の差押えの拡張効等を根拠に，先行の差押えが及んでいる既発生利息についても後行の差押えの効力が及ぶという説（包括説）と，金銭債権の一部差押えの場合には，差押額を限定したものであるので，利息付債権であっても，差押えの効力は限定部分以上に及ばないとする説（限定説）があります。包括説によれば，「利息②」に及ぶことになり，限定説によれば，「利息②」には及ばないことになります。なお，供託実務上では，上記のいずれの見解による供託申請でも受理して差し支えないとされています（昭56.2.13民四842号回答・先例集(6)［72］368頁）。

　事例②について検討してみると（図2参照），差押え1の効力は，「利息②」，「利息③」に及び，差押え2の効力は，「利息②」，「利息③」，「利息⑤」に及びます。ただし，差押え1の効力は，送達後に入金された300万円には及びませんので，供託義務が生じているのは，事例①と同様に「利息②」，「利息③」となります。しかし，供託実務においては，「民事執行法156条第1項及び第2項」を法令条項として，差押え2の送達以降の「利息⑤」についても供託することができます。

　以上により，事例①の供託は義務供託（民執156Ⅱ）となり，1000万円と「利息②，③」を供託することになります（**巻末申請書式例24－(1)参照**）。事例②についても同様の供託となります。

　なお，事例②の場合「民事執行法156条1項及2項」を根拠として，預

349

金元金及び差押命令送達時の既発生利息（「利息①」,「利息④」）を含む供託時までの利息の全部の供託もすることができます（昭56．2．13民四842号回答・先例集(6)〔72〕368頁，巻末申請書記載例集24-(2)参照）。この場合，弁済供託の性質を有する差押えの効力の及んでいない既発生利息については，執行裁判所の配当の手続において配当財団とならず，執行債務者が供託所から直接還付を受けることになるので，被供託者欄に差押債務者の住所・氏名を記載し，差押債務者に供託通知書を送付する必要があります。

【図1】

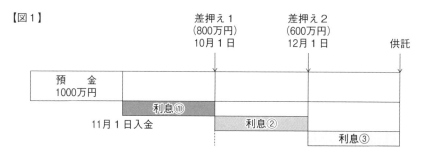

【図2】

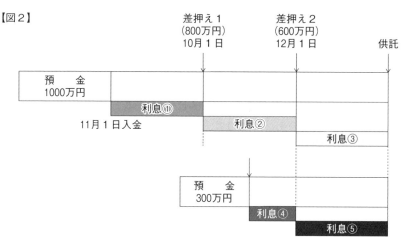

(9) **配当要求と供託**（法務省民事局第四課職員編『供託実務相談』79～84頁（商事法務研究会，1990），「配当要求」121頁参照）

差押えの効力は，第三債務者に対して差押命令が送達された時に生じますが（民執145Ⅳ），配当要求の効力は，配当の要求債権者のした適法な配当要

求の申立てを執行裁判所が受理した時に生じます（民執165本文）。なお，配当要求が受理されたときは，その旨を記載した文書が第三債務者に送達されることになりますが（民執154Ⅱ），当該文書が第三債務者に送達されたときには既に配当要求の効力は生じていることになります。

配当要求は，差押債権者の債権執行手続に参加するに過ぎないことから，配当要求をした差押えが債権の一部につきされたものであって，被差押債権について差押債権者が差し押さえていない残余部分があったとしても，配当要求債権者のために差押えの範囲が拡大されることはありません。

このように，差押えの効力の及んでいる債権につき，配当要求がなされると，複数の債権者が生ずることになることから，転付命令や譲渡命令が許されなくなり，また，第三債務者は，差し押さえられた部分に相当する金銭を債務の履行地の供託所に供託しなければなりません（民執156Ⅱ）。

パターン事例　Ⅰ-6.③

【事例】

(1)　海山銀行及び大地信用金庫から，青空さんが森林さんに対して有している工事請負代金債権（金3000万円）に対して，下記の内容の差押命令等が森林さんに送達された場合，森林さんの供託手続はどうなるのでしょうか（なお，○の数字は送達された順番である。）。

　①海山銀行　　　差押命令（差押金額：1700万円）

　②大地信用金庫　配当要求（差押金額：1500万円）

(2)　青空さんは，海山銀行及び大地信用金庫のほかに，太陽銀行からも金銭の貸付けを受けていることがわかり，青空さんが森林さんに対して有している工事請負代金債権（3000万円）に対して，下記の内容の差押命令等が森林さんに送達されましたが，③については後日取下げられました。この場合，森林さんの供託手続はどうなるのでしょうか。

　①海山銀行　　　差　押　命　令（差押金額：1700万円）

　②大地信用金庫　配　当　要　求（差押金額：1500万円）

　③太陽銀行　　　仮差押命令（仮差押金額：2000万円）

351

解説

1　本事例(1)について

　本事例においては，①海山銀行の差押えにつき，②大地信用金庫の配当要求をしたことから，森林さんは，民事執行法156条2項に基づき，差し押さえられた部分（1700万円）に相当する金銭を供託しなければなりません。なお，森林さんが青空さんに対して負担している債権全額（3000万円）を供託することも可能であり，その際は，民事執行法156条1項及び2項が根拠法令になります。

2　本事例(2)について

　本事例において，①海山銀行の差押えと③太陽銀行の仮差押えの執行とが競合し，①海山銀行の差押えの効力が債権の全額に及ぶことになったので（民執149），③仮差押えの執行が取り下げられた場合であっても，①海山銀行の差押えは元の1700万円に縮小されることにはならず，森林さんは，被差押債権の全額（3000万円）につき供託義務を負うことになります（民執156Ⅱ）。

　なお，本事例の供託をする際は，①ないし③の差押え等と③の取下げの全ての事項を供託書に記載する必要があります。なぜなら，もし，①及び②についてのみ記載すると，差押えの効力の拡張を確認することができず，被差押債権の全額（3000万円）につき供託義務が生じないことになってしまうからです。

第2章　民事執行法上の供託（担保供託以外）

⑽　**転付命令と執行供託（法務省民事局第四課職員編『供託実務相談』93～97頁（商事法務研究会，1990））**

　転付命令（141頁参照）とは，支払に代えて券面額で差し押さえられた金銭債権を差押債権者に転付する執行裁判所の裁判（決定）ですが，この転付命令は，確定しなければその効力を生じないとされています（民執159Ⅰ・Ⅴ）。この転付命令は，旧民事訴訟法上，債務者及び第三債務者に送達されることにより効力が生ずるとされていましたが（旧民訴601参照），民事執行法施行後においては，確定しなければその効力を生じないとされたものです。すなわち，転付命令の申立てに対しては，執行抗告（85頁参照）をすることが認められていますので（民執159Ⅵ），その申立期間内に執行抗告の申立てがされなかったり，執行抗告の却下や取下げ等によって転付命令が確定した場合には，差押債権者の債権及び執行費用は，転付命令が第三債務者に送達されたときに，その券面額をもって弁済されたものとみなされます（民執160）。このことから，転付命令の効力は，確定の時にではなく，第三債務者への送達の時に遡って生ずるものと解されています。

　これは，あたかも被転付債権の債権者たる執行債務者（青空さん）が，第三債務者（森林さん）に対する債権を差押・転付命令を得た差押債権者（大地信用金庫）に対して債権譲渡をしたのと同一の効力を有するものであるといえます（《パターン事例Ⅰ-6.④》参照）。したがって，転付命令が第三債務者へ送達された後に，いまだ転付命令が確定する前に他の債権者による差押えや配当要求があっても，転付命令が確定すれば，これらの他の差押えや配当要求によってその効力の発生は妨げられません。

　しかし，転付命令が第三債務者に送達される時までに，転付命令に係る債権について，他の債権者が差押えや仮差押えの執行又は配当要求をしたときは，他の差押え等と競合するので，当該転付命令は，その効力は生じないとされています（民執159Ⅲ）。ただし，この場合において，仮に転付命令がその効力を生じなかったとしても，その前提となっている差押命令までも効力がなくなるというものではなく，差押命令が有効なものとして存する以上，転付命令を得た者は他の差押債権者と同様に執行裁判所の配当によって弁済

353

第Ⅱ編　民事執行法，民事保全法における裁判上の供託

を受けることになります。

パターン事例　Ⅰ-6. ④

【事例】
(1) 海山銀行及び大地信用金庫から，青空さんが森林さんに対して有している工事請負代金債権（3000万円）に対して，下記の内容の差押命令等が森林さんに送達された場合，森林さんの供託手続はどうなるのでしょうか（なお，○の数字は送達された順番である。）。

①海山銀行　　　差押命令（差押金額：1700万円）

②大地信用金庫　差押・転付命令（差押金額：1500万円）

(2) 上記(1)の供託手続が終了した後，東京地方裁判所において配当等の手続が実施され，大地信用金庫が3000万円の配当を受けることになりました。この場合において，大地信用金庫が供託金の払渡しを受けるにはどうすればよいでしょうか。

解　説

1　転付命令と執行供託

(1)　転付命令が確定している場合

　　転付命令が確定したときは，第三債務者に送達された時に差押債権者に券面額をもって弁済されたものとみなされ，その効果は債権譲渡（413頁参照）がされた場合と何ら変わりはないので，第三債務者は当該転付命令に係る債権については理論的に供託すべき理由はないといえます。しかし，転付命令はその前提として既に差押命令が発せられているので，その確定前においては，差押債権者として当該差押命令に基づいて取立権を有していることから，第三債務者

第2章　民事執行法上の供託（担保供託以外）

に対して債権の取立てをすることも可能であり，通常の差押債権者の場合と変わりはありません。

　本事例(1)において，②の差押・転付命令が確定している場合には，森林さんは供託をすることはできませんが，大地信用金庫が取立権を行使した場合は，それに応じて1500万円を支払うことは可能です。

(2)　転付命令が確定していない場合，あるいは確定しているか否か第三債務者が知り得ない場合

　転付命令は，確定しなければその効力は生じないとされていますが，例えば，転付命令は執行債務者へも送達されるので，債務者の執行抗告の提起期間は債務者への送達の時から進行することになりますが，第三債務者に対して転付命令の債務者への送達時期は知らされることはないので，第三債務者としては転付命令がいつ確定したか当然には知り得ない立場にあるといえます。さらに，執行抗告が提起された場合にもその確定の時期は不確定であり，第三債務者はその結果を当然には知り得ません。したがって，転付命令が送達された場合に第三債務者にこれらの有無の確認を求め，更にその帰趨の判明するまで債務の免責を得ることができないとするのは不合理です。

　このようなことから，供託実務における取扱いとしては，転付命令が発せられた場合において，第三債務者から民事執行法156条１項又は２項の規定を根拠として，差押えに係る金銭債権の全額又は差押金額に相当する金銭の供託がされたときは，供託書の記載上，転付命令が確定していることが明らかである場合を除いて，これを受理して差し支えないとされています（民執通達第二・四・１・㈢・(2)・先例集(6)［68］322頁）。

(3)　本事例(1)について

　前述(2)の民執通達のとおり，転付命令が確定するまでの間においては，民事執行法156条１項又は２項に基づく供託が可能です。

　本事例において，森林さんは，②の大地信用金庫による転付命令

355

第Ⅱ編　民事執行法，民事保全法における裁判上の供託

が送達される前に，既に①の海山銀行による差押命令が送達されているので，②の転付命令は，民事執行法159条3項の規定の文理解釈からすれば，効力は生じない場合に当たると解されます。しかし，転付命令の前提となる差押命令の効力がなくなるということではないので，転付命令が効力を生じないということになれば，第三債務者である森林さんとしては，差押えの競合によって供託義務が発生することになります。ただし，転付命令が第三債務者に送達される時までに他の債権者が差押え等をしていたとしても，当該転付命令が先取特権等一般債権に優先する請求権に基づくものであるときは，転付命令は有効となります（最判昭60.7.19民集39巻5号1326頁）。

　したがって，単に他の差押え等と転付命令の第三債務者への送達の前後のみによっては転付命令の効力の有無を第三債務者として判断するのは難しいことから，森林さんとしては，民事執行法156条2項に基づき，工事請負代金債権相当額の3000万円を供託することになります。

3　本事例(2)について（別冊ジュリスト「供託先例判例百選（第2版）」37巻3号102頁（2001））

　前述のとおり，転付命令が確定すると，転付債権者に対して排他的に債権を移転する効力が生じ，差押えの効力が失われることになります。

　そこで，この場合に供託金をどのような手続で払い渡すのか，通常の民事執行法156条による供託と同様に裁判所の支払委託によると解するのか，転付債権者が直接，供託金に対する権利を行使して供託所から供託金の還付を請求できると解するかが問題となってきます。

　本事例のような場合において，転付命令の効果により転付債権者が当然に供託金に対し権利を取得するものと考えると，転付命令の効果によって転付債権者が当然に供託金還付請求権を取得したものであるということになりますが，供託前の実体法上の債権についての転付命令の効果が供託金還付請求権の帰属に及ぶと解する明文の根拠はあり

第2章　民事執行法上の供託（担保供託以外）

ません。そもそも，転付命令は供託手続外のものであり，転付命令の
効果が明文の根拠なしに供託金還付請求権の効力に直接及ぶことはな
いと解するのが自然です。転付命令が確定し，差押えの効力が消滅し
たとはいえ，このような供託は，もともと差押・転付命令のうちの差
押えの効力に着目してなされたものです。例えば，差押えの申立ての
取下げや差押えの取消しによって差押えの効力が失われた場合には，
「執行供託の後始末として」，支払委託による払渡しを行う取扱が原則
とされているところ（民執通達第二・四・1・㈠・(3)・イ・先例集(6)
[68] 320頁参照），前述したとおり，転付命令の確定によって転付債権
者が当然に供託金に対する還付請求権を取得すると解する根拠がない
以上，この場合も，上記の差押えの申立ての取下げ等の場合と同様に，
差押えの効力が失われた後に，「執行供託の後始末として」裁判所の
支払委託によって供託金を払い渡すと解しても矛盾はありません。そ
こで，このような場合，供託実務においては，原則として裁判所の支
払委託によって支払うとしています。ただし，転付債権者が転付命令
確定証明書並びに供託所正本及びその下附証明書を添付して転付金額
に相当する供託金の還付請求をしてきたときは，競合債権者がいない
限り，これを認可して差し支えないとしています（民執通達第二・四・
1・㈢・(2)・先例集(6)[68] 322頁）。

■ 3　売却命令が発せられた場合の供託 ■

　執行裁判所は，売却命令（146頁参照）により執行官から売得金の提出を受
けたときは，配当等を実施することとなりますが，不動産に対する強制競売
の場合と同様に執行裁判所の書記官による配当留保供託及び不出頭供託が行
われます（民執166Ⅰ②・Ⅱ，91，281〜289頁参照）。配当留保が解消され，供
託の事由が消滅したとき，供託金の払渡しは，執行裁判所の書記官による配
当等の実施としての支払委託に基づいて行われます。

357

第Ⅱ編　民事執行法，民事保全法における裁判上の供託

4　管理命令が発せられた場合の供託

　管理命令（146頁参照）が確定したときは，不動産に対する強制管理の場合と同様の手続となり，管理人による配当留保供託及び不出頭供託等と同様な供託（民執161Ⅳ，104，108，109，166Ⅱ，91，289～291頁参照）が行われ，供託の事由が消滅したときは，前記3と同様に裁判所書記官による供託金の支払委託の手続により完了することとなります。

5　動産の引渡請求権に対する強制執行における供託

　動産の引渡請求権に対する強制執行（149頁参照）は，債権者の申立てにより，執行裁判所が動産の引渡請求権に対し差押命令を発し，執行官がその引渡しを受けたときは，動産の売却手続によりこれを売却し，売得金及び売却に係る調書を執行裁判所に提出します（民執163Ⅱ，執行規則145，141Ⅳ）。執行裁判所は，売得金の提出を受けると，配当等を実施します（民執166Ⅰ③）。この配当等の手続は，不動産執行の強制競売の規定が準用されていますので，執行裁判所書記官による配当留保供託及び不出頭供託が行われます（民執166Ⅰ②・Ⅱ，91）。配当留保が解消され，供託の事由が消滅したとき，供託金の払渡しは，執行裁判所書記官による配当等の実施としての支払委託に基づいて行われます。

第3章
民事保全法上の供託（担保供託以外）

第1 仮差押えの執行を原因とする供託

1 不動産に対する仮差押えの執行に基づく供託

(1) 不動産に対する仮差押えの執行における仮差押解放金 （179頁参照）

　ア　供託申請

　仮差押えを受けた仮差押債務者は，仮差押命令に記載されている仮差押解放金（民保22Ⅰ）を供託することができます。

　仮差押解放金の供託は，必ず金銭をもって，仮差押命令を発した裁判所又は保全執行裁判所の所在地を管轄する地方裁判所の管轄区域内にある供託所にすることを要します（民保22Ⅱ）。

　仮差押解放金の供託をしたことを保全執行裁判所に証明したときは，裁判所は仮差押えの執行を取り消さなければならず（民保51Ⅰ），この決定は即時に効力を生じます（民保51Ⅱ）。これに対して執行抗告をすることができます（民保46による民執12Ⅰの準用）。

　仮差押解放金の供託がされると当該供託金は，仮差押えの目的物になると解されています（大判大3.10.27民録20輯810頁，大決昭7.7.26民集11巻1649頁）。したがって，仮差押解放金については，供託によって債務者の供託金取戻請求権のみが生じ，還付請求権は存在しません。そのため，仮差押債権者又は債権者は，仮差押債務者の有するこの供託金取戻請求権に対する債権執行の方法により，本執行をしなければならないこととなります。

　なお，第三者による仮差押解放金の供託はできないとされています（昭和42年度全国供託課長会同決議受入関係三・先例集(4)［125］327頁）。

第Ⅱ編　民事執行法，民事保全法における裁判上の供託

【保全命令主文】

債権者の債務者に対する上記債権の執行を保全するため，別紙物件目録記載の債務者所有の不動産は，仮に差し押さえる。

債務者は，上記請求債権額を供託するときは，この決定の執行の停止又はその執行処分の取消しを求めることができる。

下線部分は，仮差押解放金額を定めた条項，仮差押命令の必要的記載事項，被差押物件価格が請求債権額を下回ることが明らかな場合には，被差押物件価格を解放金額とする取扱いです（裁判所職員総合研修所監『民事保全実務講義案（改訂版）』「主要保全命令主文例集」1頁（司法協会，2005））。

イ　払渡し

仮差押解放金が供託されると，その後は仮差押執行の効力は，仮差押債務者（供託者）の有する供託金取戻請求権の上に及び，仮差押債権者は，本執行の債務名義を得たときは，この供託金取戻請求権につき，供託官を第三債務者として，債権執行の手続を取ることになります。

㈠　解放金に対する仮差押債権者の権利とその行使

前述したとおり仮差押債権者は，供託された解放金について，還付請求権を持ちません。仮差押えは，その目的物についての債務者の処分等を禁止する効力を有するにとどまり，債権者にその目的物に関する具体的な権利を付与するものではないし，解放金は，特定の債権者の損害担保のために供託されるものではありませんから，仮差押債権者又は他の債権者は，仮差押債務者の有するこの供託金取戻請求権に対する債権執行の方法によらなければなりません。

つまり，仮差押債権者が解放金に対して権利を行使するためには，本案の勝訴判決を得た上，仮差押債務者の有する供託金取戻請求権に対して差押えをする必要があります。

また，仮差押解放金は，仮差押執行の停止又は取消しによって債権者の被る損害を担保するための訴訟上の担保ではなく，仮差押えの目的物に代わるもので，法律上これと同一性を有するものであるから，債権者は，仮差押え

360

の目的物につき優先弁済権を有しなかったのと同様，仮差押解放金の上に優先的権利を有するものではないこととなります。したがって，仮差押債権者以外の債権者は，仮差押債務者の有する供託金取戻請求権を差し押さえ，又は仮差押えをすることができ，差押えが競合したときは，配当要求があった場合として，配当手続が開始されることになります。

　(イ)　債務者が解放金を取り戻す手続

　前記のとおり仮差押解放金が供託されると，その後の仮差押えの執行の効力は，債務者の有する供託金（仮差押解放金）取戻請求権の上に移行することになりますが，この供託金取戻請求権は，債権者が仮差押解放金から満足を受けられないことが確定した場合に，供託原因が消滅したとして発生する条件付請求権です。保全異議，保全取消し等の手続で仮差押解放金を取り戻すには，保全執行裁判所から供託原因消滅証明書の交付を受けて，これを供託所に提出することを要します（規則25Ⅱ）。

　仮差押解放金の供託について次の事例で考えてみましょう。

> **パターン事例　Ⅰ-1.②**
>
> 　青空さん所有の東京都台東区の土地を5000万円で第三者に売買しようと考えていました。しかし，海山銀行は，青空さん所有の土地に，青空さんに対する訴訟を提起する前に，仮差押えを行いました。青空さんに裁判所から仮差押命令が通知され，土地には仮差押えの登記がされています。
>
> 　青空さんが，この仮差押登記を抹消するためには，どうすればよいでしょうか。
>
> **解説**
>
> 1　供託申請
>
> 　青空さんは，仮差押命令に記載してある仮差押解放金に相当する金銭を，仮差押命令の発令裁判所又は保全執行裁判所の所在地を管轄する地方裁判所の管轄区域内の供託所にします（民保22Ⅰ・Ⅱ）。
>
> 　なお，解放金は，青空さんが金銭で供託することを要し，金銭供託

361

第Ⅱ編　民事執行法，民事保全法における裁判上の供託

に代えて，有価証券による供託は認められていません。また，第三者による仮差押解放金の供託はすることができないとされています（昭和42年度全国供託課長会同決議受入関係三・先例集(4)［125］327頁）。供託したことを保全執行裁判所に証明することで，保全執行裁判所が仮差押登記を嘱託により抹消し，仮差押えの執行を取り消します（民保51Ⅰ）。この取消決定は，確定を待たずに即時に効力を生ずることとされています。ただし，仮差押命令そのものの取消しを求めるには，保全異議（同26）又は保全取消し（同37〜39）の申立てによるべきであるとしています（**巻末申請書記載例25**参照）。

2　払渡し

　　青空さんが仮差押解放金を供託すると，その後の仮差押えの執行の効力は，青空さんの有する供託金取戻請求権の上に移行するので，海山銀行は本案の勝訴判決を得て本執行の債務名義を得たとき，この供託金取戻請求権について，供託官を第三債務者として，民事執行法による債権執行の手続（民執143以下）を取ることになります。供託官は，海山銀行による本執行としての差押命令が送達された場合には，他に差押え等がされていない限り，差押債権者の取立権に基づく払渡請求に応じることになります（**巻末払渡請求書記載例3**参照，「払渡請求事由及び還付取戻の別」欄は，「取戻」を選択し「3」に〇の上，事由を取立とする）。

　　なお，仮差押解放金を本差押えに移行した差押通知は，民保通達第二・六・(2)・ア（先例集(8)［10］63頁）により支払委託とならず，差押債権者の取立権に基づく払渡請求に応じて差し支えなく，事情届は不要となります。

　　また，青空さんが解放金を取り戻すためには，仮差押命令が取り下げられるか，又は保全異議，保全取消し等の手続を行い，保全執行裁判所から供託原因消滅証明書の交付を受けて，これを供託所に提出することが必要です（規則25Ⅱ）。

【仮差押解放金について，取戻請求がされた場合の添付書面】

第3章　民事保全法上の供託（担保供託以外）

　　ア　要　件
①　保全執行の申立て（保全命令と保全執行裁判所が同一の場合は，保全命令の申立て）が取り下げられたとき
②　保全命令の取消決定がされたとき
③　債務者が本案訴訟で勝訴判決を得てそれが確定したとき
　　イ　手　続
①の場合：債権者からの仮差押えの執行申立ての取下書
②の場合：当該取消決定の正本又は謄本
③の場合：本案判決の正本又は謄本及びその確定証明書
　以上のほかに，裁判所から解放金取戻許可があったときには，供託原因消滅証明書の交付を受け，それを供託書正本等とともに供託金払渡請求書に添付して提出します。

Q73　　仮差押解放金につき，仮差押債権者が和解調書に基づき直接，和解調書・供託原因消滅証明書を添付して払渡請求できるか。

A　　仮差押債権者は，供託者の取戻請求権につき債権譲渡を受け，仮差押命令を取り下げて，裁判所から供託原因消滅証明書の交付を受け，正本を添付して払渡請求することができる。
　なお，解放金の取戻しは，担保の場合と異なり，訴訟上の和解において債権者が解放金の取戻しに同意しても認められず，保全命令の執行が効力を失ったときに限り認められる。
　添付書面については，前記《パターン事例Ⅰ-1．②》参照のこと。

(2)　**不動産に対する強制管理の方法による仮差押えの執行の配当等に充てるべき金銭の供託**
強制管理の執行は，例えば，貸ビル及び賃貸マンション等に対して，強制

363

管理の開始決定をし，その中で債権者のために不動産を差し押さえる旨を宣言し，これを債務者に送達することによって行われます（民保47Ⅴ，民執45Ⅱ，93の準用）。この強制管理の開始決定においては，債務者（貸ビル等の貸主）に対して収益の処分を禁止し，収益（賃料）を債務者に給付すべき第三者（貸ビル等の賃借人）がいるときは，その第三者に収益を管理人に給付すべき旨を併せて命じることとされ，かつ，この命令は第三者にも送達され，その決定が第三者に送達されたときに強制管理の開始決定の効力が生じます。

そこで，強制管理の開始決定の効力が生じた後は，第三者たる貸ビル等の賃借人の賃料は管理人が取り立てることとなりますが，管理人は配当等を実施することはできません。そのため，管理人は民事執行法107条1項の規定により計算（収益から租税その他の公課等必要な費用を控除）した配当等に充てるべき金銭を供託し，該当供託書正本を添付し，その事情を保全執行裁判所に届け出なければなりません（民保47Ⅳ，保全規則32Ⅰ，執行規則71Ⅰ，**巻末申請書記載例26参照**）。

なお，管理人の供託した供託金額をもって仮差押債権者の被保全債権及び執行費用の全額を弁済することができるときは，保全執行裁判所は強制管理の手続を取り消さなければならない（民保47Ⅴによる民執104Ⅱの準用）。これによって，債務者の不動産に対する収益権が回復することとなります。

(3) 強制管理の方法による仮差押えの執行停止中における供託

既に強制管理の開始決定がされ，第三者に対して管理人への収益給付命令が発せられている場合において，民事執行法39条1項7号に掲げる文書の提出があったときには，強制管理はその時の態様で継続することができます。この場合，管理人は前記(2)と同様の方法により引き続き第三者（貸ビル等の賃借人）からの給付を受領し，これから租税，公課及び費用等を控除した配当等に充てるべき金額を供託し，その事情を保全執行裁判所に届け出なければなりません（民保47Ⅴによる民執104Ⅰ，106Ⅰの準用）。

(4) 供託金の払渡し

(2)及び(3)の供託金の払渡しは，仮差押債権者が本執行としての強制管理の申立てをしたとき，又は他の債権者が強制管理の申立てをしたときに，執行

第3章　民事保全法上の供託（担保供託以外）

裁判所の配当等の実施としての支払委託に基づいて行います（民執109）。

　なお，仮差押命令の申立ての取下げ又は仮差押えの執行の取消しが効力を生じた場合における供託金の払渡しについても，執行裁判所の支払委託に基づいて支払うことになります。なぜなら，この供託金は，仮差押えの執行としての強制管理の執行裁判所に移管されているので，管理人から供託原因消滅を理由に取戻しをすることはないからです。

■ 2　動産に対する仮差押えの執行に基づく供託 ■

(1)　仮差押金銭等の供託

　動産に対する仮差押えの執行については，配当に関するものを除き動産執行の規定（民執123以下）が準用されますが，動産に対する仮差押えの執行は，執行官が執行機関として目的物を占有する方法によって行われます（民保49Ⅰ）。執行官は，仮差押えの執行をした金銭又は仮差押えの執行をした手形，小切手その他の金銭の支払を目的とする有価証券でその権利の行使のため定められた期間内に引受け若しくは支払のための提示若しくは支払の請求を要するものについて支払を受けた金銭を供託することとされました（民保49Ⅱ，**巻末申請書記載例27参照**）。

　この供託は，執行官の金銭の配当等の実施ができるようになるまでの保管の方法としてするものですから，供託の種類としては保管供託であり，被供託者は存しません。また，この供託金に対しては，差押債権者はもちろん債務者も直接権利を有するものではなく，執行官のみが，取戻請求権を有するだけです。差押債権者以外の債権者が供託金に対して権利実行をするには，動産執行の方法（執行官に対する執行申立て）によることとなります。

　なお，仮差押えの執行が取り消された場合においても，供託金の払渡しは，執行官の取戻請求によって支払うこととなります。

(2)　仮差押動産の売得金の供託

　仮差押えの執行に係る動産について著しい価額の減少を生ずるおそれがあるとき，又はその保管のために不相応な費用を要するときは，執行官は，当事者の申立てがなくても独自の判断で動産執行の売却の手続（民執134以下）

365

第Ⅱ編　民事執行法，民事保全法における裁判上の供託

により，これを売却し，その売得金を供託しなければならないこととされました（民保49Ⅲ，**巻末申請書記載例28**参照）。この場合の供託も，保管供託ですから，本執行に移行した場合には，執行官が供託金を取り戻して，配当等を行うこととなります。この供託の性質及び供託金の払渡手続は，前記(1)の仮差押金銭等の供託と全く同じです。

(3) 仮差押えの執行が取り消された動産の売得金の供託

動産の仮差押えの執行の取消しは，執行官が，債務者その他の動産を受け取る権利を有する者に対し，仮差押えの執行を取り消す旨を通知し，その動産の所在する場所においてこれを引き渡して行うこととされています（執行規則127Ⅰ本文）。この場合には，仮差押えの執行の取消しに係る動産を権利者に引き渡すことができないときは，執行官は，保全執行裁判所の許可を受けて動産執行の手続によりこれを売却することができます（保全規則40，執行規則127Ⅲ）。この場合には，執行官は，その売得金から売却及び保管に要した費用を控除し，その残余を供託しなければならないことになります（保全規則40，執行規則127Ⅳで準用する民執168Ⅷ）。ところで，民事執行法168条8項の規定は，旧民事訴訟法731条5項の規定と同旨ですが，この旧民事訴訟法の規定に基づく供託は，従来から弁済供託に準じて取り扱うのが相当であるとされていました（昭42.4.13民事四発285号・先例集(4)〔110〕294頁）。

したがって，民事執行法168条7項（現8項）の規定に基づく供託も，これと同様に弁済供託に準ずるものとして取り扱われてきました（民執通達第二・三・1・㈣・先例集(6)〔68〕317頁）が，民事保全規則40条ではこの民事執行法168条8項の規定が準用されているので，執行官のする仮差押えの執行が取り消された動産の売得金の供託も，その性質は弁済供託に準じたものです。供託書に被供託者（権利者）あての供託通知書の添付を要するとしている民執通達の取扱いは，本供託が上記のような性質を有することを前提としたものであり，実質的には，不動産に対する強制競売における不出頭供託と同じ取扱いです（民執通達第二・一・1・㈡・先例集(6)〔68〕314頁）。この供託金の払渡しは，被供託者の還付請求によってすることとなり，もともと供託者たる執行官が相手方（被供託者）の不受諾を理由として取戻請求をす

ることは予定されていないといえます。この点が，通常の弁済供託と異なるところです。

■ 3 債権に対する仮差押えの執行に基づく供託 ■

(1) みなし解放金の供託（「仮差押解放金」179頁参照）

　金銭債権に対して差押えがされ，又は仮差押えの執行がされた場合に，第三債務者が債務の免責を得るために供託をすることができるかについては，供託事務の取扱いに変遷が見られます。民事執行法が施行される以前においては，差押命令又は仮差押命令の送達を受けただけでは，民法494条の受領不能の要件は満たさないとして，第三債務者からする供託はできないとされていました（昭27．7．9民事甲988号・先例集(1)[537] 530頁）。その主たる理由は，差押え又は仮差押えの執行によって金銭債権の支払が禁止されても，第三債務者が債務者（執行債務者）へ支払をすることは可能であり，ただ，その支払による債務免責の効果を差押債権者に対抗できないだけですから，債務者の受領が不能となるわけではないというものです。しかし，この取扱いでは，第三債務者は，二重払いの危険を負わずに完全な債務の免責を受けることができず，その不利益は大きいため，この点について，民事執行法156条1項に「第三債務者は，差押えに係る金銭債権の全額に相当する金銭を債務の履行地の供託所に供託することができる。」という規定（改正前民執178Vで仮差押えの執行の場合に準用）が設けられたことによって立法的解決が図られました。債権及びその他の財産権に対する仮差押えの執行について規定している民事保全法50条は，この改正前民事執行法178条に相当する規定です。

ア　供託申請

　金銭債権に対して仮差押えの執行がされた場合において，第三債務者が仮差押えの執行がされた金銭の支払を目的とする債権の額に相当する金銭を供託した場合（債務履行地の供託所：民保50Vによる民執156Iの準用）には，債務者が民事保全法22条1項の規定により定められた金銭の額（以下「仮差押解放金」という。）に相当する金銭を供託したものとみなす（ただし，仮差押

第Ⅱ編　民事執行法，民事保全法における裁判上の供託

解放金の額を超える部分を除く。）こととされました（民保50Ⅲ）。

これは，改正前民事執行法178条3項が形式改正されたものですが，前述したとおり，仮差押えの執行を原因として，第三債務者が供託したときは，債務者が取得する当該供託金の還付請求権に対しては，仮差押解放金の額（通常の場合には，被保全権利の額と一致する。）の限度で仮差押えの効力が移行すると解されています。

つまり，債権者が債務者に対する金銭債権を被保全権利として，その金銭債権全額について仮差押えの執行をしたときは，第三債務者は民事保全法50条5項で準用する民事執行法156条1項の規定により，全額を供託することができることになります。

この解放金の供託は，第三債務者がする供託ですから，債務者による仮差押解放金の供託《パターン事例Ⅰ－1．②》とは異なりますが，債務者が民事保全法22条1項の規定により仮差押解放金を供託したものとみなし，「みなし解放金」となります。

すなわち，第三債務者が仮差押えの執行のされた金銭債権の額に相当する金銭を供託した場合（仮差押えの対象物が債権の場合）をいうもので，この供託は，執行供託と同時に弁済供託の性質を有するのであって，債務者が還付請求権を有し，その還付請求権について仮差押金額の範囲で仮差押えの執行の効力が及んでいると解されています（民保通達第二・三・(1)・ウ・(ア)・先例集(8)［10］61頁参照）。

イ　供託金払渡請求

(ア)　取戻請求

供託金のうち仮差押解放金の額を超える部分については，仮差押えの執行の効力が及んでいないから，この部分は純然たる弁済供託であり，被供託者たる仮差押債務者は，いつでも供託を受諾して還付請求をすることができ，第三債務者は供託不受諾を原因として取戻請求をすることもできます（民保通達第二・三・(1)・イ・(ア)・先例集(8)［10］60頁）。

(イ)　還付請求

供託後に，仮差押えの執行が取り消され，又は取下げにより仮差押えが失

効した場合は，債務者の有する還付請求権は仮差押えの拘束力から解放されたことになり，被供託者たる債務者は，取下げ・取消しの決定が効力を生じたことを証する書面を添付して供託金の還付請求権を行使することができます（民執通達第二・四・1・㈠・⑶・イ・先例集⑹［68］320頁）。

仮差押えの執行が取り消され，又は取下げにより仮差押えが失効した場合，債務者は，供託書正本を保管している保全執行裁判所に「申立ての取下げ及び執行取消証明書」の交付の申請をし，その交付を受けてから，これを添付して上記の保全執行裁判所に供託書正本の下附申請と供託書正本下附証明申請をし，供託書正本及び供託書正本下附証明書の交付と，申立ての取下げ及び執行取消証明書の返還とを受け，これらを添付して供託所に提出することにより，供託金の払渡しを受けることができます。ただし，「執行取消証明書」に代えて，「取下書と通知書（受理と事件の終了又は完了の記載がされているもの）」の添付があれば，供託官は払渡しに応じて差し支えないとしています。

ウ　債権の一部について仮差押えの執行がされた場合又は仮差押えの執行が競合する場合

㈠　金銭債権の一部に仮差押えの執行がされた場合の効力と全額の供託

民事執行法143条に規定する債権に対する仮差押えの執行は，保全執行裁判所（仮差押命令を発した裁判所：民保50Ⅱ）が第三債務者に対して債務者への弁済を禁止することを命ずる方法によって行われます（民保50Ⅰ）。

この第三債務者に対する支払禁止命令は，通常仮差押命令の中に掲記され，当該仮差押命令は債務者及び第三債務者に送達されます（民保50Ⅴ，民執145Ⅲ）が，仮差押えの効力は，第三債務者に送達された時に生じます（民保50Ⅴ，民執145Ⅳ）ので，これによって第三債務者及び債務者は処分制限の効力を受けることになります。保全執行裁判所は，仮差押えの執行を受けた場合において，その残余の部分を超えて更に他の仮差押命令が発せられたときは，各仮差押えの効力は，それぞれ当該債権の全部に及び，いわゆる差押えの拡張効が生じます。このことは，その逆の場合においても同様です（民保50,

第Ⅱ編　民事執行法，民事保全法における裁判上の供託

民執146，149）。

　金銭債権の全額又はその一部について仮差押えの執行がされた場合（仮差押えの執行が競合した場合を含む。）には，第三債権者は，仮差押えの執行に係る金銭債権の全額に相当する金銭を履行地の供託所に供託をすることができます（民保50Ⅴ，民執156Ⅰ）。この金銭債権の一部について仮差押えの執行がされた場合に，全額の供託ができることとされた趣旨は，第三債務者の便宜を考慮して仮差押えの執行のされていない部分をも含めて同時に供託をすることを認めるものです。しかし，仮差押えの執行のされていない部分には仮差押えの効力が及んでいないので，弁済供託の性質を有し，したがって，この部分については債務者が直接還付請求権を取得すると解されています。

　　(イ)　金銭債権の一部について仮差押えの執行がされた場合の仮差押相当額の供託

　金銭債権の一部について仮差押えの執行がされた場合において，第三債務者は，仮差押金額に相当する金額のみを供託することができます。したがって，金銭債権に対して仮差押えの執行のみがされている場合には，第三債務者としては供託をするか否かは自由ですが，民事執行法156条1項の規定に基づき差押えによる供託がされた場合には，それによって，配当加入遮断の効果（当該供託がされた時より後に差押え，仮差押えの執行又は配当要求をした債権者は，配当等を受け取ることができない。）が生じ，これによって執行裁判所による配当等が実施され（民執166Ⅰ），債権者等は配当等の実施としての供託所に対する支払委託に基づき供託金の還付請求権を行使することとなります。しかし，仮差押えの執行に基づく供託がされた場合には，これによって配当加入遮断の効果は生じないし，配当等が実施されることもありません。具体的な配当等は，仮差押債権者の本執行としての差押え又は他の債権者による差押えがされたことを契機として実施されることとなります。このように，仮差押えの執行に基づきなされた供託金に対して，他の債権者が差押えをすることができるということは，その前提として，債務者（執行債務者）が当該供託金に対して還付請求権を有していると解さざるを得ません。すなわち，債務者は，第三債務者の供託により供託金に対する還付請求権を取

第3章　民事保全法上の供託（担保供託以外）

得しますが，もともとの債権が仮差押えの効力による処分制限を受けているので，当該供託がされたからといって債務者が直ちに還付請求権の行使をすることはできず，これに対しては，仮差押えの執行の効力が及んでいると解されています。この点についての解釈は，法施行後においても基本的には従来と同様であるといえます。これらのことから，仮差押えの執行における供託は，執行の目的物を供託するという意味からは執行供託の類型に含まれますが，債務者が還付請求権を取得すると解され，かつ，供託書中，被供託者として債務者を記載する取扱いであることからいえば，実質的機能としては，この供託は，弁済供託の性質を有するものであるといえます。したがって，この供託書には，被供託者あての供託通知書及び郵券を付した封筒を添付することとされたものです（民495Ⅲ，規則16，準則33）。

　なお，第三債務者は，仮差押えの執行に基づく供託をしたときは，その事情を保全執行裁判所に届け出なければなりません（民保50Ⅴ，民執156Ⅲ）が，この事情の届出は，事件の表示，供託の事由及び供託した金額等を記載した書面をもってすることを要し，この書面には供託書正本を添付しなければなりません（保全規則41Ⅱによる執行規則138の準用）。

　次の事例で考えてみましょう。

パターン事例　Ⅰ-7

　青空さんが森林さんに対して有している工事請負代金請求権に対して，下記の内容の仮差押命令が森林さんに送達された場合，森林さんの供託手続はどうなるのでしょうか（なお，○の数字は送達された順番である。）。また，供託金の払渡しはどうなるのでしょうか。

【事例】

	〔仮差押債権者〕	〔仮差押債権額〕
(1)	①海山銀行	1700万円
	②大地信用金庫	1500万円

371

(2) 大地信用金庫　　　　1300万円

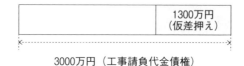

(3) ①海山銀行　　　　1500万円
　　②大地信用金庫　　1400万円

解説

1　供託手続

　事例(1)の仮差押えの執行が競合した場合，第三債務者に供託義務が生ずるか否かという問題が生じます（民保50Ⅴによる民執156Ⅱの準用の問題）。

　仮差押えが執行されたことを原因とする供託の根拠規定としては，民事保全法50条において民事執行法156条が全て準用されています。民事執行法156条2項は，差押えが先行し，続いて差押え又は仮差押えの執行がされ競合した場合についての規定であり，仮差押えが先行し，これに続いて差押え又は仮差押えがされた場合については，民事保全法50条5項による準用によって処理されることになります。

　そうすると，仮差押えの執行と仮差押えの執行が重複し，各仮差押金額の合計額が仮差押えの執行に係る金銭債権額を超え，仮差押えの

執行が競合した場合においても，民事執行法156条2項が準用され，第三債務者に供託義務が発生するかのようにも思えます。この点，民事執行法156条2項において供託義務を課している趣旨は，金銭債権について差押えが競合した場合において，差押債権者の取立権を認めると債権者間の平等弁済が確保されなくなることから，取立てに代わるものとして第三債務者に供託義務を課し，供託の方法によって差押債権を換価し，執行裁判所の配当等の手続により，執行債権の適正な弁済を確保しようとするところにあります。しかしながら，仮差押えの執行の場合において，仮差押債権者には取立権の行使が認められておらず（民執155Ⅰ），また，配当等の実施（民執166Ⅰ①）もなされません。

　よって，仮差押えの執行が競合した場合においては，民事執行法156条2項を準用する基礎を欠くことになることから，供託義務は負わないものと解されています。もっとも，この場合においても，民事保全法50条5項で準用する民事執行法156条1項の要件を満たしていることから，同項による権利供託は可能です（民保通達第二・三・(1)・ア・(イ)・先例集(8)［10］60頁，民執通達第二・四・2・(一)・(1)・先例集(6)［68］323頁，立花宣男監『供託の知識167問』324・325頁（日本加除出版，2006））。

　以上から，森林さんは，事例(1)につき，仮差押えの執行に係る金銭債権全額の3000万円（**巻末申請書記載例29-(1)**）に相当する金銭を，(2)につき，仮差押金額1300万円，又は，金銭債権全額の3000万円（**巻末申請書記載例29-(2)**）に相当する金銭を，(3)につき，①仮差押金額と②仮差押金額の合計2900万円，又は，金銭債権全額の3000万円（**巻末申請書記載例29-(3)**）に相当する金銭（361頁参照）を，いずれも権利供託することになります（民保50Ⅴによる民執156Ⅰの準用）。

　つまり，仮差押えの執行が競合（仮差押えと仮差押えの競合）するか，又は債権の一部について仮差押えの執行がされ債権全額が供託された場合であるか，仮差押金額のみが供託された場合であるかを問わず，

第Ⅱ編　民事執行法，民事保全法における裁判上の供託

第三債務者の供託する根拠法令条項は，「民事保全法50条5項，民事執行法156条1項」になります。

　また，仮差押債務者は，その供託金について還付請求権を取得するので，供託書の「被供託者の住所氏名」欄には仮差押債務者を記載し，被供託者である仮差押債務者に供託通知をする必要があります（民執通達・別紙記載例㈤。なお，同記載例の法令条項は「民保50Ⅴ，民執156Ⅰ」と読み替える。）。

2　供託金の払渡し

　金銭債権の一部に対して仮差押えの執行がされ，第三債務者が仮差押えの執行に係る金銭債権の金額に相当する金銭を供託（⑵の場合）したときは，供託金のうち仮差押金額を超える部分（前記の例では，1700万円）については，青空さん（債務者）は供託を受諾して還付請求をすることができ，一方，森林さん（第三債務者）は供託不受諾を理由として取戻請求をすることができます（民496）。その理由は，既に説明したように，仮差押えの執行における供託については，債務者の有する供託金の還付請求権に仮差押えの執行の効力が及ぶことになりますが，この供託の場合，仮差押債権額を超える部分（1700万円）については純然たる弁済供託であり，この部分に対しては，仮差押えの執行の効力も及んでいないからです。したがって，通常の弁済供託と同様に還付又は取戻しをすることが可能です。

　なお，森林さんが不受諾を理由に1700万円の取戻請求をするときは，供託金払渡請求書に供託書正本を添付する必要がありますが，供託書正本は，第三債務者が供託をした際に保全執行裁判所に対してする事情の届出書に添付して提出されているので，この場合には，保全執行裁判所から供託書正本の保管を証する書面（旧規則31Ⅱ）の交付を受け，これを添付することとなります。

374

第3章 民事保全法上の供託（担保供託以外）

Q74 執行供託と同時に弁済供託の性質を有するとはどういうことか？

A 仮差押えの執行を原因とする供託は，仮登記担保契約に関する法律7条1項（清算金の供託）の規定による供託と同様の構造を持ち，本来の債権者たる仮差押債務者を被供託者とする一種の弁済供託であって，その仮差押債務者の有する供託金還付請求権の上に仮差押えの執行の効力が移行すると解されている（民保通達第二・三・(1)・ウ・(ア)・先例集(8)［10］61頁）。

すなわち，仮差押えの執行を原因とする供託は，強制執行による差押えの場合の民事執行法156条1項の供託とはその性質を異にし，民事保全法50条5項による民事執行法156条1項の準用は，単に供託の根拠を与えるものにすぎないと解されている。というのは，仮差押えの執行を原因として供託がされた場合には，差押えによる供託の場合とは異なり，配当加入遮断効（民執165①）がなく，配当等の実施（民執166Ⅰ①）もなされず，そもそも差押えによる供託とはその性質を異にするからである（民保50Ⅴは，民執165及び166を準用していない。）。

よって，仮差押えの執行による供託後においても，他の債権者は，仮差押債務者の有する供託金還付請求権に対して，更に差押え又は仮差押えができることになる（民保通達第二・三・(1)・ウ・(ア)・先例集(8)［10］61頁，立花宣男監『供託の知識167問』324頁（日本加除出版，2006））。

【仮差押えの執行を原因とする関係図】

（例） 金銭債権3000万円のうち，3000万円に仮差押えがあって，金銭債権の全額（3000万円）について供託がされた場合

3000万円（仮差押え）

仮差押えの執行の効力が及ぶ（＝弁済供託の性質を有する）

375

第Ⅱ編　民事執行法，民事保全法における裁判上の供託

（例）《パターン事例Ⅰ－7》の(2)

金銭債権3000万円のうち，1300万円に仮差押えがあって，金銭債権の全額（3000万円）について供託がされた場合

1300万円（仮差押え）	1700万円

仮差押えの執行の効力が及ぶ部分　　純然たる弁済供託部分
（＝弁済供託の性質を併有する部分）

　これらの供託は，供託者及び供託の法令条項に照らすと執行供託の類型に入るが，本来3000万円は森林さんから青空さんに対して支払われるべきものであるから，弁済供託の性質をも有し，《パターン事例Ⅰ－7》の(2)では，大地信用金庫と青空さんとの関係から見れば実質的には青空さんが供託したものと同視することができる。したがって，供託された3000万円のうち1300万円の部分については，実質的には青空さんが仮差押解放金を供託したものとみなされるから，この部分は，いわゆる「みなし解放金」に相当し，仮差押え金額を超える差額の1700万円は，債務者（被供託者）たる青空さんから還付請求をすることができることとなる。

第2　仮処分の執行を原因とする供託

　仮処分の執行については，法に定めるもののほか，仮差押えの執行又は強制執行の例によることとされています（民保52Ⅰ）。動産に対する仮処分の執行における供託についても，仮差押えの執行の例によることとされています（民保通達第二・二・(2)・先例集(8)［10］60頁）。

1　仮処分解放金の供託（180頁参照）

仮処分は金銭債権を保全するものではありませんが，保全すべき権利が金

376

銭の支払で実質的に満足を受け得ることができる場合には，裁判所は債権者の意見を聴いた上，仮差押解放金（民保22）と同趣旨の仮処分解放金の額を仮処分命令において定めることができます（同25Ⅰ，180頁参照）。なお，供託物は金銭のみ，有価証券の供託はできません（同57Ⅰ）。また，「第三者供託」もできません。

　仮処分解放金は，債権者の被る損害の担保ではなく，仮処分の目的物に代わるものです（仮差押解放金と同様の性質）。したがって，仮処分解放金が供託され，仮処分の執行の停止等がされると，仮処分の効力は，仮処分の目的物に代わって供託された仮処分解放金の上に存続することになります。

　債務者がこの仮処分解放金に相当する金銭を供託したことを証明したときは，保全執行裁判所は，仮処分の執行を取り消さなければならないこととされています（民保57Ⅰ）。仮処分解放金の供託は，仮処分命令を発した裁判所又は保全執行裁判所の所在地を管轄する地方裁判所の管轄区域内の供託所にしなければならないとしています（同25Ⅱ，22Ⅱ）。

　仮処分解放金は，係争物に関する仮処分にのみ認められ，仮の地位を定める仮処分については認められておらず，不動産等の仮の引渡し（明渡し）を命じる仮処分（建物明渡しや建物収去土地明渡断行の仮処分）の場合には，仮処分解放金を定めることはできないことになります。

　なお，被供託者欄の記載に「詐害行為の債務者」を記載すべきところを誤って「仮処分債権者」を記載した場合は訂正できません（その逆の場合も訂正不可）。誤った場合は，裁判所の「不受理証明」を添付して錯誤により取り戻すこととなりますので，注意を要します。仮処分解放金の類型としては２つの類型があります。

(1)　一般型仮処分解放金

　この解放金は，供託により当該供託金について，停止条件付還付請求権を仮処分債権者が取得することとなります。したがって，例えば，不動産の売買契約において，買主が割賦代金の支払を怠ったので，売主が前記売買契約を解除して不動産を取り戻すため，買主を仮処分債務者として，不動産の所有権移転禁止の仮処分を申し立てた場合，売買代金の支払がされれば満足を

第Ⅱ編　民事執行法，民事保全法における裁判上の供託

得るという意味で，金銭債権が基礎にあることになります。したがって，不
動産の売買代金の残代金相当額の仮処分解放金を定め，仮処分債務者がこの
解放金を供託すれば，仮処分の執行を取り消すことができます（**巻末申請書
記載例30**）。仮処分債務者が不動産を処分しても，債権者（仮処分債権者）は，
本案で勝訴すれば，供託された解放金の払渡しを受けることができます。

(2)　**特殊型仮処分解放金**

民法424条1項の規定による詐害行為取消権に基づく目的物の還付請求権
を保全するための仮処分において，この供託がされたときは，詐害行為の債
務者は当該供託金について停止条件付供託物還付請求権を取得します（民保
65）。

以下の事例で考えてみましょう。

パターン事例　Ⅰ-1.　③

　債権者である海山銀行は，3000万円の借金を返済しない青空さん（債
務者）に対し貸金返還請求を提起し確定判決を経て，青空さんの所有す
る甲土地を差し押さえ，強制競売により3000万円を回収しようとしたと
ころ，確定判決前（口頭弁論終結時前）に，青空さんは自己所有の甲土
地を海山銀行からの強制執行を免れるため，山川さん（第三者）へ譲渡
し，移転登記も済ませてしまっていました。そこで，海山銀行は，青空
さんと山川さんの間の譲渡が海山銀行を害するものとして，山川さんに
対して詐害行為取消しの訴え（民424）を提起し，勝訴判決を得て，山
川さん名義の甲土地の登記を青空さん名義に戻した上で，青空さんに対
する確定判決をもって，その甲土地を差し押さえて，強制執行をしよう
と考えましたが，山川さんが第三者へ更に譲渡や売買をすることも考え
られます。そこで，当該訴訟の判決が確定するまでに不動産が更に他の
第三者に処分されないように，海山銀行は返還請求権を保全するため，
処分禁止の仮処分を申し立てました。山川さんはどうすればこの仮処分
の執行を取り消すことができますか。

378

第3章　民事保全法上の供託（担保供託以外）

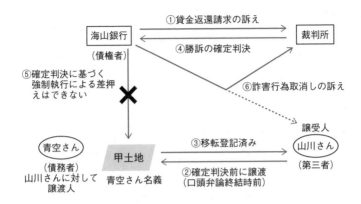

解説

　海山銀行は，詐害行為の青空さんに対する債権及び遅延損害金の支払を受けられれば満足できるため，裁判所が定めた債権者の債権額と遅延損害金の合計額相当の仮処分解放金を仮処分債務者である山川さん（民保65）がこれを供託すれば，仮処分の執行を取り消すことができることになります。これにより，供託金還付請求権は海山銀行ではなく青空さんに帰属することとなります（同65前段，巻末申請書記載例31参照）。

　また，青空さんに対する他の債権者が還付請求権につき差押えや仮差押えを禁じていませんが，差押えに基づく取立権の行使，又は転付命令をすることを禁じています（同65後段）。山川さんが甲土地を処分したとしても，海山銀行は青空さんに帰属した還付請求権に対する債権執行という形で権利行使をすることができるということになります。

（巻末資料10「仮処分解放金の一般型と特殊型の比較」参照）

2　仮処分解放金の払渡請求

(1)　仮処分解放金の取戻し

（巻末払渡請求書記載例5）

　請求者は仮処分債務者（供託者）となります。

第Ⅱ編　民事執行法，民事保全法における裁判上の供託

ア　一般型仮処分解放金の場合

①　仮処分の申立てが取り下げられた場合

添付書類は，「仮処分の申立ての取下通知書」，「供託原因消滅証明書」又は「その旨の裁判所書記官の奥書証明」，払渡請求事由は「供託原因消滅」となります。

②　仮処分債権者の本案の敗訴判決が確定した場合

添付書類は，「本案の敗訴判決の正本」及び「確定証明書」，仮処分の被保全権利と本案の訴訟物との同一性を証する書面（例えば，仮処分申立書，仮処分命令決定書等），払渡請求事由は「供託原因消滅」となります。

イ　特殊型仮処分解放金の場合

①　本案判決確定前に仮処分の申立てが取り下げられた場合

添付書類は，「仮処分の申立ての取下通知書」，「供託原因消滅証明書」又は「その旨の裁判所書記官の奥書証明」，払渡請求事由は「供託原因消滅」となります。

②　仮処分債権者の本案の敗訴判決が確定した場合

添付書類は，「本案の敗訴判決の正本」及び「確定証明書」，仮処分の被保全権利と本案の訴訟物との同一性を証する書面（例えば，仮処分申立書，仮処分命令決定書等），払渡請求事由は「供託原因消滅」となります。

⑵　仮処分解放金の還付

ア　仮処分解放金に対する債権者の権利行使の方法

仮処分解放金供託後の法律関係は，前記⑴アとイの類型で異なりますが，仮処分解放金は，その性質上，仮処分の目的物に代わるものですから，仮処分の効力は解放金の上に及び，その権利行使の実行方法も，その目的物が存在する場合と同じ結果となります。

㈠　一般型仮処分解放金の場合

仮処分債権者は，供託金について停止条件付請求権を取得することとなり，仮処分の本案訴訟の勝訴判決が確定したとき，仮処分債権者は，停止条件が成就したこととなり，還付請求権が発生し，直接供託所に対し，請求ができます。添付書類は，「本案の勝訴判決の正本」及び「確定証明書」（又は「和

380

解調書」「調停調書」「認諾調書」等），仮処分の被保全権利と本案の訴訟物との同一性を証する書面（「仮処分申立書の謄本」，「仮処分命令決定書の謄本」等，仮処分の被保全権利が準備書面により変更されている場合は「当該準備書面の謄本」），払渡請求事由は「仮処分解放金に対する権利実行」となります（**巻末払戻請求書記載例6**）。

※　本案の勝訴判決において反対給付をすることを命じられている場合は，「反対給付をしたことを証する書面」の添付も要します。

※　仮処分債権者の承継があった場合も承継執行文の付与を受ける必要はなく還付請求の際に承継の事実を証する書面を添付すれば足ります（ただし，特定承継の場合は供託所に対して対抗要件を具備していることを要する。）。

(イ)　特殊型仮処分解放金の場合

仮処分の本案訴訟の勝訴判決が確定した後に，詐害行為の債務者に対する債務名義によりその債務者の取得した仮処分解放金の還付請求権に対して強制執行する方法により，還付請求権を行使することができます。すなわち，仮処分債権者は，詐害行為の債務者に対する執行力ある債務名義に基づいて，債務者（被供託者＝還付請求権者）の有する仮処分解放金の還付請求権を差し押さえ，更に他の債権者が還付請求権の差押え又は仮差押えをしていない場合には，債権者の取立権（民執155 I）に基づき，供託所に直接供託金の払渡しを請求することができます（**巻末払渡請求書記載例7**，金融機関が請求者であって，当該金融機関に振込みを希望する場合，「別段」預金が使用されることがあります。）。

① **仮処分債権者が勝訴判決を得，仮処分債権者のみが差し押さえた場合**

仮処分債権者から取立てにより直接還付請求ができます。

添付書類は「仮処分の本案の勝訴判決の正本」及び「確定証明書」，仮処分の被保全権利と本案の訴訟物との同一性を証する書面（例えば，仮処分申立書，仮処分命令決定書等），「送達証明書」，払渡請求事由は「取立て」となります。

第Ⅱ編　民事執行法，民事保全法における裁判上の供託

② 　仮処分債権者が勝訴判決を得，差押えをした後に当該差押えの申立て
　を取り下げた場合

　還付請求者は詐害行為の債務者です。

　添付書類は「仮処分の本案の勝訴判決の正本」及び「確定証明書」，仮処
分の被保全権利と本案の訴訟物との同一性を証する書面（例えば，仮処分申
立書，仮処分命令決定書等），仮処分債権者の差押えの申立てが取り下げられ
たことを証する書面（例「差押えの申立ての取下通知書」），払渡請求事由は
「取立て」となります。

　　イ　仮処分解放金の還付請求権者の記載（保全規則21）

　詐害行為取消権を被保全権利として仮処分命令を発する場合で，仮処分解
放金を定める場合（民保25Ⅰ）には，解放金の還付請求権者が詐害行為にお
ける「債務者」とされたことから（同65），仮処分命令に供託金の還付請求
権者の氏名又は名称及び住所の記載を必要とします。

第 **III** 編

強制執行とその他の
法律の供託関係

第1章　強制執行と滞納処分の供託 ················ 385

第2章　債権譲渡と強制執行等の供託
　　　　（混合供託） ····································· 413

第1章
強制執行と滞納処分の供託

　国税徴収法にはその換価手続の過程で，供託を要する規定があり，また，強制執行による差押えと滞納処分による差押えが競合した場合には，「滞納処分と強制執行等との手続の調整に関する法律」により，その手続が定められています。

第1　滞納処分の換価代金等の供託

(前川祐子編著『図解　国税徴収法』149頁以下（大蔵財務協会，2018））

1　滞納処分とは

　税の徴収にあたっては，履行されない債権を，債権者自らが強制手段を以って実現させる私債権では許されない自力執行権が認められていることから，未納付の税を強制的に取り立て，国庫に納めさせる処分を滞納処分といいます。滞納処分による税の徴収は，国税徴収法8条で，原則としてすべての公課その他の私債権に先だって徴収することができます（地方税法4条も同趣旨）。

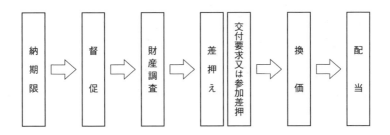

2　滞納処分による差押え

　滞納処分による差押えは，滞納者の財産について，法律上又は事実上の処

385

第Ⅲ編　強制執行とその他の法律の供託関係

分を禁じ，それを公売その他の方法により金銭に換価するために行われます。
民事執行手続でいうところの強制執行です。差し押さえられた財産は，所有
権に基づく使用・収益・処分が制限されます。

　差押の効力は，その財産本体以外に，その財産から生じる民法上の天然果
実（果樹に生る果物など）にも及びますが，差押えにかかる債権の差押後の
利息以外の法定果実（不動産の賃料など）には及びません（国徴法52）。

　また，動産執行の差押禁止動産（116頁参照）や債権執行の差押禁止債権
（127頁参照）と同様に，滞納者や，滞納者と生計を共にする配偶者（事実上
のものを含む）や親族の生活に欠かすことのできない財産・給料・社会保障
費，農業・水産業その他自己の技術等により従事している職業に欠かすこと
のできない物などは，国税徴収法に規定があるものを除いては差押えをする
ことができません（同75条～第78条）。

　国税徴収のために財産の差押えを行った場合，当該国税に係る時効は中断
します（民法147，国税通則法72Ⅲ準用）。なお，換価等により差押えが解除さ
れた翌日から起算して５年後（国税通則法72Ⅰ）が当該国税の消滅時効とな
ります。

※　不動産の差押え（国徴法68～71），動産の差押え（国徴法56～61），債権の
　差押え（国徴法62～67），無体財産権等の差押え（国徴法72～74）

■ 3　交付要求と参加差押え ■

　滞納者の同一財産について，先に他の国税・地方税その他の公租公課にか
かる差押えが競合した場合，差押財産が国税徴収法86条１項に掲げられた財
産である場合のみ「参加差押え」といい，それ以外の場合（先に行われた手
続が裁判所の強制執行による場合はすべて）を「交付要求」といいます。なお，
差押財産が債権である場合には，先行手続が滞納処分又は裁判所の強制執行
を問わず「交付要求」となります。

　交付要求又は参加差押えには時効中断の効力があり，これらを行っている
間は中断が継続します。

386

第1章　強制執行と滞納処分の供託

(1)　交付要求（国徴法82〜85）

ア　交付要求の要件と手続

　滞納者の財産につき強制換価手続（滞納処分，強制執行，担保権の実行としての競売，企業担保権の実行手続及び破産手続をいう。）が行われた場合は，税務署長は裁判所，破産管財人等の執行機関に対して，滞納国税（納期限を経過した国税をいう。交付要求をすることができる滞納国税は，納期限が到来していればよく，滞納処分の前提条件である督促の有無や，徴収猶予・執行停止されているものでもすることができる。）について交付要求書により交付要求をしなければなりません（国徴法82Ⅰ）。また，交付要求した旨を滞納者に通知しなければなりません（同Ⅱ）。

　ただし，滞納者が他に換価の容易な財産で第三者の権利の目的となっていないものを有しており，かつ，その財産によりその国税の全額を徴収することができると認められるときは，交付要求をしないものとされています（同83）。これは，国税優先の原則（同8）により国税は他の地方税・私債権などに優先するため，交付要求をすることにより国税に劣後する他の債権の利害に重大な影響を及ぼすことになるため，一定の場合に他の債権者を保護することにあります。

イ　交付要求の終期

　交付要求をすることができる期間の終期は次のとおりです（国税徴収法基本通達（以下「国徴基本通達」という。）82条関係2，小林徹編著「国税徴収法基本通達逐条解説」（大蔵財務協会　2018，以下「国徴基本通達解説」という。）865頁）。

①　滞納処分……売却処分の日の前日（国徴法130Ⅰ，徴収令48Ⅱ）

②　不動産に対する強制執行又は不動産を目的とする担保権の実行としての競売……執行裁判所の定める配当要求の終期（民執49Ⅰ・Ⅱ・Ⅲ，52，87Ⅰ②，188）

③　不動産に対する強制管理及び担保不動産収益執行……執行裁判所が定める期間の終期（民執107Ⅰ・Ⅳ，188）

④　準不動産の強制執行又はこれらの財産を目的とする担保権の実行とし

387

第Ⅲ編　強制執行とその他の法律の供託関係

ての競売……②③に準ずるとき（民執121，189，執行規則84，97，98，98の2，1741〜177の2）

⑤　動産に対する強制執行又は不動産を目的とする担保権の実行としての競売……売得金は，執行官がその交付をうけるとき，差押現金は，その差押えのとき，手形等の支払金は，執行官がその支払いを受けるとき（民執140）

⑥　金銭の支払又は動産の引渡しを目的とする債権に対する強制執行……第三債務者が民事執行法156条1項又は2項の供託をしたとき（民執165①），取立訴訟の訴状が第三債務者に送達されたとき（同②），売却命令により執行官が売得金の交付を受けたとき（同③），動産引渡請求権の差押えの場合にあっては，執行官がその動産の引渡しを受けたとき（同④）

⑦　②〜⑥掲げる財産権以外の財産権に対する強制執行又はこれらの財産権を目的とする担保権の実行としての競売……特別の定めのあるもの，⑥に準ずるとき（民執167Ⅰ，193Ⅱ）

⑧　企業担保の実行手続の開始……一括競売のときは競落期日の終了時，任意売却は裁判所の定めた公告日（企業担保法51の2）

（2）　参加差押え（国徴法86〜87）

参加差押えは，先行の手続きが他の国税・地方税等にかかる差押で，当該差押財産が国税徴収法86条1項に掲げられた財産である場合にされる交付要求の一方法として認められている手続です。税務署長は，納期限が到来し督促状を発してから10日を経過するなど国税徴収法47条の要件を満たした国税について，滞納者の一定の財産が差し押えされているときは，滞納処分をした行政機関に対して参加差押書を交付することによりその差押えに参加することができます。

国税徴収法86条1項に掲げる参加差押えすることのできる財産は，次のものです。

①　動産及び有価証券

②　不動産（不動産と同様の手続により差し押さえる徴収法70条・71条の財産

　　　　　　　　　　　　　　　　　第1章　強制執行と滞納処分の供託

（船舶等）を含む）

③　電話加入権

　国税徴収法83条の場合には参加差押えしないのは交付要求の場合と同様です。

■ 4　換価手続（国徴法89～127）■

　差し押さえた財産のうち，主に金銭・有価証券以外の動産と不動産は国税徴収法89条以下の規定に基づき換価しなければならないとされています。

　換価とは，滞納国税を徴収するため，国が差し押さえた財産を自ら強制的に金銭に換える処分手続です。

　換価は，原則として公売によらなければなりません（国徴法94），入札（同101），せり売り（同103），随意契約による売却（同109），国による買入れ（同110）によって行われます。なお，果実等は成熟前，また，完成品前の生産品・栽培品等，その価値が著しく低く取引に適さないものは，換価をすることができません（同90）。また，滞納者は，換価の目的となった自己の財産を，直接であると間接であるとを問わず，買い受けることができません。また，国税庁，国税局，税務署又は税関に所属する職員で国税に関する事務に従事する職員は，換価の目的となった財産について，また同様に買い受けることができません（同92）。

■ 5　配当（国徴法128～138）■

　執行機関により強制換価手続が行われると，その換価代金の中から一定の順序により配当を受けます。原則として国税は他の全ての債権に優先して配当を受けるが，例えば納期限前に設定された抵当権などはその国税に優先するので，必ずしも交付要求により国税に配当が受けられるとは限ぎりません。複数の行政機関が交付要求を行った場合，先に行われた交付要求が後のものに優先します。

　配当の手続の流れは以下のとおりです。

①　配当を受けるべき債権者の債権現在額申立書の提出（国徴法130）

389

第Ⅲ編　強制執行とその他の法律の供託関係

② 税務署長による配当を受けるべき債権の調査・確認（同141）

③ 配当を受けるべき債権の配当順位と配当額の決定（同129⑤）

④ 配当計算書作成し，配当計算書謄本を配当を受けるべき債権者に送付
（国徴法131，徴収令49）

⑤ 配当計算書に記載した交付期日（国徴法132Ⅰ・Ⅱ）に，配当計算書に
従って配当を実施（同133Ⅰ）

⑥ 配当計算書に関する異議の申出に対する処理（同133Ⅱ）

第2　換価代金等の供託

1　配当計算書に関する異議に係る換価代金等の供託

⑴　供　託

ア　供託事由

次の場合，税務署長は供託しなければなりません（国徴法133Ⅲ，徴収令50
Ⅰ，国徴基本通達133条関係19，「国徴基本通達解説」1098頁）。

① 配当計算書に関する異議の申出（国徴法133Ⅱ）があり，換価代金等を
交付することができない場合

② 換価代金等を配当すべき債権が停止条件付である場合（条件が成就し
ないと債権の支払義務が生じないため）

③ 換価代金等を配当すべき債権が仮登記（不動産の登記請求権を保全する
ための処分禁止の仮処分の執行（民保53Ⅱ），不動産に関する権利以外の権利
についての登記又は登録請求権を保全するための処分禁止の仮処分の執行（同
54）において準用する場合の規定による仮処分による仮登記を含む。）がさ
れた質権，抵当権若しくは先取特権により担保される債権である場合

④ その他，配当すべき債権が，仮差押え又は執行停止に係る強制執行に
よる差押え後に登記された質権，抵当権又は先取特権により担保される
債権である場合にも供託をしなければなりません（滞調法33Ⅱ，34Ⅱ，
民執91Ⅰ⑥，92，国徴基本通達129条関係13，「国徴基本通達解説」1075頁）。

390

第1章　強制執行と滞納処分の供託

イ　供託申請

この供託は，供託後の処理が，民事執行法92条と同様であることから執行供託となります。税務署の所在地を管轄する供託所に供託します。供託の根拠法令は，①②③について国税徴収法133条，国税徴収法施行令50条，④の「執行停止に係る強制執行による差押え……」の場合は，滞納処分と強制執行等との手続の調整に関する法律33条2項，「仮差押え……」は同法34条2項の規定により供託することになります（民執91Ⅰ⑥準用）。

(2)　払渡（還付）

ア　配当事由（前記アの①②③④）

①　確定判決又は異議の申出により利益を生じる全員の同意，その他の理由により，換価代金等の交付を受けるべき者及び交付金額が明らかになったとき

②　停止条件付債権につき条件が成就したとき又は成就しないことが確定したとき

③　仮登記の権利者につき本登記をすることができる要件が備わったとき又は抹消登記の要件が備わったとき

④　本案訴訟が確定し，供託事由が消滅したとき

イ　還　付

税務署長から配当を受けるべき者に配当額支払証を交付するとともに，供託所に支払委託書を送付します（徴収令50Ⅲ・Ⅳ）。配当を受けるべき者は，払渡請求書に税務署長から送付を受けた配当額支払証を添付して還付請求することになります（規則30，222頁及び「Q53」参照）。その他法人の代表者の場合は資格証明書，代理人については委任状（代理権限証書）が必要となります（巻末資料6参照）。

391

Q75

滞納税の徴収のため、滞納者の不動産を公売にかけ換価した際、当該不動産に係る根抵当権設定仮登記権者に対する配当金については供託を要する旨定められている。その手続はどのようになるか？

国税徴収法133条3項、同施行令50条4項を法令条項とする執行供託をする必要がある。

1　配当金の供託について

　税金が滞納されている場合、徴税機関が滞納者の財産を差し押さえ、当該財産を換価し、税に充当することがある。換価代金は、税、差押財産に係る質権、抵当権、先取特権、留置権又は担保のための仮登記により担保される債権等に配当されるが、通知をしたにもかかわらず配当金の受領がされない場合及び配当の異議がある場合並びに換価代金を配当すべき債権が仮登記がされた抵当権等のときは、配当金が供託される（国徴法133）。

2　本件における供託について

　前記1のとおり「換価代金を配当すべき債権が仮登記がされた抵当権」の場合については、国税徴収法133条3項、同施行令50条4項の規定により供託する必要がある。

　仮登記された抵当権等は第三者対抗力を有しないが、その本登記をすることにより、仮登記の日にさかのぼってその効力を生じるものであるので、その決着がつくまで、その部分の配当を留保しようとするものである。

3　通知について

　担保の目的でされている仮登記の権利者等に対する供託をしたことを通知をする旨が規定されているが（国徴法施行令50Ⅰ）、この通知は、弁済供託の際に被供託者に対してする通知とは異なり、徴税機関は、徴税機関自身で通知する必要がある（昭44.12.23民事甲2619号通達・先例集(5)［41］110頁）。また、徴税機関は滞納者に対しても、上記の「供

託の通知書」によって供託した旨を通知することとされている（同通達）。

4 「供託の原因たる事実欄」の記載について

> 『平成○○年○○月○○日売却決定をした滞納者○○○○所有の○○市○○町○○番地所在宅地○○平方メートルに係る換価代金のうち，同財産の仮登記抵当権者○○○○に交付すべき金銭は，本登記をするために必要な要件を具備していないため交付することができないから供託する。』

（昭44.12.23民事甲2619号通達・先例集(5)［41］110頁，昭54.10.16民四5145号通達・先例集(6)［60］191頁）

※ 「管轄」
徴税機関の所在地を管轄する供託所に対して供託する。
なお，国税通則法121条の規定により供託する場合には，原則，債務履行地の供託所に対して供託することとなる。
※ 「被供託者の住所氏名欄」
記載を要しない。

5 還付手続について

当該供託金の還付は徴税機関による配当及び支払委託書に基づいて行うことになる（国徴法施行令50Ⅱ～Ⅳ）。

(2) 弁済期未到来の債権者に交付すべき金銭の供託

（国徴法134，国徴基本通達134条関係4，「国徴基本通達解説」1101頁）

ア 供 託

換価代金等を配当すべき債権の弁済期が到来していないときは，その債権者に交付すべき金額は供託する（国徴法134Ⅰ）とともに，税務署長は，前項の規定により供託したときは，その旨を同項の債権者に通知しなければなりません（同134Ⅱ）。

供託の通知については，あらかじめ税務署長から提出を受けている供託通知書を供託官から送付することになります（国徴基本通達134条関係7，「国徴基本通達解説」1102頁）。

第Ⅲ編　強制執行とその他の法律の供託関係

供託所は，税務署の所在地を管轄する供託所に供託します。根拠法令は国税徴収法134条1項となります。

　　イ　払渡（還付）

弁済期が到来し，配当を受けるべき者からを換価代金等の請求があった場合に配当額支払証を交付します。配当を受けるべき者は，払渡請求書に還付の権利を有することを証する書面として，税務署長から送付を受けた配当額支払証を添付して還付請求することになります（規則22，24，222頁及び「Q53」参照）。その他，法人の代表者の場合は資格証明書，代理人については委任状（代理権限証書）が必要となります。

(3)　債権者又は滞納者に交付すべき金銭の供託

　　ア　供　託

税務署長は，債権者の受領拒否，債権者の受領不能，債権者不確知の場合，国税通則法121条で準用する弁済供託に関する民法494条の規定に従い供託をします。供託所は債務の履行地です（民495①）。

　　イ　払渡（還付）

被供託者からの払渡請求となります。供託金払渡請求書（「Q53」参照），添付書面として，本人からの請求の場合は，印鑑証明書（又は本人を確認できる証明書，「Q54」参照），法人の代表者の場合は資格証明書，代理人については委任状（代理権限証書）が必要となります。

第3　強制執行等と滞納処分との調整

1　総　説

国税徴収法の規定により，金銭債権が差し押さえられた場合，第三債務者はどうしたらよいのでしょうか。

第三債務者を会社，滞納者をその会社の従業員，金銭債権を給与として考えてみます。

結論としては，第三債務者のもとに滞納処分による差押えのみが送達されている場合は，供託を根拠づける法令がないことから，第三債務者は供託す

第1章　強制執行と滞納処分の供託

ることはできません。

　したがって，第三債務者は，滞納者の給与等のうち，差押えの及ぶ範囲の額につき，徴収職員の取立てに応じて支払うこととなります（国徴法67Ⅰ）。なお，差押えの及ばない範囲の額に相当する残余金については，滞納者（従業員）に直接支払うことで給与支払債務の免責を得ることができます。

　では，滞納処分による差押えと強制執行による差押えが競合した場合，第三債務者は供託することができるでしょうか。

　このような場合の手続について定めている法律が，「滞納処分と強制執行等との手続の調整に関する法律」という大変長い名前の法律です。国税は，実体的には原則としてすべての公課その他の債権に先だって徴収する権利が認められていますが（国徴法8），第三債務者は，滞納処分による差押えと強制執行による差押えが競合した場合，滞納処分と強制執行等との調整に関する法律の手続に従って供託を行えば免責されることになります。

2　給与債権以外の金銭債権に対する滞納処分と強制執行による供託

(1)　滞納処分による差押えと強制執行による差押えが競合しない場合

パターン事例　Ⅳ-5

　蛯名さんが，佐久間模作さんに金100万円で売った鉄道模型の売買代金債権に対して，その一部である金30万円の滞納処分による差押えと金40万円を差押債権とする強制執行による差押えが佐久間さん（第三債務者）のところに届きました。佐久間さんは供託することができるでしょうか。

　また，供託できる場合，供託金額はいくらになるでしょうか。

解説

　債権の一部について滞納処分による差押えがされ（※1），残余の範囲内で強制執行による差押えがされた場合，佐久間さん（第三債務者）は，金30万円は滞納処分庁の取立てに応じ，残金については，民事執行

395

第Ⅲ編　強制執行とその他の法律の供託関係

法の規定に従って供託することもできますし，一般債権者からの取立てに応じることもできます。

供託する場合には，民事執行法156条1項を根拠法令として，残金の全額である金70万円若しくは差押債権額に相当する金40万円を供託することになります。金70万円を供託する場合には，差し押さえられていない金30万円については，債権者（差押債務者）への弁済供託の性質を有することとなりますので，被供託者欄に債権者の住所氏名を記載し，債権者に対して通知をする必要があります（民495Ⅲ，※2）。

なお，金100万円を供託することはできません。差押えが競合してない以上は供託することはできません。

※1　国税徴収法による差押えは，その債権の全額を差し押さえるのが原則です（国徴法63）。例えば，金100万円の債権に対して，金30万円の滞納税があったとしても，金100万円全額を差し押さえます。ただし，第三債務者の履行が明らかで，かつ，国税の徴収が確実と認められるときは，差押金額を明らかにすれば，上記事例のように債権の一部を差し押さえることも可能です。

※2　供託者は，郵券を収め，供託官に対し供託通知書の発送請求することもできますし，若しくは，供託後，供託者自ら発送することもできます（規則16）。

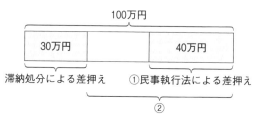

①40万円→民事執行法156条1項を根拠として供託
②70万円→民事執行法156条1項を根拠として供託

【①の場合の「供託の原因たる事実欄」記載例】
根拠法令　民事執行法156条1項

供託者は，千葉県船橋市○丁目○番○号○○の蛯名凡太に

対して，平成28年8月1日付け鉄道模型の売買契約により金100万円を支払う債務を負っていたが（支払日：平成28年9月1日，支払場所：被供託者住所地），下記の滞納処分による差押えと強制執行による差押えが相次いで送達されたので，強制執行による差押債権額に相当する金40万円について供託する。

滞納処分による差押えの表示

　　滞納処分庁　千葉県○○市○○町○丁目○番○号　○○税
　　　　　　　　務署
　　債務者　蛯名凡太
　　第三債務者　供託者
　　滞納税及び延滞税　金30万円
　　差押債権額金　金30万円
　　送達年月日　　平成28年8月20日

強制執行による差押えの表示

　　東京地方裁判所平成28年(ル)第○○号
　　債権者　東京都千代田区○○町○丁目○番○　大地信販株
　　　　　　式会社
　　第三債務者　供託者
　　債権額　金100万円　差押金額　金40万円　送達年月日
　　平成28年8月21日

※　滞納処分についての記載がなくても受理は可能です。

【②の場合の「供託の原因たる事実欄」記載例】

根拠法令　民事執行法156条1項

第Ⅲ編　強制執行とその他の法律の供託関係

> 供託者は，千葉県船橋市○丁目○番○号○○の蛯名凡太に対して，平成28年8月1日付け鉄道模型の売買契約により金100万円を支払う債務を負っていたが（支払日：平成28年9月1日，支払場所：被供託者住所地），下記の滞納処分による差押えと強制執行による差押えが相次いで送達された。金30万円については滞納処分庁の取立てに応じたことから，債権の残額である金70万円について供託する。
>
> 　　　　　　　　以下略

(2)　**強制執行による差押えと滞納処分による差押えが競合し，滞納処分による差押えが先行する場合**

　第三債務者は差押えに係る債権の全額を供託することができます（滞調法20の6Ⅰ）。この場合は，権利供託となりますので，供託するか滞納処分庁等からの取立てに応じるかは第三債務者が任意に決めることになります。供託した場合には，徴収職員等に対し，事情届を提出しなければなりません（同20条の6Ⅱ）。

　滞納処分庁は，執行裁判所に事情届出があった旨の通知（滞調法20の6Ⅲ）をするとともに当該滞納処分庁及びその他の租税官庁等に対し，配当手続を実施します（国徴法129Ⅰ）。なお，残余金が生じたとしても，当該滞納処分庁では，民事執行による差押えの債権者に対し配当手続を実施しません。

　その場合，滞納処分庁は，残額を執行裁判所に残余金として交付します（滞調法20の8Ⅰ，6Ⅰ）。

　そして，その残余金の交付を受けた執行裁判所が配当等手続を実施することになります（滞調法20の7Ⅰ）。

　執行裁判所において，滞納処分庁から受け入れた残余金を保管していますので，配当等手続を行った後は，裁判所が配当金等を交付することになります。

　なお，残余金の配当等手続事件及び次項の売得金の配当等手続事件の事件

符号は「リ」ではなく「ヲ」となります。

それでは，以下の事例ではどうなるでしょうか。

パターン事例　Ⅳ-5.①

蛯名さんが，佐久間さんに金100万円で売った鉄道模型の売買代金債権に対して，債権の全額に滞納処分による差押えがされ，次いで，金40万円を差押債権とする強制執行による差押えが佐久間さん（第三債務者）のところに届きました。佐久間さんは供託することができるでしょうか。

また，供託できる場合，供託金額はいくらになるでしょうか。

解説

佐久間さん（第三債務者）は，滞調法20条の6第1項の規定により供託することができます。また，滞納処分庁の取立てに応じることもできます。供託する場合の供託金額は債権の全額である金100万円です（滞調法20の6Ⅰ）。

差押え等が複数送達された場合，それぞれの差押え等がいつ第三債務者のもとに届いたのかが非常に重要になります（国徴法62Ⅰ，民執145Ⅲ・Ⅳ）。送達の前後により，誰からの取立てに応じるのか，また，どのような供託をするのか，手続が大きく異なってきます。なお，差押命令が入っていた封筒は，その封筒から配達履歴もわかることから，廃棄せずにとっておくとよいでしょう。

【供託の原因たる事実欄」記載例】

根拠法令　滞納処分と強制執行等との調整に関する法律（滞調法）第20
　　　　　条の6第1項

供託者は，千葉県船橋市○丁目○番○号○○の蛯名凡太に対して，平成28年8月1日付け鉄道模型の売買契約により金100万円を支払う債務を負っていたが（支払日：平成28年9月1日，支払場所：被供託者住所地），下記の滞納処分による差押えと強制執行による差押えが相次いで送達されたので，債権の全額である金100万円を供託する。

第Ⅲ編　強制執行とその他の法律の供託関係

> **滞納処分による差押えの表示**
> 　　滞納処分庁　千葉県○○市○○町○丁目○番○号　○○税務署
> 　　債務者　蛯名凡太
> 　　第三債務者　供託者
> 　　滞納税　金30万円及び延滞税　差押債権額金　金100万円
> 　　送達年月日　平成28年8月20日
>
> **強制執行による差押えの表示**
> 　　東京地方裁判所平成28年(ル)第○○号
> 　　債権者　東京都千代田区○○町○丁目○番○　大地信販株式会社
> 　　第三債務者　供託者
> 　　債権額　金100万円　差押金額　金40万円　送達年月日　平成28年8
> 月21日

> ※　供託の根拠法令の記載については，原則的には「民訴法第○条」のように省略することはできませんが，「滞納処分と強制執行等との手続の調整に関する法律」に限っては，便宜的に「滞調法第20条の6第1項」と法令名を省略することができます（昭和55年度全国供託課長会同決議・先例集(6)〔71—11(3)〕361頁）。

Q76

強制執行による差押えと滞納処分による差押えが競合し，滞納処分による差押えが先行する場合に，滞納処分による差押えの手続がいっこうに進行しない場合，強制執行による債権者はどうすればよいか？

A　強制執行による差押えと滞納処分が競合し，滞納処分が先行する場合において，第三債務者が徴収職員等の取立てに応じていない場合には，強制執行による差押債権者は，強制執行による差押えを進行させるため，執行裁判所に対して強制執行続行の申請をすることができる（滞調法20の8Ⅰ，8）。

　そして，強制執行続行の決定（滞調法9）があったときは，滞納処分による差押えは強制執行による差押えの後にあったものとみなされることから（滞調法20の8Ⅰ，10），第三債務者は供託義務が発生し，滞調法36条の6第1項の規定により供託しなければならない。

第 1 章　強制執行と滞納処分の供託

　なお，この場合，強制執行等による換価代金から，国税が配当を受けるためには，配当要求の終期までに交付要求をする必要があります（国徴法82，滞調法10Ⅲ等，国徴基本通達82条関係2，「国徴基本通達解説」865頁）。

⑷　**強制執行による差押えと滞納処分による差押えが競合し，強制執行による差押えが先行する場合**

　強制執行による差押えがされ，その後，滞納処分による差押えがなされた場合，実体法上は滞納処分庁が優先する場合においても，第三債務者は滞納処分庁に支払うことはできません。滞調法の規定により，供託をする必要があります。この場合，供託は「しなければならない」となり，供託は義務となります。

　第三債務者は差押えに係る債権全額を供託し（滞調法36の6Ⅰ），その後，執行裁判所に事情届を提出しなければなりません（同36の6Ⅱ）。執行裁判所は，滞納処分庁に事情届出があったことの通知（同36の6Ⅲ）をするとともに配当等手続を実施します（同36の9，民執165①）。

> **パターン事例　Ⅳ-5. ②**
>
> 　蛯名さんが，佐久間模作さんに金100万円で売った鉄道模型の売買代金債権に対して，債権の金30万円に強制執行による差押えがされ，その後，金80万円について滞納処分による差押えがされた場合，佐久間さんは供託することができるでしょうか。
>
> 　また，供託ができる場合，供託金額はいくらになるでしょうか。
>
> **解説**
>
> 　債権の一部が差し押さえられて，その残余の範囲を超えて滞納処分による差押えがされた場合，差押えは競合し，第三債務者は，供託義務が発生し，滞納処分庁からの取立てに応じることはできません。債権の全額である金100万円を債務の履行地の供託所に供託することになります（滞調法36の6Ⅰ）。
>
> 　滞調法36条の6第1項による供託をした場合には，第三債務者は事情

401

第Ⅲ編　強制執行とその他の法律の供託関係

届を供託書を執行裁判所に提出することとなります（同36の6Ⅱ）。※

　また，この場合，強制執行による差押えの効力は債権全額まで拡張します（差押えの拡張効：滞調法36の4）。

　なお，国税は，実体法上，私債権より優先しますが，第三債務者は，滞納処分庁からの取立てに応じることはできません。裁判所からの配当の結果，他に優先する債権者がいなければ，滞納処分庁か滞納税を回収することとなります。

　※　差押えが競合した場合の事情届は，先に送達された差押命令等を発令した裁判所や滞納処分庁にすることになります（ただし，仮差押えは除きます。）。

根拠法令　滞調法36条の6第1項

記載例「供託の原因たる事実」欄

　　供託者は，千葉県船橋市○丁目○番○号○○の蛯名凡太に対して，平成28年8月1日付け鉄道模型の売買契約により金100万円を支払う債務を負っていたが（支払日：平成28年9月1日，支払場所：被供託者住所地），下記の滞納処分による差押えと強制執行による差押えが相次いで送達されたので，債権の全額である金100万円を供託する。

　強制執行による差押えの表示
　　東京地方裁判所平成28年(ル)第○○号
　　債権者　東京都千代田区○○町○丁目○番○　▲▲株式会社
　　第三債務者　○○商事株式会社
　　債権額　金30万円　差押金額　金30万円　送達年月日　平成28年8月20日

　滞納処分による差押えの表示
　　滞納処分庁　東京都千代田区○○町○丁目○番○号　○○税務署
　　債務者　○○商事株式会社
　　第三債務者　供託者
　　滞納税及び延滞税　金80万円　差押債権額金　金80万円
　　送達年月日　平成28年8月21日
　　　　　　　　　　　　　　以下略

第1章　強制執行と滞納処分の供託

Q77 強制執行による差押えと滞納処分による差押えが競合し，強制執行による差押えが先行する場合に，強制執行の手続がいっこうに進行しない場合に，徴収職員等はどのようなことができるか？

A 強制執行による差押えと滞納処分による差押えが競合し強制執行が先行する場合において，強制執行による手続が進行しない場合には，徴収職員等は，滞納処分による差押えを進行させるために執行裁判所に対して滞納処分の続行の承認決定を請求することができる（滞調法36の11Ⅰ，25）。

そして，滞納処分の続行決定承認の決定（滞調法26）があったときは，強制執行による差押えは，滞納処分による差押えの後にあったものとみなされることから（滞調法36の11Ⅰ，27），第三債務者は供託の義務がなくなるので，徴収職員等の取立てに応じるか，滞調法20条の6第1項の規定により供託をすればよいこととなる。

3　給与債権に対する滞納処分と強制執行による供託

(1)　給与債権に強制執行による差押えと滞納処分による差押えが競合し，滞納処分による差押えが先行する場合の供託

　ア　滞納処分による差押えの金額が大きい場合

（事例）
　当社の従業員であるAの給与債権に，滞納処分による差押えと，強制執行による差押えが相次いで送達された場合，どのような供託をすればよいですか。また，供託金額はいくらになりますか。なお，Aの給与の総支給額は金50万円（通勤手当除く。），法定控除額は金10万円です。また，Aには扶養家族が1名います。

給与債権については，生活者の生計維持を図るため，国税徴収法及び民事執行法により，一定の割合の差押えが禁止されています。

403

第Ⅲ編　強制執行とその他の法律の供託関係

　　(ア)　国税徴収法による差押え

　国税徴収法76条1項及び国税徴収法施行令34条において，給与等の差押えについては，次の金額の合計額について差し押さえることができないとされています。

　a　所得税，地方税，社会保険料

　b　滞納者本人については1か月10万円，生計を一にする配偶者，その他親族がある場合には1人について月4万5000円を加算した額

　c　給与等から，①及び②の金額を差し引いた残額の100分の20の金額（ただし，この金額がbの金額の2倍を超えれば，その2倍までの金額）

　　(イ)　民事執行法による差押え

　給与債権から法廷控除額を控除した4分の3については差押えが禁止されています。

　　(ウ)　本事例の場合

　本事例の場合，滞納処分による差押可能額は次のとおりとなります。

　上記(ア)aについては

　　10万円……①

　上記(ア)bについては

　　10万円+4万5000円=14万5000円……②

　上記(ア)cについては

　　（50万円-10万円-14万5000円）×20／100=5万1000円……③

　差押禁止範囲

　　①+②+③=29万6000円

　差押可能額

　　50万円-29万6000円=20万4000円

　また，強制執行による差押えの効力が及ぶ範囲は次のとおりとなります。

　　（50万円-10万円）×1／4=10万円

　滞納処分による差押えが，金20万4000円，強制執行による差押えが金10万円であり，滞納処分による差押えの金額が大きく，また，滞納処分による差押えが強制執行による差押えより先行しています。

404

第1章　強制執行と滞納処分の供託

```
          滞納処分による差押え
      ┌──────────────────┐
  ┌───────┬───────────┬──────────────────┬───────────┐
  │       │           │                  │           │
  │ 供託  │ 滞納処分庁へ │  従業員へ支払      │ 法定控除額 │
  │ 10万円 │ 10万4000円 │  19万6000円       │ 10万円     │
  │       │           │                  │           │
  └───────┴───────────┴──────────────────┴───────────┘
  └──────────────┘
   強制執行による差押え
```

総支給額　50万円

　強制執行による差押えは，金10万円であり，たとえ差押えが競合しても，給与債権の場合には，差押禁止範囲を超えて，差押範囲が拡張することはないとされています。

　また，滞納処分による差押えの額は金20万4000円であり，国税徴収法の規定により，他の差押え，配当要求等が競合しても，差押範囲が拡張することはありません。

　この場合，第三債務者は，金20万4000円を滞納処分庁の取立てに応じる，②金10万円について滞調法20条の6第1項を根拠として供託し，残額の金10万4000円については滞納処分庁の取立てに応じる方法があります。

　金20万4000円全額を供託する方法はありません。金10万4000円の部分については，供託をする根拠法令がないからとされています。

記載例「供託の原因たる事実」欄
　供託者は，従業員である《住所》東京都○○区○○町○番○号《氏名》Aに対して，○月分の給与金50万円（支給日：平成○○年○月○日，支払場所：供託者本店）を支払うべき債務を負っているところ，これについて下記のとおり，強制執行による差押えについては，給与支給額から法定控除した残額の4分の1である金10万円を，滞納処分による差押えについては，給与支給額から国税徴収法第76条に基づく差押禁止額である29万6000円を控除した残額の20万4000円を差し押さえる命令が送達され，強制執行による差押えと滞納処分による差押えが，金10万円の範囲内で競合することとなったので金10万円について供託する。

405

第Ⅲ編　強制執行とその他の法律の供託関係

イ　滞納処分による差押えの金額が少ない場合

（事例）
　当社の従業員であるＡの給与債権に，滞納処分による差押えと，強制執行による差押えが相次いで送達された場合，どのような供託をすればよいですか。また，供託金額はいくらですか。なお，Ａの給与の総支給額は金50万円（通勤手当除く。），法定控除額は金10万円です。また，Ａには扶養家族が4名います。

本事例の場合，滞納処分による差押可能額は次のとおりとなります。

前記(1)，ア(ア) a については

　　10万円……①

前記(1)，ア(ア) b については

　　10万円＋（4万5000円×4）＝28万円……②

前記(1)，ア(ア) c については

　　（50万円－10万円－14万5000円）×20／100＝5万1000円……③

差押禁止範囲

　　①＋②＋③＝43万1000円

差押可能額

　　50万円－43万1000円＝6万9000円

また，強制執行による差押えの効力が及ぶ範囲は次のとおりとなります。

　　（50万円－10万円）×1／4＝10万円

滞納処分による差押えが，金6万9000円，強制執行による差押えが金10万円であり，滞納処分による差押えの金額が少なく，また，滞納処分による差押えが強制執行による差押えより先行しています。

　この場合，第三債務者は，金10万円を滞調法20条の6第1項及び民事執行法156条1項により供託することになります。

第1章　強制執行と滞納処分の供託

> 記載例「供託の原因たる事実」欄
> 　供託者は，従業員である《住所》東京都○○区○○町○番○号《氏名》A
> に対して，○月分の給与金50万円（支給日：平成○○年○月○日，支払場
> 所：供託者本店）を支払うべき債務を負っているところ，これについて下記
> のとおり，強制執行による差押えについては，給与支給額から法定控除した
> 残額の4分の1である金10万円を，滞納処分による差押えについては，給与
> 支給額から国税徴収法第76条に基づく差押禁止額である43万1000円を控除し
> た残額の6万9000円を差し押さえる命令が送達され，強制執行による差押え
> と滞納処分による差押えが，金6万9000円の範囲内で競合することとなった
> ので金6万9000円については滞調法第20条の6第1項により，金3万1000円
> については民事執行法第156条第1項により供託する。

⑵　**給与債権に強制執行による差押えと滞納処分による差押えが競合し，
強制執行による差押えが先行する場合**

　ア　滞納処分による差押えの金額が大きい場合

> （事例）
> 　当社の従業員であるAの給与債権に，強制執行による差押えに次いで，滞
> 納処分による差押えが相次いで送達された場合，どのような供託をすればよ
> いですか。また，供託金額はいくらですか。なお，Aの給与の総支給額は50
> 万円（通勤手当除く。），法定控除額は10万円です。また，Aには扶養家族が
> 1名います。

　前記3⑴アにより，滞納処分による差押可能額は，金20万4000円であり，
強制執行による差押額は，金10万円です。

　10万円の範囲内で強制執行による差押えと滞納処分による差押えが競合し
ていますが，強制執行による差押えが先行していますので，金10万円につい
て，供託義務が発生します。残金である10万4000円については，供託義務が
ありませんので，直接滞納処分庁に支払うことになります。

407

第Ⅲ編　強制執行とその他の法律の供託関係

記載例「供託の原因たる事実」欄

　供託者は，従業員である《住所》東京都○○区○○町○番○号《氏名》Aに対して，○月分の給与金50万円（支給日：平成○○年○月○日，支払場所：供託者本店）を支払うべき債務を負っているところ，これについて下記のとおり，強制執行による差押えについては，給与支給額から法定控除した残額の4分の1である金10万円を，滞納処分による差押えについては，給与支給額から国税徴収法第76条に基づく差押禁止額である29万6000円を控除した残額の20万4000円を差し押さえる命令が送達され，強制執行による差押えと滞納処分による差押えが，金10万円の範囲内で競合することとなったので金10万円について供託する。

　イ　滞納処分による差押えの金額が少ない場合

（事例）

　当社の従業員であるAの給与債権に，強制執行による差押えに次いで，滞納処分による差押えが相次いで送達された場合，どのような供託をすればよいですか。また，供託金額はいくらになりますか。なお，Aの給与の総支給額は50万円（通勤手当除く。），法定控除額は10万円です。また，Aには扶養家族が4名います。

　前記3(1)イにより，滞納処分による差押可能額は，金6万9000円であり，強制執行による差押額は，金10万円です。

　10万円の範囲内で強制執行による差押えと滞納処分による差押えが競合していますが，強制執行による差押えが先行していますので，金10万円について，供託義務が発生します。すなわち，(1)と同様に供託しなければならないということです。

第1章　強制執行と滞納処分の供託

> 記載例「供託の原因たる事実」欄
>
> 　供託者は，従業員である《住所》東京都○○区○○町○番○号《氏名》Ａに対して，○月分の給与金50万円（支給日：平成○○年○月○日，支払場所：供託者本店）を支払うべき債務を負っているところ，これについて下記のとおり，強制執行による差押えについては，給与支給額から法定控除した残額の４分の１である金10万円を，滞納処分による差押えについては，給与支給額から国税徴収法第76条に基づく差押禁止額である43万1000円を控除した残額の６万9000円を差し押さえる命令が送達され，強制執行による差押えと滞納処分による差押えが，金６万9000円の範囲内で競合することとなったので金６万9000円について滞調法第36条の６第１項の規定により，残額である３万1000円については民事執行法第156条第１項により供託する。

ウ　先行する強制執行による差押えが取り下げられた場合

　滞納処分による差押えの金額に相当する部分について徴収職員等が供託金の払渡しを受けるには，先行する差押えがある場合はこれを取り下げられた後（又は取り消す処分が効力を生じた後）でなければできません（滞調法36の６Ⅳ，民執通達第三・三・１・㈡・⑵・ウ・先例集⑹［68］317頁）。

　滞調法では，供託後先行する差押えが取り下げられたとき（又は差押命令を取り消す決定が効力を生じたとき），執行裁判所書記官がその旨を滞納処分庁の徴収職員等に通知することとされています（滞調法36の11による同31（強制競売の申立ての取下げの通知）の準用）。この通知の際，執行裁判所に提出されている供託書正本も併せて徴収職員等に引き渡すこととなっています（滞調規則44）。

　同通知により，先行する差押えが取り下げられたこと（又は差押えの効力が消滅したこと），配当事件が終了したことが確認でき，また，同通知には交付要求があった滞納処分庁について記載することとなっていますので（滞調規則45による同33の準用），競合する滞納処分庁の有無についても確認することができます。

　したがって，当該税務署が同通知を添付して払渡しを請求した場合には，供託所は払渡しに応じることとなります。

409

第Ⅲ編　強制執行とその他の法律の供託関係

第 4 金銭債権に対して滞納処分と仮差押の執行が競合した場合

パターン事例　Ⅳ-5.③

　蛯名さんが，佐久間模作さんに100万円で売った鉄道模型の売買代金債権に対して，その債権の50万円に仮差押命令が送達され，その後，債権の全額である100万円について滞納処分による差押えがされた場合，佐久間さんは供託することができるでしょうか。

　また，供託ができる場合，供託金額はいくらになるでしょうか。

解説

　滞納処分は，仮差押えがされている金銭債権に対してもすることができ（国徴法140），また，仮差押えの執行は，滞納処分による差押えがされている金銭債権に対しても発することができます（滞調法20の9Ⅰ，20の3Ⅰ）。仮差押えと滞納処分による差押えとが競合したときは，その先後関係にかかわらず，滞納処分の効力は妨げられることはなく，いずれも滞納処分が優先します。したがって，佐久間さん（第三債務者）は，徴収職員等によるは取立権に応じて弁済するを行使することができます（国徴法67）。

　一方，仮差押えの効力は金銭債権の全部に及ぶことになります（滞調法20の9，20の4，36の12，36の4）ので，佐久間さんは，金銭債権の全額に相当する金銭を債務の履行地の供託所に供託することもができます（滞調法20の9，36の12，20の6Ⅰ）。この供託は，第三債務者の保護のための権利供託であり，弁済供託の性質を有しますので，債務者である蛯名さん（滞納者）を被供託者として供託書上に記載し，被供託者宛ての供託通知書及び郵券を付した封筒を添付することを要します。供託によって債務者が還付請求権を取得し，これについて，仮差押え及び滞納処分による差押えの効力が及ぶと解されています。なお，佐久間さんは，この供託をしたときは，徴収職員等に対して事情の届出をしなければなりません（滞調法20の9，36の12，20の6Ⅱ）。

410

第1章　強制執行と滞納処分の供託

「供託の原因たる事実欄」記載例

根拠法令　滞納処分と強制執行等との調整に関する法律

　　第20条の9第1項，第20条の6第1項（滞納処分が先行する場合）

　　第36条の12第1項，第20条の6第1項（本事例：仮差押が先行する場合）

記載例「供託の原因たる事実」欄

　供託者は，被供託者に対して，平成28年8月1日付け鉄道模型の売買契約に基づく金100万円を支払う債務を負っていたが（支払日：平成28年9月1日，支払場所：被供託者住所地），下記の仮差押命令と滞納処分による差押えが相次いで送達されたので，債権の全額である金100万円を供託する。

仮差押命令の表示
　　東京地方裁判所平成28年(ル)第○○号
　　債権者　東京都千代田区○○町○丁目○番○　大地信販株式会社
　　債務者　被供託者
　　第三債務者　供託者
　　債権額　金50万円　差押金額　金50万円　送達年月日　平成28年8月20日

滞納処分による差押の表示
　　滞納処分庁　千葉県○○市○町○丁目○番○号　○○税務署
　　債務者　蛯名凡太
　　第三債務者　供託者
　　滞納税及び延滞税　100万円　差押債権額金　100万円
　　送達年月日　平成28年8月21日

411

第2章
債権譲渡と強制執行等の供託（混合供託）

第1 債権譲渡

1 債権譲渡とは

はじめに混合供託について説明をする前に，その前提として，債権譲渡について少し触れることとします。

債権譲渡とは，債権の同一性を失わせることなしに，契約によって債権が移転することをいい，「債権は，譲り渡すことができる。ただし，その性質がこれを許さないときは，この限りでない。」（民466Ⅰ）と規定し，自由に譲渡が可能ですが，債権の性質が譲渡を許さないもの，法律上，譲渡を禁止されているものについては譲渡はできません。また，債務者の承諾は必要ないので，債務者は債権譲渡契約の当事者とはなりません。また，債権者と債務者の双方の意思によって，債権の譲渡を禁止することができます（民466Ⅱ）が，特約の存在を知らない善意の第三者に対しては対抗することはできません（民466Ⅱただし書）。

Q78 ①債権の性質が譲渡を許さないもの，また，②法律上，譲渡を禁止されているものとはどのようなものか？

A ① 債権の性質が譲渡を許さないもの
　　ⅰ 債権者を異にすることによって，その給付内容ががまったく変更されることになるもの
　例）自分の肖像を描かせる債権など，不作為債権もこれに属する。
　　ⅱ 特定の債権者に給付すること，又は特定の債権者が債権を行使することに重要な意義が存する債権も，債権者の承諾がなければ譲渡

第Ⅲ編　強制執行とその他の法律の供託関係

できない。

　　例）雇用における使用者の債権（民625Ⅰ），賃借人の債権（民612Ⅰ），委任者の債権もこれに属する（大審院判決大6.9.22民録23輯1488頁）。

ⅲ　特定の債権者との間に決済させることを必要とする特別の事由がある債権

　　例）交互計算（商529以下）に組み入れられた債権（大審院判決昭11.3.11民集15巻320頁）

ⅳ　弁護士法28条で弁護士は係争権利を譲り受けることはできないとの規定の関連

　　例）AのYに対する債権について取立てを委託された弁護士がその債権の譲渡を受けて，Yの預金を差し押さえたが，Yがその債権譲渡は弁護士法28条に違反して無効であるとした事例（最高裁判決平21.8.12民集63巻6号1406頁）

②　法律上，譲渡を禁止されているもの

　　法律の明文によって譲渡を禁止されているものとして，扶養請求権（民881），災害補償を受ける権利（労働基準法83Ⅱ等），社会保険における保険給付を受ける権利（厚生年金保険法41等），恩給請求権（恩給法11Ⅰ），年金受給権（国民年金法24）などがその主要な例である。これは，債務者自身に対して弁済させることを必要とする趣旨に基づくものである。

　　なお，記名の乗船切符（商777）の譲渡が禁止されているのは，その譲渡（その商品化）に弊害を伴うことを考慮しての処置である。

（我妻栄ほか『我妻・有泉コンメンタール民法（第3版）』859〜861頁（日本評論社，2008））

▌2　譲渡通知 ▌

　通知は観念（意思）の通知であり，通知には重要な法律上の効果が付与されているため，効力発生時期（民97），行為能力（同4以下），代理（同99以

第2章　債権譲渡と強制執行等の供託（混合供託）

下）などの規定を準用すべきと解するのが通説であり，その到達によって効力を生じます。

また，指名債権の譲渡を債務者以外の第三者に対する対抗要件を備えるためには，以下の方式によります。

① 債務者に対しては，債務者に対する譲渡人の通知又は承諾（民467Ⅰ）

② 債務者以外の第三者に対する対抗要件は，確定日付のある証書※による通知又は承諾（民467Ⅱ）

※ 「確定日付ある証書」とは，公正証書，登記所又は公証人役場において日付のある印章を押捺した私署証書，内容証明郵便などの，官公署の事項が記載され，かつ日付を記載した私署証書等をいう（民法施行法5参照）。

3　債権者不確知供託

債権者不確知とは，債務者の過失なくして債権者が誰であるかを確知することができないことで，弁済供託の供託原因の一要因です。その確知できない理由は，例えば，債権者が死亡し相続が開始されたが，その相続人が誰であるか不明である等の事実上の理由であること，あるいは，債権の帰属について，例えば，債権者甲とその債権の譲受人乙との間で債権譲渡の有無又は効力について争いがあって，いずれが債権者であるかを確知できない等の法律上の理由であるとを問いません。前者の場合には，被供託者を単に「○○○○相続人」として供託することができ（大分管内供託事務担当者会同決議・昭37.7.9民事甲1909号認可・先例集(3)51頁参照），後者の場合には，被供託者を「甲○○○○又は乙○○○○」として供託することができるとしています。

債権譲渡においては，債権者，債務者間に譲渡禁止の特約がある場合は，民法で当該特約をもって善意の第三者に対抗することができないとしています。つまり，譲受人が善意であるか悪意であるかによって，当該債権譲渡の有効無効が左右されることになり，債務者の過失なくして債権者を確知することができないと考えられるため，債権者不確知を原因とする供託ができます。

415

第Ⅲ編　強制執行とその他の法律の供託関係

Q79

平成28年12月19日，最高裁判所大法廷において，共同相続された普通預金債権，通常貯金債権及び定期貯金債権は，いずれも相続開始と同時に当然に相続分に応じて分割されることはなく，遺産分割の対象となるものと解するのが相当であるとの決定（以下「最高裁決定」という。）がされた。最高裁決定を受けて，預貯金債権に係る債権者不確知供託の受理及び払渡しに関する供託事務の取扱いはどうなるのか？

A　1　預貯金債権の遺贈の有効性に争いがあり，受遺者と法定相続人双方から預貯金の払戻請求がされたとして，金融機関が『「受遺者」又は「法定相続人（全員)」』を被供託者とする債権者不確知供託が，最高裁決定がされる前から既に供託されているような事案において，裁判等により法定相続人側に当該預貯金債権が帰属したときは，法定相続人各自が法定相続分に基づいて供託金払渡請求をすることはできず，必ず遺産分割協議書（又は承諾書等）の添付を要することとなる。また，仮に遺産分割協議の結果，法定相続分どおり相続をすることとなった場合にも，供託金の払渡請求にあたっては，遺産分割協議書の添付を要することとなる。

なお，法定相続人全員が共同して各自の持分を示さずに払渡請求をする場合は，遺産分割協議書の添付は要しないと考える。

2　従前の供託事務の取扱いでは，預貯金債権の帰属について，共同相続人間において遺産分割協議に関する争い等がある場合は，預貯金債権は相続開始と同時に当然に相続分に応じて分割され（最高裁判決昭29．4．8民集8巻4号819頁，昭和47年度全国供託課長会同決議・先例集(5)244頁），金融機関は法定相続分に基づいて支払をすれば免責されるとの考え方に基づき，相続人各自の持分に争いがあることを理由とする供託は受理することができないと解されていたところ（立花宣男監『供託の知識167問』224頁（日本加除出版，2006)），最高裁決定を受けて，遺産分割協議に関する争い等がある事案については，そもそも，遺産

416

第2章　債権譲渡と強制執行等の供託（混合供託）

分割協議が成立しなければ，金融機関は預貯金の払戻しに応じる必要
はないため，債権者不確知供託をすることはできないこととなる。た
だし，仮に受遺者が存在し，預貯金債権の遺贈を受けた特定受遺者又
は遺産の全ての遺贈を受けた包括受遺者と法定相続人（全員）との間
で当該預貯金債権に係る遺言の効力について争いがある事案において，
金融機関が当該受遺者と法定相続人全員の双方から預貯金の払戻請求
を受けたような場合には，金融機関としては，いずれが債権者である
のかを確知することができない状態にあるといえるため，遺産分割協
議がされていなかったとしても，債権者不確知供託をすることができ
ると考える。この場合における被供託者は，法定相続人等により遺産
分割協議がされているときは，『「受遺者」又は「遺産分割協議による
相続人」』となり，遺産分割協議がされていないときは『「受遺者」又
は「法定相続人（全員）」』となる。また，預貯金債権に係る債権者不
確知供託については，債権者と称する者が複数競合しない限り有効と
はならないと解されているところ（ジュリスト1228号278頁），最高裁
決定を受けて，遺産分割協議成立前に，各相続人が金融機関に対して
法定相続分の預貯金払戻請求をすることは許されないと思われるため，
今後は，1と同様の事案（被供託者を『「受遺者」又は「法定相続人（全
員）」』とする供託）について受理することはできず，遺産分割協議成
立後に，受遺者及び遺産分割協議による相続人双方から払戻請求を受
けた場合に，被供託者を『「受遺者」又は「遺産分割協議による相続
人」』とする供託でなければ，受理することができないこととなる。

3　遺贈の有効性について争いがある事案について，最高裁決定がされ
る前に，受遺者及び預貯金者の法定相続人から預貯金の払戻訴訟を提
起された金融機関から，『「受遺者」又は「法定相続人（全員）」』を被
供託者とする債権者不確知供託がされ，これを受理することができる
とした場合には，供託書の被供託者の記載は，『「受遺者Ａ」又は「法
定相続人Ｂ及びＣ」』とすべきと考える。

（平29.4.18法務省民事局商事課法務専門官事務連絡）

第Ⅲ編　強制執行とその他の法律の供託関係

(1)　債権譲渡通知の先後が明らかな場合

　債権譲渡の対抗要件は，債権の譲渡人が確定日付ある証書によって債務者に通知をし，又は債務者がこれを承諾することによって備えることができますが（民467），適法な債権譲渡通知が複数送付された場合の優劣は，確定日付の先後によるべきか，通知書送達の先後によるのか，判例では「確定日付の付された通知が債務者に到達した日時又は債務者の承諾の日時」の先後によって優劣を決定する旨判示し，「到達時説」の立場をとっています（最高裁判決昭49．3．7民集28巻2号174頁）。

　したがって，この場合は債権譲渡の対抗関係が明らかであり，債務者として誰が債権者であるか確知できない状態ではないので，供託はできないということになります。

(2)　債権譲渡通知送達の先後が不明である場合

　前述のとおり，債務者は，債権譲渡通知送達の先後をもってその対抗関係を確認できます。しかし，債務者において当該債権譲渡通知送達の先後関係の確認について過失がないことが前提となりますが，当該債権譲渡通知送達の先後がわからないとなると，事実上対抗関係を整理することができなくなり，真の債権者を確知することができない状況にあるといえます。したがって，債権者不確知供託が可能です（平5．5．18民四3841号通知。最高裁判決平5．3．30民集47巻4号3334頁）。

(3)　債権譲渡通知の送達が同時である場合

　複数の債権譲渡通知が同時に送付された場合について，最高裁昭和55年1月11日（民集34巻1号42頁）の判決において，確定日付ある譲渡通知が債務者に同時に到達したときは，各譲受人はそれぞれ全額の弁済を請求することができる旨としたことにより，債権譲渡通知が債務者に同時に到達したことのみをもって債権者不確知に当たらないとされたことから，供託実務においても，昭和59年度全国供託課長会同決議（昭和59年9月27日）において，確定日付ある債権譲渡通知が同時に債務者に到達した場合，債務者からの債権者不確知を原因とした供託申請は受理できない旨の決議がされています（同会同各庁提出協議問題受1問，民事月報39巻11号57頁（1984）・先例集(7)102頁，

418

別冊ジュリスト「供託先例判例百選」26巻2号28頁（1990））。この場合，第三債務者は最初に請求のあった債権者に弁済すれば債務を免れられることとなります。

次の2つのケースで考えてみましょう。

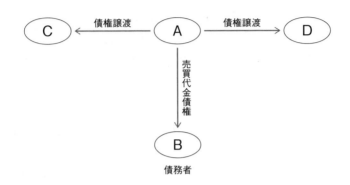

ケース1	Cに対する譲渡	Dに対する譲渡
譲渡日付	H29.6.3	H29.6.1
確定日付	H29.6.9	H29.6.6
到着日付	H29.6.10	H29.6.8

ケース2	Cに対する譲渡	Dに対する譲渡
譲渡日付	H29.6.3	H29.6.1
確定日付	H29.6.5	なし
到着日付	H29.6.10	H29.6.8

ケース1では，債務者Bに対する譲渡通知の到達はCよりDのほうが早いので，Bは，本来，CではなくDに対して弁済しなければなりません。ケース2では，確定日付があるCに弁済することとなります。

第Ⅲ編　強制執行とその他の法律の供託関係

Q80 ①指名債権（民467）が二重に譲渡された場合，また，②債権の譲受人と同一債権に対して債権差押命令及び転付命令を得た者との優劣はどのようになるのか？

A　ア　譲受人相互の間の優劣

　　指名債権が二重に譲渡された場合の譲受人相互の間の優劣は，確定日付のある通知が債務者に到達した日時又は確定日付のある債務者の承諾の日時の先後によって決すべきである（最高裁判決昭49．3．7民集28巻2号174頁）。

イ　債権の譲受人と同一債権に対して債権差押命令及び転付命令を得た者との優劣確定日付のある譲渡通知が債務者に到達した日時又は確定日付のある債務者の承諾の日時と債権差押・転付命令が第三債務者に送達された日時の先後によって決すべきものである（最高裁判決昭58．10．4判時1095号95頁）。

4　債権譲渡登記

　債権譲渡登記制度は，動産及び債権の譲渡の対抗要件に関する民法の特例等に関する法律（以下「特例法」という。）は，法人による動産及び債権の譲渡の円滑化を図るため，法人が譲渡人となる指名債権かつ金銭債権に限って，民法467条の通知に代わる登記により対抗要件制度を創設するものである。したがって，「法人がする動産及び債権の譲渡」に限定される（特例法1）。指名債権のうち金銭債権を目的とするものが対象（同4Ⅰ）となります。多数の金銭債権の一括譲渡はもちろん単一の債権譲渡にも利用できます。民法では，各々の債権ごとに対抗要件を具備する必要があったことから，その手間と費用の軽減が図れ，この債権譲渡の中には，当然に債権譲渡担保も含まれます。

　第三者対抗要件と債務者対抗要件を分離し，第三者対抗要件は債務者を巻き込まない形で，譲渡人と譲受人だけで債権譲渡登記をするだけで確保されますが（同4Ⅰ），それを債務者にも対抗するためには，債務者に通知をし

420

ます（同4Ⅱ）。もちろん，従来どおり，民法による方法を用いても差し支えありません。

(1) 債務者以外の第三者に対する対抗要件（特例法4Ⅰ）

特例法4条1項の趣旨は，債権譲渡登記がされると，これに対して，民法467条2項の規定による確定日付ある証書による通知があったのと同一の法律効果を与える趣旨であるとされています（植垣勝裕ほか編著『一問一答　動産・債権譲渡特例法（三訂版）』51頁（商事法務，2007））。これは，民法467条の譲渡通知がされたといえるためには，当該通知が債務者に到達することが必要であることから，債権譲渡登記がされれば，確定日付ある証書による通知が到達したものとみなされるということになります。

なお，債権譲渡登記においては，登記時刻も記録されていますので，より先後関係を明確に判断することができます（動産・債権譲渡登記規則23Ⅰ参照）。登記の年月日時分以降は，第三者の善意・悪意を問わず対抗関係が成立することとなります。

(2) 債務者に対する対抗要件（特例法4Ⅱ）

当該債権の譲渡及びその譲渡につき債権譲渡登記がされたことについて，譲渡人若しくは譲受人が登記事項証明書を交付して通知するか，又は，債務者が承諾をしたときは，当該債務者についても，確定日付のある証書による通知があったものとみなされると規定されています。債権譲渡登記による場合，民法の規定とは異なり，債務者に対する通知は，譲渡人のみならず，譲受人からすることも可能です。

この理由は，そもそも，債権譲渡登記自体が譲渡人及び譲受人の共同申請によるものであり，既に登記において譲渡人の意思は担保されていることに加え，譲受人からの通知においても，登記事項証明書の交付が義務付けられているため，真正の担保として十分であると考えられることによるとされています。

以上のことから，二重譲渡の譲受人間の優劣は，双方が債権譲渡の登記事項証明書を有しているときは，当該証明書に記載された登記の日時の先後により判断し，また，債権譲渡の登記事項証明書の交付を伴う通知と確定日付

第Ⅲ編　強制執行とその他の法律の供託関係

のある債権譲渡通知が競合したときは，登記事項証明書に記載された登記の日時と確定日付のある債権譲渡通知が到達した時の先後により判断します。

民法467条と特例法４条の相違点を整理すると以下のとおりです。

	民法467条	特例法４条
通知を行う者	譲渡人のみ可	譲渡人・譲受人のいずれかが可
債務者に対する対抗要件	通知又は承諾	登記事項証明書を交付しての通知，又は承諾
第三者に対する対抗要件	確定日付ある通知又は確定日付ある承諾	債権譲渡登記
二重譲渡における優劣の基準時	「確定日付ある通知の到達時」又は「確定日付ある承諾時」	「債権譲渡登記の日時」（注：「登記事項証明書を交付しての通知時」ではない。）

ここで問題となるのは，民法467条に基づく譲渡通知と特例法４条に基づく通知がともに送達された場合ですが，そこで，この場合をも含め，複数の通知が到達した場合について，債務者としてその優劣について整理すると次のようになります。

　　ア　民法467条同士の優劣

民法467条による確定日付ある通知が２件到達した場合，確定日付のある証書による通知が先に到達したほうの譲受人を債権者として取り扱います（最高裁判決昭49.３.７民集28巻２号174頁）。

　　イ　特例法同士の優劣

特例法４条による通知が２件された場合，交付された２通の登記事項証明書で登記日時を比較し，先にされた登記において譲受人とされている者を債権者として取り扱います。

　　ウ　民法467条と特例法の優劣

民法467条による通知と特例法４条による通知が各１件ずつされた場合，「確定日付ある証書による通知の到達日時」と「登記日時」の先後を比較し，優先するほうの譲受人を債権者として取り扱います。『「確定日付ある証書による通知の到達日時」と「登記事項証明書を交付しての通知日時」との先

第2章　債権譲渡と強制執行等の供託（混合供託）

後』ではないので，注意が必要です。先に通知のあった譲受人に弁済した後に，別の譲受人から通知があり，上記基準に基づいて登記と通知の先後を比較したところ，後から通知のあった譲受人のほうが優先することが判明した場合，後から通知してきた譲受人が取得した債権は，既に弁済によって消滅している債権，すなわち既に消滅して存在しない債権であり，後に通知がされても，この点が治癒されて債権が復活するようなことはないことから，債務者は免責されます（特例法4Ⅲ）。

第2　混合供託

1　混合供託とは

　混合供託とは民法494条及び民事執行法等の双方を根拠法令として行われる供託です。第三債務者が債権差押命令の送達を受け，その前に債務者に対する第三債務者に対する債権について，債務者から第三者に債権譲渡した旨の確定日付のある証書による通知（民46Ⅰ・Ⅱ）を受けているような場合，債権譲渡が有効であれば差押命令は空振りとなりますが，債権譲渡が無効であれば差押命令によって債権者への弁済が禁止されることとなります。

　このような場合，第三債務者は債権者不確知を理由とした民法494条と執行供託として民事執行法156条1項（差押え等の競合がない場合）又は同条2項（そのほかには仮差押えの場合は民保50Ⅴ，滞納処分の差押えの場合は滞調法20の6Ⅰ，36の6Ⅰ）を根拠とする供託ができます。

　このように，混合供託は，弁済供託と執行供託の両方の性質を有することとなります。したがって双方の供託要件を満たすことが必要となります。

① 　金銭債権について第三債務者が過失なくして債権者が誰であるか確知できない場合
② 　弁済供託が可能である場合
③ 　同一債権について差押え又は仮差押えの執行がされたこと
④ 　第三債務者に（仮）差押命令の送達がされ執行供託が可能な場合
いずれの要件が欠けても混合供託は認められないことになります。

423

第Ⅲ編　強制執行とその他の法律の供託関係

また，執行裁判所は混合供託を前提とした事情届が第三債務者から提出されても配当事件としては立件せず，供託金を留保することになります。執行裁判所による配当手続に入るためには，執行裁判所に対して混合解消文書を提出することが必要になります。

■ 2　混合供託の可否が問題となる事例 ■

(1)　差押命令の送達後に債権譲渡通知があった場合

差押命令の送達後に債権譲渡通知があった場合において，差押えの効力自体に疑義があると考えるときの混合供託の可否ですが，差押えには処分制限効があり，差押命令が存続する限り，債務者及び第三債務者はその効力に服すことになることから，差押えの効力に疑義があることを理由として，混合供託をすることは認められないことになります。

具体的には，民事執行法では，差押命令の手続に違法があれば，執行抗告（民執10）により，また，差押え命令に係る債務名義に記載の債権の消滅等があれば，請求異議訴訟（民執35Ⅰ）により，差押命令が是正されることが予定されており，さらに，利害関係人である債権譲渡の譲受人は第三者異議訴訟（民執38）を提起することが可能であり，いずれの手続を取った場合も，その手続が前提とする執行手続停止の裁判がされ，執行停止文書が執行裁判所に提出された場合には，執行裁判所書記官から第三債務者に対して通知（執行規則136Ⅱ，179Ⅱ）がされない以上，第三債務者としては，差押命令の効力の疑義を理由として混合供託を選択することはできません。

(2)　債権の一部に対する差押命令の送達後にその債権の全額譲渡の通知があった場合

金100万円の債権について，その一部である金80万円についてのみ差押えがされた場合，差押えの効力は債権の一部のみに及ぶこととなりますので，差押えの効力の及ばない金20万円については，債権の譲受人に支払えばよいことになります。

したがって，当該差押えの効力を有する部分の金80万円についてのみ，民事執行法156条1項を根拠として供託することができます。

424

第2章　債権譲渡と強制執行等の供託（混合供託）

しかし，債権譲渡の効力に疑義がある場合には，残額金20万円を含めた債権全額を，民事執行法156条1項，民法494条を根拠として供託することができます。

(3)　**債権譲渡通知と差押命令の送達が同時に送達された場合**

指名債権が二重に譲渡され，確定日付のある債権譲渡通知が同時に第三債務者に送達したときは，各譲受人は，第三債務者に対しそれぞれの譲受債権の全額を請求することができるとの判例から（最高裁判決昭55.1.11民集34巻1号42頁），供託実務では確定日付のある債権譲渡通知が同時に送達された場合，債権者不確知を原因とする供託はできないとされています。

(4)　**債権譲渡通知と差押命令の送達の先後関係が不明の場合**

債権が譲渡され，確定日付のある債権譲渡通知と差押命令の到達の先後が不明な場合，従来より第三債務者は供託することができるとされています。

この取扱いは，確定日付のある債権譲渡通知と各通知の先後関係が不明な場合には，各通知は同時に到達したとみなされるとの判決が出た後も（最高裁判決平5.3.30民集47巻4号3334頁），変更がないものとされています（平5.5.18民四3841号通知）。

■ 3　混合供託の形態

(1)　**仮差押後に債権譲渡通知が送達された場合**

> ### パターン事例 Ⅰ-8
>
> 森林さんは青空さんに対して工事請負代金金3000万円の債務を負っていますが，その請負代金について，
>
> ①　「債権者（海山銀行），債務者（青空広大），第三債務者（森林緑子），仮差押債権額金3000万円」とする仮差押命令
>
> ②　「譲受人（山川清），譲渡人（青空広大），譲渡金額金3000万円」とする確定日付のある債権譲渡通知書が相次いで送達されました。
>
> 森林さん（第三債務者）が免責されるにはどのような供託をしたらよいですか。なお，債権譲渡の有効性についての疑義はありません。

425

第Ⅲ編　強制執行とその他の法律の供託関係

　この場合，譲受人の山川さんによる払渡手続はどのようになりますか。

解説

　仮差押命令の送達を受けた後に債権譲渡通知が第三債務者に到達したとき，第三債務者が単に民事保全法50条5項，民事執行法156条1項のみを根拠とする権利供託をしていても，供託による債務弁済の効果を受けることはできませんので，民法494条による債権者不確知供託をすることによって，免責を受けられることになります。つまり，第三債務者は，仮差押えのみを理由として供託した場合，当該供託による債務免脱の効果を債権譲渡人に対し主張できますが，仮差押債権者の本案敗訴が確定し仮差押えの効力が失われると，供託による債務免脱の効果を債権譲受人に対して主張できないこととなり，仮差押えの執行を理由とする債権譲受人の第三債務者に対する債権の取立て及び債権譲渡人の供託金還付請求の二重払いの危険を負うことになります。

　したがって，仮差押えに劣後して債権譲渡がなされた場合，第三債務者はかなり不安定な立場に置かれることとなるため，第三債務者が不利益を被らないような供託方法が求められます。そこで，債権に対する仮差押えを原因とする執行供託と債権譲渡の効力に疑義があることを理由とする債権者不確知による弁済供託との混合供託を認めることとなります。よって，森林さん（第三債務者）は，民事保全法50条5項で準用する民事執行法156条1項による執行供託と民法494条の債権者不確知による弁済供託との混合供託をすることができます。

　なお，この債権に譲渡禁止特約が付されている場合に，譲受人が善意か悪意か不明である場合は債権譲渡の効力に疑義があることになりますので，この場合も仮差押えを原因とする執行供託と債権者不確知による弁済供託の混合供託をすることができます。

　第三債務者がこの供託をしたときには，保全執行裁判所に対して事情届をしなければなりません（民保50Ⅴ，民執156Ⅲ）。

　しかし，配当加入遮断効は生ぜず，配当等手続に入ることはありません。

426

第2章　債権譲渡と強制執行等の供託（混合供託）

　したがって，譲受人の山川さんによる払渡手続は，仮差押えの執行の効力が失効したことが前提となります。そこで，山川さんが供託金の払渡請求をするには，供託金払渡請求書に，①「通常の弁済供託における還付請求手続に必要な書類」のほか，②「供託の原因となった仮差押えの執行が効力を失ったことを証する書面」を添付する必要があります。

(2) 債権譲渡後に仮差押えがされた場合

パターン事例　Ⅰ-8.①

　青空さん・山川さんの間で工事請負代金債権の債権譲渡がなされましたが，その効力に争いがあり，森林さんとしては，いずれが真実の債権者であるか確知できない場合において，その請負代金につき，海山銀行から青空さんを執行債務者とする債権差押えがなされたとき（競合したときも同様）に，森林さんが完全に債務を免れるにはどのようにしたらよいですか。

　この場合，山川さんが供託金の払渡しを受けるにはどうしたらよいですか。

　また，差押債権者海山銀行が払渡しを受けるにはどうしたらよいですか。

解説

　前者の債権譲渡関係においては，民法494条の債権者不確知の弁済供託により，また，青空さん・山川さんの間の債権譲渡が無効であれば，海山銀行に対しては青空さんに対する関係で民事執行法156条1項又は2項の執行供託によらなければなりません。この両者の供託は，元来は，選択的に効力を生ずるものですが，特に森林さんの利益を保護するため，上記のような場合につき，供託根拠法条として民法494条と民事執行法156条1項又は2項を併記した供託を認めています。

　この場合，青空さんの承諾書（山川さんへの譲渡承認）等を添付し，山川さんが還付請求するときは，海山銀行（青空さんに対する差押債権

427

第Ⅲ編　強制執行とその他の法律の供託関係

者）は利害関係人となります。

　なお，差押えが青空さんに対し滞納処分による差押えのみの場合（ほかに差押え等がない場合），混合供託にはならず，供託根拠法令として民法494条のみ記載し，滞納処分による差押えの表示は供託の原因たる事実欄ではなく備考欄に記載します。

　森林さんがした供託は，青空さん・山川さんの間の債権譲渡が有効であれば弁済供託としての効果を生じ，これが無効であれば海山銀行による有効な差押えを原因とする執行供託としての効果が生じます。

　したがって，①山川さんとしては，青空さん及び差押債権者の海山銀行との関係で「本件工事請負代金債権が自己に帰属すること」を証明して供託金の払渡請求をすることができ，他方，②海山銀行は，「青空さん・山川さんの間の債権譲渡が無効であること」を執行裁判所に証明して，執行裁判所による配当等の実施としての支払委託に基づいて供託金の払渡しを受けることができます。

Q81

混合供託の管轄供託所について，被供託者住所地を支払場所とする債務について債権者不確知供託をする場合，供託申請は各被供託者住所地を管轄するいずれの供託所でもよい（昭38.6.22民事甲1794号認可・先例集(3)〔94〕304頁）。それでは，混合供託のケースも同様の扱いができるか。

A　《パターン事例Ⅰ-8》及び《Ⅰ-8．①》の場合の管轄供託所は弁済供託と執行供託の混合供託の場合，弁済供託については，管轄するいずれの供託所（青空さんはさいたま市在住，さいたま地方法務局，山川さんは東京都在住，東京法務局）でもかまわないものの，執行供託については，債権譲渡が無効のときに執行供託の債務者である青空さんの住所地が債務履行地となることから，弁済供託と執行供託に共通して当てはまる青空さんの住所地を管轄する法務局が管轄供託所とな

428

第2章　債権譲渡と強制執行等の供託（混合供託）

ります（法務省民事局第四課職員編『供託実務相談』40頁（商事法務研究会，1990））。

　したがって，さいたま地方法務局のみであり，東京法務局に申請しても管轄相違により受理することはできません。

(3)　譲渡禁止特約付債権の債権譲渡後に強制執行による差押命令及び滞納処分による差押通知がされた場合

パターン事例　Ⅰ-8.②

　青空さん・山川さんの間で工事請負代金債権について，譲渡禁止特約付の債権譲渡がなされ，その請負代金につき，海山銀行から青空さんを執行債務者とする債権差押えがなされ，さらに，税務署から滞納処分による差押通知が森林さんに届きました。

　森林さんはどのようにしたらよいのでしょうか。

解説

　債権に付されている譲渡禁止特約の効力については，債権の譲受人が，悪意の場合は債権譲渡の効力が生じず，譲受人が，善意の場合は債権譲渡の効力が生じることとなります。そのため，当該債権が有効に譲受人に移転したかどうかは，譲受人が善意か悪意かを判断することになりますが，不明であれば債権者不確知といえます。

　よって，第三債務者の森林さんとしては債権譲渡の有効・無効が明らかではなく，当該債権の真の債権者を確知することができない場合には，民法494条による弁済供託をすることによって債務を免れることができます。

　また，滞納処分による差押えは，差押通知書が第三債務者に送達された時に効力が生じ（国徴法62Ⅲ），第三債務者は差し押さえられた債権につき弁済等の履行が禁止されます（同62Ⅱ）。そして，滞納処分による差押えは，徴収職員が直ちに差し押さえた債権の取立てができること（同67Ⅰ），国税徴収法等の法令に供託を義務付け又は許容する根拠規定

429

第Ⅲ編　強制執行とその他の法律の供託関係

がないので，滞納処分による差押えのみによる供託が認められていない点が，強制執行による差押えと大きく異なることに注意する必要があります。

しかし，強制執行による差押えと滞納処分による差押えとが競合することになった場合には，両者に滞納調整法が適用され，第三債務者は，強制執行による差押えがなされている債権について，これに後れて滞納処分による差押えがされた場合は，その債権の全額に相当する金銭を債務の履行地の供託所に供託しなければならないとされ（滞調法36条の6Ⅰ），滞納処分による差押えがなされている債権について，これに後れて強制執行による差押えがされた場合は，その債権の全額に相当する金銭を債務の履行地の供託所に供託することができるとされています（同20の6Ⅰ）。

強制執行による差押えに後れて滞納処分による差押えがされた場合に第三債務者に対し供託を義務付けているのは，強制執行による差押えが競合した場合と同様に，債権者に公平に分配しようとの考えに基づくものです。すなわち，滞調法の原則である先着手主義によれば，手続上は先行する強制執行による差押債権者の取立てを認めるべきだとも考えられますが，不動産や動産の強制執行と異なり，金銭債権に対する強制執行では，差押債権者の取立てによって強制執行手続は終了してしまいます。そうすると，租税債権は，実体法上，私債権に優先する地位を有するにもかかわらず，差押えの先行する私債権に事実上後れることになってしまうことから，これを防止するため，第三債務者に供託を義務付け，執行裁判所における配当手続によって被差押債権が実体法上の優劣に従って公平に分配しようとするものです。

これに対し，滞納処分による差押えに後れて強制執行による差押えがされた場合に，第三債務者は供託ができるとしているのは，執行法において権利供託が認められていることとの均衡からです。

したがって，譲渡禁止特約付債権について債権譲渡後に強制執行による差押命令が送達され，更に滞納処分による差押通知書が送達された場

430

第2章　債権譲渡と強制執行等の供託（混合供託）

合は，当該債権の債権者の青空さんや差押債権者の海山銀行らから債務
を免れるためには，債権全額につき，「債権譲渡人の青空さん又は債権
譲受人の山川さん」を被供託者として，民法494条の債権者不確知によ
る弁済供託と，滞調法36条の6第1項による執行供託との混合供託をす
る必要があります。また，滞納処分による差押通知書が送付された後，
強制執行による差押命令が送達された場合については，民法494条，滞
調法20条の6第1項による執行供託との混合供託をすることができるこ
ととなります。

(4)　譲渡禁止特約付債権の債権譲渡後に仮差押命令及び滞納処分による差押通知がされた場合

パターン事例　I-8. ③

　青空さん・山川さんの間で工事請負代金債権について，譲渡禁止特約
付の債権譲渡がなされ，その請負代金につき，海山銀行から青空さんを
仮執行債務者とする仮差押えがなされ，さらに，税務署から滞納処分に
よる差押通知が森林さんに届きました。

　森林さんはどのようにしたらよいのでしょうか。

解説

　滞納処分は，仮差押えの執行がされている債権に対してもすることが
でき，また，仮差押命令は，滞納処分による差押えがされている債権に
対しても発することができるとされています（滞調法20の9I，20の3I）。

　しかし，滞納処分による差押えが先行する場合はもちろんのこと，仮
差押えの執行が先行する場合であっても，国税徴収法140条により滞納
処分は仮差押えによってその執行を妨げられないため，徴収職員等は，
仮差押えの執行と滞納処分による差押えの先後関係を考慮することなく，
その取立権（国徴法67）を行使することができるとされています。

　よって，譲渡人から譲受人への債権譲渡が無効であれば，第三債務者
は，滞納処分による差押えに係る金額については徴収職員等の取立てに

431

第Ⅲ編　強制執行とその他の法律の供託関係

応じて差し支えないこととなります。

　一方，徴収職員等から取立てがされない場合で，滞納処分による差押えと仮差押えの執行とが競合したときは，供託することが認められています（滞調法20の9Ⅰ，36の12Ⅰ，20の6Ⅰ）。この競合するときとは，

① 　債権の一部について滞納処分による差押えがされている場合において，その残余の部分を超えて仮差押命令が発せられたとき
② 　債権の全部について滞納処分による差押えがされている場合において，その債権の一部について仮差押命令が発せられたとき
③ 　債権の一部について仮差押えの執行がされている場合において，その残余の部分を超えて滞納処分による差押えがされたとき
④ 　債権の全部について仮差押えの執行がされている場合において，その一部について滞納処分による差押えがされたとき等です。

　これらの場合には，仮差押えの執行の効力は債権の全部に及ぶことになります（滞調法20の9，20の4，36の12，36の4）。

　したがって，譲渡禁止特約付債権について債権譲渡後に仮差押命令が送達され，更に滞納処分による差押通知書が送達された場合は，第三債務者は，債権の全額について，債権の譲渡人又は譲受人を被供託者として，民法494条の債権者不確知を原因とする弁済供託と，滞調法36条の12第1項において準用する同20条の6第1項による執行供託との混合供託を債務履行地の供託所にすることができます。この場合，第三債務者は供託書正本を添付して，その事情を滞納処分による差押えをした徴収職員等に届け出なければなりません（滞調法36の12Ⅰ，20の6Ⅱ）とされています。また，債権譲渡後に滞納処分による差押通知書後，仮差押命令が送達された場合は，民法494条の債権者不確知を原因とする弁済供託と，滞調法20条の9第1項において準用する同20条の6第1項による執行供託との混合供託を債務履行地の供託所にすることができます。

⑸　**譲渡禁止の特約のある債権につき差押・転付命令が発せられた場合**
譲渡禁止の特約のある債権につき差押・転付命令が発せられた場合につい

て，従来は，第三債務者において差押債権者が善意か悪意かを確知すること
ができないことを理由に，「債権者不確知」を原因に供託することができる
とされていました（昭37．7．31民事甲1866号回答）が，最高裁判決昭和45年4
月10日（民集24巻4号240頁）は，譲渡禁止の特約のある債権であっても，差
押債権者の善意，悪意を問わず，転付命令によって移転することができ，民
法466条2項の適用ないし類推適用をすべきでないとして，従前の判例を変
更したので，これに伴い，供託の先例も変更され，譲渡禁止の特約のある債
権に対しては，転付命令が発せられたという理由のみでは，第三債務者は，
債権者不確知による弁済供託は認められないこととなりました（昭45．10．21
民事甲4425号通達・先例集(5)186頁，別冊ジュリスト「供託先例判例百選（第2
版）」37巻3号54頁（2001））。また，第三債務者に対し，債権譲渡通知や転付
命令が，同時に2通以上送達された場合に，譲受人又は転付債権者相互間の
優劣を決することができないことを理由に，「債権者不確知」を原因とする
供託ができるとされていました（昭43．12．20民事甲3635号認可等）が，最高裁
昭和55年1月11日（民集34巻1号42頁）の判決により，債権譲渡通知が債務
者に同時に到達したことのみをもって債権者不確知に当たらないことが明ら
かになり，供託実務においても，確定日付ある債権譲渡通知が同時に債務者
に到達した場合，債務者からの債権者不確知を原因とした供託申請は受理で
きないとされています。

(6) 同一の債権について，滞納処分による債権差押通知と債権譲渡通知の
到達の先後関係が不明として債権者不確知による供託がされた場合

最判平成5年3月30日（民集47巻4号3334頁）は，同一の債権について，
滞納処分による債権差押通知と債権譲渡通知の到達の先後関係が不明として
債権者不確知による供託がされた場合において，被差押債権額と譲受債権額
との合計額が供託金額を超過するときは，差押債権者と債権譲受人は，被差
押債権額及び譲受債権額に応じて案分した額の供託金還付請求権をそれぞれ
分割取得する旨判示しました。これを受けて，実務の取扱いは，上記判示に
おける先後関係の不明は実体的な関係を究極的・客観的に見た場合のことで
あるから，第三債務者から債権者不確知供託の申請がされた場合において，

第Ⅲ編　強制執行とその他の法律の供託関係

その供託原因が債権譲渡通知等の先後関係が不明であるとするものであっても従来どおり受理して差し支えないとされました（平5．5．18民四3841号通知，別冊ジュリスト「供託先例判例百選（第2版）」37巻3号60頁（2001））。

(7)　債権譲渡と強制執行との競合以外の混合供託

ア　処分禁止の仮処分命令と強制執行による差押命令がされた場合

処分禁止の仮処分の多くは，動産，不動産等有体物に対し発せられますが，金銭債権についても債権の帰属等について争いがある場合に，本案訴訟の判決確定前に相手方が当該債権を取立てすること，あるいは第三者への譲渡等の処分を防止することを目的として申し立てる場合等があります。

債権の帰属について争いの態様には，

①　当該債権は本来仮処分債権者Aのものであって，差押債権者Bは単に形式的な名義人に過ぎないということでA・B間に争いがあるとき

②　当該債権をAがBから譲り受けたが，当該債権譲渡行為の効力につきA・B間に争いがあるとき

③　当該債権をA・Bとも第三者から二重に譲渡を受け，互いに自己が譲り受けたとして争いがあるとき

④　A・Bの債権に対して質権を有するとして，その弁済受領権を争っているとき

等があります。

処分禁止の仮処分命令と強制執行による差押えがされた場合，差押命令が送達されたことによる民事執行法156条による執行供託と処分禁止の仮処分命令が送達されたことによる債権者不確知を原因とする弁済供託のいずれの要件も満たしているといえることから，第三債務者は，民法494条と民事執行法156条第1項を根拠法令として混合供託をすることができます。また，逆に，差押えが先行し，仮処分が後行する形で競合する場合も状況は同様で，当該仮処分命令は執行債務者に存するとされる債権の帰属が争われているものであるので，先行の差押えの効力に疑義が存することになり，しかもその判断は容易でないこと，また，仮処分は被保全権利の帰属や弁済受領権について争いのあることを公証するものであって，権利関係を確定するものでは

ないことから，この場合も混合供託が認められるものと考えます（立花宣男『執行供託の理論と実務』439頁（金融財政事情研究会，2012））。

　なお，処分禁止の仮処分の本案が詐害行為取消訴訟（民424）である場合，例えば，仮処分債権者Aが差押債権者Bに対する債権をCに譲渡したが，その後，Aの債権者Xから債権譲渡は詐害行為であるとして詐害行為取消訴訟の提起を前提として，譲受人Cを仮処分債務者，Bを第三債務者とする処分禁止の仮処分命令が発せられた場合にあっては，仮処分債権者Xは，本事例のAとは違い自己に当該債権が帰属していると主張しているのではなく，A・C間の債権譲渡を取り消し，債権をCからAに回復しようとするものです。したがって，この場合における仮処分を理由として第三債務者Bが債権者不確知供託をする場合は，当該仮処分の当事者，すなわちAとXを被供託者とするのは相当でなく，本案である詐害行為訴訟において取消しの対象とされる債権譲渡の当事者，すなわちAとCを被供託者とすべきです。ただし，本案訴訟が詐害行為取消なのか当事者間の債権の帰属なのか判断は容易ではないので裁判所に確認した上で供託すべきと思われます。

　　イ　質権が設定されている金銭債権に対して強制執行による差押えがなされた場合

　質権が設定されている債権に対して強制執行による債権差押えがあった場合には，質権者からの供託請求（民366Ⅲ）がない限り供託義務は生じないとされています（昭62.3.24民四1439号回答，別冊ジュリスト「供託先例判例百選（第2版）」37巻3号132頁（2001））。そもそも「供託請求」とは，民法366条3項に規定されている質権の目的である「債権の弁済期が質権者の債権の弁済期前に到来したときは，質権者は，第三債務者にその弁済をすべき金額を供託させることができる。」というもので，被供託者の有する還付請求権の上に質権の効力が移行するという性質のものですが，質権に先行する仮差押えと後行する差押えがある場合で，質権者からの供託請求がない場合に，第三債務者は債務を免責するために，どのような根拠法令により供託すべきかという点が問題となります。

　以下の事例について考えていきましょう。

第Ⅲ編　強制執行とその他の法律の供託関係

【事例】

　入居者Ａに対する敷金返還債務金700万円（弁済期：平成27年7月5日）に関して，下記のとおり，債権仮差押命令，確定日付のある質権設定通知書，債権差押命令等が相次いで送達されました。この場合において供託は可能でしょうか。可能とした場合，根拠法令，被供託者の表記はどのようになりますか。なお，供託を検討している現時点（平成28年4月1日）において，質権者からの供託請求はなされていません。

ⅰ　平成27年7月1日　債権仮差押命令
　債権者：甲　債務者：Ａ　仮差押債権額：金700万円

ⅱ　平成27年7月20日　質権設定通知書
　債権者：乙　質権設定者：Ａ　債権額：金700万円

ⅲ　平成27年8月1日　債権差押命令
　債権者：丙　債務者：Ａ　差押債権額：金500万円

ⅳ　平成27年8月10日　債権差押命令
　債権者：丁　債務者：Ａ　差押債権額：金650万円

ⅴ　平成27年7月1日　債権仮差押命令
　債権者：戊　債務者：Ａ　仮差押債権額：金700万円

解　説

　仮差押の処分制限効については，あくまでも仮定的な効力を有するに過ぎないものであり，本案訴訟において勝訴すれば確定的に有効となり，敗訴すれば，その処分制限効は消滅するとされており，仮差押債権者の本案訴訟の帰趨により債権質が最優先順位となる可能性があります。その結果，質権者も実体法上の権利を取得することができる場合もあり，第三債務者は質権者との関係においても免責の効果を主張することができる供託を認める必要があることになります。ちなみに，質権設定は民事執行法145条1項に規定する処分行為に当たります。

　逆に，第三債務者に対する差押命令送達後に質権設定の第三者対抗要件を具備したときは，質権の設定は差押命令処分禁止効に違反すること

第2章　債権譲渡と強制執行等の供託（混合供託）

になりますので，その執行手続が進行する限り，質権設定は無視されこととなり，執行手続は進行し，配当手続に移行することになります。この場合，第三債務者がどのような供託をすることによって免責されるかという問題が残ります。差押命令の効力が生じた後の質権設定は無視されるとの考え方によれば，質権設定を含めた供託はすることができないので執行供託のみとなりますが，差押命令も執行抗告により取り消されることもあるため，質権設定も含めた混合供託をすることが許されるものと考えられます。なお，混合供託がされた場合，第三債務者は差押命令を最初に発令した執行裁判所に事情届を提出しなければならず，受理した執行裁判所は質権設定が最優先順位にあり，それが放棄等によって効力を失ったことが執行裁判所に対して証明されなければ，配当手続を進行させることはありません（東京地裁債権執行等手続研究会編著『債権執行の諸問題』267・268頁（判例タイムズ社，1994））。

　ちなみに，民法366条3項の「供託請求」の趣旨は，質権者保護が目的であり，質権者の権利が害されるおそれがある場合の規定です。本事例の場合，質権者からの供託請求がないことをもって，第三債務者の供託を許さないとすると，質権者が現実にその権利行使をすることができなくなってしまいます。よって，第三債務者が全ての債務を免れ，同時に質権者の保護を図る方法としては，根拠法令に「民法366条3項」を加えた混合供託をするほかなく，また，第三債務者にとっても，供託することができないことにより，遅延損害金が発生し，理不尽な結果となってしまいますので，本事案においては，質権者からの供託請求がなくとも，民法366条3項を根拠に供託が許されるという解釈が成り立ちます。第三債務者としては，仮差押（ⅰ）の送達を受けた段階では弁済期が到来していないため，弁済期（7月5日）以降は履行遅滞の責任を負うことになります。一方，仮差押債権者は取立権を有しておらず，第三債務者としては，この仮差押債権者にも弁済することができないことから，民事保全法50条5項，民事執行法156条1項により権利供託をすることが可能となります。

437

第Ⅲ編　強制執行とその他の法律の供託関係

　したがって，弁済期以降に供託する場合は，平成27年７月６日から供託日までの遅延損害金を付して，根拠法令を「民法366条３項，民事保全法50条５項，民事執行法156条１項」とした混合供託が可能となります。

■ 4　混合供託の払渡 ■

　混合供託とは民法494条及び民事執行法156条（そのほかには民事保全法，滞調法等）の双方を供託の根拠法令として行われる供託です。執行裁判所は混合供託である旨の事情届が第三債務者から提出されても配当事件としては立件せず，供託金を留保することになります。執行裁判所による配当手続に入るためには，執行裁判所に対して混合解消文書を提出することが必要になります。以下，代表的な２つの事例について説明します。

⑴　**民法494条及び民事執行法156条を根拠法令として供託し，債権者不確知が解消した結果供託金全額に差押えの効力が及ぶ場合**

　差押債務者に還付請求権が帰属した場合には執行供託としての性質を有するため，供託時に配当加入遮断効が生じていますので，原則，執行裁判所による支払委託に基づいた払渡しになり，執行裁判所に対して混合解消文書を提出することになります。

⑵　**民法494条及び民事執行法156条１項を根拠条文として供託し，第三債務者が差押債権額を超えて債権全額を供託した場合**

　差押債務者に還付請求権が帰属した場合，供託金のうち差押えの効力が及んでいる部分については⑴と同様に執行裁判所による支払委託になりますが，差押えの効力の及ばない部分に関しては弁済供託として取り扱うことになります。

　したがって，差押債務者は還付請求権の帰属の確認ができる承諾書若しくはそれに代わる確定判決・和解調書等を添付して供託所に対し直接還付請求をすることができます。

438

第 **IV** 編

供託成立後の
権利変動

第1章　供託物払渡請求権の処分による
　　　　権利変動……………………………………… 441

第2章　供託物払渡請求権の処分の制限に
　　　　よる権利変動………………………………… 453

第1章
供託物払渡請求権の処分による権利変動

第1 はじめに

1 供託成立後の権利変動とは

　供託は，①供託者による供託，②供託所による供託物の管理，及び③供託所を介して被供託者への供託物の払渡しという3つの手続から成り立っていますが，供託関係の基本的形態は，この手続関係における供託者，被供託者及び国家機関たる供託所をも含めた三者関係であり，③の供託物の払渡しによって終了します。

　しかし，供託後，供託物の払渡しが終了するまでの間に，供託によって供託者及び被供託者が取得した供託物払渡請求権について，種々の変動が生じ，当初の供託関係に変動を来すことがあります。これを「供託成立後の権利変動」と称しています。

　供託が成立後，払渡しによって供託が終了するまでは，供託物払渡請求権は一般の債権と同様に，債権の譲渡（民466Ⅰ），質入れ（民362）ができると解されています。さらに，民事執行法の規定による差押え，滞納処分による差押えの対象ともなります。そのため，供託金を中心とする権利関係は，供託法規によって，その取立て等が制限されていますので注意が必要です。

　また，供託物払渡請求権には，供託物取戻請求権と供託物還付請求権がありますが，両者はそれぞれ独立した請求権であり，一方の請求権の処分は他方の請求権の行使には影響を及ぼさないとされています（最高裁判決昭37．7．13民集16巻8号1556頁）。

例１）賃借人Ａは，賃貸人Ｂの地代の受領拒否を原因として供託したとします。供託後，Ａの債権者である甲が，Ａの取戻請求権を差押えました。賃貸人Ｂは供託金の還付を受けることができるでしょうか。

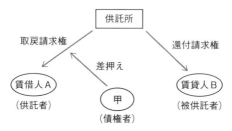

▶ **解 説**

　賃借人Ａが契約内容に従い地代を提供し，その地代の受領を債権者である賃貸人Ｂに拒否されれば，債権者は受領遅滞に陥り，Ａは直ちに供託することができます。

　供託後，Ａは賃貸人（債権者）が供託を受諾するまで（後記443頁参照），供託を有効と宣言した判決が確定するまで，また，供託によって質権又は抵当権が消滅したような場合（民496Ⅱ）以外は，いつでも供託金を取り戻すことができます（民496）。ただし，供託を不受諾等を理由に取り戻した場合には，最初から供託がされていなかったことになります（民496Ⅰ後段）。また，賃貸人であるＢはＡが取り戻さない限り，供託所に対して当該供託金の還付請求権を行使することができます（民496Ⅰ前段）。

　そして，甲が，Ａの取戻請求権について差押えをしても，Ｂの還付請求権には影響はありません。甲の差押えによりＡの取戻請求は制限されますが，Ｂについては，甲が先に取立てをしていない限り還付することができます。

　この場合の優劣は，いずれか適法な払渡請求があった時点を基準としています（昭40．2．22民事甲357号認可・先例集(4)67頁）。

第1章　供託物払渡請求権の処分による権利変動

　なお，同時に適法な請求があった場合には，払渡請求が優先すると解されています（昭和46年度全国供託課長会同決議31・先例集(5)220頁）。

　このように，取戻請求権と還付請求権は独立した請求権であるので，他方が差し押さえられても，他の一方は影響を受けません。

　なお，甲は送達から1週間が経過すれば取立てが可能ですので，本件についても，Bが供託を受諾していない限り取り立てることができます。

■【 2　供託の受諾 】■

(1)　供託の受諾とその効果

　供託の受諾とは，簡単にいえば，供託者の供託を「認めます」という意思表示のことです。地代，賃料の額について争いがあり，受領拒否を原因として供託している事案では，被供託者が供託の受諾の意思表示をすることは，供託者が供託した金額を地代，賃料と「認めます」ということです（最高裁判決昭33.12.18民集12巻16号3323頁）。

　原則的には，一方の請求権の権利変動は，他方の権利に影響しませんが，例外として，債権者が受諾してしまう（供託を認める。）と，供託物の取戻請求権は消滅（昭42.3.6民事甲353号認可・先例集(4)[102]267頁）し，供託者は供託物を取り戻すことができなくなってしまいます（民496Ⅰの反対解釈）。供託金を還付したいけど，還付請求のための書類が整わないときで，供託者の取戻しを妨げたい場合に利用されます。

(2)　供託の受諾をなし得る者

　供託の受諾をすることができるのは，還付請求権を行使することができる者となります。具体的には，被供託者，還付請求権の譲受人，還付請求権に対する差押債権者，転付債権者などです。なお，還付請求権に対する仮差押債権者は，供託を受諾することはできません（還付請求権を行使できないからです。）。

(3)　手　続

　供託の受諾は必ず書面でする必要があります（規則47）。口頭，電話による受諾の申出は認められません（昭41.12.8民事甲3321号認可・先例集(4)234頁）。

443

第Ⅳ編　供託成立後の権利変動

特段，書式は定められていませんが，書面の趣旨，内容から受諾の意思表示が判断されればよいものとされています（昭33．5．1民事甲917号回答・先例集⑵［2］5頁，昭36.10.20民事甲2611号回答・先例集⑶［18］54頁）。

　また，供託受諾書に印鑑証明書の添付は必要ないものとされています。

【供託受諾書様式記載例】

平成28年10月1日

東京法務局　供託官　殿

　　　　　　　　被供託者　東京都千代田区○○町○丁目○番○号
　　　　　　　　法　務　太　郎　印

供託受諾書

　下記の供託を受諾します。
　　　　　　　　　　　　　記
1　供託年月日　　平成28年5月1日
2　供託番号　　　第7654号
3　供託者　　　　法務一郎
4　被供託者　　　法務太郎

※　供託年月日，供託番号で供託を特定します。供託年月日，供託番号の記載がないと供託物が特定できず有効な受諾書の提出があったと判断することができません。

例2）賃借人Aは，賃貸人Bの地代の受領拒否を原因として供託しましたが，供託後，賃貸人Bは賃料債権を乙に譲渡しました。賃借人Aは，不受諾を原因として，供託金の取戻しを受けることができるでしょうか。

第1章 供託物払渡請求権の処分による権利変動

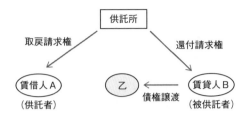

解説

　債権を譲渡した場合，その譲渡通知書の中に受諾しない意思が認められない限り，その債権譲渡は，供託の受諾と同様の効果を生じます。

　債権譲渡をするということは，その前提として，供託そのものを認めて，自己に債権があることを認めているからと解されます。本件の場合は，賃貸人Ｂが債権譲渡をし，その譲渡通知書に特段受諾していないとの意思が認められない限り，供託受諾と同様の効果が生じます。

　したがって，賃借人Ａの取戻請求権は消滅しますので，債権譲渡の通知が供託所に送付された後は，Ａは取戻しをすることはできません。

第2 供託物払渡請求権の処分

1　供託物払渡請求権の譲渡

例3） 債務者ＡがＢに対して金100万円の金銭債務を負い，ＡがＢの受領拒否を原因として金100万円を金銭供託しました。そこで，Ａは供託金の取戻請求権のうち金50万円をＣに譲渡した後に，Ｂから金100万円の還付請求がされた場合，これに応じることができるでしょうか。

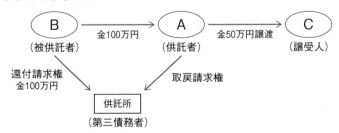

445

第Ⅳ編　供託成立後の権利変動

解　説

　一方の請求権（Aの取戻請求権）になされた譲渡は，他方の請求権（B
の還付請求権）に影響を与えないのが原則であることから，Bの還付請
求権は認められます。

　また，Bの還付請求権を債権者のDが差し押さえた後でも，譲受人C
からの取戻請求（金50万円）があれば，これを認可できます。原則とし
て，一方の払渡請求権に関する処分等は，他方の請求権の行使について
何ら影響を及ぼさないということは前述しましたが，取戻請求権と還付
請求権は，同一の供託物を目的として発生した請求権であることから，
供託物の全部に対する取戻請求権又は還付請求権の一方が行使されるこ
とによって，他方の請求権は当然に消滅します。また，同一の供託物払
渡請求権について，譲渡，質入れ，差押え，仮差押え等がなされた場合
における各相互間の優劣は，供託所に対する通知又は送達の時間的先後
によって決せられます。

(1)　譲渡の方法

　供託物取戻請求権と供託物還付請求権は，通常の指名債権の譲渡（民466
以下）の方法により譲渡することができます。譲渡の効力を，債務者及びそ
の他の第三者に対抗するためには，譲渡人から供託所に対して譲渡通知書を
送付する必要があります（民467）。

　譲渡通知書の様式については特に定められていませんが，「譲渡の意思表
示が明確に記載されている」ことを要すると解されています。すなわち，譲
渡される目的債権が特定されていること，一般的には，譲渡の意思表示のほ
かに，譲渡通知の記載事項として，特に明文の規定はないですが，供託実務
では譲渡人・譲受人の住所・氏名，譲渡対象供託物を特定するために，供託
年月日・供託番号・供託者・被供託者・供託物（供託金額・有価証券の表示）・
供託原因の要旨等の事項の記載を求めています。ただし，供託官において目
的物が特定できる限り，前記事項の全てが記載されていなくても差し支えな
いとされています。

では，次の例ではどうでしょうか。

例4） Aが供託金還付請求権をB及びCに対して二重譲渡し，Aから供託所に対して，譲渡通知が送達されました。供託所は，いずれの払渡請求に応ずるべきでしょうか（確定日付・到達日付は下記のとおりです。）。

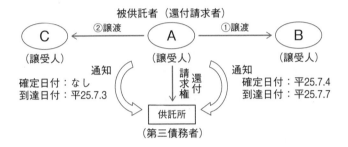

解説

Bの確定日付よりCの到達日のほうが早いので，Cに弁済することとなります。

供託物払渡請求権の譲渡通知に確定日付がない場合であっても，供託所が当該通知書に供託規則5条1項の規定により受付年月日時分等の記載をすることにより，確定日付ある証書としての効力を生ずることになります（昭36.3.31民事甲785号通達・先例集(2)［109］370頁）。

したがって，供託物払渡請求権の譲渡通知の効力及び優先関係は，同時到達の場合を除いて確定日付ある証書か否かを問わず，一般的には債務者たる供託所への譲渡通知の到達の先後関係によることとなります。

【その他の債権譲渡との関係事例】

① 供託者甲の有する取戻請求権が第三者丙に譲渡され，供託所に対してその旨の適法な通知（民467）がされた後に，当該取戻請求権につき供託者の債権者丁により債務者を甲とする差押命令書が送達された場合，既に差押えの目的債権が存しないので，当該差押えは効力を生じません。

第Ⅳ編　供託成立後の権利変動

② 供託物払渡請求権が二重に譲渡され，確定日付のある各譲渡通知が同時に債務者に到達した場合，「指名債権が二重に譲渡され，確定日付のある各譲渡通知が同時に第三債務者に到達したときは，各譲受人は，第三債務者に対しそれぞれの譲受債権についてその全額の弁済を請求することができ，譲受人の一人から弁済の請求を受けた第三債務者は，他の譲受人に対する弁済その他の債務消滅事由がない限り，単に同順位の譲受人が他に存在することを理由として弁済の責めを免れることはできないもの，と解するのが相当である。」と判示（最高裁判決昭55．1．11民集34巻1号42頁）しています。この見解によれば，供託所としては，供託物払渡請求権に関する同種事案の場合（譲渡通知と差押・転付命令の同時送達についても同様）には，先にされた払渡請求に対して払渡しを認可して差し支えないことになります。

③ 同一債権について，滞納処分による債権差押通知と確定日付のある債権譲渡通知の第三債務者への到達の先後関係が不明として債権者不確知による供託がされた場合において，被差押債権額と譲受債権額との合計額が供託金額を超過するときは，差押債権者と債権譲受人は，被差押債権額と譲受債権額に応じて案分した額の供託金還付請求権をそれぞれ分割取得する（最高裁判決平5．3．30民集47巻4号3334頁）とされています。

⑵ **譲渡通知の真正担保**

供託物取戻請求権の譲渡通知書に押印されている供託者の印鑑について，当該通知書に印鑑証明書が添付されていない場合であっても，譲渡の方法は諾成・不要式の譲渡契約によるので譲渡そのものは有効であり，適法な譲渡通知書として取り扱って差し支えありません。したがって，その後，取戻請求権に基づき供託者から払渡請求があった場合にはこれに応ずることはできません。

なお，譲渡通知書に押印されている供託者の印鑑に係る印鑑証明書が添付されていない場合，供託所は，当該譲渡通知が譲渡人たる供託者の真意に基づいてされたものか判断できないので，供託法令上の規定はありませんが，譲受人が供託物の払渡請求をする際に，実務上，譲渡通知の真正を担保する

方法として，譲渡人の印鑑証明書を提出させる取扱いをしています（昭和35年度全国供託課長会同決議102問・先例集(3)［1］17頁）。

また，平成15年法務省令第60号による供託規則の一部を改正する省令施行前に受理した供託に係る供託物取戻請求権の譲渡通知書に押印された印鑑と供託所で保管している供託書副本に押印された印鑑（副本ファイルに転写された供託者の印鑑）が同一である場合には，少なくとも譲渡人たる供託者の真意に基づき譲渡された事実が認められると解されるので，改めて譲渡人の印鑑証明書を添付させる必要はありません（上記改正省令附則3）。

(3) 供託金利息の帰属問題

供託物払渡請求権の譲渡の効果として，供託金利息の帰属が問題となりますが，既に発生している供託金利息の請求権は，供託金払渡請求権とは別個独立した支分権たる利息債権と解されるので，譲渡通知書に利息請求権の譲渡について特に明記されていない場合には，当該譲渡通知書が供託所に送達された日の前日までの利息は譲渡人に，送達の日以後の利息は譲受人に対して払い渡すことになります（昭33.3.18民事甲592号通達・先例集［698］850頁）。

なお，この場合の利息は，その月の暦日数による日割計算によって算出します（昭3.12.3民事甲12237号回答・先例集［277］203頁）。

■ 2　供託物払渡請求権の質入れ ■

(1) 質権とは

質権とは，担保権の目的物の占有を債権者に移転し，債権者は，弁済があるまではこの目的物を留置して（留置的効力）間接的に弁済を強制するとともに，弁済がない場合には，この目的物につき，他の債権者に優先して弁済を受ける（優先弁済効力）という約定担保物権をいいます。動産・不動産質，権利質があり，金銭を目的とする債権に限らず，特定物の給付又は一定の行為を目的とする債権，また，現存する債権に限らず，将来発生する債権，増減変動する債権でも設定できます。供託物払渡請求権は，譲渡性を有する財産権に当たるので，債権質の対象となります（民362Ⅰ）。

これを民法494条による弁済供託において，供託物還付請求権に質権が設

第Ⅳ編　供託成立後の権利変動

定された場合を当てはめてみると，被供託者が質権設定者，供託所が第三債務者となります。質権設定の通知を受けた場合，質権の設定は差押え同様，第三債務者は弁済を禁じられると解されているため（民481の類推適用），第三債務者は自己の債権（質権設定者）への弁済はできないことになります。

　なお，質権は，担保権の目的物の占有を債権者に移転することにより，弁済があるまで目的物を留置して間接的に弁済を強制するという留置的性質を有しますが，目的物が債権の場合には留置的性質はありません。他の債権者に優先して弁済を受ける担保物件としての機能や，弁済期到来後取立て可能であることを期待して，設定されているようです。

(2)　**対抗要件**

　指名債権を質権の目的としたときは，第三債務者に質権の設定を通知し，又は第三債務者がこれを承諾しなければ，これをもって第三債務者その他の第三者に対抗することができません（民364，467）。

　したがって，供託物払渡請求権の質入れの場合にも，質権設定者から第三債務者たる供託所に対して質権設定の通知をすることを要します。

(3)　**供託金還付請求権者の払渡請求の方法**

（登記情報425号46頁（1997））

　　ア　**質権者**からの直接取立てによる払渡し

　供託物払渡請求権の質権者は，供託所に対して直接供託物の還付又は取戻しの請求をすることができます（民366Ⅰ）。

　ただし，払渡請求の添付書面として質権の被担保債権の現存債権額及び履行期の到来を証する確定判決若しくはそれと同一の効力を証する書面（質権設定者による質権実行承諾書）が必要です。

　また，民事執行法の定める担保権実行方法により当該質権の目的たる供託物払渡請求権を差押え，又は転付命令を得て払渡しを請求することもできます（民執193，143）。

　この場合の供託物の具体的な払渡請求手続は，強制執行による差押え又は転付命令がされた場合における取扱いと同様です。

450

イ　供託金利息

　供託金利息について質権設定した旨の記載が質権設定通知にないときは，通知書送達日以後の利息を質権者に払い渡します。

　ただし，質権実行時において現存する被担保債権額を超えて払い渡すことはできません。質権は，質権者の有する被担保債権の全部又は一部の弁済がされなかったときに，質権を実行して質物から優先してその弁済を受ける権利であることがその理由です。

第2章
供託物払渡請求権の処分の制限による権利変動

第1 供託金払渡請求権に対する強制執行

1 総説

(1) はじめに

供託物払渡請求権に対する差押え又は仮差押えの執行は、執行裁判所又は保全執行裁判所が発する命令を第三債務者である供託所(法務局)及び債務者に送達することによって行われ、その効力は第三債務者である供託所に送達された時に生じるものとされています(民執145Ⅳ、民保50Ⅴ)。

Q82 供託所に送達される債権差押命令書はどのような形式となっているか？

A

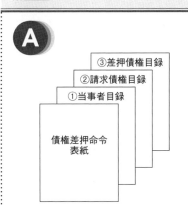

供託所を第三債務者として送達される
差押命令書の構成
債権差押命令表紙
{ ①当事者目録
  ②請求債権目録
  ③差押債権目録 }

その他、陳述書も同封されている。

① 当事者目録

債権に対する差押命令又は仮差押命令の申立書には、第三債務者の表示をする必要があるが(執行規則133Ⅰ、保全規則18Ⅰ)、供託物の払

453

渡請求権を差し押さえる場合，国が第三債務者となり，その表示は，第三債務者「国」，その代表者を「供託官　○○○○」とし，送達の場所は「甲法務局供託官　○○○○」と表示すべきこととされている。なお，第三債務者の表示を「国」，その代表者を法務局長又は地方法務局長として本局に送達された場合には，便宜有効なものとして取り扱って差し支えないが，法務局又は地方法務局の支局に送達された場合には，当該供託官に対する差押命令又は更正決定の送達がされない限り，無効となる（昭25.3.11民事甲723号回答）。また，代表者を法務大臣，送達場所を法務局長又は地方法務局長とする供託金の差押命令（又は仮差押命令）は，供託所が本局である場合には有効なものとして取り扱って差し支えないこととされている（昭37.5.29民事甲1474号回答・先例集(3)［37］98頁）。

② 請求債権目録

　　払い渡すべき合計金額は，差押債権者の債権及び執行費用を超えることができないとされている。そこで先例において，この額は，送達された差押命令の記載によって判断して差し支えない（民執通達第四・二・1・㈠・⑵なお書き・先例集(6)［68］331頁）とされているので，差押命令に添付される請求債権目録に記載された金額（「元金」「遅延損害金」「執行費用」等の合計金額）によって，この上限を判断することとなる。つまり，ここに記載された合計金額が払い渡すことのできる上限金額となる。

③ 差押債権目録

　　差押命令には，差し押さえるべき債権の種類等を記載し，同債権を特定する必要がある。供託金の払渡請求権を差し押さえる場合，一般的には，供託年月日，供託年度，供託番号，債務者の表示，供託者の表示，供託金額を記載するが，その同一性の判断は，差押事件ごとに行う。

　　例えば，供託年月日，供託番号の記載はなくても，債務者の表示と供託者の表示，供託金額，供託法令条項が一致し，供託物が特定でき

第2章　供託物払渡請求権の処分の制限による権利変動

る差押・添付命令による払渡請求は却下できないとされている（昭38.
7．4民事甲1866号通達・先例集(3)［98］314頁）。

(2)　第三債務者に対する陳述の催告（124頁参照）

差押債権者は，供託官に対しても他の第三債務者と同様に，債権の存否，
範囲などの事項について陳述を求めることが認められています（民執147Ⅰ，
執行規則135Ⅰ）。

第三債務者である供託官は，裁判所書記官から陳述の催告があった場合に
は，差押命令送達の日から2週間以内に書面で陳述する必要があり（執行規
則135Ⅱ），仮に陳述をしなかった場合で，これにより債権者が損害を受けた
場合には，第三債務者である供託官はその損害の賠償責任を負うこととなり
ます（民執147Ⅱ）。

(3)　事情の届出（138頁参照）

ア　供託官の事情届とその時期

金銭債権について，差押えが競合した場合，差押えと仮差押えが競合した
場合，第三債務者は，民事執行法156条2項により債権の全額に相当する金
銭を債務履行地に供託しなければなりません（義務供託）。

このことは，供託金払渡請求権について供託官を第三債務者として（仮）
差押命令が執行された場合も同じであり，供託を維持し，供託金払渡請求に
応ずることができるときに，民事執行法156条3項に基づき執行裁判所に事情
の届けをすることとなります（民保50Ⅴ，民執193Ⅱにおいて準用する場合を含む。）。

この事情届に基づき，執行裁判所による配当等の実施が行われます。

この点，既にされた供託に係る供託金払渡請求権に対して差押えがされた
場合でも，差押えが競合しない場合には，事情届を提出する必要はなく，差
押債権者の取立てに応じて差し支えないこととされています（民執通達第
四・二・1・㈠・(2)・先例集(6)［68］331頁）。

一方，①差押え等が競合し又は配当要求がされ，かつ，②供託金払渡請求
に応ずることができるときには，事情届を提出することとされています（民
執通達第四・二・1・㈡・(1)・先例集(6)［68］332頁）。

第Ⅳ編　供託成立後の権利変動

　つまり，供託者が執行供託をする場合における義務供託に対応するケースにおいてのみ事情届を提出し，権利供託に対応するケースにおいては事情の届出は要しないということになります。

　供託官が事情届を行う時期は，「供託義務が生じたとき」とされています。

　債権執行において，配当を受けられる債権者の範囲が決まるいわゆる配当加入遮断効が生ずるのは，民事執行法156条の規定に基づく「供託をした時」とされ（民執165），これに基づく供託をした旨の事情届の時期について特段規定はありませんが，供託をした時点と解されています。しかし，供託物払渡請求権に対して差押え等がされた場合には，実際に供託はしないので，どの時点で「供託をした時」に当たるかが問題になります。この点については，供託所が国家機関であること等から，「供託義務が生じた時」に民事執行法156条2項の規定による供託がされたと解するのが最も適切であるとされ，実務の取扱いもこれにより運用されています。

　供託官における供託義務は，①供託金の払渡請求について差押えの競合が生じていること，②供託金の払渡請求に応ずることができるときに発生します。「払渡請求に応じることができるとき」とは，払渡請求をするにあたっての実体的な要件を具備した場合（弁済期の到来した場合等）のことで，供託官は，速やかに最初に送達された差押命令を発した裁判所に対して事情の届出をします（執行規則138Ⅲ，準則76，民執通達第四・二・1・㈡・(3)・先例集⑹〔68〕332頁）。この場合の供託金は，執行裁判所からの支払委託によって払い渡すことになります。

【払渡請求に応ずることができるとき】

供託の種類	取戻し・還付の別	払渡請求に応ずることができるとき	根拠先例等
①裁判上の担保供託	取戻請求権	①担保取消決定が確定し，決定正本と確定証明書を添付して取戻請求があったとき ②供託原因消滅証明書を添付して取戻請求があった	民執通達第四・二・㈡・(2)

456

第2章　供託物払渡請求権の処分の制限による権利変動

		とき	
	還付請求権	被担保債権の存在を証する確定判決・和解調書等を添付して還付請求があったとき	
②営業保証供託	取戻請求権	供託原因が消滅したとき	
③仮差押解放金	取戻請求権	他の債権者から差押えがあったとき	昭57. 6. 4民四3662号通達
④みなし解放金の執行供託	還付請求権	他の債権者から差押え等がされたとき	民保通達第二・三・(1)・ウ・(イ)
⑤弁済供託	取戻請求権	差押債権者又は供託者から,「供託不受諾」を事由として払渡請求があったとき	民執通達第四・二・(二)・(2)
	還付請求権	①差押債権者又は被供託者から, 供託受諾又は供託を有効と宣言する確定判決が提出されたとき ②差押債権者又は被供託者から,「供託受諾」を事由として払渡請求があったとき	

　(ア)　仮差押解放金の場合（179頁，359頁）

　仮差押解放金の供託金取戻請求権について差押命令が送達されたときは，その差押えが仮差押えの本執行としての差押えであることが明らかな場合を除いて，供託官は直ちに執行裁判所へ事情の届出をする必要があります。

　反対に，差押えが本執行としての差押えであることが明らかな場合には，債権者からの払渡請求に応じて差し支えないこととなります。

　仮差押解放金の供託は，供託書には，当該仮差押命令の事件番号及び債権者の表示がされている程度ですので，差押命令のみでは，その同一性の判断は難しくなります。本案判決の謄本等を添付し，供託官が当該差押えが，仮差押えの本執行移行であることが明らかであるとして，その同一性が確認できれば，債権者に直接支払うことも可能と考えます。

457

第IV編　供託成立後の権利変動

　　(ｲ)　みなし解放金の場合（179頁，367頁参照）

　みなし解放金（民保50Ⅴ，民執156Ⅰ）の供託の還付請求権について差押命令が送達された場合，その差押えが，仮差押えの本執行移行であることが明らかな場合は，差押命令の送達により，当該供託は民事執行法156条1項の供託に転化することとなります。

　また，みなし解放金を供託後，仮差押債権者と，仮差押債務者（被供託者）の間で，供託金の帰属を仮差押債権者とすることで和解等が成立した場合，供託金の還付請求権を仮差押債権者へ譲渡し，その後，仮差押債権者が当該仮差押えを取下げ，譲受人から供託金を払渡請求する方法も実務上はとられているようです。

Q83 仮差押えの執行を原因とする民事保全法50条5項，民事執行法156条1項による供託後，仮差押債権者がその本執行として供託金還付請求権を差し押さえた場合，供託官は事情届をするのか？

A　供託所においてこの差押えが当該仮差押えの本執行としての差押えであることが明らかである場合（例えば，差押命令の差押債権目録中に「尚，本件は仮差押えからの本差押えへの移行である」との記載等）には，第三債務者が供託した時点と権利関係に変化はなく，またその事情については執行裁判所が最も熟知していると考えられることから，供託官は事情届をすることは要しないとされている（昭57.4.13民四第2591号・先例集(7)［6］10頁）が，供託所によっては，裁判所との申し合わせにより，本執行としての差押えであることが明らかである場合においても事情届をする取扱いとしている場合があるので，供託所へ確認することが望ましい。払渡しについては，本執行としての差押えがなされた時，配当加入遮断効が生じ，民事執行法156条1項の執行供託に転化するので，支払委託によることとされている。

第2章　供託物払渡請求権の処分の制限による権利変動

▌ 2　供託物払渡請求権に対する強制執行 ▌

(1)　供託物払渡請求権に対して差押えが送達された場合，又は複数の差押えが送達されたが差押えが競合していない場合

　供託物払渡請求権について差押えがされた場合，第三債務者たる供託所は，当該差押えに基づき改めて民事執行法156条の規定に基づく供託をする必要はなく，また，差押金額が差押えに係る供託金払渡請求権の額以下の場合には，供託所に第三債務者としての供託義務が生じないので，執行裁判所に対し同条3項の規定による事情の届出をする必要はありません。

　なお，供託所は，差押債権者から取立権（民執155Ⅰ）に基づく払渡請求がされた場合には，他の差押え等と競合していない限り供託金の払渡しができます。この場合の取立権の範囲は，差押債権者の債権及び執行費用の限度を超えることができないので（同155Ⅰただし書），供託金の払渡金額は，差押命令に記載された請求金額（債権及び執行費用）の記載によって判断する必要があります。

　差押債権者の取立権に基づく払渡しに応ずることができるのは，差押命令が債務者に対して送達された日から1週間が経過していることを要します（民執155Ⅰ）が，供託所は，債務者への差押命令の送達日を知り得ないので，差押債権者が取立権に基づき払渡請求をするにあたっては，供託規則24条1項1号又は25条1項の書面として，これを証する書面の添付を要します（裁判所書記官から差押債権者に発せられた差押命令の送達通知書等。執行規則134，民執通達第四・二・1・㈠・(1)・(2)・先例集(6)［68］331頁）。

　以下の事例で考えてみましょう。

459

第Ⅳ編　供託成立後の権利変動

例1） Aは，Bが返済金の受領を拒否していることから，Bの受領拒否を原因として金10万円を供託しました。ところが，その後，Bに金8万円を貸していた乙が，Bの還付請求権のうち金8万円を差し押さえました。供託所は乙からの取立てに応じることができますか。

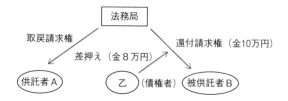

解説

　本事例は，Bの還付請求権は金10万円，差し押さえた債権者が乙1人で，かつ，差押債権額も金8万円であることから，差押えは競合していません。差押えが競合していない場合には，第三債務者は，供託をするか，債権者からの直接取立てに応じるかを選択することが可能です（権利供託：民執156Ⅰ）。しかしながら，供託所が供託することは認められていません。供託所にプールしてあるお金を一旦引き出して，再度供託することはどう考えても合理的ではありません。したがって，本事例の場合は差押債権者乙が直接取り立てるしか方法がありません（民執通達第四・二・1・㈠・⑵・先例集⑹［68］331頁）。

　なお，差押債権者が還付請求を行う場合には，印鑑証明書等に加え，債務者に対して差押命令が送達された日から1週間を経過した書面である「送達証明書」の添付が必要となります。

例2） Aは，Bが返済金の受領を拒否していることから，Bの受領拒否を原因として金10万円を供託しました。ところが，その後，Bに金3万円を貸していた乙が，Bの還付請求権のうち金3万円を差し押さえ，また，Bに金4万円を貸していた丙が，同請求権のうち金

4万円を差し押さえました。供託所は乙及び丙からの取立てに応じることができますか。

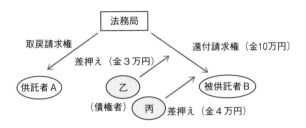

解説

本事例は，差し押さえた債権者が乙及び丙の2人ですが，差し押さえられた合計額は金7万円であることから，差押えは競合していません。したがって，例1と同様の結論となります。債権者乙，債権者丙それぞれから払渡請求があれば，請求に応じることになります。

例3） 差押債権者Cが供託所に民事執行法155条1項に基づき直接取立てに来ましたが，請求債権目録と差押債権目録に記載されている金額が異なっていました。供託官はどこまでの供託金額及び供託金利息を払い渡すことができますか。

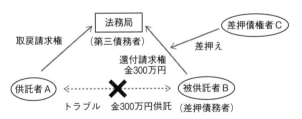

解説

Bの金300万円の還付請求権を差し押さえたCが，第三債務者である供託所に民事執行法155条1項に基づく直接取立てをした場合（その他の払渡しをするための要件は整っています。），以下の事例ごとに分けて検討することとします。

第Ⅳ編　供託成立後の権利変動

　なお，取立てが可能であるので，払渡請求権に対してなされた差押え
が競合していないことが前提です。
ア　請求債権目録記載の金額よりも差押債権目録記載の金額が大きい場
　合

<table>
<tr><td colspan="2">請求債権目録記載の金額</td><td>差押債権目録記載の金額</td></tr>
<tr><td>差押債権者の債権及び執行費用</td><td>の額　＜</td><td>（差押供託金額）</td></tr>
<tr><td>【金100万円】</td><td></td><td>【金150万円】</td></tr>
</table>

　　この場合において，差押命令書の請求債権目録記載の金額が金100万
円であれば，差押債権者に対し同目録に記載された　差押債権者の債
権及び執行費用　の額に相当する供託金のみを払い渡すことになりま
す。供託金利息を付すことはできません（金100万円のみ払い渡す。）。
イ　請求債権目録記載の金額と差押債権目録記載の金額が同額の場合

<table>
<tr><td colspan="2">請求債権目録記載の金額</td><td>差押債権目録記載の金額</td></tr>
<tr><td>差押債権者の債権及び執行費用</td><td>の額　＝</td><td>（差押供託金額）</td></tr>
<tr><td>【金150万円】</td><td></td><td>【金150万円】</td></tr>
</table>

　　この場合において，差押命令書の請求債権額と差押債権額が同額の金
150万円であれば，差押債権者に対し　差押債権者の債権及び執行費用
の額に相当する供託金のみを払い渡すことになります。この場合も供
託金利息を付すことはできません（金150万円のみ払い渡す。）。
　　実際の差押債権目録には，差押金額（頭書金額）のただし書として，
「ただし，債務者が第三債務者に対して有する供託金の還付（取戻）
請求権に対して，頭書金額に満つるまで」※と記載され，その頭書金
額が請求債権目録の合計金額と一致している例が多いです（供託金額
はそれよりも大きい。）。
ウ　請求債権目録記載の金額よりも差押債権目録記載の金額が少ない場
　合

462

第2章　供託物払渡請求権の処分の制限による権利変動

請求債権目録記載の金額	差押債権目録記載の金額
差押債権者の債権及び執行費用 の額 ＞	（差押供託金額）
【金250万円】	【金200万円】

　このケースでは，差押命令において既発生供託金利息が差し押さえられているかいないかで，結論が変わります。

㋐　既発生の供託金利息全部が差し押さえられている場合

　　この場合において，差押命令書の請求債権目録に記載された合計金額が金250万円であるので，この金250万円を限度（上限）として，差押債権目録に記載された差押供託金額及びこれに対する供託月の翌月から払渡月の前月までの供託金利息の合計金額を払い渡すことになります。

　　このように既発生利息を差し押さえておけば，差押債権者は供託月の翌月からの供託金利息を受け取ることができます。

㋑　既発生の供託金利息が差し押さえられていない場合

　　前提として，差押命令は第三債務者に送達された時に効力を生じるので（民執145Ⅳ），供託金利息については，差押命令送達日以降の利息にしか差押えの効力が及ばないことになります。よって，差押命令送達日の前日までの供託金利息については差押債務者（上記設例ではB）に払い渡し，差押命令送達日以降の供託金利息は，供託額を含めた払渡合計額が 差押債権者の債権及び執行費用 の額に達するまでは差押債権者（差押債権者C）に払い渡すこととなります。この場合，供託金利息を日割計算する必要があります。

　　もちろん，差押命令の送達月当月に差押債権者が直接取立てに来た場合は，差押供託金額のみを払い渡すため供託金利息を付すことはできませんので，上記事例では金200万円のみ払い渡すこととなります。

※　「頭書金額に満つるまで」と記載のある差押債権目録の記載

　「頭書金額に満つるまで」と記載のある差押債権目録の記載におい

第Ⅳ編　供託成立後の権利変動

て，差し押さえる金額（金○○○○円＝頭書金額）の後にただし書とし
て「～供託金還付（又は取戻）請求権及び供託金利息払渡請求権にし
て，頭書金額に満つるまで」と記載されている場合，差押命令の効力
は，その記載のとおり供託金のほか既発生利息の供託金利息まで及ん
でいますが，「頭書金額に満つるまで」という制限が付されていると
解されます。よって，既発生の供託金利息金額を計算し，その金額と
供託金額の合計額が頭書金額を超えている場合は，超えた部分につい
ては差押えの効力が及んでいないことになります。差押命令送達後の
利息については，差押えの効力が及び，それは「頭書金額に満つるま
で」の枠外なので既発生利息と区別することとなります。

(2)　供託物払渡請求権に差押えが競合した場合

　供託金の払渡請求権に差押えが競合する場合とは，①複数の差押えがされ，
各差押え金額の合計額が差押えの執行に係る金銭債権額を超える場合，②差
押えと仮差押えがされ，各差押え等の合計金額が差押え等の執行に係る金銭
債権額を超える場合，③差押えがされた後，配当要求があった場合などが該
当します。

　通常の金銭債権に対する差押え等が競合した場合でも，弁済期が到来し又
は条件が成就しない限り，第三債務者は具体的な供託義務を負うことはあり
ません。第三債務者が供託所である場合でも同様に供託義務を負いますが，
実務上の取扱いとして，供託所は，そのまま供託を持続することとし，供託
金払渡請求に応ずることができるときに，供託官は，民事執行法156条３項
の規定に基づき執行裁判所に事情の届出をします（民執通達第四・二・１・
㈡・(1)・先例集(6)［68］332頁）。

(3)　供託金払渡請求権に対する仮差押え

　仮差押えは，第三債務者に対して送達された時に効力を生じます（民保50
Ⅴ，民執145Ⅳ）。仮差押命令の送達の際に陳述の催告がされることがあるこ
となどは差押命令の場合と同様です。

　仮差押債権者には取立権がありませんから，仮差押債権者からの払渡請求

第2章　供託物払渡請求権の処分の制限による権利変動

に応ずることはできません。

供託金払渡請求権に対して，仮差押えが執行された場合，また，仮差押えの執行のみが競合した場合においては，供託所に供託義務は生じません。この場合，執行裁判所に対して事情の届出をする必要はありません（民保通達第三・二・(1)・先例集(8)［10］69頁）。

仮差押えの執行がされている供託金払渡請求権に対して，事後に他の債権者による差押えがされ差押え等が競合した場合において，供託金の払渡請求に応ずることができるときは，事情の届出等の処理をします（民保通達第三・二・(2)・先例集(8)［10］69頁）。

第2　供託物払渡請求権に対する強制執行と滞納処分

【1　供託物払渡請求権について強制執行による差押えと滞納処分による差押えがされた場合】

供託物払渡請求権に対しても滞納処分による差押えは可能です。そして，滞納処分による差押えが1件の場合は，その差押えを行った滞納処分庁は取り立てることができます。滞納処分による差押えは，債権の全額差押えをした上で，その全額を取り立てることが原則です（国徴法63，67）。なお，滞納処分庁が取り立てる際には供託法令に従って取り立てることとなります。

また，供託物払渡請求権に，滞納処分による差押えがされ，さらに，滞納処分による差押えがされた場合には，後で差し押さえた徴収職員は取り立てることができません。供託物払渡請求権に滞納処分による差押えが重複した場合には，先順位の差押えをした滞納処分庁に払渡しがなされることになります。

次に，供託物払渡請求権に，滞納処分による差押えがされ，その残余の部分について強制執行による差押えがあった場合の手続は以下のとおりとなります。

(1)　滞納処分が先行する場合

供託金払渡請求権の一部に対して，まず，①滞納処分による差押えがされ，

465

第Ⅳ編　供託成立後の権利変動

次いで，②その残余の部分を超えて強制執行による差押えがされて競合した場合，後の差押えにより先行する①の滞納処分の効力は影響を受けないので，滞納処分による差押えがされている部分について徴収職員等から供託金の払渡請求があったときは，供託官は払渡しを認可して差し支えないとされています（民執通達第四・三・1・㊀・(1)・先例集(6)［68］333頁）。

　なお，既発生の供託金利息については，差押通知書に既発生の利息が差し押さえられている旨が記載されているときは払い渡すことができます。

　また，滞納処分は，仮差押え，仮処分によりその執行を妨げられることはありませんので（国徴法140），仮差押えの執行が滞納処分による差押えに先行又は後行する場合であるかどうかを問わず，いずれも滞納処分による差押えが優先するとされています。

　したがって，徴収職員等から差押えがされた部分について，供託金の払渡請求があったときは，これを認可して差し支えありません（民執通達第四・三・2・㊀・先例集(6)［68］335頁）。

466

第2章 供託物払渡請求権の処分の制限による権利変動

【事例1】

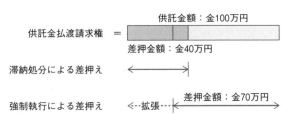

金100万円の供託金払渡請求権に対して、まず、金40万円の滞納処分による差押えがされ、次いで、その残余の部分金60万円を超えて、金70万円の強制執行による差押えがされた場合には、先行する滞納処分による差押えがされている部分について徴収職員等から払渡請求があったときは、供託官はこの払渡しを認可することとなります。滞納処分の効力の及んでいない残余の部分については、強制執行による差押債権者は、自らの取立権又は転付命令に基づいて払渡請求をすることができるとされています（民執通達第四・三・1・㈠・⑵・ア・先例集⑹［68］334頁）。

【事例2】

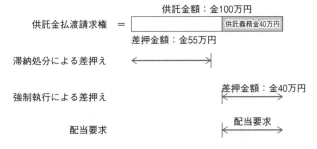

金100万円の供託金払渡請求権に対して金55万円の滞納処分による差押えがされ、その残余の金45万円の範囲内、例えば金40万円の強制執行による差押えがされ、更にこの差押えにつき配当要求があった旨を記載した文書の送達を受けたような場合には、強制執行による差押えの金額の金40万円について供託義務が生じることとなります。そして、民事執

467

第Ⅳ編　供託成立後の権利変動

行法156条3項の規定により事情の届出をします。

【事例3】

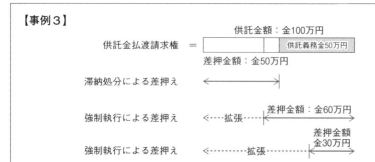

　金100万円の供託金払渡請求権に対して金50万円の滞納処分による差押えがされ，これに金60万円の強制執行による差押えと金30万円の強制執行による差押えがされたような場合には，強制執行による差押えの効力は債権全額に及び，債権全額について供託義務を負うことになりそうですが，先行の滞納処分による差押えが優先するので，現実に執行裁判所が配当可能となる金額は，滞納処分による差押えがされていない部分の金50万円のみとなります。

　この場合の事情届は，民事執行法156条3項によるものであり，滞調法20条の6第2項によるものではないので，執行裁判所にすれば足りるとされます。

【事例4】

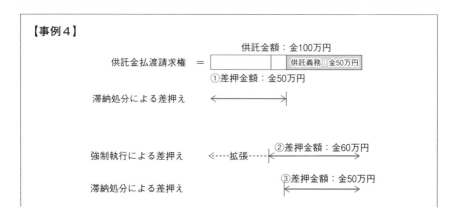

468

金100万円の供託金払渡請求権に対して金50万円の滞納処分による差押えがされている場合，金60万円の強制執行による差押えがされ，更に金50万円の滞納処分による差押えがされたような場合には，差押えが競合する金50万円について供託義務が生じることとなりますので，滞納調整法36条の6第2項の規定により事情の届出をしなければならないとされています。

(2)　強制執行が先行する場合

【事例5】

```
                          供託金額：金100万円
供託金払渡請求権　＝ ┌──────┬──────┐
                    └──────┴──────┘
                     ①差押金額：金50万円

強制執行による差押え  ←──────→┆‥‥‥‥拡張‥‥‥‥→

                                  ┆②差押金額：金60万円
滞納処分による差押え          ←──────→
```

　供託金払渡請求権に対して，まず，強制執行による差押えがされ，次いで，滞納処分による差押えがされ差押えが競合した場合で，供託金の払渡しに応ずることができるときには，滞調法36条の6第2項の規定に基づいて執行裁判所に対してその事情の届出をすることとなります。

　供託所からの事情の届出があったときは，裁判所書記官はその旨を徴収職員等に通知することを要しますが（滞調法36の6Ⅲ），この場合の供託金の払渡しは，執行裁判所の配当等の実施としての支払委託に基づいて行われます（民執通達第四・三・1・㈡・(1)・先例集(6)［68］334頁）。

第Ⅳ編　供託成立後の権利変動

2　供託金払渡請求権について仮差押えの執行と滞納処分による差押えがされた場合

(1)　滞納処分による差押えが先行する場合

【事例６】

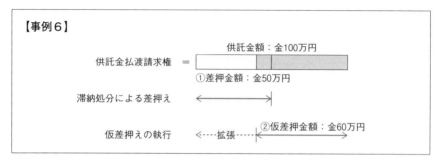

(2)　仮差押えが先行する場合

【事例７】

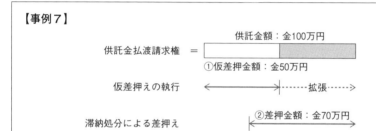

　供託金払渡請求権に対して，①滞納処分による差押えがされた後に仮差押えの執行がされた場合（事例６），②仮差押えの執行がされた後に滞納処分による差押えがされた場合，それぞれ仮差押えの執行の効力は，当該供託金払渡請求権の全部に及びますが（滞調法20の９による同20の４の準用，同36の12による同36の４の準用），いずれも滞納処分が優先します（国徴法140，民保通達第三・二・(3)・ア・(ｱ)・先例集(8)［10］70頁）。

　仮差押えの執行と滞納処分による差押えとが競合した場合において，徴収職員等から滞納処分による差押えがされた部分について供託金の払渡請求がされたときは，供託官はこれを認可して差し支えないとされています（民保通達第三・二・(3)・ア・(ｲ)・先例集(8)［10］70頁）。

3　供託金払渡請求権について強制執行による差押えと仮差押えの執行と滞納処分による差押えがされた場合

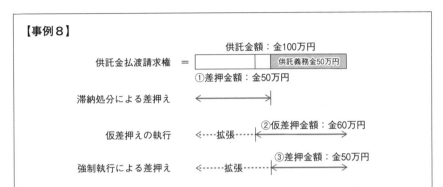

　供託金払渡請求権の一部について，滞納処分による差押えとその残余の部分を超える仮差押えとが競合している場合において，更に強制執行による差押えがされたときは，その残余の部分につき民事保全法50条5項で準用する民事執行法156条2項の規定による供託義務が生じますので，第三債務者たる供託官は，供託金の払渡しに応ずることができるときに，差押命令を発した執行裁判所に事情の届出をすることを要します。この残余の部分の払渡しは，執行裁判所の配当等の実施としての支払委託によって行われます（民保通達第三・二・(3)・イ・先例集(8)［10］70頁）。

第3　供託物払渡請求権の時効消滅

　供託物払渡請求権（供託物還付請求権又は取戻請求権）は，供託所を債務者とする供託物に対する実体的請求権であり，消滅時効によって消滅し（民166Ⅰ，167Ⅰ），供託関係は終了するとされています。時効完成後は，供託所は供託物を払い渡すことができません。

　供託物は国庫に帰属したものとして，供託所において歳入納付の手続が取られることとなります。

第Ⅳ編　供託成立後の権利変動

時効消滅の期間は，昭和45年7月15日の最高裁大法廷判決を契機として，民法167条1項「債権は，10年間行使しないときは，消滅する。」との規定どおり10年とする解釈が定着しています。

第4　供託振替国債に関する強制執行

1　供託振替国債払渡請求権の差押え

「その他の財産権に対する差押え」の規定が適用され，その換価手続は，民事執行法161条1項に規定されています（平15.1.6民商2通達第5の1(1)ア・民事月報58巻5号320頁（2003））。

2　供託振替国債の換価手続（民執167適用）

振替国債を含む振替社債等に関する強制執行の規定（社振法280，執行規則150の6以下）は，振替社債等の発行者に対する償還請求権に対する強制執行を規律するもので，供託振替国債払渡請求権に対する強制執行を規律するものではありません（民事月報58巻5号7頁（2003））。振替国債の払渡請求権を差し押さえられた場合には，民事執行法161条1項の「その他の事由によりその取立てが困難であるとき」に該当し，その換価手続は，債権者の申立てにより，執行裁判所が発する譲渡命令又は売却命令その他相当な方法による換価を命ずる命令によるとされています（平15.1.6民商2通達第5の1(1)ア・民事月報58巻5号332頁（2003））

供託振替国債払渡請求権に対する差押えは，差押後にされる代供託及び附属供託の供託金についてもその効力が及びます。ただし，保証供託の還付請求権を差し押さえたときは保証供託の利息は供託者に払い渡すべきものであるから，当然利息の供託たる附属供託に対しての差押えの効力は及びません。

この場合の取扱いについては，別途通達が発せられています（平15.3.26民商875通達・民事月報58巻5号382頁（2003））。

①　譲渡命令による場合

執行裁判所からの供託官あて譲渡命令正本送達

第2章　供託物払渡請求権の処分の制限による権利変動

　　　→差押債権者からの払渡請求，確定証明書添付
②　売却命令の場合
　　執行官からの供託官あて確定日付ある証書による債権譲渡通知送達
　　　→買受人からの払渡請求

▌3　供託振替国債払渡上の注意 ▌

　供託振替国債を払い渡す際には，払渡振替停止期間があり，その間は払渡請求ができないとされていますので注意が必要です（規則23の2）。

巻末資料編

【資料1】	不動産強制競売手続フロー	477
【資料2】	動産執行手続フロー	478
【資料3】	債権執行手続フロー	479
【資料4】	民事事件記録符号規程（平成28年最高裁判所規程第1号）	480
【資料5】	供託の種類・当事者・管轄別一覧表	482
【資料6-①】	代理人の権限を証する書面一覧	484
【資料6-②】	代表者の資格を証する書面（及び支配人の代理権限証書）一覧	485
【資料6-③】	代表者の資格を証する書面（及び支配人等の代理権限証書）一覧	487
【資料6-④】	代表者の資格を証する書面一覧 (1)	489
【資料6-⑤】	代表者の資格を証する書面一覧 (2)	490
【資料7】	還付・取戻請求に共通に添付・提示すべき一般的書類一覧	492
【資料8】	裁判上の担保供託等の主な法令条項一覧	494
【資料9】	配当留保及び不出頭供託一覧	498
【資料10】	仮処分解放金の一般型と特殊型の比較	499
記載例1	訴訟費用の担保供託	500
記載例2	仮執行の担保供託	501
記載例3	強制執行続行の保証供託	502
記載例4-①	仮差押えの保証供託	503
記載例4-②	仮差押えの保証供託（第三者による場合）	504
記載例5	仮処分の保証供託	505
記載例6	相手方を特定しないでする仮処分，保全処分等	506
記載例7	仮執行を免れるための担保	507
記載例8	強制執行停止の保証供託	508
記載例9	強制執行取消の保証供託	509
記載例10	仮差押取消の保証供託	510
記載例11	仮処分取消の保証供託	511
記載例12	強制競売における配当留保供託	512
記載例13	配当等の実施における債権者不出頭供託	513
記載例14	配当等の実施における債務者不出頭供託	514
記載例15	執行停止中の動産の売却による売得金の供託	515
記載例16	金銭の支払を目的としない請求権に対する強制執行における供託	516
記載例17-(1)	第三債務者に対する差押えが単発の場合の権利供託	517
記載例17-(1)	債権額全額に単発の差押えがあった場合の供託	518
記載例17-(1)その他例①	支払日を過ぎてから供託する場合の供託	519
記載例17-(1)その他例②	自己の債権と相殺した金額を供託する場合の供託	520

記載例17-(2)① 債権額の一部に単発の差押えがあり差押債権額を供託する
場合 …………………………………………………………………… 521

記載例17-(2)② 債権額の一部に単発の差押えがあり債権の全額を供託する
場合の供託 ………………………………………………………… 522

記載例18-(1) (仮)差押えが2個以上であるが差押額の合計が債権額以下
の場合の供託 ……………………………………………………… 523

記載例18-(1) 複数の差押えが競合しない場合の供託（債権の全額を供託）…… 524

記載例18-(2) 仮差押えと差押えが競合しない場合の供託（債権額の一部を
供託：仮差押えが先行）………………………………………… 525

記載例18-(3) 差押えと仮差押えが競合しない場合の供託（債権額の一部を
供託：差押えが先行）…………………………………………… 526

記載例19-(1) (仮)差押えが2個以上で競合する場合の供託 ……………… 527

記載例19-(1) 差押えが2個以上で競合する場合の供託 …………………… 528

記載例19-(2) 差押えと仮差押えが競合する場合（差押えが先行）……… 529

記載例19-(3) 仮差押えと差押えが競合する場合の供託（仮差押えが先行）…… 530

記載例20 仮差押えと重複した差押えの一つが取下げ後の供託 ……… 531

記載例20 …………………………………………………………………… 532

記載例21 給与債権における差押禁止債権と供託 ……………………… 533

記載例21 …………………………………………………………………… 534

記載例22 扶養義務等に係る金銭債権を請求する場合における特例の供託 …… 535

記載例22 …………………………………………………………………… 536

記載例23 定期預金債権全額に差押えがされた場合の供託 …………… 538

記載例23 …………………………………………………………………… 539

記載例24-(1) 普通預金債権に複数の差押えがされた場合の供託(1) ……… 540

記載例24-(1) …………………………………………………………………… 541

記載例24-(2) 普通預金債権に複数の差押えがされた場合の供託(2) ……… 542

記載例24-(2) …………………………………………………………………… 543

記載例25 仮差押解放金の供託 ………………………………………… 544

記載例26 不動産に対する強制管理の方法による仮差押えの執行の配当等に
充てるべき金銭の供託 …………………………………………… 545

記載例27 動産に対する仮差押えの執行にかかる金銭供託 ………… 546

記載例28 動産に対する仮差押えの執行にかかる売得金の供託 …… 547

記載例29-(1) 債権の一部に仮差押えがされた場合又は仮差押えが競合する
場合の供託 ………………………………………………………… 548

記載例29-(1) 仮差押えが競合する場合の供託 …………………………… 549

記載例29-(2) 仮差押えが単発の場合の供託 ……………………………… 550

記載例29-(3) 複数の仮差押えの執行がされたが仮差押額の合計が債権の額
以下の場合 ………………………………………………………… 551

記載例30 仮処分解放金（一般型）…………………………………… 552

記載例31 仮処分解放金（特殊型）…………………………………… 553

払渡請求書記載例1 預貯金振込の場合（還付）……………………………… 554

払渡請求書記載例2 小切手払いの場合（還付）……………………………… 555

払渡請求書記載例3 預貯金振込の場合（取戻）……………………………… 556

払渡請求書記載例4 民事執行法91条2項の場合（還付）…………………… 557

払渡請求書記載例5 仮処分解放金供託者（仮処分債務者）による取戻請求
（一般型・特殊型／共通）…………………………………… 558

払渡請求書記載例6 仮処分解放金被供託者（仮処分債権者）による還付請
求（一般型）………………………………………………… 559

払渡請求書記載例7 仮処分解放金基本債権の債権者が還付請求権を差し押
えて取立てる場合 …………………………………………… 560

資　料

【資料１】不動産強制競売手続フロー

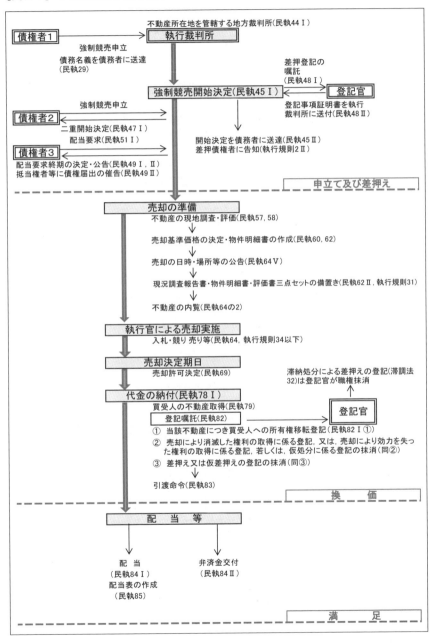

資　料

【資料２】動産執行手続フロー

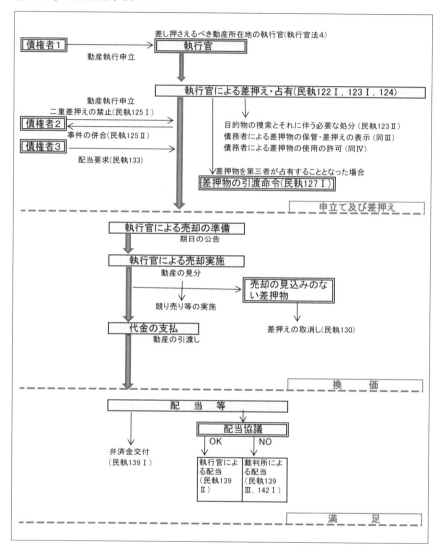

資　　料

【資料3】債権執行手続フロー

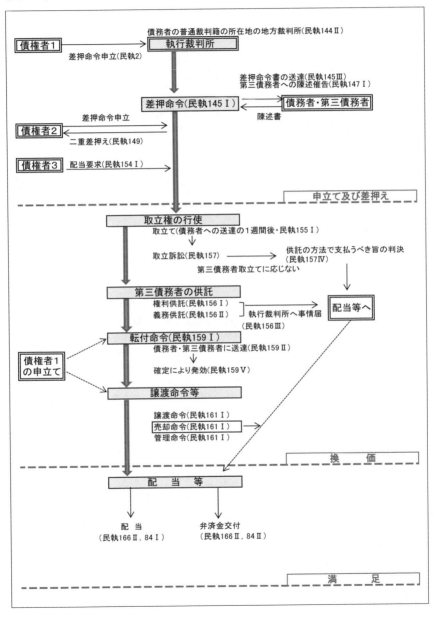

資　　料

【資料４】 民事事件記録符号規程（平成28年最高裁判所規程第１号）

[簡易裁判所]

事件記録名	符号	事件記録名	符号
和解事件	イ	抗告提起事件	ハソ
督促事件	ロ	借地非訟事件	借ノ
通常訴訟事件	ハ	民事一般調停事件	ユ
手形訴訟事件及び小切手訴訟事件	手ハ	宅地建物調停事件	セ
少額訴訟事件	少コ	農事調停事件	メ
少額訴訟判決に対する異議申立て事件	少エ	商事調停事件	ス
		鉱害調停事件	交
控訴提起事件	ハレ	交通調停事件	公
飛躍上告提起事件	ハツ	公害等調停事件	特ノ
少額異議判決に対する特別上告提起事件	少テ	特定調停事件	少ル
		少額訴訟債権執行事件	
再審事件	ニ	過料事件	ア
公示催告事件	ヘ	共助事件	キ
保全命令事件	ト	民事雑事件	サ

[地方裁判所]

事件記録名	符号	事件記録名	符号
通常訴訟事件	ワ	不動産，船舶，航空機，自動車，建設機械及び小型船舶に対する強制執行事件	ヌ
手形訴訟事件及び小切手訴訟事件	手ワ		
控訴提起事件	ワネ		
飛躍上告提起事件	ワオ	債権及びその他の財産権に対する強制執行事件	ル
飛躍上告受理申立て事件	ワ受		
再審事件	カ	不動産，船舶，航空機，自動車，建設機械及び小型船舶を目的とする担保権の実行としての競売等事件	ケ
公示勧告事件	ヘ		
保全命令事件	ヨ		
控訴事件	レ	債権及びその他の財産権を目的とする担保権の実行及び行使事件	ナ
上告提起事件	レツ		
抗告事件	ソ	財産開示事件	財チ
抗告提起事件	ソラ	執行雑事件	ヲ
民事非訟事件	チ	企業担保権実行事件	企
商事非訟事件	ヒ	破産事件	フ
借地非訟事件	借チ	再生事件	再
罹災都市借地借家臨時処理事件及び接収不動産に関する借地借家臨時処理事件	シ	小規模個人再生事件	再イ
		給与所得者等再生事件	再ロ
		会社更生事件	ミ
配偶者暴力等に関する保護命令事件	配チ	承認援助事件	承
労働審判事件	労	船舶所有者等責任制限事件	船
民事一般調停事件	ノ	油濁損害賠償責任制限事件	油

資　　料

宅地建物調停事件	ユ	簡易確定事件	集
農事調停事件	セ	簡易確定決定に対する異議申立て提	集ワ
商事調停事件	メ	起事件	
鉱害調停事件	ス	過料事件	ホ
交通調停事件	交	共助事件	エ
公害等調停事件	公	仲裁関係事件	仲
特定調停事件	特ノ	民事雑事件	モ
事情届に基づいて執行裁判所が実施	リ	人身保護事件	人
する配当等手続事件		人身保護雑事件	人モ

[高等裁判所]

事件記録名	符号	事件記録名	符号
通常訴訟事件	ワ	民事一般調停事件	ノ
控訴事件	ネ	宅地建物調停事件	ユ
上告提起事件	ネオ	農事調停事件	セ
上告受理申立て事件	ネ受	商事調停事件	メ
抗告事件	ラク	鉱害調停事件	ス
特別抗告提起事件	ラク	交通調停事件	交
許可抗告申立て事件	ラ許	公害等調停事件	公
再審事件	ム	民事雑事件	ウ
上告事件	ッツ	人身保護事件	人ナ
特別上告提起事件	ッテ	人身保護雑事件	人ウ

[最高裁判所]

事件記録名	符号	事件記録名	符号
上告事件	オ	許可抗告事件	許
上告受理事件	受	再審事件	ヤ
特別上告事件	テ	民事雑事件	マ
特別抗告事件	ク		

481

資　　料

【資料5】 供託の種類・当事者・管轄別一覧表

<table>
<tr><td colspan="3">供託の種類</td><td>内　　容
【代表的な供託例】</td></tr>
<tr><td rowspan="2">1</td><td colspan="2">弁済供託</td><td>金銭その他の財産の給付を目的とする債務を負担している債務者が，その債務を履行しようとしても，①債権者が何らかの理由でその受領を拒否した場合，②債権者の住所不明その他債権者側の事由でその受領ができない場合，③債権者が死亡しその相続人が不明であるなど，債務者の過失なくして債権者を確知できない場合に，その債務を免れるために行う供託

【地代家賃等（民494）】</td></tr>
<tr><td colspan="2">弁済供託に
準ずる供託</td><td>(1)
・破産法202条に基づく配当金の供託
・納税者その他の者に交付すべき金銭の供託（国税通則法121，地方税法20の8）
・仮登記担保法に基づく清算金の供託（仮登記担保契約に関する法律7）
(2)
・土地収用補償金の供託（土地収用法95，97）
・消滅する権利の補償金の供託（都市再開発法92）
(3)
・土地区画整理法78条・112条に基づく補償金の供託
・土地改良法123条に基づく損失補償金の供託</td></tr>
<tr><td rowspan="3">2</td><td rowspan="3">担保供託</td><td>営業上の
保証供託</td><td rowspan="2">特定の相手方が被る損害を担保するためにされる供託であり，法令の規定により，担保を供すべきものとされている場合に限って許される。</td></tr>
<tr><td>【営業者は，事業の開始し，又はその取引額若しくは前受金の増加に伴って，当該営業者との取引により債権を有する者又はその事業活動で被害を被った者の請求権を担保するための供託（宅建法25Ⅰ，旅行業法7Ⅰ，家畜商法10の2Ⅰ，10の5Ⅰ，10の6Ⅰ・等）】</td></tr>
<tr><td>税法上の
担保供託</td><td>【相続法等において，国税の延納を許可し，又は徴収を確保するため，納税者に一定の担保を提供させる（国税通則法46Ⅴ）】</td></tr>
<tr><td>裁判上の
担保供託</td><td>（第Ⅱ編・第1章「裁判上
（巻末資料8「裁判上の担保供託等</td></tr>
<tr><td>3</td><td colspan="2">執行供託</td><td>（第Ⅱ編・第2章「民事執行法上の供託（担保供託以外）」281頁，
（仮差押解放金・仮処分解放金，巻末資料8「裁判上の担</td></tr>
<tr><td>4</td><td colspan="2">没取供託</td><td>供託者と被供託者との間に何ら法律関係が存在しないにもかかわらず，特殊な目的をもってなされる供託である。権利の濫用の防止や行為者の誠実性の担保のため，一定の事実が生じるとそれを没取するもの。

【立候補の濫用防止，候補者が一定の得票に満たない場合等に，国又は地方公共団体がその供託を没収する選挙供託（公職選挙法92Ⅰ）】</td></tr>
<tr><td>5</td><td colspan="2">保管供託</td><td>目的物の散逸を防止するため，供託物そのものの保全を目的としてなされる供託，目的財産（弁済金額）又はその代価を保管しておくための供託。

【銀行，保険会社等の業績悪化で資産状態が不良となった場合，その財産の散逸を防止するため監督官庁が財産の供託を命ずる場合の供託（銀行法26，保険業法132）】</td></tr>
</table>

482

供託の当事者				供託所管轄
供託者	被供託者	第三者による供託の可否		
債務者	債権者	弁済供託における供託者は本来的には債務者であるが，物上保証人，担保不動産の第三取得者，同一不動産の後順位抵当権者等のように債務者のために弁済をすることができる第三者も，弁済をなしうる範囲において（民474，499，500），供託者としての適格性を有する。しかし，当事者が反対の意思表示をしたとき，債務の性質が許さないときは，第三者の弁済は認められない（民474条）。	可	債務の履行地の供託所，取立債務であれば債務者の住所地，持参債務であれば債権者の住所地の供託所である。その他，第Ⅰ編・第3章「Q46」205頁参照
				(1) 債務の履行地の供託所 (2) 土地の所在地の供託所 (3) 被供託者の住所地の最寄りの供託所（特段の定めを除く）
法令上等により担保提供義務を負う者	当該供託物につき法定の担保権又は優先弁済権を取得する者。なお，営業保証供託の場合，供託時点においては被供託者は存在しない。	担保官庁の承認がある場合でも第三者が供託することはできないとされている（昭39.6.25供託課長会同全国決議・先例集(3)[135-10] 413頁，昭38.5.27民事甲第1569号民事局長回答・先例集(3)[88-2] 413頁）	否	営業所の最寄りの供託所に供託すべきもの（宅建法25Ⅰ，旅行業法8Ⅶ，家畜商法10の2Ⅰ，10の5Ⅰ，10の6Ⅰ）
			可	定めなし

の担保供託」249頁参照）
の主な法令条項一覧」参照）

第3章「民事保全法上の供託（担保供託以外）」359頁参照）
保供託等の主な法令条項一覧」参照）

各供託根拠法令に規定	国又は地方自治体	第三者名義のものは，没収されることに異議がない旨の承諾書を添付しても供託することができない（昭28.3.24民事甲第483号民事局長通達；供託関係先例集1巻584頁）が，選挙供託において，推薦届出人からの供託はできる。	否	定めなし ただし，勤務を要しない日の供託所は（地方）法務局長が指定した供託所（選挙供託事務執務時間規程（昭30年法務省訓令1号）1）
供託の目的物の保管責任者又はこれを所持する者	基本的には被供託者は存在しない。還付請求権を有する債権者としては存在する。		否	

483

資　　料

【資料6-①】代理人の権限を証する書面一覧

申請人（自然人）	代　理　人	権限を証する書面
1　供託手続上の行為能力者（供託法令上は別段の定めがないため，民法その他の法令の定めるところに従う（大11.3.3民事局長回答・先例集〔67〕58頁））。	任意委任による代理人（民643）	委任状（代理人によって資格証明書の還付を請求する場合には，その委任状に原本還付を請求する権限が記載されていることが必要である。）
2　未成年者	(1)　親権者（民818，824，833） (2)　未成年後見人（民838①，859）	戸籍の謄抄本又は記載事項証明書（戸籍法10参照）
2　成年被後見人	成年後見人（民838②，843，859）	登記事項証明書
3　被保佐人（保佐人には，法律行為についての代理権限はなく，重要な財産上の行為について同意を与え，被保佐人の意思を補充するに過ぎない。代理権を付与する場合は，審判が必要となる。）	(1)本人（民12） (2)保佐人（民876の4）	登記事項証明書 保佐人の同意書添付 登記事項証明書 家事審判書謄本
4　被補助人（補助人には，法律行為についての代理権限はなく，被補助人の意思を補充するに過ぎない。代理権を付与する場合は，審判が必要となる。）	(1)本人（民16） (2)補助人（民876の9）	登記事項証明書 ※必要あるときは補助人の同意書添付 登記事項証明書 家事審判書謄本
5　不在者	財産管理人（民25，28）	裁判所の選任を証する書面
6　死亡　下記①～③以外の場合	相続人（民896，899）	相続を証する書面（法定相続情報証明書，戸籍謄本・除籍謄本等）
①　遺言があり，遺言執行の必要性がある場合	(1)指定遺言執行者（民1006，1012，1015）	遺言書（要検認）及び指定書
	(2)選任遺言執行者（民1010，1012，1015）	家事審判書（民事訴訟費用等に関する法律別表参照）
②　限定承認をした場合	相続財産管理人（民936Ⅰ・Ⅱ）	
③　相続人不分明の場合	相続財産管理人（民952，953，956）	
7　破産者	破産管財人（破産法78Ⅰ）※破産管財人が数人あるときは共同してその職務を行う（同76Ⅰ）	裁判所の証明書（破産法74）

資　　料

【資料6-②】代表者の資格を証する書面（及び支配人の代理権限証書）一覧

会　社		代　表　者	代　理　人	資格（又は権限）を証する書面
1　株式会社				
	①　株式会社（氏名委員会等設置会社を除く）	代表取締役（会349）		
	②　氏名委員会等設置会社	代表執行役（会420）		
	③　特例有限会社	i　特例有限会社を代表しない取締役がある場合……代表取締役 ii　各自代表の場合……取締役（会349）		
2　持分会社			支配人（会11）	登記事項証明書（規則14 I，準則31）
	①　合同会社	代表社員（会599）		
	②　合名会社	i　合名会社を代表しない社員がある場合……代表社員 ii　各自代表の場合……社員（会599）		
	③　合資会社	i　合資会社を代表しない社員がある場合……代表社員 ii　各自代表の場合……社員（会599）		
3　相互会社		代表取締役（保険業法53の15，会349 IV・V）	支配人（保険業法21 I）	
4　外国会社		日本における代表者（会817）		
5　解散会社		代表清算人又は清算人（会478，保険業法174 I）		
6　清算結了会社		元代表清算人又は元清算人（昭36.8.26民事甲第1624号民事局長回答・先例集(3)［42-11］42頁，昭39.8.4民事甲第2711号民事局長認可・先例集(4)［1-4］3頁）		閉鎖登記簿の謄抄本，登記事項証明書（規則14 I，準則31）
7　会社更生法適用の株式会社				登記事項証明書（規則14 I，準則31）
	①　更正手続開始決定前に保全管理命令があった場合	保全管理人（会社更生法32 I）		

485

資　　料

	②　更正手続開始決定後	管財人（会社更生法72Ⅰ）※管財人が数人あるときは，共同してその職務を行う（同69Ⅰ）		登記事項証明書（規則14Ⅰ，準則31）
	③　更正会社の機関の権限の回復があった場合	代表取締役等（会社更生法72Ⅳ）		
8	民事再生法適用の会社			
	①　再生手続開始決定前に保全管理命令があった場合	保全管理人（民事再生法81）		
	②　再生手続開始決定後（監督命令がある場合を含む）	従前の代表者が会社を代表する（民事再生法38）		
	③　更正手続開始決定後管理命令があった場合	管財人（民事再生法66）		
9	破産会社			登記事項証明書，裁判所書記官による選任を証する書面（破産法91Ⅱ）
	①　破産手続開始決定前に保全管理命令があった場合	保全管理人（破産法93）		
	②　破産手続開始決定後	破産管財人（破産法78）※破産管財人が数人あるときは共同してその職務を行う（同76）		登記事項証明書，裁判所書記官による選任を証する書面（破産法74）

※　権限を証する書面について「9 破産会社」を除き，「簡易確認手続」が認められている（規則14Ⅳ後段）。

資　　料

【資料６−③】代表者の資格を証する書面（及び支配人等の代理権限証書）一覧

登記された法人	代　表　者	代　理　人	資格（又は権限）を証する書面
1　学校法人			
①　学校法人	理事（私立学校法37Ⅰ）		
②　私立専修学校等	理事（同64Ⅴ，37Ⅰ）		
2　社会福祉法人	理事長（社会福祉法45の17）		
3　医療法人	理事長（医療法46の6の2Ⅰ）		登記事項証明書（規則14Ⅰ，準則31）
4　宗教法人	代表役員（宗教法人法18Ⅲ）		
5　消費生活協同組合			
①　消費生活協同組合	代表理事（消費生活協同組合法30の9）		
②　消費生活協同組合連合会			
6　信用金庫			
①　信用金庫	代表理事（信用金庫法35の9）	支配人(信用金庫法40，会11Ⅰ)	
②　信用金庫連合会			
7　水産業協同組合			
①　漁業協同組合	代表理事（水産業協同組合法39の3）	参事（水産業協同組合法45Ⅲ，会11Ⅰ）	
②　漁業生産組合	理事（同83の3）	参事（同86Ⅱ，45Ⅲ）	
③　漁業協同組合連合会	代表理事（同92Ⅲ，39の3）	参事（同92Ⅲ，45Ⅲ）	
④　水産加工業協同組合	代表理事（同96Ⅲ，39の3）	参事（同96Ⅲ，45Ⅲ）	
⑤　水産加工業協同組合連合会	代表理事（同100Ⅲ，39の3）	参事（同100Ⅲ，45Ⅲ）	
⑥　共済水産業協同組合連合会	代表理事（同100の8Ⅲ，39の3）	参事（同100の8Ⅲ，45Ⅲ，会11Ⅰ）	
8　中小企業等協同組合			
①　事業協同組合	代表理事（中小企業等協同組合法36の8Ⅱ）	参事（中小企業等協同組合法44Ⅱ，会11Ⅰ）	
②　事業協同小組合			

487

資　　料

	③ 信用協同組合	代表理事（中小企業等協同組合法36の8Ⅱ）		
	④ 協同組合連合会			
	⑤ 企業組合			
	⑥ 都道府県中小企業団体中央会	会長（中小企業等協同組合法82の7Ⅰ）		
	⑦ 全国中小企業団体中央会			
8	農業協同組合			登記事項証明書（規則14Ⅰ，準則31）
	① 農業協同組合	代表理事（農業協同組合法35の3Ⅱ）	参事（農業協同組合法42Ⅲ，会11Ⅰ）	
	② 農業協同組合連合会			
	③ 農事組合法人	理事（農業協同組合法72の19）		
	④ 都道府県農業協同組合中央会	平27.9.4法律63号により規定削除，移行期間内に農業共同組合連合会へ組織変更，移行期間の満了の日に解散したとみなされる。		
	⑤ 全国農業協同組合中央会	平27.9.4法律63号により規定削除，移行期間内に一般社団法人へ組織変更，移行期間の満了の日に解散したとみなされる。		
9	一般社団法人等			
	① 社団法人（一般・公益）	代表理事（一般社団法人及び一般財団法人に関する法律77）		
	② 財団法人（一般・公益）	代表理事（一般社団法人及び一般財団法人に関する法律197，77）		
10	解散法人	清算人又は代表清算人		
11	その他			
	① 信用保証協会	理事（信用保証協会法12の2）	代理人（信用保証協会法14）	
	② 地方住宅供給公社	理事長（地方住宅供給公社法12Ⅰ）	代理人（地方住宅供給公社法18）	
	③ 日本銀行	総裁（日本銀行法22Ⅰ）副総裁（同22Ⅱ）	代理人（日本銀行法27）	
	④ 社会保険診療報酬支払基金	理事長（社会保険診療報酬支払基金法9Ⅰ）理事（同9Ⅱ）	幹事長（社会保険診療報酬支払基金法13Ⅲ）	

※「簡易確認手続」が認められている（規則14Ⅳ後段）。

資　　料

【6-④】 代表者の資格を証する書面一覧　(1)

国又は地方公共団体		代　表　者	資格を証する書面
1 国	①　出先機関のする弁済供託	各省各庁の長（衆議院議長，参議院議長，最高裁判所長官，会計検査院長，内閣総理大臣，各省大臣 ※国の出先機関の長である支出負担行為担当官が供託代理人となる場合は，所管の省又は庁の長から支出負担行為について委任されていることが供託所に顕著な事実である場合を除き，代理権を証する書面（組織規程又は会計事務取扱規程の抜すい等）の添付を要する（昭29．2．23民事甲第385号民事局長回答・先例集〔578〕603頁）。	不　要
	②　国を当事者又は参加人とする訴訟，調停事件，非訟事件	法務大臣（国の利害に関係のある訴訟についての法務大臣の権限等に関する法律1，9） ※法務大臣は，所部の職員でその指定するものに……訴訟を行わせることができる（同2Ⅰ）	
	③　民事執行法91の配当等の供託	裁判所書記官（民執91）	
	④　民事保全法50Ⅴ，民事執行法156Ⅰの供託	供託者の表示を何地方裁判所歳入歳出外現金出納官吏として申請があった場合受理できる（昭57．12．7全国供託課長会同決議5・先例集(7)36頁）	
	⑤　還付金又は国税に係る過誤納金	国税局長，税務署長，税関長（国税通則法56，121）	
	⑥　換価代金	税務署長（国徴133，134，同施行令50Ⅰ）	
2 地方公共団体	①　都道府県	知事（地方自治法139Ⅰ，147）	不　要
	②　市町村 ※政令指定都市の区	市町村長（地方自治法139Ⅱ，147） 区長（市長の権限の分掌—地方自治法252の20Ⅰ，同施行令174の43Ⅰ）	
	③　特別区	区長（地方自治法281の3）	
	④　地方公共団体の組合	組合規約の定めるところによる（地方自治法287Ⅰ，291の4Ⅰ）	都道府県知事の証明書
	⑤　財産区	市町村長又は特別区の区長（地方自治法294Ⅰ，296の3参照）	不　要
	⑥　地方開発事業団	該当規定削除，新規設立不可平23．5．2法律35号） 青森県新産業都市建設事業団のみ存続	都道府県知事の証明書
	⑦　地方公営企業	管理者又は地方公共団体の長（地方公営企業法8，7但）	都道府県知事の証明書
	⑧　地方税関係	知事，市町村長（地方自治法149③） ※長の権限の委任 　都道府県……支庁又は地方事務所の長（地方税法3の2，昭51．8．6民四第4482号民事局長通達・先例集(6)〔35〕105頁） 　政令指定都市……区長（地方税法3の2） 条例をもって委任している場合は，委任を証する書面として当該条例若しくはその抜粋を添付する。	不　要

489

資　　料

【資料6−⑤】 代表者の資格を証する書面一覧　(2)

	登記されない法人	代　表　者	資格を証する書面
1	①　厚生年金基金	理事長（改正前厚生年金保険法120Ⅰ） 平26．4．1以降，新規設立不可 改正法施行の際，現に存する旧厚生年金基金は改正前の規定によりなお存続する。	地方厚生局の証明書
	②　企業年金連合会 　　（厚生年金基金連合会）	理事長（改正前厚生年金保険法158Ⅰ） 平17.10．1企業年金連合会に名称変更 改正法施行の際，現に存する旧厚生年金基金連合会は改正前の規定によりなお存続する。	
2	国民年金基金 （国民年金法117）	理事長（国民年金法125）	
3	国家公務員共済組合 （国家公務員共済組合法4）	各省各庁の長 （衆議院議長，参議院議長，内閣総理大臣，各省大臣（環境大臣を除く），最高裁判所長官，会計検査院長（国家公務員共済組合法8）） ※　国家公務員共済組合連合会は登記される（同25）。	不　要
4	地方公務員共済組合（地方公務員等共済組合法4）	理事長（地方公務員等共済組合法12Ⅰ） ※　全国市町村職員共済組合連合会は登記される（同29）。	理事長の就職を公告した書面
5	①　健康保険組合 　　（健康保険法9）	理事長（健康保険法22Ⅰ）	地方厚生局の証明書
	②　健康保険組合連合会 　　（健康保険法184）	会長（健康保険法187Ⅱ）	
6	①　土地改良区 　　（土地改良法13）	理事（土地改良法19Ⅰ）	都道府県知事の証明書 （土地改良法10，84参照）

490

		理事（土地改良法84，19 I） ※ 土地改良事業団体連合会は登記される（同111の15）。	
	② 土地改良区連合 （土地改良法84,13）		
7	土地区画整理組合 （土地区画整理法22）	理事（土地区画整理法28 I）	都道府県知事の証明書 （土地区画整理法14参照）
8	市街地再開発組合	理事長（都市再開発法27 I）	都道府県知事の証明書 （都市再開発法11参照）
9	マンション建替組合（マンションの建替え等の円滑化に関する法律6）	理事長（マンションの建替え等の円滑化に関する法律24 I）	都道府県知事の証明書 （マンションの建替え等の円滑化に関する法律9参照）
10	法人でない社団又は財団	代表者又は管理人	①権限の存在を証するための定款又は寄附行為（昭26.10.30民事甲第2105号民事局長回答・先例集〔520〕482頁） ②代表者又は管理人の選任決議の議事録等を資格証明書として添付することを要する（規則14Ⅲ）。 ※議事録等が3か月以内に作成されたものでないときは，その後変更のないことを証する書面を併せて添付させ，その証明書の作成が3か月以内であれば足りるものとされている（登記研究編集室編「実務 供託法入門」（テイハン，2015）94頁）。

資　料

【資料７】 還付・取戻請求に共通に添付・提示すべき一般的書類一覧

（還付を受ける権利を有することを証する書面（規則24 I ①本文）
及び取戻しを受ける権利を有することを証する書面（同25 I ）を除く）

凡例　◎　添付書類
　　　○　提示書類

払渡請求者	取　　戻	還　　付
個　　人	◎本人の印鑑証明書（規則26 I ） ※運転免許証，個人番号カード，在留カード，官公署から交付を受けた書類等（氏名，住所，生年月日の本人の写真付き）の提示及び写しの添付（規則26Ⅲ②） ※同一印使用の確認済委任状添付（規則26Ⅲ③）	◎本人の印鑑証明書（規則26 I ） ※運転免許証，個人番号カード，在留カード，官公署から交付を受けた書類等（氏名，住所，生年月日の本人の写真付き）の提示及び写しの添付（規則26Ⅲ②）
代　理　人	◎委任状（規則27 I ） ◎本人の印鑑証明書（規則26 I ） ※同一印使用の確認済委任状添付（規則26Ⅲ③）	◎委任状（規則27 I ） ※支払委託書記載（支払委託書に代理人の記載があるときは不要） ◎本人の印鑑証明書（規則26 I ）
登記された法　　人	○代表者の資格証明書（規則27Ⅲ，14 I ，準則31） ※簡易確認（規則27Ⅲ，14 I 後段） ◎法人の印鑑証明書（規則26 I ） ※簡易確認（規則26 I 但） ※同一印使用の確認済委任状添付（規則26Ⅲ③）	○代表者の資格証明書（規則27Ⅲ，14 I ，準則31） ※簡易確認（規則27Ⅲ，14 I 後段） ◎法人の印鑑証明書（規則26 I ） ※簡易確認（規則26 I 但）
登記された法人代理人	○登記ある代理人（支配人）の資格証明書（規則27 I 但） ※簡易確認（規則27Ⅱ， I 但，14 I 後段） ◎登記ある代理人（支配人）の印鑑証明書（規則26Ⅱ， I ） ※簡易確認（規則26Ⅱ， I 但） ※同一印使用の確認済委任状添付（規則26Ⅲ③）	○登記ある代理人（支配人）の資格証明書（規則27 I 但） ※簡易確認（規則27Ⅱ， I 但，14 I 後段） ◎登記ある代理人（支配人）の印鑑証明書（規則26Ⅱ， I ） ※簡易確認（規則26Ⅱ， I 但）
登記されていない法人	◎代表者の資格証明書（関係官庁作成）（規則27Ⅲ，14Ⅱ，準則31） ◎代表者の印鑑証明書（規則26Ⅱ） ※同一印使用の確認済委任状添付	◎代表者の資格証明書（関係官庁作成）（規則27Ⅲ，14 I ，準則31） ◎代表者の印鑑証明書（規則26Ⅱ）

492

	（規則26Ⅲ③）	
法人格のない社団，財団で代表者，管理人の定めがあるもの	◎定款，寄附行為及び代表者の資格を証する書面（官庁作成不要）（規則27Ⅲ，14Ⅲ） ◎代表者の印鑑証明書（規則26Ⅱ） ※同一印使用の確認済委任状添付（規則26Ⅲ③）	◎定款，寄附行為及び代表者の資格を証する書面（官庁作成不要）（規則27Ⅲ，14Ⅲ） ◎代表者の印鑑証明書（規則26Ⅱ）
破産管財人	◎破産管財人証明書（破産法74,破産規則23） ◎破産管財人個人の印鑑証明書（規則26Ⅰ）	◎破産管財人報告書（破産法157,159） ◎破産管財人個人の印鑑証明書（規則26Ⅰ）
会社更生法による管財人，保全管理人	◎裁判所の選任を証する書面（会社更生法40，46） ◎管財人，保全管理人の印鑑証明書（登記所作成）（規則26Ⅱ） ※同一印使用の確認済委任状添付（規則26Ⅲ③）	◎裁判所の選任を証する書面（会社更生法40，46） ◎管財人，保全管理人の印鑑証明書（登記所作成）（規則26Ⅱ）

資　　料

【資料8】 裁判上の担保供託等の主な法令条項一覧

《法令条項，当事者，事件名等は必ず裁判所に確認してもらうこと。》

	供託の原因たる事実等		法令条項	供託者	被供託者	管轄供託所
1	訴訟費用の担保		民訴75Ⅰ	申請人 （※注 原告）	被申請人 （※注 被告）	(ア)担保を供すべきことを命じた裁判所の所在地を管轄する地方裁判所の管轄区域内の供託所（民訴76）
2	仮執行の担保	財産権上の請求に関する判決	同259Ⅰ	原　告	被　告	(ア)と同じ（民訴259Ⅵ，76準用）
		手形・小切手による金銭の支払請求に関する判決	同259Ⅱ			
3	仮執行を免れるための担保		同259Ⅲ	被　告	原　告	
4	強制執行停止の保証	特別上告・再審申立	同403Ⅰ①	申請人	被申請人	(イ)担保を立てるべきことを命じた裁判所又は執行裁判所の所在地を管轄する地方裁判所の管轄区域内の供託所（民訴405Ⅰ）
		上告提起	同403Ⅰ②			
		控訴提起・督促異議申立	同403Ⅰ③			
		手形・小切手訴訟の控訴提起・督促異議申立	同403Ⅰ④			
		手形・小切手訴訟又は少額訴訟等の異議申立	同403Ⅰ⑤			
		定期金賠償判決変更の訴えの提起	同403Ⅰ⑥			
		執行抗告提起	民執10Ⅵ			(イ)と同じ（民執15Ⅰ）
		執行異議申立	同11Ⅱ 10Ⅵ			
		執行文付与等に関する異議申立	同32Ⅱ			
		執行文付与に対する異議の訴え又は請求異議の訴え提起	同36Ⅰ			
		第三者異議の訴え提起	同38Ⅰ・Ⅳ 36Ⅰ			
		差押禁止動産の範囲の変更申立	同132Ⅲ			

494

		差押禁止債権の範囲の変更申立	同153Ⅲ			
		調停申立	民事調停規則5Ⅰ			㈦と同じ（民事調停規則5Ⅳ，民訴76準用）
		特定調停の調整のための申立	特定債務等の調整の促進のための特定調停に関する法律7Ⅰ			㈦と同じ（特定債務等の調整の促進のための特定調停に関する法律7Ⅴ，民訴76準用）
5	強制執行取消の保証	特別上告，再審申立	民訴403Ⅰ①			
		上告提起	同403Ⅰ②			
		控訴提起，督促異議申立	同403Ⅰ③			㈨と同じ（民訴405Ⅰ）
		手形・小切手訴訟の控訴提起・督促異議申立	同403Ⅰ④			
		手形・小切手訴訟又は少額訴訟等の異議申立	同403Ⅰ⑤			
		定期金賠償判決変更の訴えの提起	同403Ⅰ⑥			
		執行文付与に対する異議の訴え又は請求異議の訴え提起	民執36Ⅰ			㈨と同じ（民執15Ⅰ）
		第三者異議の訴え提起	同38Ⅰ・Ⅳ 36Ⅰ			
6	強制執行続行の保証	控訴提起・督促異議申立	民訴403Ⅰ③			㈨と同じ（民訴405Ⅰ）
		手形・小切手訴訟の控訴提起・督促異議申立	同403Ⅰ④			
		手形・小切手訴訟又は少額訴訟等の異議申立	同403Ⅰ⑤			
		執行抗告提起	民執10Ⅵ			
		執行異議申立	同11Ⅱ 10Ⅵ			
		執行文付与等に関する異議申立	同32Ⅱ			㈨と同じ（民執15Ⅰ）

資　　料

		執行文付与に対する異議の訴え又は請求異議の訴え提起	同36 I			
		第三者異議の訴え提起	同38 I ・IV　36 I			
		調停申立	民事調停規則5 II			㈔と同じ（民事調停規則5 IV，民訴76準用）
		特定調停の調整のための申立	特定債務等の調整の促進のための特定調停に関する法律7 II			㈔と同じ（特定債務等の調整の促進のための特定調停に関する法律7 V，民訴76準用）
7	仮差押の保証		民保14 I	債権者	債務者	㈅担保を立てるべきことを命じた裁判所又は保全執行裁判所の所在地を管轄する地方裁判所の管轄区域内の供託所（民保4）※遅滞なく民事保全法4条1項の供託所に供託することが困難な事由があるときは，裁判所の許可を得て，債権者の住所地又は事務所の所在地その他裁判所が相当と認める地を管轄する地方裁判所の管轄区域内の供託所（民保14 II）
8	仮処分の保証					
9	仮差押取消の保証		同32 III　38 III　（40 I）	申請人	被申請人	㈅と同じ（民保4）※ただし，例外規定（民保14 II）の準用はない。
10	仮処分取消の保証		同32 III　38 III　39 I			
11	仮処分執行停止の担保		同27 I　（40 I）			
12	仮差押解放金		同22	債務者	空欄	㈐仮差押命令を発した裁判所又は保全執行裁判所の所在地を管轄する地

496

						方裁判所の管轄区域内の供託所（民保22Ⅱ）
13	仮処分解放金	一般型	同25Ⅰ	被申請人（仮処分債務者）	申請人（仮処分債権者）	㈢仮処分命令を発した裁判所又は保全執行裁判所の所在地を管轄する地方裁判所の管轄区域内の供託所（民保25Ⅱ，民保22Ⅱ準用）
		特殊型			申請人（詐害行為の債務者）	
14	売却のための保全処分		民執55Ⅳ	申請人	被申請人	㈡と同じ（民執15Ⅰ）
15	最高価買受申出人等のための保全処分		同77Ⅱ			
16	不動産競売開始決定前の保全処分		同187Ⅴ			
17	再生申立があった場合の再生債権に基づく強制執行等の取消しの保証		民事再生法26Ⅲ			㈠と同じ（民事再生法18，民訴76準用）
18	再生開始決定があった場合の再生債権に基づく強制執行等の取消しの保証		同39Ⅱ			

※注　東京法務局の供託所は，東京地方裁判所との確認において，当事者欄の「原告」及び「被告」に○印をすることとしている。

　　「供託書式（新訂第六版）」（商事法務研究会，1998）73頁においては，当事者欄の「申請人」及び「被申請人」に○印をしている。

資　　料

【資料９】配当留保及び不出頭供託一覧

| | | 強制執行 | | | | 担保権実行 | | | |
| | | 配当留保 | | 不出頭 | | 配当留保 | | 不出頭 | |
		根拠条文	供託者	根拠条文	供託者	根拠条文	供託者	根拠条文	供託者
不動産	強制競売	法91 I	書記官	法91 II	書記官	法188・91 I	書記官	法188・91 II	書記官
	強制管理	法108・91 I	管理人	法108・91 II	管理人	法188・108・91 I	管理人	法188・108	管理人
		法111・109・91 I	書記官	法111・109・91 II	書記官	法188・111・109・91 I	書記官	法188・111・109・91 II	書記官
準不動産	船舶	法121・91 I	書記官	法121・91 II	書記官	法189・121・91 I	書記官	法189・121・91 II	書記官
	航空機	規84, 法121・91 I	書記官	規84, 法121・91 II	書記官	規175・84, 法121・91 I	書記官	規175・84, 法121・91 II	書記官
	自動車・建設機械・小型船舶等	規97・98・98の2, 法91 I	書記官	規97・98・98の2, 法91 II	書記官	規176・177・177の2・97, 法91 I	書記官	規176・177・177の2・97, 法91 II	書記官
動　産		法141・91 I	執行官	法141 II・139・91 II	書記官	法192・141 I	執行官	法192・141 II・139・91 II	書記官
動産の引渡請求権		法166 I③・II・91 I	書記官	法166 I③・II・91 II	書記官				
債　権	売却命令	法166 II・91 I	書記官	法166 II・91 II	書記官	法193 II・166 II・91 I	書記官	法193 II・166 II・91 II	書記官
	管理命令	法161 IV・108・91 I	管理人	法161 IV・108・91 II	管理人	法193 II・161 V・108・91 I	管理人	法193 II・161 V・108・91 II	管理人
		法161 IV・109・91 I	書記官	法161 IV・109・91 II	書記官	法193 II・161 V・109・91 I	書記官	法193 II・161 V・109・91 II	書記官

（根拠条文：法は民事執行法，規は民事執行規則の略記）

資　　料

【資料10】 仮処分解放金の一般型と特殊型の比較

種類　項目	一般型	特殊型	
還付請求権者	一般の仮処分においてその供託金還付請求権を仮処分債権者が取得する。	民法424Ⅰの規定による詐害行為取消権に基づく目的物の還付請求権を保全するための仮処分において，その供託物還付請求権を詐害行為の債務者が取得する。	
管轄供託所	仮差押命令を発した裁判所又は保全執行裁判所の所在地を管轄する地方裁判所の管轄区域内の託所（民保25Ⅱ・22Ⅱ）	同　左	
法令条項	民保25	同　左	
供託者	仮処分債務者	同　左	
被供託者	仮処分債権者（「裁判所の名称及び件名」欄中の当事者（債権者）と一致する。）	詐害行為の債務者（「裁判所の名称及び件名」欄中の当事者（債権者）と一致しない場合は「特殊型」として取り扱ってよい。）	
供託金額	仮処分解放金額	「全額」又は「仮差押債権額」	
供託書正本	供託者（仮処分債務者）が保管	保全執行裁判所に届出（執行官が保全執行機関の場合，その執行官の所属する地方裁判所），事情届と供託書正本を添付して提出	（保全規則41Ⅱ，執行規則138Ⅱ）
事情届	なし		（民保50Ⅱ・Ⅴ，民執156Ⅲ）
供託通知書	なし	被供託者に通知	（民495Ⅲ・供託規則16・準則33）
取戻請求	債務者は保全執行裁判所から供託原因消滅証明書の交付を受けて取戻請求ができる。	仮処分解放金の額を超える部分は，第三債務者は供託不受諾を原因として取戻請求をすることができる。	
還付請求	仮処分債権者は，供託された解放金について，還付請求権を持たない。供託官を第三債務者として，仮処分債務者の供託金取戻請求権を差押えて取立てによる。	①仮処分解放金の額を超える部分は，被供託者たる仮差押債務者は，いつでも供託を受諾して還付請求をすることができる。②被供託者たる債務者は，仮処分の執行が取下げられ，取消しの決定が効力を生じたことを証する書面を添付して供託金の還付請求権を行使することができる。	

499

資　料

記載例 1　訴訟費用の担保供託

供託書・OCR用
（裁判上の保証及び仮差押・仮処分解放金）

第2号様式
（供託第32号）

法令条項	民事訴訟法第75条第1項
裁判所及び事件の名称	東京地方　平成30年（モ）第○○○号　訴訟費用担保提供申立事件
当事者	☑原告　□申請人　☑被告　□債権者　□債務者
	被供託者　供託者　供託者

供託の原因たる事実

☑訴訟費用の担保　□仮執行の担保　□仮執行を免れるための担保
□強制執行停止の保証　□強制執行取消の保証　□強制執行続行の保証
□仮差押の保証　□仮差押取消の保証　□仮処分の保証
□仮差押解放金　□仮処分取消の保証
□その他

備考

供託者の住所氏名等

住所　アメリカ合衆国ニューヨーク州ニューヨーク市マンハッタン○○○番地
氏名・法人名等　甲野　義助
代表者等又は代理人住所氏名　東京都中央区○○町○丁目○番○号　上記代理人　弁護士　高山五郎

☑別添のとおり　ふたりめからは別紙継続用紙に記載してください。

被供託者の住所氏名等

住所　〒○○○-○○○○　埼玉県さいたま市中央区○○町○丁目○番○号
氏名・法人名等　青空　広大

☑別添のとおり　ふたりめからは別紙継続用紙に記載してください。

供託金額　¥1,000,000

申請年月日　平成30年4月3日
供託所の表示　東京法務局

（注）1. 供託金額の冒頭に¥記号を記入してください。なお、供託金額の訂正はできません。
2. 本供託書は折り曲げないでください。

注）供託書中の「裁判所の名称及び件名」欄には「平成18年9月5日付け最高裁総三第001039号（訟い01）」により、その記録符号を付さないこととされる事務取扱及び事務取扱変更がされている。しかし、供託書の記載について、裁判所の統一した取扱いがなく、本案訴訟事件の訴訟費用の担保供託であることが確認できればよいとしている。東京法務局民事行政部供託課と東京地方裁判所との確認事項として、①裁判所の名称及び件名等の欄には本案訴訟事件の記録符号を記載する。②「当事者」欄には、原告及び被告にチェックをすることとしている。他の裁判所については、事前に担当書記官に確認をされたい。

記載例2　仮執行の担保供託

供託書・OCR用
（裁判上の保証及び仮差押・仮処分解放金）

第2号様式
（印供第32号）

| 字加入 | 字削除 | 字訂正 |

| 頁 | ／ |

| 記録 | 調査 | 受付印 | 係員印 |

| 申請年月日 | 平成 30 年 4 月 3 日 |

| 供託所の表示 | 東京法務局 |

供託者の住所氏名

住所 〒000-0000
東京都港区○○町○丁目○番○号

氏名・法人名等
海　山　銀　行　株　式　会　社

代表者又は代理人住所氏名
代表取締役　海山一郎

□ 別添のとおり
ふたりめからは別紙継続用紙に記載してください。

被供託者の住所氏名

住所 〒000-0000
埼玉県さいたま市中央区○町○丁目○番○号

氏名・法人名等
青　空　広　大

□ 別添のとおり
ふたりめからは別紙継続用紙に記載してください。

年　月　日　㊞

| 供託金額 | 百十億 千百十万 千百十円 |
| 1 0 0 0 0 0 0 |

↑ 濁点、半濁点は1マスを使用してください。

| 供託者カナ氏名 | ウ ミ ヤ マ ギ ン コ ウ カ ブ シ キ ガ イ シ ャ |

備考欄のとおり

| 法令及び事件の名称等 | 東京地方 裁判所 |
| | 平成 30 年（ワ）第 ○○○ 号 損害賠償請求 事件 |

| 当事者等 | □原告 ☑申請人 □債権者 | □被告 ☑被申請人 □債務者 |
| 供託者 | | 被供託者 |

供託の原因たる事実

☑訴訟費用の担保	☑仮執行の担保	☑仮執行を免れるための担保
□強制執行停止の保証	□強制執行取消の保証	□強制執行続行の保証
□仮差押の保証	□仮差押取消の保証	□仮処分の保証
□仮差押解放金	□仮処分解放金	
□その他		

| 法令条項 | 民事訴訟法第259条第1項 |

備考

（注）1. 供託金額の冒頭に¥記号を記入してください。なお、供託金額の訂正はできません。
2. 本供託書は折り曲げないでください。

100000

記載例3　強制執行続行の保証供託

供託書・OCR用
(裁判上の保証及び仮差押・仮処分解放金)

申請年月日	平成 30 年 4 月 3 日
供託所の表示	東京法務局

供託者
住所・法人等
　住所　東京都港区○○町○丁目○番○号
　氏名・法人名等　海山銀行株式会社
　代表者等又は代理人住所氏名
　　代表取締役　海山一郎

☑別添のとおり
ふたりめからは別紙継続用紙に記載してください。

被供託者
住所・法人等
　住所　埼玉県さいたま市中央区○町○丁目○番○号
　氏名・法人名等　青空　広大

☑別添のとおり
ふたりめからは別紙継続用紙に記載してください。

供託金額

供託者カナ氏名	ウ ミ ヤ マ ギ ン コ ウ カ ブ シ キ ガ イ シ ャ

→濁点、半濁点は1マスを使用してください。

印
年　　月　　日

第2号様式
(印規第32号)

頁 ／

☑字加入	字削除	☑	係員印	受付	調査	記録	支部

☑字加入　字削除　　備考欄のとおり

法令条項	

裁判所及び事件の名称
　東京地方裁判所　　　支部
　平成 30 年 (モ) 第 ○○○ 号 強制執行続行決定申立事件

当事者
　原告　申請人　債権者　☑破申請人　債務者

供託者
☑訴訟費用の担保
☑仮執行の担保
☑仮執行を免れるための担保

☑強制執行停止の保証
☑強制執行続行の保証

被供託者
☑仮差押の保証
☑仮差押取消の保証
☑仮処分の保証
☑仮処分取消の保証
☑仮処分の保証

☑仮差押解放金
☑仮処分解放金
☑その他

供託の原因たる事実

法令条項　民事訴訟法第403条第1項第○(※3号〜5号)号
(※巻末「資料8」参照)

備考

(注)　1. 供託金額の冒頭に¥記号を記入してください。なお、供託金額の訂正はできません。
2. 本供託書は折り曲げないでください。

100000

資　料

記載例4−① 仮差押えの保証供託

供託書・OCR用
（裁判上の保証及び仮差押・仮処分解放金）

第2号様式
（印供第32号）

字加入	字削除

記録　調査　係員印　受付　頁／

申請の年月日	平成 30 年 4 月 3 日
供託所の表示	東京法務局

法令条項　民事保全法第14条第1項

裁判所及び事件の名称等　東京地方裁判所　平成 30 年（ヨ）第 ○○○ 号 不動産仮差押命令申立事件

当事者　原告・被告・申請人・被申請人　債権者・債務者

供託者　供託者　被供託者

供託の原因たる事実
- ☐ 訴訟費用の担保
- ☐ 仮執行の担保
- ☐ 仮執行を免れるための担保
- ☐ 強制執行停止の保証
- ☐ 強制執行続行の保証
- ☐ 強制執行続行の保証
- ☐ 仮差押の保証
- ☑ 仮差押の保証
- ☐ 仮差押取消の保証
- ☐ 仮処分の保証
- ☐ 仮差押解放金
- ☐ 仮処分解放金
- ☐ その他

備考
（※ 裁判所の許可を得て、乙号裁判所の所在地を管轄する地方裁判所の管轄区域の供託所以外の供託所に供託する場合供託者欄に「民事保全法全14条第2項の許可」と記載する。）

（注）1. 供託金額の冒頭に¥記号を記入してください。なお、供託金額の訂正はできません。
2. 本供託書は折り曲げないでください。

供託者の住所氏名
- 住所 〒○○○−○○○○　東京都港区○○町○丁目○番○号
- 氏名・法人名等　海山銀行株式会社　☐別添のとおり ふりがなから別紙継続用紙に記載してください。
- 代表者等又は代理人住所氏名　代表取締役 乙田一郎

被供託者の住所氏名
- 住所 〒○○○−○○○○　埼玉県さいたま市中央区○○町○丁目○番○号
- 氏名・法人名等　青空大広　☐別添のとおり ふりがなから別紙継続用紙に記載してください。

供託金額

百十億	千百十万	千百十	円
¥1	0 0 0	0 0 0	0

↑ 濁点、半濁点は1マスを使用してください。

供託者カナ氏名

| ウ | ミ | ヤ | マ | キ | ゙ | ン | コ | ウ | カ | フ | ゙ | シ | キ | カ | ゙ | イ | シ | ヤ |

100000

資　料

記載例 4 −② 仮差押えの保証供託（第三者による場合）
（裁判上の保証及び仮差押・仮処分解放金）

第2号様式
（印規第32号）

供託書・OCR用

項			記録	調査	係員認印	受付印

□ 字加入　□ 字削除

申請年月日	平成 30 年 4 月 3 日
供託所の表示	東京法務局

法令条項　民事保全法第14条第1項

裁判所及び事件の名称等　東京地方裁判所　　支部
平成 30 年（ヨ）第 ○○○ 号 不動産仮差押命令申立事件
当事者の名称等　申請人 ○○○ 債権者　海山銀行株式会社
被申請人 ○○○ 債務者

供託の原因たる事実
□ 訴訟費用の担保　　□ 仮執行の担保　　□ 仮執行を免れるための担保
□ 強制執行停止の保証　□ 強制執行取消の保証　□ 強制執行続行の保証
☑ 仮差押の保証　　☑ 仮差押取消の保証　　□ 仮処分の保証　　□ 仮処分取消の保証
□ 仮差押解放金　□ 仮処分解放金
□ その他

第三者供託
債権者の住所　東京都港区○○町○番○号

被供託者

供託者の住所氏名等
住所 〒○○○−○○○○
東京都千代田区○○町○丁目○番○号
氏名・法人名等
弁護士 甲野 大郎
代表者等又は代理人住所氏名

別添のとおり
あらかじめから別紙継続用紙に記載してください。

被供託者の住所氏名等
住所 〒○○○−○○○○
埼玉県さいたま市中央区○○町○丁目○番○号
氏名・法人名等
青空 広大

別添のとおり
あらかじめから別紙継続用紙に記載してください。

供託金額

十億	億	千万	百万	十万	万	千	百	十	円
	￥	1	0	0	0	0	0	0	0

濁点・半濁点は1マスを使用してください。

供託者カナ氏名	コ	ウ	ノ	タ	ロ	ウ

備考
（注）1. 供託金額の冒頭に￥記号を記入してください。なお、供託金額の訂正はできません。
　　　2. 本供託書は折り曲げないでください。

年 月 日
㊞

100000

504

記載例5　仮処分の保証供託

供託書・OCR用
（裁判上の保証及び仮差押・仮処分解放金）

供託の原因たる事実	供託の原因	供託金の表示	申請年月日		

（注）1. 供託金額の冒頭に¥記号を記入してください。なお、供託金額の訂正はできません。
2. 本供託書は折り曲げないでください。

（※ 裁判所の許可を得て、発令裁判所の所在地を管轄する地方裁判所の管轄区域外の供託所以外の供託所に供託する場合には、民事保全法第14条第2項の許可と記載する。）

法令条項　民事保全法第14条第1項

裁判所及び事件の名称等　東京地方裁判所
平成 30 年（ヨ）第 ○○○ 号 不動産仮差押命令申立事件

当事者等の名称
平成 30 年　当事者　□原告　□被告　□申請人　□債権者　□被申請人　□債務者

供託者　□訴訟費用の担保　□強制執行停止の保証　□仮差押の保証　□仮差押解放金
被供託者　□仮執行の担保　□強制執行取消の保証　■仮処分の保証　□仮処分解放金　□その他
□仮執行を免れるための担保　□強制執行続行の保証　□仮処分取消の保証

字加入　□字削除　□

受付　係員印　調査　記録

頁　／　（第2号様式）（印供第32号）

支部

申請年月日　平成 30 年 4 月 3 日

供託所の表示　東京法務局

供託者の住所氏名
住所　〒○○○−○○○○　東京都港区○○町○丁目○番○号
氏名・法人名等　海　山　銀　行　株　式　会　社
住所又は代理人住所氏名　代表取締役　乙田一郎
□別添のとおり　ふたりめからは別紙継続用紙に記載してください。

被供託者の住所氏名
住所　〒○○○−○○○○　埼玉県さいたま市中央区○○町○丁目○番○号
氏名・法人名等　青　空　広　大
□別添のとおり　ふたりめからは別紙継続用紙に記載してください。

印　年　月　日

供託金額
百十億千百十万千百十円
¥ 1 0 0 0 0 0 0

↓濁点、半濁点は1マスを使用してください。

供託者カナ氏名
ウ ミ ヤ マ ギ ン コ ウ カ ブ シ キ ガ イ シ ヤ

100000

資料

記載例6　相手方を特定しないでする仮処分、保全処分等

供託書・OCR用
（裁判上の保証及び仮差押・仮処分解放金）

第2号様式
（印供第32号）

□字加入　□字削除　員印　受付　調査　記録　　頁

法令条項	民事保全法第14条第1項
裁判所及び事件の名称等	さいたま地方裁判所○○支部 平成30年（ヨ）第○○○号　買受人のための保全処分申立事件

当事者
原告　申請人　○○○　債権者　○○○
被告　被申請人　○○○　債務者　○○○

供託者

被供託者

供託の原因たる事実

□訴訟費用の担保　□仮執行の担保　□仮執行免脱のための担保
□強制執行停止の保証　□強制執行取消の保証　□強制執行続行の保証
□仮差押の保証　□仮差押取消の保証　□仮処分の保証　□仮処分取消の保証
□仮処分解放金　□仮処分解放金
☑その他　保全処分

不動産の表示
1. ○○市○○町11番7　宅地　1○○.00㎡
2. ○○市○○町地7　家屋番号11番7の建物

備考

（注）1. 供託金額の冒頭に￥記号を記入してください。なお、供託金額の訂正はできません。
2. 本供託書は折り曲げないでください。

申請の表示	年月日	平成30年4月3日
供託所の表示		さいたま地方法務局○○支局

供託者の住所氏名

住所　〒○○○-○○○○
埼玉県○○○市○○○町○番○号

氏名・法人名等
甲野株式会社

代表者等又は代理人住所氏名
代表取締役　丙野次郎

別添のとおり
ふたりめからは別紙継続用紙に記載してください。

被供託者の住所氏名

「裁判所の名称及び事件名等」欄記載の事件の決定の執行の
不動産の執行を占有する者
氏名・法人名等

別添のとおり
ふたりめからは別紙継続用紙に記載してください。

年　月　日　　㊞

供託金額　￥8,000円

↓濁点、半濁点は1マスを使用してください。

供託者カナ氏名　コウノカブシキガイシャ

100000

記載例7　仮執行を免れるための担保

供託書・OCR用
(裁判上の保証及び仮差押・仮処分解放金)

第2号様式
(印供第32号)

| 記録 | 調査 | 係受 員付 | 字削除 | 字加入 |

100000

申請年月日　平成30年4月3日
供託所の表示　東京法務局

供託者の住所氏名
住所　〒000-0000　埼玉県さいたま市中央区○町○丁目○番○号
氏名・法人名等　青空広大
代表者等又は代理人住所氏名
別添のとおり
ふたりめからは別紙継続用紙に記載してください。

被供託者の住所氏名
住所　〒000-0000　東京都港区○○町○丁目○番○号
氏名・法人名等　海山銀行株式会社
別添のとおり
ふたりめからは別紙継続用紙に記載してください。

供託金額　¥1,000,000　円
供託者カナ氏名　アオゾラ・コウダイ

↓ 濁点・半濁点は1マスを使用してください。

裁判所件名等

法令条項　民事訴訟法第259条第3項　備考のとおり

裁判所の名称　東京地方裁判所
事件の名称等　平成30年(ワ)第○○○号　損害賠償請求事件

当事者　□原告　□申請人　□被告　□被申請人　□債権者　□債務者

被供託者	供託者
□訴訟費用の担保	□仮執行の担保	□仮執行を免れるための担保
□強制執行停止の保証	□強制執行取消の保証	□強制執行続行の保証
□仮差押の保証	□仮処分の保証	□仮処分取消の保証
□仮差押解放金	□仮処分解放金	□その他

供託の原因たる事実

備考　民事訴訟法第259条第3項

(注) 1. 供託金額の冒頭に¥記号を記入してください。なお、供託金額の訂正はできません。
2. 本供託書は折り曲げないでください。

記載例8　強制執行停止の保証供託

供託書・OCR用
（裁判上の保証及び仮差押・仮処分解放金）

第2号様式（印供第32号）

字加入	字削除	委員印受付	調査	記録	頁 　／

法令条項　備考欄のとおり

裁判所の名称及び事件の名称等
東京地方裁判所
平成30年（モ）第○○○号　強制執行停止決定申請事件

当事者
□原告　□申請人　☑被申請人　□被告　□債権者　□債務者
供託者　被供託者

供託の原因たる事実
- □訴訟費用の担保　□仮執行の担保　□仮執行を免れるための担保
- ☑強制執行停止の保証　□強制執行取消の保証　□強制執行取消の保証
- □仮差押の保証　□仮差押の保証　□仮差押解放金
- □仮処分の保証　□仮処分取消の保証　□仮処分解放金
- □その他

備考
民事訴訟法第403条第1項第○号（※1号・3号・4号・5号）号（※巻末「資料8」参照）

（注）
1. 供託金額の冒頭に¥記号を記入してください。なお、供託金額の訂正はできません。
2. 本供託書は折り曲げないでください。

申請年月日　平成30年4月3日　東京法務局

供託所の表示

供託者の住所氏名・法人名等
住所〒000-0000
埼玉県さいたま市中央区○町○丁目○番○号
氏名又は代理人住所氏名
青空　大
（別添のとおり　ふたりめからは別紙継続用紙に記載してください。）

被供託者の住所氏名・法人名等
住所〒000-0000
東京都港区○○町○丁目○番○号
海山銀行株式会社
（別添のとおり　ふたりめからは別紙継続用紙に記載してください。）

年　月　日　印

供託金額
¥100000000

供託者カナ氏名　アオゾラ　ダイ
→濁点、半濁点は1マスを使用してください。

100000

記載例9　強制執行取消の保証供託

供託書・OCR用
（裁判上の保証及び仮差押・仮処分解放金）

申請年月日	平成 30 年 4 月 3 日
供託所の表示	東京法務局

供託者の住所氏名
住所　〒000-0000　埼玉県さいたま市中央区○町○丁目○番○号
氏名・法人名等　青空　大
代表者等又は代理人住所氏名
□別添のとおり　ふたりめからは別紙継続用紙に記載してください。

被供託者の住所氏名
住所　〒000-0000　東京都港区○○町○丁目○番○号
氏名・法人名等　海山銀行株式会社
□別添のとおり　ふたりめからは別紙継続用紙に記載してください。

供託金額　￥1,000,000
（百十億千百十万千百十円）　半 1 0 0 0 0 0 0

供託者カナ氏名　アオゾラ　コウダイ
↓濁点、半濁点は1マスを使用してください。

（第2号様式）（印紙第32号）

□字加入　□字削除　　係員受付　調査　記録

法令条項　民事執行法第36条第1項

裁判所の名称及び事件の名称等
さいたま地方裁判所
平成 30 年（モ）第 ○○○ 号　執行処分取消決定申請事件
当事者　□原告　□被告　☑申請人　□被申請人　☑債権者　□債務者

供託の原因たる事実

供託者
□訴訟費用の担保　□仮執行の担保
□強制執行停止の保証　☑強制執行取消の保証
□仮差押の保証　□仮処分の保証
□仮差押解放金　□仮処分解放金
□その他

被供託者
□仮執行を免れるための担保
□強制執行続行の保証
☑仮処分取消の保証

備考
執行裁判所　東京地方裁判所
（注）平成30年改正により、担保提供命令裁判所の所在と継続審理中の事件
を審理する地方裁判所が変更となる場合、執行裁判所
管轄の地方裁判所の管轄区域内の供託所に供託するときは、備考欄に執行裁判所名と事
件名を記載する。
（参考条文（資料8）参照）

（注）1．供託金額の冒頭に￥印を記入してください。なお、供託金額の訂正はできません。
　　　2．本供託書は折り曲げないでください。

資　　料

記載例10　仮差押取消の保証供託

供託書・OCR用
（裁判上の保証及び仮差押・
仮処分解放金）

申請年月日　平成 30 年 4 月 3 日

供託所の表示　東京法務局

供託者の住所氏名
住所〒○○○-○○○○
埼玉県さいたま市中央区○町○丁目○番○号
氏名・法人名等　青空　大広
代表者等又は代理人住所氏名
別添のとおり
ふたりめからは別紙継続用紙に記載してください。

被供託者の住所氏名
住所〒○○○-○○○○
東京都港区○○町○丁目○番○号
氏名・法人名等　海山　銀行　株式　会社
別添のとおり
ふたりめからは別紙継続用紙に記載してください。

供託金額　金　３０○○○○○円

年　月　日　　㊞

供託者カナ氏名　アオゾラ　ヒロダイ

↓濁点、半濁点は1マスを使用してください。

□字加入　□字削除　係員受付印　調査　記録

法令条項及び裁判所の名称等　平成 30 年（ヨ）第 ○○○ 号　不動産仮差押命令取消申立事件

当事者　原告　申請人　債権者　被告　被申請人　債務者

東京地方　裁判所　　支部

（第2号様式）
（印供第32号）

備考欄のとおり

供託の原因たる事実

法令条項　民事保全法第38条第3項、第32号第3項

（注）1. 供託金額の冒頭に¥記号を記入してください。なお、供託金額の訂正はできません。
2. 本供託書は折り曲げないでください。

100000

510

記載例11　仮処分取消の保証供託

供託書・OCR用
（裁判上の保証及び仮差押・
仮処分解放金）

第2号様式
（印供第32号）

字加入	字削除	頁 /

| 係員受付印 | 調査 | 記録 |

申請年月日　平成 30 年 4 月 3 日

供託所の表示　東京法務局

法令及び
裁判所の件名　東京地方裁判所
名の件名等　平成 30 年（ヨ）第 〇〇〇 号　不動産仮処分仮取消申立事件

法令条項　民事保全法第39条第1項

当事者の名称等
当事者
原告・申請人（ヨ）・債権者・被告・被申請人・債務者

供託者　〇〇〇

被供託者

供託の原因たる事実

供託者の住所氏名等
住所 〒〇〇〇-〇〇〇〇　埼玉県さいたま市中央区〇町〇丁目〇番〇号
氏名・法人名等　青空　広大
代表者又は代理人住所氏名
別添のとおり　ふたりめからは別紙継続用紙に記載してください。

被供託者の住所氏名等
住所 〒〇〇〇-〇〇〇〇　東京都港区〇〇町〇丁目〇番〇号
氏名・法人名等　海山　銀行　株　式　会　社
別添のとおり　ふたりめからは別紙継続用紙に記載してください。

供託の原因たる事実
- 訴訟費用の担保
- 仮執行の担保
- 仮執行を免れるための担保
- 強制執行停止の保証
- 強制執行取消の保証
- 強制執行続行の保証
- 仮差押の保証
- 仮差押押取消の保証
- 仮処分の保証
- 仮処分取消の保証
- 仮差押押解放金
- 仮処分解放金
- その他

供託金額　〇〇〇〇〇〇〇 円
百億 十億 億 千万 百万 十万 万 千 百 十 円
1 0 0

印　　　年　月　日

備考

（注）1. 供託金額の冒頭に¥印を記入してください。なお、供託金額の訂正はできません。
2. 本供託書は折り曲げないでください。

供託者カナ氏名　アオゾラ・ヒロダイ
↓濁点、半濁点は1マスを使用してください。

100000

資　料

511

資　料

記載例12　強制競売における配当留保供託

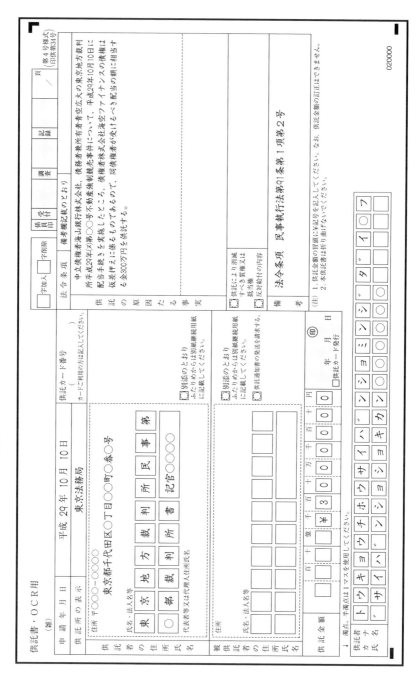

512

記載例13　配当等の実施における債権者不出頭供託

供託書・OCR用（粍）

第4号様式
（印供第34号）

頁　／　記録　調査　受付　員印

□字加入　□字削除　　備考欄記載のとおり

020000

申請年月日	平成 29 年 10 月 31 日
供託所の表示	東京法務局
供託カード番号	（カード利用の方は記入してください）

供託者の住所氏名等
住所〒000-0000
東京都千代田区○丁目○○町○番○号
氏名・法人名等
東京地方裁判所　裁判所書記官　民事第○○部　記官○○○○

□別添のとおり
ふたりめからは別紙継続用紙に記載してください。

供託の原因たる事実
債権者海山銀行株式会社、債務者椿所有者空広大間の東京地方裁判所
平成29年(ケ)第○○号担保不動産競売事件について、債権者大地信販株式会
社は、平成29年10月30日の配当期日に出頭しなかったので、同人に対する
配当額金300万円を供託する。

被供託者の住所氏名等
住所〒000-0000
東京都豊島区○丁目○○町○番○号
氏名・法人名等
大地信販株式会社

□別添のとおり
ふたりめからは別紙継続用紙に記載してください。

□供託通知書の発送を請求する。

供託金額

百億	十億	億	千万	百万	十万	万	千	百	十	円
				￥	3	0	0	0	0	0 0

法令条項　民事執行法第91条第2項

□供託により消滅
すべき質権又は
抵当権
□反対給付の内容

備考

（注）1. 供託金額の冒頭に￥記号を記入してください。なお、供託金額の訂正はできません。
　　　2. 本供託書は折り曲げないでください。

年　月　日発行
□供託カード発行

↓濁点・半濁点は1マスを使用してください。

供託者カナ氏名	トウキヨウチホウサイバンシヨハ　……
	ダイチシンパンカブシキガイシヤ

513

資　料

記載例14　配当等の実施における債務者不出頭供託

供託書・OCR用（縦）

第4号様式（印供第34号）

申請年月日	平成 29 年 10 月 31 日
供託所の表示	東京法務局

供託カード番号（　　　　　　　）
カードご利用の方は記入してください。

供託者の住所氏名
住所　〒000-0000
東京都千代田区○丁目○○町○番○号
氏名・法人名等
東京地方裁判所民事第　部　記官○○○○
代表者等又は代理人住所氏名

被供託者の住所氏名
住所　〒000-0000
埼玉県さいたま市中央区○町
○丁目○○町○番○号
氏名・法人名等　青空　広大

供託金額　¥5,000,000

法令条項　民法第494条

供託の原因たる事実
債権者海山銀行株式会社、債務者青空広大間の、債務者青空広大事件について、平成29年(ツ)第○○号不動産強制競売事件について、平成24年10月30日に弁済金支付手続をしたところ、債務者（被供託者）は剰余金受領に出頭しなかったので、同人に対する剰余額金500万円を供託する。

☑別添のとおり
ふたりめからは別紙続用紙に記載してください。

☑供託により消滅すべき質権又は抵当権
☑反対給付の内容

☑供託通知書の発送を請求する。
年　月　日　□供託カード発行

備考

（注）1．供託金額の冒頭に¥記号を記入してください。なお、供託金額の訂正はできません。
2．本供託書は折り曲げないでください。

□字加入　□字削除

係員印	受付	調査	記録	頁

↓濁点、半濁点は１マスを使用してください。

供託者カナ氏名　トウキョウチホウサイバンショミンジダイ○○ブ

被供託者カナ氏名　アオゾラコウタイ

020000

記載例15　執行停止中の動産の売却による売得金の供託

資　料

第4号様式
（印供第34号）

頁／　記録　調査　係員受付印　備考欄記載のとおり

020000

字加入　字削除

供託書・OCR用（縦）

申請年月日	平成 29 年 10 月 31 日
供託所の表示	東京法務局

供託者の住所氏名　住所〒○○○-○○○○　東京都千代田区○丁目○○町○番○号
氏名・法人名等　東京　○○○
代表者等又は代理人住所氏名

被供託者の住所氏名　住所
氏名・法人名等

供託カード番号（　　　）　カードご利用の方は記入してください。

法令条項　民事執行法第137条第2項

供託の原因たる事実

債権者青空広大間の東京地方裁判所平成29年（執ハ）第○号有体物差押事件において、債務者所有の鶏鳥1000羽を平成29年10月27日差し押さえたが、その保管について不相応な費用を要するため、同月30日これを売却したので、その売得金100万円を供託する。

供託金額　金　￥1,000,000円

□別添のとおり　ふたりめからは別紙継続用紙に記載してください。
□別添のとおり　ふたりめからは別紙継続用紙に記載してください。

□供託通知書の発送を請求する。

備考

□供託により消滅すべき質権又は抵当権
□反対給付の内容

年　月　日　印
□供託カード発行

（注）供託金額の冒頭に￥記号を記入してください。なお、供託金額の訂正はできません。
1. 本供託書は折り曲げないでください。
2. 濁点、半濁点は1マスを使用してください。

↓濁点、半濁点は1マスを使用してください。

供託者カナ氏名	ト	ウ	キ	ョ	ウ	サ	イ	バ	ン	シ	ョ	コ	ウ	カ	ン	○	○	○

515

資　　料

記載例16　金銭の支払を目的としない請求権に対する強制執行における供託

516

供託書・OCR用
（健）

申請年月日	平成 29 年 10 月 11 日	供託カード番号
供託所の表示	東京法務局	（カードを利用の方は記入してください。）

供託者の住所氏名

住所 〒000-0000
東京都千代田区○丁目○○町○番○号

氏名・法人名等

東京○○

代表者等又は代理人住所氏名

被供託者の住所氏名

住所 〒000-0000
埼玉県さいたま市中央区○町
○丁目○○町○番○号

氏名・法人名等

青空大広

（別添のとおり）
ふたりめからは別紙継続用紙に記載してください。

供託金額

億	千	百	十	万	千	百	十	円
			¥	1	0	0	3	0	0

↑濁点、半濁点は1マスを使用してください。

供託者カナ氏名

| ト | ウ | キ | ョ | ウ | ○ | ○ |
| オ | ウ | チ | ョ | ウ | サ | イ | ホ | ン | シ | ン | シ | ョ | ン | ○ | ○ |

字加入□ 字削除□	
裁判所印 受付	

供託の原因たる事実

法令条項　備考欄記載のとおり

（執）○○号建物明渡事件について、強制執行の目的外動産として保管中の応接セット（テーブル1、ソファー2）、絵画3点、概価1枚を債務者に引き渡すことができないため、平成29年10月10日これを売却したので、その売得金10万5300円から売却及び保管に要した費用金1万5000円を控除し残金10万300円を供託する。

| 供託により消滅すべき質権又は抵当権□ | |
| 反対給付の内容□ | |

法令条項　民事執行法第168条第8項

備考

（注）1. 供託金額の冒頭に¥記号を記入してください。なお、供託金額の訂正はできません。
　　2. 本供託書は折り曲げないでください。

供託通知書の発送を請求する。
（別添のとおり）
ふたりめからは別紙継続用紙に記載してください。

年　月　日
□供託カード発行

（第4号様式）
（印供第34号）

頁 ／

記録調査

020000

資　　料

記載例17−(1)　第三債務者に対する差押えが単発の場合の権利供託

供託書・OCR用

第4号様式
(印債第34号)

頁／

| | 字加入 | 字削除 | | 係員印 | 受付 | 調査 | 記録 |

| 申請年月日 | 平成 29 年 12 月 15 日 | 供託カード番号（　　　　　　）カードご利用の方は記入してください。 | 法令条項 | 別紙記載のとおり | 備考欄記載のとおり |

供託者の住所氏名
住所〒○○○−○○○○　東京都台東区浅草橋○町○丁目○番○号
氏名・法人名等　森　林　緑　子
代表者等又は代理人住所氏名

被供託者の住所氏名
住所
氏名・法人名等

供託金額
百十億千百十万千百十円
￥3 0 0 0 0 0
←漏点、半端は1マスを使用してください。

供託の原因たる事実
☑別添のとおり
ふたりめからは別紙継続用紙に記載してください。

法令条項　民事執行法第156条第1項

☑供託により消滅すべき質権又は抵当権
☑反対給付の内容
☑別添のとおり
ふたりめからは別紙継続用紙に記載してください。
☑供託通知書の発送を請求する。

㊞

☐供託カード発行
年　　月　　日

備考

（注）1. 供託金額の冒頭に￥記号を記入してください。なお、供託金額の訂正はできません。
2. 本供託書は折り曲げないでください。

供託者カナ氏名
モ　リ　ハ゛　ヤ　シ　ミ　ト゛　リ　コ

020000

517

記載例17-(1) 債権額全額に単発の差押えがあった場合の供託

資　料

518

供託書・OCR用
（継続用紙）

2／2 頁

第10号様式
（印供第40号）

（供託の原因たる事実）

供託者は、埼玉県さいたま市中央区□□町□丁目□番□号青空広大に対し、平成29年４月１日付けの工事請負契約に基づく代金3000万円の支払債務（支払日：平成29年12月15日まで、支払場所：供託者住所地）を負っているところ、上記債権に対し、下記の差押命令が送達されたので、債権の全額に相当する金3,000万円を供託する。

記

【差押命令の表示】

東京地方裁判所　平成29年(ル)第123号

債権者　東京都港区△△町△丁目△番△号　海山銀行株式会社

債務者　青空広大

第三債務者　供託者

債権額　30,000,000円　差押債権額　30,000,000円

平成29年11月５日送達

（注）　本供託書は折り曲げないでください。　600300

記載例17－(1)その他例① 支払日を過ぎてから供託する場合の供託

2／2 頁　第10号様式（印債第40号）

供託書・OCR用
（継続用紙）

（供託の原因たる事実）

供託者は、被供託者に対し、平成29年4月1日付けの工事請負契約に基づく代金3,000万円の支払債務（支払日：平成29年12月15日まで、支払場所：供託者住所地）を負っているところ、上記債権について下記の差押命令が送達された。

債権の全額に相当する3000万円及び支払いの遅れた20日分につき年6％の割合による遅延損害金8万7292円付した合計金3008万7292円を供託する。

記

【差押命令の表示】

東京地方裁判所　平成29年（ル）第123号
債権者　東京都港区△△△町△丁目△番△号　海山銀行株式会社
債務者　青空広大
第三債務者　供託者
債権額　30,000,000円　差押債権額　30,00,000円
平成29年11月5日送達

※注　支払日を過ぎてから供託する場合は、原則、約定又は法定利率（年5％または年6％）による遅延損害金を付す。なお、遅延損害金の計算方法については、通常は1年を365日として計算し、基準日から1年内にうるう年が到来する場合は、1年を366日で計算する。

（記載例17－(1)申請書1/2の変更部分）

申請年月日：平成30年1月5日
被供託者の住所氏名：
埼玉県さいたま市中央区□□□町□丁目□番□号
青空広大
（差押債権額よりも多い金額を供託する場合は、被供託者欄に差押債務者を記載、この場合は「供託通知書の発送を請求する。」に○、通知書送付用の封筒と郵券が必要）

（注）本供託書は折り曲げないでください。600300

記載例17－(1)その他例②　自己の債権と相殺した金額を供託する場合の供託

供託書・OCR用
（継続用紙）

2／2 頁　（第10号様式）（印紙第40号）

（供託の原因たる事実）

供託者は、埼玉県○○市中央区□□町□丁目□番□号青空広大に対し、平成29年4月1日付けの工事請負契約に基づく代金3000万円の支払債務（支払日：平成29年12月15日まで、支払場所：供託者住所地）を負っているところ、上記債権について、下記の差押命令が送達されたので、

供託者は、青空広大に対して有している金500万円の債権に基づく金500万円の債権（支払日：平成29年10月20日）を自働債権とし、平成29年9月1日付け土地売買契約に基づく金2500万円の債権として相殺する旨の意思表示をした上で、相殺後の金2500万円を供託する。

記

【差押命令の表示】
東京地方裁判所　平成29年(ル)第123号
債権者　東京都港区△△町△丁目△番△号　海山銀行株式会社
債務者　青空広大
第三債務者　供託者
債権額　30,000,000円　　差押債権額　30,000,000円
平成29年11月5日送達

（記載例17－(1)申請書1/2の変更部分）

供託金額：金25,000,000円

供託金額：金25,000,000円

※注　相殺とは、2人が互いに同種の債権を持っている場合に、相互に現実に弁済をする代わりに相互の債権を対当額だけ消滅させることをいう。このとき、相殺する側をA、相手方をBとすると、AがBに対して有している債権を自働債権といい、AがBに対して負っている債務（相手方Bの債権）を受働債権という。差押命令等によって支払の差止めを受けた第三債務者は、その後に取得した債権による相殺をもって差押債権者に対抗することができないが（民法第511条）、差押命令送達前に有していた債権については、これを自働債権として相殺したことをもって相殺する旨の意思表示をした上で供託することができる。ただし、その前提として、相殺の要件（民法第505条第1項）を満たしていなければならず、また、相手方に対して相殺する旨の意思表示をした上で相殺後の金額を供託しなければならない（民法第506条第1項）。

（注）　本供託書は折り曲げないでください。　600300

記載例17-(2)① 債権額の一部に単発の差押えがあり差押債権額を供託する場合

供託書・OCR用
(継続用紙)

第10号様式 [印供第40号]　2／2 頁

(供託の原因たる事実)

供託者は、埼玉県さいたま市中央区□□□町□丁目□番□号青空広大に対し、平成29年4月1日付けの工事請負契約に基づく代金3000万円の支払債務（支払日：平成29年12月15日まで、支払場所：供託者住所地）を負っているところ、上記債権について、下記の差押命令が送達されたので、差押債権額に相当する金2500万円を供託する。

記

【差押命令の表示】
東京地方裁判所　平成29年(ル)第123号
債権者　東京都港区△△町△丁目△番△号　海山銀行株式会社
債務者　青空広大
第三債務者　供託者
債権額　25,000,000円　仮差押債権額　25,000,000円
平成29年11月5日送達

(記載例17-(1)申請書1/2の変更部分)

供託金額：金25,000,000円

(注) 本供託書は折り曲げないでください。600300

記載例17-(2)②　債権額の一部に単発の差押えがあり債権の全額を供託する場合の供託

2／2　第10号様式
（印供第40号）

供託書・OCR用
（継続用紙）

（供託の原因たる事実）
供託者は、被供託者に対し、平成29年4月1日付けの工事請負契約に基づく代金3000万円の支払債務（支払日：平成29年12月15日まで、支払場所：供託者（住所地））を負っているところ、上記債権について、下記の差押命令が送達されたので、債権の全額に相当する金3000万円を供託する。

記

【差押命令の表示】
東京地方裁判所　平成29年(ル)第123号
債権者　東京都港区△△町△丁目△番△号　海山銀行株式会社
債務者　青空広大
第三債務者　供託者
債権額　25,000,000円　　差押債権額　25,000,000円
平成29年11月5日送達

（記載例17-(1)申請書1/2の変更部分）

被供託者の住所氏名：
埼玉県さいたま市中央区□□町□□丁目□番
□号　青空広大
（差押債権額よりも多い金額を供託する場合は、被供託者欄に差押債権者を記載。この場合、差押通知書の発送を請求する。こ
に○。通知書送付用の封筒と郵券が必要〕

（注）　本供託書は折り曲げないでください。　600300

資　　料

記載例18-(1)　（仮）差押えが2個以上であるが差押額の合計が債権額以下の場合の供託

供託書・OCR用

第4号様式（印紙第34号）

頁　　／

020000

| 調査 | 記録 | 係員印 | 受付印 | 備考欄記載のとおり |

□字加入　□字削除

法令条項　別紙のとおり

供託の原因たる事実

申請年月日　平成29年12月15日

供託所の表示　東京法務局

供託カード番号（カード利用の方は記入してください。）

供託者の住所氏名
住所〒○○○-○○○○　東京都台東区浅草橋○丁目○番○号
氏名・法人名等　森　緑　子
代表者等又は代理人住所氏名

☑別添のとおり　ふたりめからは別紙継続用紙に記載してください。

被供託者の住所氏名
住所〒○○○-○○○○　埼玉県さいたま市中央区○町○丁目○番○号
氏名・法人名等　青　空　大

☑別添のとおり　ふたりめからは別紙継続用紙に記載してください。
☑供託通知書の発送を請求する。

（印）
年　月　日
□供託カード発行

供託金額

百十億千百十万千百十円
￥3 0 0 0 0 0 0

※濁点・半濁点は1マスを使用してください。

供託者カナ氏名
モ リ　ミ ド リ コ

備考
☑供託により消滅すべき質権又は抵当権
☑反対給付の内容

法令条項　民事執行法第156条第1項

(注) 1. 供託金額の冒頭に￥記号を記入してください。なお、供託金額の訂正はできません。
2. 本供託書は折り曲げないでください。

記載例18-(1) 複数の差押えが競合しない場合の供託 （債権の全額を供託）

資　料

524

供託書・OCR用
（継続用紙）

2／2 頁
（第10号様式）
（印供第40号）

（供託の原因たる事実）

供託者は、被供託者に対し、平成29年4月1日付けの工事請負契約に基づく代金3000万円の支払債務（支払日：平成29年12月15日まで、支払場所：供託者住所地）を負っているところ、上記債権について、下記の差押命令が相次いで送達されたので、債権の全額に相当する金3,000万円を供託する。

記

【差押命令の表示】

1　東京地方裁判所　平成29年(ル)第123号
　　債権者　東京都港区△△町△丁目△番△号　海山銀行株式会社
　　債務者　青空広大
　　第三債務者　供託者
　　執行債権額　15,000,000円　差押債権額　15,000,000円
　　平成29年11月5日送達

2　横浜地方裁判所　平成29年(ル)第567号
　　債権者　東京都豊島区××町×丁目×番×号　大地信販株式会社
　　債務者　青空広大
　　第三債務者　供託者
　　執行債権額　12,000,000円　差押債権額　12,000,000円
　　平成29年12月5日送達

（注）　本供託書は折り曲げないでください。　600300

記載例18−(2)　仮差押えと差押えが競合しない場合の供託（債権額の一部を供託：仮差押えが先行）

供託書・OCR用
(継続用紙)

(供託の原因たる事実)

供託者は、埼玉県さいたま市中央区□□町□丁目□□番□号青空広大に対し、平成29年4月1日付けの工事請負契約に基づく代金3000万円の支払債務（支払日：平成29年12月15日まで、支払場所：供託者住所地）を負っているところ、下記の仮差押命令と差押命令が相次いで送達されたので、差押債権額に相当する金2700万円を供託する。

記

【仮差押命令の表示】
東京地方裁判所　平成29年(ヨ)第123号
債権者　東京都港区△△町△丁目△番△号　海山銀行株式会社
債務者　青空広大
第三債務者　供託者
執行債権額　15,000,000円　仮差押債権額　15,000,000円
平成29年11月5日送達

【差押命令の表示】
横浜地方裁判所　平成29年(ル)第567号
債権者　東京都豊島区××町×丁目×番×号　大地信販株式会社
債務者　青空広大
第三債務者　供託者
執行債権額　12,000,000円　差押債権額　12,000,000円
平成29年12月5日送達

(記載例18−(1)申請書1/2の変更部分)

被供託者の住所氏名：記載不要
供託金額：金27,000,000円
法令条項：民事保全法第50条第5項
　　　　　民事執行法第156条第1項
※　債権額の全額3000万円を供託した場合
　　は記載例18−(1)申請書1/2と同じ。

(注)　本供託書は折り曲げないでください。　600300

記載例18－(3)　差押えと仮差押えが競合しない場合の供託（債権額の一部を供託：差押えが先行）

供託書・OCR用
（継続用紙）

（供託の原因たる事実）
供託者は、埼玉県さいたま市中央区□□町□丁目□番□号青空広大に対し、平成29年4月1日付けの工事請負契約に基づく代金3000万円の支払債務（支払日：平成29年12月15日まで、支払場所：供託者住所地）を負っているところ、上記債権について、下記の差押命令と仮差押命令が相次いで送達されたので、差押債権額に相当する金2700万円を供託する。

記

【差押命令の表示】
東京地方裁判所　平成29年(ル)第123号
債権者　東京都港区△△町△丁目△番△号　海山銀行株式会社
債務者　青空広大
第三債務者　供託者
執行債権額　15,000,000円　差押債権額　15,000,000円
平成29年11月5日送達

【仮差押命令の表示】
横浜地方裁判所　平成29年(ヨ)第567号
債権者　東京都豊島区××町×丁目×番×号　大地信販株式会社
債務者　青空広大
第三債務者　供託者
執行債権額　12,000,000円　仮差押債権額　12,000,000円
平成29年12月5日送達

（記載例18－(1)申請書1/2の変更部分）
被供託者の住所氏名：記載不要
供託金額：金27,000,000円
法令条項：民事保全法第50条第5項
　　　　　民事執行法第156条第1項
※　債権額の全額3000万円を供託した場合は記載例18－(1)申請書1/2と同じ。

（注）　本供託書は折り曲げないでください。600300

記載例19-(1)　(仮)　差押えが2個以上で競合する場合の供託

供託書・OCR用

（第4号様式）
（印供第34号）

020000

申請年月日	平成 29 年 12 月 15 日

供託所の表示　東京法務局

供託カード番号（　　　　　）
カード利用の方は記入してください。

供託者の住所氏名
住所 〒○○○-○○○○
東京都台東区浅草橋○町○丁目○番○号
氏名・法人名等　森　林　緑　子
代表者等又は代理人住所氏名

被供託者の住所氏名
住所　□別添のとおり
ふたりめからは別紙続用紙に記載してください。
氏名・法人名等　□別添のとおり
ふたりめからは別紙続用紙に記載してください。
□供託通知書の発送を請求する。

供託金額

億	千	百	十	万	千	百	十	円
			3	0	0	0	0	0

↑　濁点、半濁点は1マスを使用してください。

供託カード
氏名
モ　リ　ハ　シ　ミ　ト　゙　リ　コ

法令条項　民事執行法第156条第2項

供託の原因たる事実　別紙のとおり

備考　□供託により消滅すべき質権又は抵当権
反対給付の内容

（印）

年　月　日
□供託カード発行

□字加入　□字削除
法令条項　備考欄記載のとおり

（注）1. 供託金額の冒頭に¥記号を記入してください。なお、供託金額の訂正はできません。
　　　2. 本供託書は折り曲げないでください。

頁　　／
受付印
調査　　記録

記載例19−(1)　差押えが2個以上で競合する場合の供託

供託書・OCR用
（継続用紙）

第10号様式
（印供第40号）
2／2　頁

（供託の原因たる事実）

供託者は、埼玉県といいまき市中央区□□□町□丁目□番□号青空広大に対し、平成29年4月1日付けの工事請負契約に基づく代金3000万円の支払債務（支払日：平成29年12月15日まで、支払場所：供託者住所地）を負っているところ、上記債権について、下記の差押命令が相次いで送達されたので、債権の全額に相当する金3000万円を供託する。

記

【差押命令の表示】

1　東京地方裁判所　平成29年(ル)第123号
　　債権者　東京都港区△△町△丁目△番△号　海山銀行株式会社
　　債務者　青空広大
　　第三債務者　供託者
　　執行債権額　17,000,000円　差押債権額　17,000,000円
　　平成29年11月5日送達

2　東京地方裁判所　平成29年(ル)第567号
　　債権者　東京都豊島区××町×丁目×番×号　大地信販株式会社
　　債務者　青空広大
　　第三債務者　供託者
　　執行債権額　15,000,000円　差押債権額　15,000,000円
　　平成29年12月5日送達

（注）　本供託書は折り曲げないでください。　600300

記載例19-(2) 差押えと仮差押えが競合する場合（差押えが先行）

供託書・ＯＣＲ用
（継続用紙）

（供託の原因たる事実）

供託者は、埼玉県さいたま市中央区□□□町□丁目□番□号青空広大に対し、平成29年4月1日付けの工事請負契約に基づく代金3000万円の支

払債務（支払日：平成29年12月15日まで、支払場所：供託者住所地）を負っているところ、上記債権について、下記の差押命令と仮差押命令が

相次いで送達されたので、債権の全額に相当する金3000万円を供託する。

記

【差押命令の表示】

東京地方裁判所　平成29年(ル)第123号

債権者　東京都港区△△△町△丁目△番△号　海山銀行株式会社

債務者　青空広大

第三債務者　供託者

執行債権額　17,000,000円　差押債権額　17,000,000円

平成29年11月5日送達

【仮差押命令の表示】

東京地方裁判所　平成29年(ヨ)第567号

債権者　東京都豊島区××町×丁目×番×号　大池信販株式会社

債務者　青空広大

第三債務者　供託者

執行債権額　15,000,000円　仮差押債権額　15,000,000円

平成29年12月5日送達

（記載例19-(1)申請書1/2の変更部分はなし）

2／2
頁
（第10号様式）
（印供第40号）

(注)　本供託書は折り曲げないでください。　600300

資　　料

記載例19-(3)　仮差押えと差押えが競合する場合の供託（仮差押えが先行）

供託書・OCR用
（継続用紙）

2／2頁（第10号様式）
　　　　（印供第40号）

（供託の原因たる事実）

供託者は、埼玉県さいたま市中央区□□町□丁目□番□号青空広大に対し、平成29年4月1日付けの工事請負契約に基づく代金3000万円の支払債務（支払日：平成29年12月15日まで、支払場所：供託者住所地）を負っているところ、上記債権について、下記の仮差押命令と差押命令が相次いで送達されたので、債権の全額に相当する金3000万円を供託する。

記

【仮差押命令の表示】

東京地方裁判所　平成29年(ヨ)第123号

債権者　東京都港区△△町△丁目△番△号　海山銀行株式会社

債務者　青空広大

第三債務者　供託者

執行債権額　17,000,000円　　仮差押債権額　17,000,000円

平成29年11月5日送達

【差押命令の表示】

東京地方裁判所　平成29年(ル)第567号

債権者　東京都豊島区××町×丁目×番×号　大地信販株式会社

債務者　青空広大

第三債務者　供託者

執行債権額　15,000,000円　　差押債権額　15,000,000円

平成29年12月5日送達

（記載例19-(1)申請書1/2の変更部分）

法令条項：民事保全法第50条第5項
　　　　　民事執行法第156条第2項

（注）本供託書は折り曲げないでください。　600300

記載例20 仮差押えと重複した差押えの一つが取下げ後の供託

供託書・OCR用（建）

第4号様式（印規第34号）

頁 ／

記録	調査	係員印	受付	備考欄記載のとおり

□字加入 □字削除

申請年月日	平成29年12月15日
供託所の表示	東京法務局

供託者の住所氏名

住所 〒000-0000
東京都台東区浅草橋○町○丁目○番○号

氏名・法人名等　林 緑子

代表者等又は代理人住所氏名

供託カード番号（　　　　　）
カードご利用の方は記入してください。

供託の原因たる事実　別紙のとおり

☑別添のとおり
ふたりめからは別紙継続用紙に記載してください。

被供託者の住所氏名

住所

氏名・法人名等

☑別添のとおり
ふたりめからは別紙継続用紙に記載してください。

供託金額

百億	十億	億	千万	百万	十万	万	千	百	十	円
					3	0	0	0	0	0

☑供託通知書の発送を請求する。

（印）　　年　月　日
□供託カード発行

法令条項　民事保全法第50条第5項、民事執行法第156条第2項

備考

□供託により消滅すべき質権又は抵当権
□反対給付の内容

（取下げられた差押命令の表示）
東京地方裁判所平成29年(ル)第456号、債権者東京都豊島区××大地信用金庫、債務者青空広水、第三債務者供託者とする債権差押命令、執行債権額金3000万円、平成29年11月5日送達。平成29年12月9日取下げ、同日通知書を発送。

（注） 1. 供託金額の冒頭に¥記号を記入してください。なお、供託金額の訂正はできません。
2. 本供託書は折り曲げないでください。

↓濁点、半濁点は1マスを使用してください。

供託者カナ氏名

モ	リ	ハ	゛	ヤ	シ		ミ	ト	゛	リ	コ

020000

記載例20

供託書・OCR用
（継続用紙）

2／2 頁　第10号様式
（印供第40号）

（供託の原因たる事実）

供託者は、埼玉県さいたま市中央区□□町□丁目△番□号 青空広大に対し、平成29年4月1日付けの工事請負契約に基づく代金3000万円の支払債務（支払日：平成29年12月15日まで、支払場所：供託者住所地）を負っているところ、上記債権について、下記の仮差押命令と差押命令が相次いで送達されたので、債権の全額に相当する金3000万円を供託する。

記

【仮差押命令の表示】

東京地方裁判所　平成29年(ヨ)第128号

債権者　東京都港区△△町△丁目△番△号　海山銀行株式会社

債務者　青空広大

第三債務者　供託者

執行債権額　17,000,000円　仮差押債権額　17,000,000円

平成29年10月5日送達

【差押命令の表示】

東京地方裁判所　平成29年(ヨ)第567号

債権者　東京都中央区××町×丁目×番×号　株式会社太陽銀行

債務者　青空広大

第三債務者　供託者

執行債権額　10,000,000円　差押債権額　10,000,000円

平成29年12月5日送達

(注)　本供託書は折り曲げないでください。　600300

記載例21　給与債権における差押禁止債権と供託

資　　料

供託書・OCR用
（催）

第4号様式
（印供第34号）

頁 1／2

記録　調査　受付　係員印

020000

申請年月日	平成 28 年 9 月 5 日	□字加入 □字削除	備考欄記載のとおり
供託所の表示	東京法務局	法令条項	別紙のとおり

供託カード番号（　　　　　）
カードご利用の方は記入してください。

供託者の住所氏名

住所 〒○○○-○○○○
東京都八王子市○町○丁目○番○号

氏名・法人名等　鈴　成　不　動　産　株　式　会　社

代表者等又は代理人住所氏名
代表取締役　鈴成太一

□別添のとおり
ふたりめからは別紙継続用紙に記載してください。

被供託者の住所氏名

住所

氏名・法人名等

□別添のとおり
ふたりめからは別紙継続用紙に記載してください。
□供託通知書の発送を請求する。

供託の原因たる事実

□供託により消滅すべき質権又は抵当権
□反対給付の内容

法令条項　民事執行法第156条第2項

備考

（注）1．供託金額の冒頭に￥記号を記入してください。なお、供託金額の訂正はできません。
　　　2．本供託書は折り曲げないでください。

供託金額

百億	十億	億	千万	百万	十万	万	千	百	十	円	
					￥	5	0	0	0	0	円

□供託カード発行
年　月　日
㊞

↓濁点、半濁点は1マスを使用してください。
供託者カナ氏名　ス　ズ　ナ　リ　フ　ド　ウ　サ　ン　カ　ブ　シ　キ　カ　イ　シ　ヤ

記載例21

供託書・OCR用
(継続用紙・給与債権執行)

2/2 頁 （第10号様式）（印供第40号）

(供託の原因たる事実)

供託者は、 従業員である東京都八王子市○町○○○番地　蛭名凡夫　に対して平成 28 年 8 月分の給与
(支給日 平成 28 年 8 月 25 日、支給場所 供託者本店　) 金 240,000 円を支払うべき債務を負っているところ、同人の供託者に対する給与債権について法定控除額を控除した4分の1 (ただし、同残額の4分の3に相当する額が33万円を超えるときは、その超過額) を差し押さえる旨の下記の差押命令が送達されたので、給与支給額から法定控除額 金 40,000 円を控除した残額から33万円を控除した額に相当する額が44万円を超えるときは、同残額の4分の1 (ただし、控除した額) に相当する額 金 50,000 円を供託する。

記

差押命令の表示

事件番号	債権者	債務者	第三債務者	債権額	差押債権額	送達年月日
東京地方裁判所八王子支部平成28年(ル)第123号	東京都豊島区△△町△丁目△番△号 大地信販株式会社	蛭名凡夫	供託者	金300万円	金300万円	平成28年7月13日
東京地方裁判所八王子支部平成28年(ル)第456号	東京都大田区××町×丁目×番×号 海空ファイナンス株式会社	蛭名凡夫	供託者	金500万円	金500万円	平成28年8月13日

(注)　本供託書は折り曲げないでください。　600300

資　料

記載例22　扶養義務等に係る金銭債権を請求する場合における特例の供託

供託書・OCR用
（継）

第4号様式（供託第34号）

1／2 頁

記録	調査	係員受付印

□字加入　□字削除　備考欄記載のとおり

申請年月日　平成 28 年 7 月 25 日

供託所の表示　東京法務局

供託カード番号（　　　　　　　）
カード利用の方は記入してください。

供託者の住所氏名
住所 〒○○○-○○○○
東京都千代田区九段南○丁目○番○号
氏名・法人名等　乙商事株式会社
代表者等又は代理人住所氏名
代表取締役　乙澤良一

被供託者の住所氏名
住所
氏名・法人名等

供託金額　￥1,600,000 円

供託の原因たる事実　別添のとおり

□別添のとおり
ふたりめからは別紙継続用紙に記載してください。

□別添のとおり
ふたりめからは別紙継続用紙に記載してください。

□供託通知書の発送を請求する。

法令条項　民事執行法第156条第2項

□供託により消滅すべき質権又は抵当権
□反対給付の内容

備考

（注）1．供託金額の冒頭に￥記号を記入してください。なお、供託金額の冒頭は訂正はできません。
2．本供託書は折り曲げないでください。

印
年　月　日
□供託証カード発行

供託者カード氏名　オツシヨウジカブシキガイシヤ
↓濁点、半濁点は1マスを使用してください。

535

記載例22

供託書・OCR用
（継続用紙・給与債権執行）

第10号様式
（印供第40号）
2／2頁

（供託の原因たる事実）

供託者は、　従業員である神奈川県横浜市緑区寺山町△△番地、　上田拓海　　に対して平成 28 年 7 月分の給与

（支給日　平成 28 年 7 月 25 日、支給場所　供託者本店（注1）　　（注2）　）金 400,000 円を支払うべ

き債務を負っているところ、同人の供託者に対する給与債権について法定控除額金8万円を控除した2分の1（注3）ただし、

同残額の2分の1に相当する額が33万円を超えるときは、その超過額）を差し押さえる旨の下記の差押命令が送達されたので、給与支給額から

法定控除額　金 80,000 円を控除した額の2分の1（ただし、控除した額が66万円を超えるときは、同残額から33万円を控除した額）に相当

する金 160,000 円を供託する。

記

差押命令の表示

事件番号	債権者	債務者	第三債務者	債権額	差押債権額	送達年月日
東京地方裁判所 平成28年(ル) 第○○○号（注4）	東京都港区○ ○町○丁目○ 番○号 海山銀行株式 会社（注5）	上田拓海 （注6）	供託者 （注7）	1　金308,570円 2　平成28年6月から平成33 年10月まで、毎月末日限り 金3万円ずつの養育費（注8）	1　金308,570円 2　平成28年6月から平成33 年10月まで、毎月末日限り 金3万円（注9）	平成28年6月29日 （注10）

（注）　本供託書は折り曲げないでください。　600300

資　　料

（注1）　支給日が到来していなければ供託することはできない。

　　　　また、給与債権については、期限の利益を放棄して支給日以前に供託することはできるのだろうか。私見ではあるが、労働基準法第24条により、給与債権については期限の利益を放棄して供託することはできないものと考える。なお、給与債権については、履行日が経過して供託しても、遅延損害金を付さなくても受理することができる取扱いとなっている。

（注2）　債務の履行地の最寄りの供託所で供託することとなる。一般的に給与債権については取立債権とされているので、事業所の所在を管轄する法務局となる。

（注3）　仮に支給額が75万円であれば、民事執行法第152条が適用され、手取り額から33万を控除した金額が供託金額となる（民事執行法施行令第2条）。

　　　　75万円－8万円（所得税等）＝67万円

　　　　67万円－33万円＝34万円

（注4）　以下、注3から注8までは、送達された差押命令から記載する。事件番号は、申立てられた裁判所名、事件番号を記入する。この記載が、事件届出をする裁判所を特定することができる。

（注5）　差押命令等から記載する。

（注6）　債務者の住所・氏名を記載する。この欄は差押命令等・氏名を記載する。供託の原因たる事実に記載している住所・氏名が同一であれば、住所の記載を省略することが可能である。

（注7）　供託者の住所氏名を記載している第三債務者の住所氏名に記入する。

（注8）　差押命令等の請求債権目録に記載している請求債権を簡単に記入する。

（注9）　差押命令等の差押債権目録に記載している差押債権を簡単に記入する。

（注10）　第三債務者に送達された（実際に届いた）年月日を記載します。差押えは、送達によりその効力が発生することから、送達の日付は非常に重要である。

537

記載例23　定期預金債権全額に差押えがされた場合の供託

供託書・ＯＣＲ用

申請年月日	平成 29 年 2 月 1 日

供託所の表示　　東京法務局

供託者の住所氏名

住所　東京都千代田区○町○丁目○番○号

氏名・法人名等　森　銀　行　株　式　会　社

代表者等又は代理人住所氏名

被供託者の住所氏名

住所

氏名・法人名等

供託カード番号（　　　　　　　　　　　）
カード利用の方は記入してください。

☑別添のとおり
ふたりめからは別紙継続用紙に記載してください。

☑別添のとおり
ふたりめからは別紙継続用紙に記載してください。

☑供託通知書の発送を請求する。

供託金額

億	千	百	十	万	千	百	十	円
￥	1	0	0	0	0	0	5	

↑濁点・半濁点は1マスを使用してください。

供託者カナ氏名　モ　リ　ン　コ　ウ　カ　ブ　シ　キ　ガ　イ　シ　ヤ

供託の原因たる事実　別紙のとおり

☑供託により消滅すべき質権又は抵当権
☑反対給付の内容

法令条項　民事執行法第156条第1項

備考

☐字加入　☐字削除

法令条項　備考欄記載のとおり

係員印　受付　調査　記録

（注）1．供託金額の頭書に￥記号を記入してください。なお、供託金額の訂正はできません。
2．本供託書は折り曲げないでください。

年　月　日発行
☐供託カード発行

㊞

第4号様式
（印供第34号）

頁　　／

020000

記載例23

供託書・OCR用
(継続用紙)

```
                                              頁   第10号様式
                                            2／2  (印供第40号)
```

（供託の原因たる事実）

供託者は、埼玉県さいたま市大宮区○町○丁目○番○号大山剛山に対し、平成29年9月1日付け定期預金契約に基づく金100万円の預金払戻債務（口座番号：○○○○○○○、1年満期、利率年○.○○○％、支払場所：○○市○○町○丁目○番○号所在の供託者の○○店、弁済期：平成30年9月1日）を負っているところ、これについて下記の差押命令が送達されたので、定期預金元本金100万円及び差押命令送達後の差押え部分に相当する利息金5円、合計金1,000,005円を供託する。

記

【差押命令の表示】
1 東京地方裁判所平成30年(ル)第987号
  債権者 東京都豊島区△△町△丁目△番△号 大地信販株式会社
  債務者 大山剛山
  第三債務者 供託者
  請求債権額：金1,000,000円 差押債権額：金1,000,000円
  平成30年8月27日送達

(注) 本供託書は折り曲げないでください。 600300

資　料

記載例24－(1)　普通預金債権に複数の差押えがされた場合の供託(1)

供託書・OCR用
（雑）

第4号様式
（印供第34号）

頁　／

申請年月日	平成　29　年　2　月　1　日	供託カード番号（　　　）

カードご利用の方は記入してください。

係員印　受付　調査　記録

□字加入　□字削除

法令条項　別紙のとおり

備考欄記載のとおり

供託所の表示　東京法務局

供託者の住所氏名

住所　東京都千代田区○町○丁目○番○号

氏名・法人名等　森　銀　行　株　式　会　社

☑別添のとおり
ふたりめからは別紙継続用紙に記載してください。

代表者又は代理人住所氏名

被供託者の住所氏名

住所

☑別添のとおり
ふたりめからは別紙継続用紙に記載してください。

氏名・法人名等

☑供託通知書の発送を請求する。

供託金額
百十億千百十万千百十円
￥　1　0　0　0　1　0　3

☑供託カード発行

年　月　日　㊞

供託の原因たる事実

☑供託により消滅すべき質権又は抵当権
□反対給付の内容

備考

法令条項　民事執行法第156条第2項

(注)　1.供託金額の冒頭に￥記号を記入してください。なお、供託金額の訂正はできません。
　　　2.本供託書は折り曲げないでください。

供託者カナ氏名　モ　リ　ギ　ン　コ　ウ　カ　ブ　シ　キ　ガ　イ　シ　ヤ

↑濁点、半濁点は1マスを使用してください。

020000

記載例24－(1)

供託書・OCR用
（継続用紙）

第10号様式
（印債第40号）

2／2 頁

（供託の原因たる事実）

供託者は、埼玉県さいたま市大宮区○町○丁目○番○号大山剛山に対し、普通預金1000万円の預金払戻債務を負っているところ、これについて下記の差押命令が相次いで送達されたので、普通預金元金1000万円、元金800万円に対する平成28年10月1日から同年11月30日までの利息50円及び元金1000万円に対する平成28年12月1日から供託日までの利息53円の合計金10,000,103円を供託する。

記

[差押命令の表示]

1　東京地方裁判所平成28年(ル)第987号
　　債権者　東京都豊島区△△町△丁目△番△号　大地信販株式会社
　　債務者　大山剛山
　　第三債務者　供託者
　　請求債権額　金8,000,000円　　差押債権額：金8,000,000円
　　平成28年10月1日送達

2　東京地方裁判所平成28年(ル)第654号
　　債権者　東京都大田区××町×丁目×番×号　株式会社海空ファイナンス
　　債務者　大山剛山
　　第三債務者　供託者
　　請求債権額　金6,000,000円　　差押債権額：金6,000,000円
　　平成28年12月1日送達

（注）本供託書は折り曲げないでください。　600300

資　料

記載例24-(2)　普通預金債権に複数の差押えがされた場合の供託(2)

供託書（継）・OCR用

第4号様式（印供第34号）　　頁　／

□字加入　□字削除

申請年月日	平成 29年 2月 1日
供託所の表示	東京法務局

供託者の住所氏名
住所　東京都千代田区○町○丁目○番○号
氏名・法人名等　森林銀行株式会社
代表者等又は代理人住所氏名

供託カード番号（カードご利用の方は記入してください。）

被供託者の住所氏名
住所　埼玉県さいたま市大宮区○町○丁目○番○号
氏名・法人名等　大山剛山

☑別添のとおり　ふたりめからは別紙継続用紙に記載してください。

☑別添のとおり　ふたりめからは別紙継続用紙に記載してください。
◎供託通知書の発送を請求する。

供託金額　金 ¥1,300,113 円
↑濁点、半濁点は1マスを使用してください。

年　月　日　㊞
□供託カード発行

法令条項 備考欄記載のとおり	別紙のとおり

供託の原因たる事実

□供託により消滅すべき質権　抵当権
□反対給付の内容

法令条項　民事執行法第156条第1項及び第2項

備考

（注）1. 供託金額の冒頭に¥記号を記入してください。なお、供託金額の訂正はできません。
2. 本供託書は折り曲げないでください。

受付
係員印　調査　記録

供託者カナ氏名　シンリンギンコウカブシキガイシヤ

020000

記載例24－(2)

供託書・OCR用
（継続用紙）

2／2 ｜ 第10号様式（同供第40号）

（供託の原因たる事実）
供託者は、被供託者に対し、普通預金1300万円の預金払戻債務を負っているところ、これについて下記の差押命令が相次いで送達されたので、普通預金元金1000万円、元金800万円に対する平成28年10月1日から同年11月30日までの利息50円及び元金1000万円に対する平成28年12月1日から供託日までの利息53円、元金300万円に対する平成28年12月1日から供託日までの利息10円の合計13,000,113円を供託する。なお、差押命令1の送達時の元金は1000万円、差押命令2の送達時の元金は1300万円である。

記

［差押命令の表示］
1 東京地方裁判所平成28年(ル)第987号
  債権者 東京都豊島区△△町△丁目△番△号 大地信販株式会社
  債務者 被供託者
  第三債務者 供託者
  請求債権額 金8,000,000円 差押債権額：金8,000,000円
  平成28年10月1日送達
2 東京地方裁判所平成28年(ル)第654号
  債権者 東京都大田区××町×丁目×番×号 株式会社海空ファイナンス
  債務者 被供託者
  第三債務者 供託者
  請求債権額 金6,000,000円 差押債権額：金6,000,000円
  平成28年12月1日送達

(注) 本供託書は折り曲げないでください。 600300

記載例25 仮差押解放金の供託

資　料

544

資　料

記載例26　不動産に対する強制管理の方法による仮差押えの執行の配当等に充てるべき金銭の供託

供託書・OCR用
（縦）

第4号様式
（印供第34号）

020000

記録　調査　係員受付印

□ 字加入・字削除

申請年月日	平成 28年 7月 25日
供託所の表示	東京法務局

供託カード番号（　　　　）
カード利用の方は記入してください。

供託者の住所氏名・法人名等

住所　東京都台東区東上野○丁目○番○号

氏名・法人名等　甲野　丁治

代表者等又は代理人住所氏名

法令条項　民事保全法第47条第4項

供託の原因たる事実

供託者は、東京地方裁判所平成29年(ヨ)第○○号不動産仮差押強制管理事件の管理人であるが、強制管理中の東京都台東区東浅草×丁目×番×号所在家屋の賃料××万円の順出から、平成29年10月分の賃料8万円を取り立てたので、管理費用金1万5000円を控除した残金6万5000円を供託する。

□ 別添のとおり
ふたりめからは別紙継続用紙に記載してください。

被供託者の住所氏名・法人名等

住所

氏名・法人名等

□ 別添のとおり
ふたりめからは別紙継続用紙に記載してください。

□ 供託通知書の発送を請求する。

供託金額

百億	十億	億	千万	百万	十万	万	千	百	十	円
						¥6	5	0	0	0

備考

供託により消滅すべき質権又は抵当権
反対給付の内容

(印)
年　月　日発行
□ 供託カード発行

↓濁点、半濁点は1マスを使用してください。

供託者カナ氏名　コウノ　テイジ

（注）
1. 供託金額の冒頭に¥記号を記入してください。なお、供託金額の訂正はできません。
2. 本供託書は折り曲げないでください。

545

資　　料

記載例27　動産に対する仮差押えの執行にかかる金銭供託

第4号様式（供第34号）

供託書・OCR用（建）

申請年月日	平成29年10月31日
供託所の表示	東京法務局
供託カード番号	（カードご利用の方は記入してください。）

供託者の住所氏名
　住所　〒○○○-○○○○
　　　　東京都千代田区○丁目○○○町○番○号
　氏名・法人名等　東京地方裁判所執行官　○○○
　代表者等又は代理人住所氏名

□別添のとおり
　ふたりめから又は別紙継続用紙に記載してください。

被供託者の住所氏名
　住所
　氏名・法人名等

□別添のとおり
　ふたりめから又は別紙継続用紙に記載してください。
□供託通知書の発送を請求する。

供託金額　￥5,000,000

□字加入　□字削除　□受付係員印

法令条項　民事保全法第49条2項

供託の原因たる事実
債権者大地信販株式会社、債務者堀北事二の東京地方裁判所平成29年（執ハ）第○号動産仮差押事件において、仮差押えの執行にかかる金500万円を供託する。

□供託により消滅すべき質権又は抵当権
反対給付の内容

備考

（注）1. 供託金額の冒頭に￥記号を記入してください。なお、供託金額の訂正はできません。
　　　2. 本供託書は折り曲げないでください。

供託者カナ氏名　トウキョウチホウサイバンショシッコウカン

020000

年　月　日
□供託カード発行
（印）

記載例28 動産に対する仮差押えの執行にかかる売得金の供託

第4号様式
(供託第34号)

供託書・OCR用

供受付印	調査	記録	頁 /

□字加入 ・□字削除

申請年月日	平成 29 年 10 月 31 日
供託所の表示	東京法務局

供託者の住所氏名等
住所 〒○○○-○○○○
東京都千代田区○丁目○○○町○番○号
氏名・法人名等 東京○○方裁判所執行官
代表者等又は代理人住所氏名

供託カード番号（　　　　　　　　）
カードを利用の方は記入してください。

法令条項 民事保全法第49条第3項

供託の原因たる事実
債権者大地信販株式会社、債務者株式会社ウミネコ商事間の東京地方裁判所平成29年(執ハ)第○号動産仮差押事件において、平成29年10月29日仮差押えを執行した債務者所有の海産物(イカ2トン、モガニ1トン)につき、著しい価額の減少を生ずるおそれがあったので、同月30日これを売却し、その売得金100万円を供託する。

被供託者の住所氏名等
住所
氏名・法人名等
□別添のとおり
ふたりめからは別紙継続用紙に記載してください。

備考
□供託により消滅すべき質権又は抵当権の内容
□反対給付の内容

□別添のとおり
ふたりめからは別紙継続用紙に記載してください。
◎供託通知書の発送を請求する。

供託金額

（印）
年 月 日
□供託カード発行

(注) 1. 供託金額の冒頭に¥記号を記入してください。なお、供託金額の訂正はできません。
2. 本供託書は折り曲げないでください。

↓濁点、半濁点は1マスを使用してください。
供託者カナ氏名

020000

記載例29-(1) 債権の一部に仮差押えがされた場合又は仮差押えが競合する場合の供託

供託書・OCR用

（正）

申請年月日	平成 29 年 12 月 15 日	供託カード番号（ ）

供託所の表示　東京法務局

（カード利用の方は記入してください。）

供託者の住所氏名
住所　東京都台東区浅草橋○町○丁目○番○号
氏名・法人名等　森　林　緑　子
代表者等又は代理人住所氏名

□別添のとおり
ふたりめからは別紙継続用紙に記載してください。

被供託者の住所氏名
住所　埼玉県さいたま市中央区○町○番○号
氏名・法人名等　青　空　広　大

□別添のとおり
ふたりめからは別紙継続用紙に記載してください。
□供託通知書の発送を請求する。

供託金額
百十	億	千百十	万	千百十	円
		￥3	0	0	0 0

↓濁点、半濁点は１マス使用してください。
供託者カナ氏名　モ リ バ ヤ シ ミ ド リ コ

受付	係員印	備考欄記載のとおり
調査		
記録		
		頁 ／

□字加入　□字削除

法令条項　別紙のとおり

供託の原因たる事実

□供託により消滅すべき質権又は抵当権
□反対給付の内容

備考　法全条項 民事保全法第50条第5項、民事執行法第156条第1項

（注）1. 供託金額の冒頭に￥記号を記入してください。なお、供託金額の訂正はできません。
2. 本供託書は折り曲げないでください。

年　月　日

年　月　日発行
□供託カード発行 ㊞

（第4号様式）
（印供第34号）

020000

記載例29-(1)　仮差押えが競合する場合の供託

供託書・OCR用
(継続用紙)

（供託の原因たる事実）

供託者は、被供託者に対し、平成29年4月1日付けの工事請負契約に基づく代金3000万円の支払債務（支払日：平成29年12月15日まで、支払場所：供託者住所地）を負っているところ、上記債権について、下記の仮差押命令が相次いで送達されたので、債権の全額に相当する金3000万円を供託する。

記

【仮差押命令の表示】
東京地方裁判所　平成29年(ヨ)第123号
債権者　東京都港区△△△町△丁目△番△号　海山銀行株式会社
債務者　青空広夫
第三債務者　供託者
執行債権額　30,000,000円　仮差押債権額　30,000,000円
平成29年11月5日送達

【仮差押命令の表示】
東京地方裁判所　平成29年(ヨ)第567号
債権者　東京都豊島区××町×丁目×番×号　大地信販株式会社
債務者　青空広夫
第三債務者　供託者
執行債権額　10,000,000円　仮差押債権額　10,000,000円
平成29年12月5日送達

2／2　第10号様式
（印供第40号）

(注)　本供託書は折り曲げないでください。　600300

資　　料

記載例29-(2)　仮差押えが単発の場合の供託

供託書・OCR用
（継続用紙）

第10号様式
（印供第40号）

2／2　頁

（供託の原因たる事実）
　供託者は、被供託者に対し、平成29年4月1日付けの工事請負契約に基づく代金3000万円の支払債務（支払日：平成29年12月15日まで、支払場所：供託者住所地）を負っているところ、上記債権について、下記の仮差押命令が送達されたので、債権の全額に相当する金3000万円を供託する。

記

【仮差押命令の表示】

東京地方裁判所　平成29年(ヨ)第123号

債権者　東京都港区△△町△丁目△番△号　海山銀行株式会社

債務者　青空広大

第三債務者　供託者

執行債権額　30,000,000円　仮差押債権額　30,000,000円

平成29年11月5日送達

（注）　本供託書は折り曲げないでください。　600300

資　　料

記載例29-(3)　複数の仮差押えの執行がされたが仮差押額の合計が債権の額以下の場合

2/2 頁	第10号様式 (印供第40号)

供託書・OCR用
(継続用紙)

(供託の原因たる事実)
供託者は、被供託者に対し、平成29年4月1日付けの工事請負契約に基づく代金3000万円の支払債務(支払日:平成29年12月15日まで、支払場所:供託者住所地)を負っているところ、上記債権につき、下記の仮差押命令が相次いで送達されたので、債権の全額に相当する金3000万円を供託する。

記

【仮差押命令の表示】
東京地方裁判所　平成29年(ヨ)第123号
債権者　東京都港区△△町△丁目△番△号　海山銀行株式会社
債務者　青空広大
第三債務者　供託者
執行債権額　15,000,000円　仮差押債権額　15,000,000円
平成29年11月5日送達

【仮差押命令の表示】
東京地方裁判所　平成29年(ヨ)第567号
債権者　東京都豊島区××町×丁目×番×号　大地信販株式会社
債務者　青空広大
第三債務者　供託者
執行債権額　14,000,000円　仮差押債権額　14,000,000円
平成29年12月5日送達

(注)　本供託書は折り曲げないでください。　600300

資　　料

記載例30　仮処分解放金（一般型）

供託書・ＯＣＲ用
（裁判上の保証及び仮差押・仮処分解放金）

第2号様式（印供第22号）

| 字加入 | 字削除 | 係員印 | 受付 | 調査 | 記録 | 頁 |

| 法令条項 | 民事保全法第25条 | 支部 |

裁判所及び事件の名称等　東京地方　裁判所
平成 29 年（ヨ）第 〇〇〇 号 不動産仮処分命令申請事件

| 当事者 | 原告　申請人　報告　債権者　被申請人　債務者 |

| 供託者 | 供託者　被供託者 |

託事由の原因たる事実

- 訴訟費用の担保
- 強制執行停止の保証
- 仮差押の保証
- 仮差押解放金
- 仮執行の担保
- 強制執行取消の保証
- 仮差押取消の保証
- その他
- 仮執行を免れるための担保
- 強制執行続行の保証
- 仮処分の保証
- 仮処分解放金
- 仮処分取消の保証

備考

（注）
1. 供託金額の冒頭に￥記号を記入してください。なお、供託金額の訂正はできません。
2. 本供託書は折り曲げないでください。

供託年月日　平成 29 年 10 月 30 日
供託所の表示　東京法務局

供託者の住所氏名
住所〒〇〇〇-〇〇〇〇　埼玉県草加市〇〇町〇丁目〇番〇号
氏名・法人名等　山川 豊治
別添のとおり　ふたりめからは別紙継続用紙に記載してください。
代表者等又は代理人住所氏名

被供託者の住所氏名
住所〒〇〇〇-〇〇〇〇　東京都豊島区〇〇町〇丁目〇番〇号
氏名・法人名等　大地 信販 株式 会社
別添のとおり　ふたりめからは別紙継続用紙に記載してください。

㊞　　年　月　日

供託金額　￥3,000,000円

供託者カナ氏名　ヤマカワトヨジ

↓網点、半濁点は1マスを使用してください。

100000

552

記載例31　仮処分解放金（特殊型）

第2号様式（印紙第32号）

頁 ／	記録	調査	係員 受付印	検印

□字加入　□字削除

供託書・OCR用
（裁判所上の保証及び仮差押・仮処分解放金）

法令条項	民事保全法第25条
裁判所及び事件の名称等	東京地方裁判所　平成30年（ヨ）第○○○号　不動産仮処分命令申請事件

当事者の名称等
- 原告／申請人／債権者：海山銀行株式会社
- 被告／被申請人／債務者：○○○

供託者（供託の原因）

- □訴訟費用の担保　□仮執行の担保　□仮執行を免れるための担保
- □強制執行停止の保証　□仮差押取消の保証　□強制執行続行の保証
- □仮差押の保証　□仮処分の保証　□仮処分取消の保証
- □仮差押解放金　☑仮処分解放金　□その他

供託の原因たる事実

備考

（注）　1.　供託金額の冒頭に¥記号を記入してください。なお、供託金額の訂正はできません。
　　　　2.　本供託書は折り曲げないでください。

申請年月日　平成30年4月3日
供託所の表示　東京法務局

供託者の住所　〒○○○-○○○○　埼玉県草加市○○町○丁目○番○号
氏名・法人名等　山川　豊治
代表者等又は代理人住所氏名
□別添のとおり　ふたりめからは別紙継続用紙に記載してください。

被供託者の住所　〒○○○-○○○○　埼玉県さいたま市中央区○町○丁目○番○号
氏名・法人名等　青空　広大
□別添のとおり　ふたりめからは別紙継続用紙に記載してください。

㊞　年　月　日

供託金額	百十億	千万	百万	十万	万	千	百	十	円
			¥3	0	0	0	0	0	0

供託者カナ氏名　ヤマカワ　トヨジ
↓濁点、半濁点は1マスを使用してください。

100000

払渡請求書記載例1　預貯金振込の場合（還付）

供託金払渡請求書

請求年月日	平成 30 年 8 月 10 日
供託所の表示	東京法務局
請求者の住所氏名印	埼玉県さいたま市中央区○町○丁目○番○号　青空大広　⑨ （※本人請求の場合） 〔代理人による請求のときは、代理人の住所氏名をも記載し。〕 〔代理人が押印すること。〕

供託番号	元本金額	利息金額	付 す 期 間
平成30年度第○○号	10,000,000 円		年　月から 年　月まで
年度第　　号			年　月から 年　月まで
年度第　　号			年　月から 年　月まで
年度第　　号			年　月から 年　月まで

元本合計額	億 千 百 十 万 千 百 十 円
	¥ 1 0 0 0 0 0 0 0

（注）元本合計額の冒頭に￥記号を記入し、又は押印すること。

係員印　受付　照合　交付　元帳

| 受付番号 | | | 交付 平成　年　月　日 認印 ⑨ |
| 整理番号 | 第　　号 | | |

払渡請求事由及び還戻付取の別　1.還付　1.取戻

調査　1.供託受諾　2.供託不受諾　⑨相保権実行　3.
　　　　　　　　　　　　　　　　　2.供託原因消滅　3.

隔地払、国庫金振替、預貯金振込を希望するときはその旨
1.隔地払　　　銀行　　店
受取人
2.国庫金振替

⑨預貯金振込　振込先　海山銀行与野支店
預貯金の種別　普通・当座・通知・別段
預貯金口座番号　No.3004502
預貯金口座名義人（かな書き）　アオゾラコウダイ

備考

元
利
件

計

上記金額を受領した。　平成　年　月　日
（※小切手を受領する場合のみ記載せる。）
受取人氏名
（代理人により受け取るときは、本人の氏名及び代理人の氏名印）⑨

資料

払渡請求書記載例2　小切手払いの場合（還付）

供託金払渡請求書

請求年月日	平成 30 年 8 月 10 日
供託所の表示	東京法務局
請求者の住所氏名印	埼玉県さいたま市中央区○町○丁目○番○号 青空　広大　青空広大（印） （※本人請求の場合） 〔代理人による請求のときは、代理人の住所氏名を記載し、代理人が押印すること。〕

供託番号	平成30年度金第○○号 年度金第　　号 年度金第　　号 年度金第　　号
本金額	10,000,000 円

利息金額：　年　月　日から　月まで（×4）

元本合計額　￥10,000,000

（注）元本合計額の冒頭に￥記号を記入し、又は押印すること。

照合・調査・受付番号・整理番号欄

- 払渡請求事由及び還付付取戻の別
- 隔地払、国庫金振替・預貯金振込を希望するときはその旨
- 照合　調査　受付番号　整理番号
- 還付　取戻　1. 供託受諾　2. 担保権実行　3.
- 1. 供託不受諾　2. 供託原因消滅　3.
- 1. 隔地払　2. 国庫金振替　3. 預貯金振込

振込先　海山銀行　与野支店

- 預貯金の種別　普通・当座・通知・別段
- 預貯金口座番号
- 預貯金口座名義人（かな書き）
- 備考

交付　平成　年　月　日　認可　元帳　年　月　日（印）

受取人　銀行　店

2. 国庫金振替

上記金額を受領した　平成30 年 8 月 10 日
受取人氏名　青空広大　青空　広大　書（印）
（※本人が受け取るときと同じ印）
（代理人により受け取るときは、本人の氏名及び代理人の氏名押印）
（当日付は小切手受領の日）

555

資　料

払渡請求書記載例3　預貯金振込の場合（取戻）

				保管印 受付印	調　査	照　合	交　付	元　帳
				受付番号 第　　　号	1. 供託受諾 2. 抵当権実行		平成　年　月　日　認可	年　月　日 ㊞
				整理番号 第　　　号	1. 供託不受諾 3. 供託原因消滅 3.		号	

供託金払渡請求書						
請求年月日	平成 30 年 8 月 10 日			払渡請求事由及び還付取戻の別	還付 取戻	② 預貯金振込 振込先 3.
供託所の表示	東京法務局			隔地払、国庫金振替、預貯金振込を希望するときはその旨	1. 隔地払　　　　銀行　　　　店 受取人：	海山銀行 大田支店
請求者の住所氏名印	東京都大田区○丁目○○町○番○号 大地信販株式会社 代表取締役 大 地 新 之 助 ㊞ （※法人請求の場合） 〔代理人による請求のときは、代理人の住所氏名をも記載し。代理人が押印すること。〕				1. 国庫金振替	預貯金の種別（普通・当座・通知・別段）普通 預貯金口座番号 No.1203405 預貯金口座名義（かな書き） ダイチシンパンカブシキガイシャ

供託番号	元　本　金　額						利　息	利　付　期　間		利　息　金　額
平成30年度金第○○号	10,000,000 円							年　月 年　月	から まで	円
年度金第　　号								年　月 年　月	から まで	月
年度金第　　号								年　月 年　月	から まで	月
年度金第　　号								年　月 年　月	から まで	月

元本合計額	億	千	百	十	万	千	百	十	円
	￥	1	0	0	0	0	0	0	0

（注）元本合計額の冒頭に￥記号を記入し、又は押印すること。

	件
元	
利	
計	

備考

上記金額を受領した。　平成　年　月　日 受取人氏名 （代理人により受け取るときは、本人の氏名及び代理人の氏名印） ㊞

（※小切手を受領する場合の日又は本人の氏名のみ記載させる。）

556

払渡請求書記載例4　民事執行法91条2項の場合（還付）

供託金払渡請求書

請求年月日	平成 30 年 8 月 10 日
供託所の表示	東京法務局

請求者の住所氏名印：

東京都大田区○丁目○○町○番○号
大地信販株式会社
代表取締役　大地新之助
上記代理人　弁護士
東京都中央区○○町○丁目○番○号
丙　山　五　郎　㊞

（※代理人による請求のときは、代理人の住所氏名をも記載し、
代理人が押印すること。）

供託番号	本　金　額	利　息　金　を　付　す　付　期　間	利　息　金　額
平成29年度第○○号	3,000,000 円 ¥3000000	年　月　から 年　月　まで	円
年度第　　号		年　月　から 年　月　まで	
年度金第　号		年　月　から 年　月　まで	
年度第　　号		年　月　から 年　月　まで	
元本合計額	¥3000000		

（注）元本合計額の冒頭に¥記号を記入し、又は押印すること。

照合・調査・支付・元帳欄：

払渡請求事由及び還付付取戻の別
1. 供託受諾　2. 担保実行　3. ……
取戻　1. 供託不受諾　2. 供託原因消滅　3. ……

1. 隔地払、国庫金
振替、預貯金振込
を希望するとき
はその旨

1. 隔地払
2. 国庫金振替
3. 預貯金振込（※代理人名義口座の指定も可）

振込先　海山 銀行　大田支店
（普通）当座・通知・別段　No.1203405
預貯金口座番号
預貯金口座名義
人（かな書き）　ダイチシンパンカブシキガイシャ

上記金額を受領した。　平成　　年　　月　　日
受取人氏名
（代理人により受け取るときは、本人の氏名及び代理人の氏名印）
（※小切手を受領する場合のみ記載させる。）

払渡請求書記載例 5　仮分解放金供託者（仮処分債務者）による取戻請求（一般型・特殊型／共通）

供託金払渡請求書

請求年月日	平成 30 年 8 月 10 日
供託所の表示	東京法務局
請求者の住所氏名印	埼玉県さいたま市中央区○町○丁目○番○号　青空 大　青空印 〔代理人による請求のときは、代理人の住所氏名を記載し。 （本人請求で預貯金振込の場合） （※代理人が請求のときは、代理人の住所氏名を記載し。代理人が押印すること。）〕

供託番号	元本金額	利息金額
平成30年度第○○号	30,000,000 円	年　月　月　から　まで
年度金第　　号		年　月　月　から　まで
年度金第　　号		年　月　月　から　まで
年度金第　　号		年　月　月　から　まで

元本合計額　億 千 百 十 万 千 百 十 円
　　　　　　　　 3 0 0 0 0 0 0 0

（注）元本合計額の冒頭に本記号を記入し、又は押印すること。

払渡請求事由及び還付・取戻付の別　隔地払、国庫金振替、預貯金振込を希望するときはその旨

還付　1. 供託受諾　2. 担保権実行　3.
取戻　1. 供託不受諾　3. 供託原因消滅　3.

1. 隔地払　　　　銀行　　　店
受取人
2. 国庫金振替
③ 預貯金振込　振込先

預貯金の種別　普通・当座・通知・別段
預貯金口座番号　No.3004502
預貯金口座名義人（かな書き）アオゾラダイ

海山銀行 与野支店

照合号　調査号　交付 年 月 日　元帳 年 月 日 認可

係員印　受付　整理番号

備考
件
元
利
計

上記金額を受領した。
平成　年　月　日
受取人氏名
（代理人による受け取りときは、本人の氏名及び代理人の氏名印）

（※小切手を受領する場合の氏名のみ記載させる。）

資料

払渡請求書記載例6　仮処分解放金被供託者（仮処分債権者）による還付請求（一般型）

供託金払渡請求書

請求年月日	平成　30　年　8　月　10　日
供託所の表示	東京法務局
請求者の住所氏名	東京都大田区○丁目○○町○番○号 大地信販株式会社 代表取締役　大地新之助　㊞（大地） （代理人による請求のときは、代理人の住所氏名をも記載し、代理人が押印すること。）

供託番号　平成30年度第○○号

年度金第　　号

年度金第　　号

年度金第　　号

元本金額　30,000,000　円

	千	百	十	万	千	百	十	円
元本合計額　本		3	0	0	0	0	0	0
利								

利息金額　　　円

利　　息　　金　　額

利　　息　　付　　期　　間
年　月　から　年　月　まで

還付を取戻しを受ける

1. 隔地払、国庫金
2. 振替、預貯金振込
を希望するときはその旨

1. 隔地払
2. 国庫金振替
受取人　　　銀行　　店
③ 預貯金振込
振込先　海山　銀行　大田支店
預貯金の種別　当座・通知・別段　（普通）
預貯金口座番号　No.1203405
預貯金口座名義人（かな書き）　ダイチシンパンカブシキガイシャ

払渡請求事由及び還付取戻の別
1. 供託受諾
1. 供託不受諾
③ 供処分解放金に対する権利実行
2. 担保権実行
2. 供託原因消滅
③ 供処分解放金に対する権利実行

調査　　照合　　元帳

係員印　受付　受付番号　整理番号

交付　平成　年　月　日　認可

上記金額を受領した。　平成　年　月
受取人氏名
（代理人により受け取るときは、本人の氏名及び代理人の氏名印）
（※小切手を受領する場合のみ記載させる。）

（注）元本合計額の冒頭に¥記号を記載し、又は押印すること。

資　料

払渡請求書記載例7　仮処分解放金基本債権の債権者が還付請求権を差し押えて取立てる場合

供託金払渡請求書

係員印	受付	調査	照合	交付	元帳
	受付番号　第　号		号	平成　年　月　日	年　月　日
	整理番号　第　号		号	認可	認可　㊞

請求年月日　平成30年8月10日

供託所の表示　東京法務局

請求者の住所氏名印
東京都港区○○町○丁目○番○号
海山銀行株式会社
代表取締役　乙田一郎　乙田㊞
（※法人請求の場合）
〔代理人による請求のときは、代理人の住所氏名も記載し、代理人が押印すること。〕

供託番号	元本金額	利息金額	付　期間
平成30年度第○○号	30,000,000円	円	年　月　から　年　月　まで
年度第　号			年　月　から　年　月　まで
年度第　号			年　月　から　年　月　まで
年度第　号			年　月　から　年　月　まで

元本合計額　¥ 3 0 0 0 0 0 0 0（億千百十万千百十一円）

（注）元本合計額の冒頭に¥記号を記入し、又は押印すること。

払渡請求事由及び還付取戻の別
還付　1.供託受諾　2.相保権実行　③取立
取戻　1.供託不受諾　2.供託原因消滅　3.

隔地払、国庫金振替、預貯金振込を希望するときはその旨
1.隔地払　　　　銀行　　　店
　受取人
2.国庫金振替
③預貯金振込
　振込先　海山銀行　港本店（別段）
　預貯金の種別　普通・当座・通知
　預貯金口座番号　No.123
　預貯金口座名義（かな書き）　ウミヤマギンコウ　カブシキガイシャ

備考
執行債務者の住所・氏名
埼玉県さいたま市中央区
○○町○丁目○番○号
青空広大

	件
計	
元	
利	

上記金額を受領した。
平成　年　月　日
受取人氏名
（代理人により受け取るときは、本人の氏名及び代理人の氏名印）
（※小切手を受領する場合のみ記載させる。）

民事執行及び民事保全制度における供託実務
─事例に基づく執行供託を中心に─

平成30年12月6日　初版発行

著　者	森　野		誠
	沼	真佐人
	加　藤	寛　輝
発行者	和　田		裕

発行所　日本加除出版株式会社

本　　社　郵便番号 171-8516
東京都豊島区南長崎 3 丁目16番 6 号
T E L （03）3953-5757（代表）
　　　（03）3952-5759（編集）
F A X （03）3953-5772
U R L　www.kajo.co.jp

営業部　郵便番号 171-8516
東京都豊島区南長崎 3 丁目16番 6 号
T E L （03）3953-5642
F A X （03）3953-2061

組版・印刷　㈱郁文　／　製本　㈱川島製本所

落丁本・乱丁本は本社でお取替えいたします。
★定価はカバー等に表示してあります。
Ⓒ M. Morino, M. Numa, H. Kato 2018
Printed in Japan
ISBN978-4-8178-4517-7

JCOPY 〈出版者著作権管理機構　委託出版物〉

本書を無断で複写複製（電子化を含む）することは、著作権法上の例外を除き、禁じられています。複写される場合は、そのつど事前に出版者著作権管理機構（JCOPY）の許諾を得てください。
また本書を代行業者等の第三者に依頼してスキャンやデジタル化することは、たとえ個人や家庭内での利用であっても一切認められておりません。

〈JCOPY〉　H P：https://www.jcopy.or.jp、e-mail：info@jcopy.or.jp
電話：03-5244-5088，FAX：03-5244-5089

新版 よくわかる供託実務

吉岡誠一 編著
2011年8月刊 A5判 436頁 本体4,000円＋税 978-4-8178-3944-2

商品番号：40181
略　号：供実

- 「実体法規、手続法の正確な理解」と「その理解に基づく的確な判断」が身に付く一冊。
- 基本的な事件を中心に、審査及び事務処理について、わかりやすく解説。
- 図表入りのわかりやすいQ&AやOCR供託書式記載例を収録。

なにわの供託事例集
事例・回答・解説82問とOCR用供託書記載例139
関係図・手続フロー付き

大阪法務局ブロック管内供託実務研究会 編
2018年9月刊 A5判 760頁 本体6,500円＋税 978-4-8178-4505-4

商品番号：40731
略　号：な供事

- 大阪法務局ブロック管内の職員が実際に経験し、照会を受けた事例を基にした内容。
- 実務上の総合的な検討問題82事例とOCR用記載例139記載例を収録。
- 関係図や手続の流れ図などを織り交ぜながら、丁寧に解説。

供託実務事例集

東京法務局ブロック管内供託実務研究会 編
2014年11月刊 A5判 292頁 本体2,700円＋税 978-4-8178-4199-5

商品番号：40571
略　号：供例集

- 解説書が少なく根拠法令も多岐にわたり、日々対応に苦慮する「供託」につき、著者が様々な事件を通して身につけた知識を、事例として紹介。
- 具体的なイメージができるよう図解や資料を交えながら丁寧に解説。

〒171-8516　東京都豊島区南長崎3丁目16番6号
TEL（03）3953-5642　FAX（03）3953-2061（営業部）
www.kajo.co.jp
日本加除出版